장애 영유아 가족지원

WORKING WITH
FAMILIES OF YOUNG CHILDREN
WITH SPECIAL NEEDS

R. A. McWilliam 편저 | 박지연 · 전혜인 · 강혜원 공역

학지사

Working with Families of Young Children with Special Needs
by R. A. McWilliam, PhD.

역자 서문

이 책은 교육학 및 사회과학 분야의 전문서적 출판으로 유명한 미국의 길포드 출판사(Guilford Press, www.guildford.com)가 기획한 『특수요구 학습자를 위한 효과적 접근 총서(What Works for Special-Needs Learners Series)』 중 한 권이다. 이 총서는 특수한 교육적 요구를 가진 아동 및 청소년과 함께 일하는 전문가들이 진단과 평가, 교수, 교실 운영 등에 관한 증거기반의 실제(evidence-based practices)를 교육현장에서 구체적으로 적용할 수 있도록 안내하기 위해 기획되었는데, 2011년 현재 10권의 책이 출간된 상태이며 앞으로도 계속하여 더 많은 책이 출간될 예정이다. 이 책은 현재까지 출판된 총서 중 유일하게 장애 영유아 및 가족과 관련된 내용을 다룬 책으로, 조기 개입 및 유아특수교육 분야에서 다양한 현장 경험과 많은 연구 수행 경력이 있는 저명한 학자들이 각 장을 집필하였고, 미국 테네시 대학교의 McWilliam 교수가 전체 내용을 조율하였다(그는 총 9개의 장 중에서 2개의 장을 집필한 저자이기도 하다.).

장애의 발견과 진단, 수용, 조기 개입을 위한 많은 전문가와의 만남, 장애 영유아의 돌봄을 위한 가족 기능과 역할의 조정 등과 같은 과정을 숨 고를 틈도 없이 헤쳐 나가야 하는 장애 영유아 가족은 그 어느 때보다도 많은 정보와 정서적 지지 그리고 물리적 자원이 필요하다. 또한 장애 영유아는 학교에서 많은 시간을 보내는 학령기 장애 아동과는 달리, 조기 개입 전문가들로부터 직접적인 중재를 받는 시간보다 가족과 함께 자연스러운 일과를 보내는 시간이 더 많기 때문에 장애 영유아의 발달과 교육에 미치는 가족의 영향력은 매우 크다. 이 책은 영유아가 가족과 함께 먹고, 자고, 노는 모든 일과가 조기 개입의 기회임을 전제로, 일상적 경험 속에서 가족이 장애 영유아의 발달을 지원할 수 있도록 그 역량을 강화하기 위해 전문가가 가족을 어떻게 지원할 수 있는지를 친절하게 안내하고 있다.

가족과 조화를 이루어 협력하고 든든한 가족의 지지자가 되고자 하는 것은 모든 조기 개입 전문가의 바람일 것이다. 그러나 그러한 전문가의 바람은 즉각 실현 가능한 것이 아니다. 전문가는 가족 밖에 거주하는 외부자이므로, 아동이 가족과 함께 보내는 일상의 모습이 어떠한지 자세히 파악하고, 이를 바탕으로 아동과 가족에게 최상의 지원을 제공하기 위해서는 다음과 같은 주제에 대해 사전에 많은 생각과 준비를 하고 반복된 자기 훈련을 거쳐야 한다. 즉, 면담을 어떻게 이끌어 가야 할지, 가족의 노력과 시도를 칭찬하고 격려할 때는 어떤 표현을 사용하는 것이 좋을지, 가족에게 아동을 지도하는 방법을 코칭할 때는 어떤 순서로 하면 좋을지, 개별화가족서비스계획(IFSP)에 포함될 가족중심 목표는 어떻게 진술하면 좋을지, 가정방문은 어떤 방식으로 진행해야 하며 어떤 점에 주의해야 할지, 아동의 문제행동에 대한 대화를 어떻게 시작하면 좋을지 생각하고 준비해야 한다. 이 책은 유아특수교육 분야에서 일하는 사람이라면 종종 자문해 보게 되는 이러한 구체적인 질문에 대해 세심하고 사려 깊은 답변과 제언을 담고 있어 전문가의 자기계발, 전문가 양성과정, 가족지원 현장 연구에 좋은 자료가 될 수 있으리라는 판단하에 국내에 소개하게 되었는데, 번역 과정은 역자들에게도 좋은 공부가 되었다. 또한 여기에 제시된 서비스 조정(service coordination)과 주 코치 접근(primary coach approach)의 방법론은 장애 영유아와 그 가족이 「장애인 등에 대한 특수교육법」과 「장애아동복지지원법」(2012년 8월 시행) 등과 같은 다양한 법의 적용을 받는 여러 기관 및 서비스 그리고 전문가로부터 지원을 받게 될 우리나라의 상황에 시의적절한 화두라 생각된다.

이 책을 통해 장애 영유아의 가족을 효과적으로 지원하고 싶어 하는 전문가들이 그 진실한 마음을 구체적으로 표현할 수 있는 실제적인 방법을 얻을 수 있기를 바란다. 또한 그러한 전문가와 함께하는 장애 영유아와 그 가족이 더욱 편안하고 행복해지기를 기대한다. 마지막으로 이 책의 출판을 위해 노력해 주신 학지사 김진환 사장님과 박혜미 선생님을 비롯한 편집부에 감사 드리며, 번역하는 동안 아낌없는 지지와 격려를 해 준 가족에게 사랑하는 마음을 전한다.

2011년 12월

역자 일동

편저자 서문

이 책은 이 분야의 전문가, 각 프로그램의 행정가 그리고 이 분야를 전공하는 학생을 위해 집필되었다. 0~5세의 장애 영유아 가족과 함께 일하고 있거나, 앞으로 일하게 될 독자는 이제껏 본 적이 없을 정도의 세부적인 수준으로 집필된 실제적 정보를 얻게 될 것이다. 이 책은 유아특수교사, 사회복지사, 심리학자, 작업치료사, 물리치료사, 언어치료사 등을 포함한 다양한 분야의 전문가와 학생에게 유용할 것이다.

이 책의 목적

이 책의 목적은 장애 영유아의 가족과 함께 일하는 적절한 방법에 대해 가장 진보적인 견해를 제시하는 것이다. 여기서 '진보적 견해'라 함은 이 책에서 제시된 정보의 대부분이 연구에 기반을 두고 있으며, 이 분야에서 지난 35년간 급격하게 발전해 온 이론과 일맥상통한다는 의미다. 가족지원의 실제에서 가장 중요한 이론적 · 경험적 기초가 되는 두 가지는 가족중심 접근(family-centered approach)과 사회적 지원 이론(social support theory)이라고 할 수 있다. 전자는 가족 체계 이론(Turnbull, Poston, Minnes, & Summers, 2007), 아동의 학습에 관한 생태행동 및 발달적 관점(Greenwood,

Carta, & Dawson, 2000; Vygotsky & Stone, 2005) 그리고 서비스 운영에 관한 자문 중심의 접근(McWilliam, 2003)에 기초를 두고 있다. 후자는 가족이 자원을 활용 가능하게 만드는 것(Dunst, Trivette, & Deal, 1994)뿐 아니라 가족을 지지하는 방식으로 서비스를 제공하는 방법(Turnbull et al., 2007)에 대한 함의를 가지고 있다. '적절한 방법'이란 조기 개입(early intervention)을 실행하기 위해 적용된 가치와 실제를 의미한다.

- 첫 번째 중요한 가치는 아동에 대한 조기 개입을 회기 중심이 아닌 일과 속에서 실행하는 것이다(Kashinath, Woods, & Goldstein, 2006).
- 두 번째 가치는 가족이 전문가의 요구에 따르기만 하는 방식으로 참여하는 것이 아니라 가족 친화적인 방식(family-friendly manner)으로 가족과 함께 일하는 것이다(Dunst, Trivette, & Hamby, 2007).
- 세 번째 가치는 아동의 능력에만 중점을 두기보다는 가족 모두의 삶의 질에 초점을 두는 것이다(Lucyshyn et al., 2007).

적절한 방법이 의미하는 다섯 가지 필수적인 실제는 ① 비공식적 지원과 공식적 지원 진단하기, ② 일상적 상황에서의 기능적 요구 진단하기, ③ 서비스 조정하기, ④ 가정방문을 통해 지원 제공하기, ⑤ 아동의 주 양육자에게 협력적 자문 제공하기다.

각 장과 이 책의 목적과의 관련성

각 장은 앞서 언급한 세 가지의 가치와 다섯 가지의 실제에 관련된 것으로, 이 여덟 가지의 뼈대에 실제적인 전략들로 살을 붙인 셈이다.

제1장에서는 Lee Ann Jung이 가족 생태의 진단에 생태지도를 활용하는 것에 대해 설명하고 있다. 가족의 비공식적 · 공식적 지원망은 가족 체계의

일부다. 가족 환경을 주의 깊게 관찰하는 것은 사회적 지원의 관점뿐 아니라 생태행동적 관점과도 일관되는 것이다. 생태지도는 가족이 활용할 수 있는 자원을 판별하는 구체적인 방법이다.

제2장에서 나는 여러 가족 성원의 역할을 진단하는 일과기반 면담(routines-based interview: RBI)을 설명하였는데, 이는 가족 체계 이론과도 일치하는 것이다. 일과기반 면담의 절차는 가족 친화적인 방식으로 가족이 활용할 수 있는 자원을 탐색하는데, 특히 비공식적 자원을 탐색한다. 또한 일과기반 면담은 명백히 일과를 바탕으로 하며, 가족 삶의 질에 대한 측정을 포함한다.

제3장에서는 Carl J. Dunst, Melinda Raab, Carol M. Trivette와 Jennifer Swanson이 지역사회 맥락에서 가족지원에 대해 논의하고 있다. 이들은 아동이 일과 속에서 어떻게 학습하는지에 대한 생태행동적 · 발달적 원리에 따라 조기 개입을 정의하고 있다. 이 장은 '조기 개입 실행이 성공적이고 효과적인지를 측정하기 위한 유능성 향상 성과(competency-enhancing outcome)의 중요성'을 소개하고 있다. 양육자를 통한 일상에서의 아동 학습에 대한 Dunst 등의 논의는 아동이 어떻게 학습하는지와 양육자를 매개로 하는 중재가 어떻게 일과 중심으로 실행될 수 있는지에 대한 세부적인 지식을 제공해 준다.

제4장에서는 Mary Beth Bruder가 서비스 조정의 실행이 관계적(relational)이고 참여적인(participatory) 지원으로 분류되어 왔음을 보여 주는 연구들에 대해 고찰한다. 이러한 지원은 가족에게 서비스를 제공하는 방식과 관련되는 것이다. 이 장에서는 서비스 조정을 평가하기 위해 생태학적 개념 틀을 사용하는 것에 대해 논의하고 있는데, 이는 이 책의 생태행동적 관점과 일맥상통하는 것이다. 서비스 조정은 가족이 서비스 제공자를 선택하도록 돕는 것을 포함하는데, 이는 가족이 활용할 수 있는 자원을 선택하도록 돕는 것이기도 하다.

제5장에서는 P. J. McWilliam이 가족과 상호작용하는 전문가의 행동에 대해 다루고 있다. 그녀는 가족과 비공식적 교류를 할 기회를 제공하는 것의 중요성을 설명하면서 가족 친화적인 태도의 가치와 사회적 지원의 원칙을 제시하였다. 아동과 가족의 강점을 인정하는 것은 가족 삶의 질이 중요하다는 것을 인식하는 것이며, 부모의 이해와 의견을 구하는 것은 가족 자문 모델과 일관되는 것이다. 가족의 감정에 잘 반응하는 것은 가족 친화성 및 가족 삶의 질을 구현하는 좋은 예다.

제6장은 조기 개입에서의 다양성을 다루고 있는데, Marci J. Hanson과 Eleanor W. Lynch는 각기 다른 문화에 속한 가족에게 가족 친화적 태도를 갖는 것의 중요성을 설명한다. 가족과 관계를 맺고 다양성을 인식하고 존중하는 것은 가족지원의 기본 방식과 일관된 것이다. 아동발달 및 육아에 대한 가족의 역할과 관점을 신뢰하는 것은 자문 모델과 관련되는 것이며, 아동을 위한 목표를 개발하고 이 목표를 다루기 위해 가족과 협력하는 것은 사회적 지원과 관련된다. 저자들은 가정기반(home-based) 서비스에 대해 특별히 고려할 점을 설명하고 있는데, 이는 지원기반(support-based)의 가정방문을 다루는 제8장에서 더욱 자세하게 논의될 것이다.

제7장은 팀으로 일하는 것에 대해 다루고 있는데, M'Lisa L. Sheldon과 Dathan D. Rush는 서비스 조정의 한 방법으로 주 코치(primary-coach) 접근을 제시한다. 저자들은 이 책의 주요 핵심 중 하나인 '일과(routines)와 회기(sessions) 간 차별성'을 잘 보여 주는 자연스러운 학습 환경에서의 실제를 설명한다. 부모코칭에 대한 부분은 지원기반의 가정방문과 관련되어 있으며, 참여기반의 개별화가족서비스계획(IFSP)에 포함되는 장기목표는 일상적 상황에서 기능적 요구를 진단하는 것과 기능적 장기목표를 기술하는 것(제2장에서 다룸)과 관련되어 있다.

제8장에서 나는 이 책의 모든 가치 및 실제와 연결되어 있고, 특히 지원기반의 가정방문과 관련된 FACINATE 모델을 설명하면서 질 높은 가정방

문에 대해 다루었다. 이 장의 5대 핵심 원리는 이 책의 기반인 세 가지의 가치(앞서 설명한)와 일관되며, 초학문적 서비스 전달에 대한 부분은 가족과 함께 일하는 전문가의 역할(즉, 코치)에 대한 실제라는 점에서 제7장과 일맥상통한다. 이 장에 나오는 아동의 기능 영역은 일과기반 접근과 연결된다. 자녀를 지도할 수 있도록 부모를 교육하는 것은 아동의 학습 방식에 잘 맞는 것이다.

제9장은 문제행동을 다루고 있는데, 이 장에서 Lise Fox는 문제행동이 가족에게 미치는 영향을 가족 삶의 질(family quality of life)이라는 관점에서 설명하고 있다. 그녀는 지원기반의 가정방문과 일관된 개념 틀을 제공하고 있다. 마지막으로, 긍정적 양육에 대한 정보를 제공하고 있는데, 이 역시 아동의 학습 방식과 관련된 것이다.

기본 주제

이 책의 세 가지 기본 주제는 다음과 같다.

① 전문가는 가족을 어떻게 대해야 하는가(가족 친화성)?
② 전문가는 가족과 함께 무엇을 해야 하는가(가족중심성)?
③ 가족 단위의 요구는 무엇인가?

모든 장이 앞서 설명한 가치와 실제에 따른 것이지만, 각 장들은 유사점과 차이점이 있다. 어떤 장들은 철학적 기반을 강조한 반면(제3, 4, 7, 9장), 어떤 장들은 절차를 강조하고 있다(제1, 2, 5, 8장). 어떤 장들은 계획과 밀접하게 관련된 반면(제1, 2, 4장), 어떤 장들은 중재 자체와 밀접하게 관련되어 있다(제3, 5, 6, 7, 8, 9장).

각 장의 견해

이 책의 각 장에 나타난 견해들은 매우 다양한데, 이는 여러 저자의 개성을 반영하고 다양성을 제공하기 위한 것이다. 각 장의 저자들은 조기 개입과 유아특수교육 분야의 선구자이며, 이들의 개성은 당연히 존중되어야 한다.

조기 개입 / 유아특수교육 용어

용어를 제시하는 이유

일부 용어들은 조기 개입 및 유아특수교육 분야에서 공통으로 사용되지만, 특수교육이라는 좀 더 넓은 분야에서는 그렇지 않을 수도 있다. 다음에 제시하는 간단한 용어 목록이 도움이 될 것이다. 이 용어들에 대한 자세한 설명은 대부분 이 책 안에서 찾을 수 있다.

간단한 용어 설명

- 가정방문(home visits): 이 책에서 가정방문은 조기 개입 전문가가 정보적 · 정서적 · 물질적 지원을 제공하기 위해 가족의 집을 정기적으로(일반적으로 매주) 방문하는 것을 말한다. 예전에는(지금도 여전히 보편적이지만) 전문가가 아동의 집에서 아동과 직접적으로 일하는 것을 가정방문이라고 불렀다.
- 가족 삶의 질(family quality of life): 이 개념은 가족의 주관적 평가를

포함한다. 예를 들어, 가족 삶의 질은 일과에 대한 가족의 만족도를 포함할 수 있다. 가족 삶의 질에 대한 좀 더 객관적 지표의 예로, 집, 음식, 일자리, 의료서비스 등과 같은 필수적인 자원에 대한 접근성을 들 수 있다.

- **가족 체계 이론**(family systems theory): 앞서 설명한 것처럼 이 이론은 가족이 역동적인 체계이므로 각 가족 성원의 행동과 경험은 그 체계 안에 있는 다른 성원에게 영향을 준다는 견해를 제시한다.
- **가족중심성**(family centeredness): 우리가 가족을 대하는 방식과 우리가 주의를 기울여야 할 것이 무엇인지를 설명하는 용어다. 우리가 가족을 대하는 방식은 긍정성, 반응성, 가족 전체에 대한 관심, 친근함, 민감성 등의 태도와 행동으로 구성된다. 우리가 주의를 기울여야 할 것은 아동뿐 아니라 가족 성원의 요구이며, 이는 가족 중 한 사람에게 영향을 미치는 것은 다른 가족 성원들에게도 영향을 미친다는 이론(즉, 가족 체계 이론)에 따른 것이다.
- **개별화가족서비스계획**(IFSP): 각 가족을 위한 조기 개입이 설계되는 핵심적 문서를 말한다. 이것은 개별화교육계획(IEP)의 영유아 판이다.
- **맥락 중심의 실제**(contextually mediated practices): Carl Dunst 등(제3장 참조)이 만든 이 용어는 다음의 다섯 가지를 포함하는 중재 접근이다. 즉, ① 아동의 흥미, 아동의 삶을 구성하는 일상적인 지역사회 활동과 가족 활동의 판별, ② 흥미기반 학습을 위한 최선의 기회를 제공해 줄 활동의 선택, ③ 흥미에 기반을 둔 일상적 학습 기회에 아동의 참여 증진시키기, ④ 아동이 활동을 하면서 보이는 능력, 탐색 및 숙달을 지지하고 격려하기 위한 다양한 상호작용 기술의 사용, ⑤ 부모를 통한 아동의 일상적인 학습 기회의 효과를 아동과 부모 측면으로 나누어 평가하기 등이다(Dunst, 2006; Dunst & Swanson, 2006).
- **발달적 관점**(developmental perspectives): 이 관점은 아동의 상호작용,

활동, 환경에 대한 기대 수준을 연령이 좀 더 높은 아동에게 맞추어 설정하지 않고, 아동의 성숙도에 꼭 맞거나 또는 약간 높게 두는 것을 말한다. 이 관점의 특징 중 하나는 직접 교수에 대한 강조를 줄이고 탐색과 자기주도 학습을 강조하는 구성주의적 접근이라 할 수 있다. 일반적으로 행동주의자들은 이러한 특징에 동의하지 않는다.

- **사회적 지원**(social support): 공식적 지원(전문가, 기관), 비공식적 지원(친척 등) 또는 중간 지원(여가 활동, 직장, 종교 집단 등)과 같이 타인이나 기관에 의한 정서적 · 물질적 지원을 말한다.
- **생태지도**(ecomaps): 가족의 비공식적 지원, 중간 단계의 지원, 공식적 지원에 대해 전문가가 가족과 함께 그리는 그림을 말하며, 각 지원자가 제공하는 지원의 강도를 보여 준다.
- **생태학**(ecology): 이 용어는 아동의 환경을 뜻하는 것으로 일명, '그린(green)'과는 전혀 관계가 없다.
- **생태학적 모델**(ecological framework): 이 모델은 사회적 환경이, 때로는 물리적 환경이 아동의 학습에 미치는 영향을 강조한다. 이는 아동을 중심으로 가족, 조기 개입 프로그램, 친척, 이웃, 사회로 확대되는 브론펜브레너(Bronfenbrenner)의 사고 체계와 관련된다. 또한 유아를 가르치는 것은 환경에 대한 조작(manipulation)을 가르치는 것이라는 행동주의적 사고를 뜻한다.
- **생태행동적 관점**(ecobehavioral perspectives): 이 관점은 바람직한 행동을 강화하고, 때로는 부적절한 행동에 대한 강화를 억제하기 위해 상호작용, 활동 및 환경을 조정하는 것을 말한다. 이 관점의 특징 중 하나는 성인에 의해 형성된 선행사건을 강조하고 아동의 독립적 노력은 덜 강조하는 구조적 접근이 가능하다는 점이다. 일반적으로 발달주의자들은 이러한 접근에 동의하지 않는다.
- **서비스 제공자**(service providers): 아동 및 가족과 함께 일하는 전문가

를 말한다. 서비스 조정자가 서비스 조정만 하는 상황일 경우, 서비스 제공자는 중재자를 뜻한다.

- **서비스 조정**(service coordination): 서비스 조정은 미국의 「장애인 교육법」(IDEA)에서 Part C의 혜택을 받는 가족에게 반드시 제공되어야 하는 서비스로 명시되었다. 이것은 가족이 서비스를 포함한 자원에 접근할 수 있게 하기 위한 것이다. 따라서 서비스 조정자는 IFSP 개발에 책임을 갖는다. 또한 서비스 조정자는 가족의 요구가 다른 서비스 제공자들에 의해 충족되지 못하고 있는 것은 아닌지 확인해야 하며, 다양한 서비스가 조화롭게 제공될 수 있게 해야 한다.
- **일과**(routines): 이 책을 비롯한 많은 조기 개입 맥락에서 사용되는 이 용어는 가정에서의 기상, 식사, 휴식, 취침, 어린이집이나 유치원에서의 대집단 활동 시간, 간식 시간, 센터 놀이, 야외놀이 등과 같이 자주 발생하는 경험, 활동, 사건 등을 말한다.
- **일과기반 면담**(RBI): 일과기반 면담은 가족과 긍정적 관계를 형성하고, 아동과 가족 기능에 대한 풍부하고 자세한 정보를 얻으며, 가족이 6~10개 정도의 기능적 목표를 선택할 수 있도록 돕기 위해 가족을 대상으로 반구조화된 임상 면담을 실시하는 구체적 절차를 말한다.
- **자문 접근**(consultative approach): 아동에게 직접 중재를 하는 것이 아니라 부모, 교사 등과 같이 일상에서 아동을 돌보는 양육자를 대상으로 조기 개입을 하는 것을 말한다. 양육자는 아동을 대상으로 노력을 기울일 수 있는 시간이 많은 데 반해, 전문가는 아동과 직접적으로 보낼 수 있는 시간이 적어 아동의 학습이나 발달에 적절한 변화를 가져오기에 부족할 때, 이 접근을 사용한다.
- **장기목표**(outcomes): 이 책에서 이 용어는 가족을 포함한 팀이 세운 목표를 말한다. 또한 이 용어는 참여, 독립성, 사회관계 같은 조기 개입의 전반적 또는 일반적 결과를 뜻하기도 한다.

- **주 코치 접근**(primary-coach approach): "정기적으로 모이는 기존의 다학문적 팀이 한 명을 주 코치로 선정한다. 주 코치는 다른 팀원들에게 코치를 받은 후 이를 부모와 다른 양육자들에게 적용한다. 이를 통해 아동의 학습과 발달을 촉진하고, 자연스러운 학습 환경에서 지원과 자원을 획득하는 이들의 능력을 지지하고 강화하게 된다." (Shelden & Rush, 2007)
- **지원**(supports): 지원은 조기 개입을 받고 있는 가족에게 제공될 수 있는 활동, 중재 또는 프로그램을 포함하는 포괄적인 용어로 사용된다. 이 용어는 공식적 서비스 이외의 자원도 적절하다는 것을 강조하기 위해 서비스를 대신하여 사용되기도 한다.
- **초학문적 서비스 전달**(transdisciplinary service delivery): 이 서비스 전달 모델은 한 사람을 지정하여 그 사람의 전문 분야뿐 아니라 전통적으로 여러 분야의 사람들이 담당하던 영역까지 다루게 하는 것이다. 따라서 이 모델에서는 다른 분야의 전문가들이 '역할 방출(role release)'을 해 주고, 초학문적 서비스 제공자가 '역할 수용(role acceptance)'을 하게 된다. 이런 점에서 이 모델은 여러 전문가가 독립적으로 자신의 전문 영역만 다루는 다학문적 서비스 전달이나 다양한 전문가가 자신의 전문 영역을 다루되, 서로 의사소통하는 간학문적 서비스 전달과 구별된다.
- **협력적 자문**(collaborative consultation): 협력적 자문이란 '치료사와 아동의 양육자 간'과 같이 자문을 하는 사람과 자문을 받는 사람이 함께 의사결정을 할 수 있도록 기술적 지원을 제공하는 것을 말한다. 이 책에서는 유아특수교육, 작업치료, 물리치료 또는 언어치료를 집단 육아 환경에 있는 아동에게 적용하는 경우에 자주 적용되는 개념이다.

참고문헌

Dunst, C. J. (2006). Parent-mediated everyday child learning opportunities: I. Foundations and operationalization. *CASEinPoint, 2*(2), 1-10.

Dunst, C. J., & Swanson, J. (2006). Parent-mediated everyday child learning opportunities: II. Methods and procedures. *CASEinPoint, 2*(11), 1-19.

Dunst, C. J., Trivette, C. M., & Deal, A. G. (1994). Resource-based family-centered intervention practices. In C. J. Dunst, C. M. Trivett, & A. G. Deal (Eds.), *Supporting and strengthening families: Methods, strategies and practices* (pp. 140-151). Cambridge, MA: Brookline Books.

Dunst, C. J., Trivette, C. M., & Hamby, D. W. (2007). Meta-analysis of family-centered help-giving practices research. *Mental Retardation and Development Disabilities Research Reviews, 13*(4), 370-378.

Greenwood, C. R., Carta, J. J., & Dawson, H. (2000). Ecobehavioral Assessment Systems Software (EBASS): A system for observation in education settings. In T. Thompson, D. Felce, & F. Symons (Eds.), *Behavioral observation: Technology and applications in developmental disabilities* (pp. 229-251). Baltimore: Brookes.

Kashinath, S., Woods, J., & Goldstein, H. (2006). Enhancing generalized teaching strategy used in daily routines by parents of children with autism. *Journal of Speech, Language, and Hearing Research, 49,* 466-485.

Lucyshyn, J. M., Albin, R. W., Horner, R. H., Mann, J. C., Mann, J. A., & Wadsworth, G. (2007). Family implementation of positive behavior support for a child with autism: Longitudinal, single-case, experimental, and descriptive replication and extension. *Journal of Positive Behavior Interventions, 9*(3), 131-150.

McWilliam, R. A. (2003). The primary-service-provider model for home- and community-based services. *Psicologia: Revista da Associacao Portuguesa Psicologia, 17*(1), 115-135.

Turnbull, A. P., Poston, D. J., Minnes, P., & Summers, J. A. (2007). Providing supports and services that enhance a family's quality of life. In I. Brown & M. Percy (Eds.), *A comprehensive guide to intellectual and developmental disabilities* (pp. 561-571). Baltimore: Brookes.

Vygotsky, L. S., & Stone, L. R. (2005). Appendix. *Journal of Russian and East European Psychology, 43*(2), 90-97.

차 례

제6장 다양한 배경을 가진 가족과 일하기 … 213

제7장 가족과의 협력을 위한 주 코치 접근 … 255

제8장 지원기반 가정방문 … 297

제 1 장 가족이 가진 지원 및 자원의 판별

가족의 생태환경(예: 가족 성원은 누구인가, 가족은 어떤 지원과 자원을 가지고 있는가, 가족이 하는 일은 무엇인가, 가족이 좋아하는 것은 무엇인가)을 이해하는 일은 가족에게 의미 있고 적절한 중재를 계획하는 데 필수적인 부분이다. 장애 아동을 위한 중재를 계획하는 조기 개입 전문가는 아동의 능력을 증진시킬 풍부한 발달 전략을 가지고 있다. 그러나 개입의 방향과 방법을 선택하는 것은 아동에게 필요한 기술과 이를 위한 중재를 연결하는 것 이상으로 복잡한 일이다. 각 아동은 자신만의 일과와 가족 환경으로 구성된 고유의 경험을 가지고 있기 때문에 중재는 아동이 필요로 하는 기술에 부합되어야 할 뿐 아니라, 그 아동이 속한 가족 상황에도 잘 맞아야 한다. 또한 조기 개입 전문가가 제공하는 많은 중재와 지원이 발달상의 기술과 관련이 없는 경우도 많다. 발달상의 기술보다는 가족의 우선적 요구를 충족시키기 위해 지원이 계획되는 경우가 자주 발생하는 것이다. 이 장의 목적은 가족이 가진 지원을 도식화하는 절차를 설명하는 것이다. 이러한 도식을 생태지도(ecomap)라고 하는데, 이는 조기 개입 지원의 기반이라 할 수 있는 가족생태환경(family ecology)을 논의하는 수단을 제공하고 가족생태환경에 기초한 지원을 추진하게 해 준다.

가족 환경의 중요성

장애 아동을 위한 효과적인 중재를 설계하는 데 아동의 현재 발달 기술을 잘 파악하는 것이 중요하다. 언뜻 보면, 가족의 생태환경을 이해하는 것은 아동의 현행 발달 수준을 이해하는 것에 비해 그리 중요하지 않은 것처럼 보인다. 즉, 우리는 아동의 발달이 어떤 수준인지와 여러 발달 영역에 맞는 구체적인 중재를 알고 있다면, 효과적인 중재 프로그램을 설계할 수 있을 거라고 생각하는 것이다. 과연 정말 그럴까? 그런 면이 있기는 하지만, 생태계 이론(ecological systems theory; Bronfenbrenner, 1979)은 아동이 자신에게 직간접적인 영향을 미치는 환경적 영향력의 맥락 안에서 발달한다는 것을 상기시킨다. 모든 아동의 경험은 각각 다르며, 무수하고 다양한 경험의 축적은 발달을 효과적으로 촉진할 수 있다(Dunst, 2007). 아동의 발달 과정을 바르게 이해하고 아동의 발달을 촉진할 계획을 세우기 위해서 우리는 아동 발달의 환경을 구성하는 인식, 가치관, 믿음, 지원, 자원, 일상생활을 이해해야 한다(Bernheimer & Keogh, 1995).

또한 생태계 이론에서는 다른 요인에 비해 더 큰 직접적 영향(direct effect)을 미칠 가능성이 있는 특정 환경 요소가 있다고 주장한다. 아동과 많은 시간을 함께 보내는 주 양육자가 아동의 발달에 직접적 영향을 미칠 기회를 가장 많이 가질 것임은 명백하다. 반대로, 아동과 비교적 짧은 시간을 보내는 사람들(조기 개입 전문가 등)에게는 간접적 영향(indirect effect)을 미칠 기회는 많지만, 직접적 영향을 미칠 기회는 주 양육자보다 적다. 이와 같이 아동의 발달에 직접적 영향을 미칠 기회 면에서의 차이는 지난 10년간 조기 개입 분야가 아동을 위한 발달적 서비스를 제공하는 것에 그치지 않고, 이를 넘어선 그 무엇을 제공하는 방향으로 성장하게 된 배경 중 하나다. 여러 가지 면에서, 이제 초점은 아동에게 발달적 서비스를 제공하는 것에서 아동의 삶에 존재하는 사람들에게 지원을 제공하고 조정하는 것으로 옮겨 가고 있다(Turnbull, Blue-Banning, Turbiville, & Park, 1999). 이러한 이유로, 아동에게 직접적 영향을 미칠 기회가 가장 많은 사람이 실제로 그렇게 할 수 있도록 이들에게 정보와 지원을 제공하게 되었다. 한편, 직접적 영향을 미칠 기회가 많지 않은 사람들은 직접적 영향을 미칠 기회가 많은 사람을 지원하는 데 주력하게 되었다.

조기 개입의 초점이 아동을 지원하는 것에서 가족을 지원하는 것으로 옮겨 갔기 때문에 '어떻게' 지원을 제공할 것인가의 문제는 '어떤' 지원을 제공할 것인가의 문제 못지않게 중요해졌다. 조기 개입 전문가는 가족의 삶에 잘 맞는 중재를 주의 깊게 설계하기 위해 가족, 가족의 비공식적이고 공식적 자원, 가족이 상호작용하는 사회관계망 등을 이해하고 있어야 한다. 이러한 이유로 중재의 설계에서 가족의 생태환경을 이해하는 것은 아동의 발달을 이해하는 것 못지않게 중요하다.

가족이 가진 지원, 자원 및 강점의 유형

조기 개입 전문가와 가족이 가족의 지원과 자원을 논할 때, 가족이 활용할 수 있는 지원의 유형을 고려하면, 어떤 영역이 비교적 강점이고 어떤 영역에서 추가 자원이 필요한지를 쉽게 알 수 있다. 예를 들어, 어떤 가족은 육아에 도움을 주고 사회적 지원을 제공할 친지와 친구들이 매우 많지만,

재정적 자원은 상대적으로 적을 수 있다. 이런 방식의 이해는 조기 개입 전문가가 가족 혼자서 접근하기는 어려운 재정적 지원에 가족을 연결시키려 노력하게 만들 것이다. 지원은 크게 세 가지 유형, 즉 정서적 지원, 물질적 지원 및 정보적 지원으로 나눌 수 있다(McWilliam & Scott, 2001).

정서적 지원

정서적 지원은 모든 가족에게 중요하지만, 특히 장애 아동을 둔 많은 가족과 같이 심리적 어려움을 경험하고 있는 가족에게는 더욱 중요하다(Baider, Ever-Hadani, Goldzweig, Wygoda, & Peretz, 2003). 일반적으로 가족은 친지와 친구 등의 비공식적인 사회적 관계망을 통해 필요한 정서적 지원의 대부분을 제공받는다(Waltrowicz, Ames, McKenzie, & Flicker, 1996). 정서적으로 지원받고 있다고 느끼지 못하는 가족은 고립감(Aoun, 2004; van Teijlingen, Friend, & Kamal, 2001), 절망감(Cattell, 2001) 그리고 우울감(Soothill et al., 2001; van Teijlingen et al., 2001; Ray & Street, 2005)을 경험할 수 있다. 어떤 가족에게는 부모결연 지원(parent-to-parent support)이 정서적 지원의 주요 부분이 될 수 있다. 조기 개입 전문가는 가족에게 지지 집단에 관한 정보나 이웃의 다른 부모의 연락처를 알려 줄 수 있다. 정서적 지원을 줄 수 있는 자원을 찾고 활용하는 것은 가족이 자신감, 통제감(sense of control) 및 자존감을 갖는 데 필수적이다(Cattell, 2001; Ray & Street, 2005). 또한 가족의 공식적 지원 체계에 있는 조기 개입 전문가와 기타 전문가들은 긍정적이고 강점 중심의 자세로 가족의 이야기를 경청하고, 가족의 이야기에 반응하며 따뜻하고 친근한 태도로 가족을 대함으로써 직접적인 정서적 지원을 제공해야 한다.

물질적 지원

물질적 지원은 가족이 적절하게 기능하고 가족의 목표를 향해 나아가는 데 필요한 재정적 · 물리적 자원들에 대한 가족의 접근성을 말한다. 물질적 지원의 예로는 음식, 주거, 의복, 기저귀, 의료 기구, 탁아 시설, 장난감 등이 있다. 집이나 음식 같은 가장 기본적 욕구가 충족되지 않는 가족은 아동의 발달이나 중재와 같은 상위 수준의 요구에 집중하기 어려울 것이다(Maslow, 1954). 조기 개입 전문가가 물질적 지원을 제공할 수 있는 방식으로는 가족을 푸드뱅크나 기저귀 지원 사업 등의 지역사회 자원에 연결해 주는 것이 있으며, 보조 공학을 제공해 주는 것, 그리고 가족이 의료 혜택을 받을 수 있게 돕는 것 등이 있다.

정보적 지원

정보적 지원이란 가족이 알거나 이해해야 할 필요가 있는 것들을 위한 자원을 말한다. 가족 성원이 원하는 정보는 주로 다음의 네 가지 영역에 대한 것, 즉 ① 아동의 장애, ② 이용할 수 있는 서비스들, ③ 일반적인 아동 발달 그리고 ④ 아동에게 적용할 수 있는 전략이다(McWilliam & Scott, 2001). 어떤 가족은 이러한 주제들에 대한 정보를 거의 가지고 있지 않아서 조기 개입 전문가를 통해 이러한 정보를 얻고 싶어 한다. 또 다른 가족은 먼저 친구, 가족 또는 인터넷과 같은 다른 자원들로부터 정보를 구한 후, 조기 개입 전문가들에게는 자신이 찾은 정보에 대한 좀 더 명확한 설명이나 그 정보에 대한 안내를 기대한다. 전문가가 제공할 수 있는 또 다른 종류의 정보로는 여가 활동을 위한 아이디어, 유용할 만한 교구나 장난감의 종류, 지역사회에서 선택할 수 있는 보육 형태 등이 있다.

앞서 살펴본 세 가지 유형에 속하는 지원들은 다시 공식적 또는 비공식적 지원으로 분류할 수 있다. **공식적 지원**은 특별한 가족의 요구에 부응하기 위해 공식적으로 조직된 인력과 기관으로 구성된다(Dunst, Trivette, & Deal, 1988). 공식적 지원의 예로는 보건 전문가, 의료 전문가, 치료사, 병원, 조기 개입 프로그램 등이 있다. **비공식적 지원**은 아동의 장애가 아닌 다른 이유로 가족 삶의 일부가 된 사람들과 집단들에 의한 지원을 말한다. 비공식적 지원의 예로는 친척, 이웃, 친구, 교회, 동호회 등이 있다(Dunst et al., 1988). 가족이 가진 공식적 지원을 확인하는 작업은 어떤 공식적 지원이 추가로 필요한지를 결정할 때 매우 중요하다. 여러 연구와 조사에 따르면, 가족은 비공식적인 사회적 지원망의 일부로 이루어진 지원이 가장 유익하다고 느낀다(Dunst, 2000; National Center for Family Support, n.d.). 가족이 힘든 시기를 보낼 때 가장 많이 의지하는 것이 이러한 비공식적 지원망일 때가 많다(McDonald, Kysela, Drummand, Alexander, Enns, & Chambers, 1999). 이러한 비공식적이고 자연스러운 지원은 가족을 강하게 하고 지원하는 기본 수단이 되어야 한다(Dunst, 2000; Hobbs et al., 1984). 조기 개입 전문가는 어떤 지원이 가족의 비공식적 지원망으로부터 자연스럽게 제공되고 있는지 파악함으로써, 이미 제공되고 있는 비공식적 지원과 지역사회 자원을 대체하는 것이 아니라 보충하는 방향으로, 그리고 필요한 경우에만 공식적 지원을 제공하기로 결정할 수 있다.

지원에 관해 가족과 대화하기

가족이 본래 가지고 있는 자원, 강점 그리고 기타 지원들에 관한 정보는 개별화교육프로그램(IEP)이나 개별화가족서비스계획(IFSP)의 전반적인 과정에서 매우 중요하므로 가족과의 초기 만남에서 이러한 정보를 파악할 필요가 있다. 조기 개입 전문가와의 첫 대화에서 가족은 조기 개입을 통해 자신이 무엇을 얻을 수 있으며, 조기 개입 지원이 어떤 모습일지에 대한 감이 잡힐 것이다. 가족은 다음과 같은 질문들을 할 것이다. "아이만 지원하나요, 아니면 가족 전체도 포함되나요?" "전문가와 저는 매우 공식적이고 사무적인 관계로 지내게 되나요, 아니면 편안한 대화를 나눌 수 있는 허물없는 관계가 되나요?" "지원팀은 부모로서의 저의 능력과 노력을 믿나요, 아니면 제 아이를 지원하기 위해 제가 아직 배워야 할 것이 많다고 생각하나요?" 이러한 주제가 직접 거론되지 않는 경우에도, 조기 개입 전문가는 가족에게 지원팀과 가족이 서로 얼마나 잘 맞는지를 느끼게 할 수 있다. 우리는 조기 개입 지원이 가족 전체를 향한 것이며 이미 가족에게 활용 가능한 강점, 자원 및 지원을 기초로 성립된다는 것을 가족이 알기 원한다.

가족과의 초기 만남에서 가족이 원래 가지고 있었던 자원과 지원에 대한 질 높은 정보를 수집하는 것이 중요함을 조기 개입 전문가가 모르는 바는 아니지만, 전문가는 마감 기한과 서류 작업의 압박에 시달린다. 많은 기관과 학교는 조기 개입이나 특수교육 서비스의 대상 아동에게 요구되는 IFSP나 IEP 작성 기한을 맞추기 위해 가족과의 초기 만남에서 엄청난 양의 서류를 작성하게 한다. 이러한 서류 작업은 조기 개입 전문가의 관심을 가족 중심 절차(family-centered process)로부터 의무적으로 끝내야만 하는 결과물로 옮겨 버릴 수 있다. 서류의 압박은 지원팀으로 하여금 가족의 자원과 지원을 이해하는 데 필요한 정보를 얻기 위한 면담은 생략한 채, 전통적으로 써 오던 체크리스트나 질문지만 사용하게 만들 수 있다. 또한 지원팀은 조기 개입에 대한 결정을 내리는 IFSP나 IEP 회의를 하는 날까지 자원과 지원에 대한 질문을 미룰 수도 있다. 안타깝게도, 이처럼 서둘러 작성된 지원팀의 목록은 거의 모두 비슷해 보인다(예: '거주지 양호' '이동수단 양호' '의료처치 적절' '탁아상황 적절')(Jung & Baird, 2003). 이러한 지원 목록은 가족에게 적합한 중재를 수립하는 데 필요한 의미 있는 정보를 제공해 주지 못한다.

그렇다면 IFSP와 IEP 작성 기한의 압박을 고려할 때 조기 개입 전문가는 어떻게 해야 강점, 자원 및 지원에 대한 가족과의 대화를 촉진할 수 있을까? 전문가에게는 가족의 자원과 지원을 판별하기 위한 간단하면서도 시간적으로도 효율적인 방법이 필요하다. 체크리스트를 사용하거나 공식적인 IFSP나 IEP 회의 때 급하게 논의를 끝내는 대신, 조기 개입 전문가와 가족은 가족에게 도움이 될 자원과 지원에 대해 양질의 토론을 할 수 있어야 한다. 이러한 대화는 공식적 조기 개입 지원을 적용하는 최상의 방법을 체계적으로 계획하게 해 준다. 생태지도를 작성하는 것은 이를 가능하게 하는 한 가지 방법으로, 전문가가 전통적인 질문지 형태의 접수 서류에서 느끼곤 했던 공허감에서 벗어나 자연스러운 감정과 더욱 편안한 대화를 할 수 있는 기회를 제공해 주는 방법이다. 생태지도 작성은 20~30분 안에 완성할 수 있는 시간적으로 효율적인 과정이다.

생태지도

생태지도란 한 개인의 가족 관계, 자원, 지원, 각 구성원의 상대적 장점 등에 관한 도식이다(Hartman, 1978; Olsen, Dudley-Brown, & McMullen, 2004). 생태지도는 1975년 앤 하트먼(Ann Hartman)이 미국의 미시간 대학교에서 사회복지사로 일할 때 그 업무의 일부로 개발한 것이다(Hartman, 1995). 하트먼은 인간 생태 이론을 기초로 하여 사람이 만드는 사회적 관계와 사회 체계를 나타내는 도구로서 생태지도를 개발하였다. 원래 생태지도는 사회복지사가 가족이 없는 상태에서 그 가족의 관계들을 떠올릴 수 있게 도와주는 도구였다. 그러나 생태지도가 면담 도구로서 갖는 가치에 대한 인식이 급속히 퍼졌고(Hartman, 1995), 생태지도의 유용성 덕분에 사회복지학(예: Hartman, 1995; Early et al., 2000), 간호학(예: MacDonald & Callery, 2008; Ray & Street, 2005; Rempel, Neufeld, & Kushiner, 2007), 심리학(예: Christiansen, Wittenborn, Kavakurt, Abdullah, & Zhang, 2007) 등과 같은 많은 영역에서 생태지도가 사용되어 왔다. 모든 학문 영역과 목적을 막론하고, 생태지도의 시각적 영향력은 매우 유용하다(Hartman, 1995).

또한 생태지도는 다양한 관계가 어떻게 시작되었는지, 관계의 본질이 시간이 따라 어떻게 달라지는지 등에 관한 심도 있는 대화를 할 수 있는 발판을 제공한다. 생태지도를 만드는 과정에는 대화와 반성(reflection)이 포함되기 때문에, 전통적인 설문지와 척도를 이용할 때보다 라포(rapport)가 잘 형성될 가능성이 크다. 하트먼(1995)은 가족지원을 위한 진단과정에서 생태지도를 활용하면 전통적인 면담 때와는 달리 가족이 판단받고 있다는 느낌 때문에 위압감을 갖는 일이 일어나지 않음을 발견하였다. 오히려 가족은 생태지도의 활용을 통해 전문가가 자신의 상황을 이해하고 싶어 한다는 것을 알게 되었다.

이 과정의 결과물이 그림이기 때문에, 이 그림에서는 한 가족의 성원과 이들 간의 관계가 가시적으로 표현되어 가족으로 하여금 스스로를 새로운 방식으로 보게 해 준다. 어떤 가족에게는 생태지도가 가족을 안심시키는 역할을 한다. 이들은 "어머, 제가 이렇게 많은 것을 가지고 있다는 걸 미처 깨닫지 못했어요." 혹은 "세상에나, 저는 제 삶을 이런 식으로 생각해 본 적이 없어요." 등과 같은 깨달음을 말하곤 한다(Hartman, 1995: 117). 다른 가족 역시 생태지도가 도움이 되었음을 말한다. "이제야 제가 왜 그렇게 힘들었던 것인지를 알겠어요. 모든 것이 나에게서 시작되어 외부로 흘러가고 있었군요." 대부분의 가족은 가족 생태지도를 만드는 과정을 즐기며, 그 복사본을 갖고 싶어 한다(Hartman, 1995). [그림 1-1]은 유아특수교육을 받고 있는 3세 아동을 성원으로 하는 한 가족의 생태지도의 예다.

문헌에 따르면, 생태지도를 작성하는 방식에는 세 가지 유형이 있다. 즉,

① 전문가가 가족의 참여 없이 자신의 관점에 따라 작성, ② 가족이 전문가의 도움을 받으면서 작성, ③ 가족과 전문가가 협력적 과정을 통해 작성(Hartman, 1995)하는 형태다. 조기 개입에서는 협력적으로 작성하는 방법이 가족의 자원과 지원을 파악하는 데 가장 유익하다. 특히, IFSP는 가족의 강점, 자원, 우선순위를 기반으로 작성되는 것이기 때문에 이 과정에서 유일하게 중요한 것은 가족의 관점이다. 가족의 자원과 관계망에 대한 전문

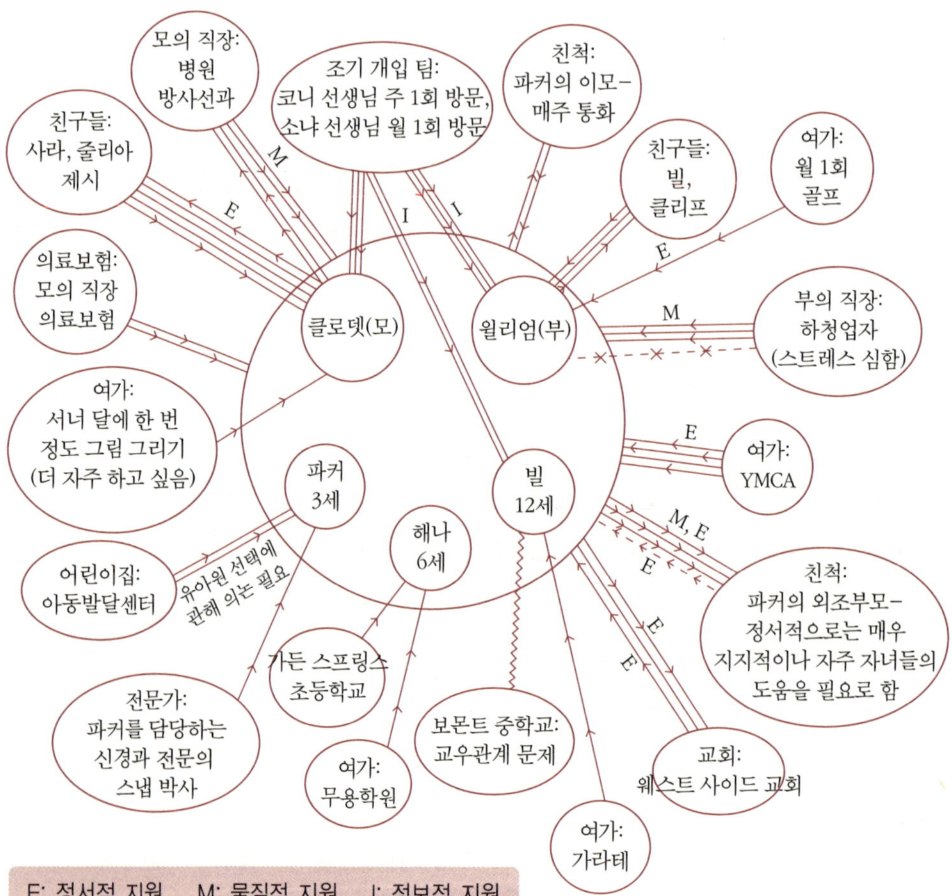

E: 정서적 지원, M: 물질적 지원, I: 정보적 지원

[그림 1-1] 생태지도의 예

가의 관점은 그리 중요치 않다. 가족이 생태지도 작성에 주도적 역할을 하는 것은 가족이 이 과정을 전적으로 이끌게 된다는 점에서 좋은 일이기는 하지만, 생태지도가 가족과의 초기 만남에서 작성되는 것임을 고려할 때 가족이 주도적 역할을 하기란 쉽지 않다. 이런 이유로 다음에서는 생태지도를 협력적으로 작성하는 과정을 설명하였다.

생태지도 개발 준비

생태지도는 작성이 간편한 도구라서 연습이나 준비가 거의 필요하지 않다. 가족과 함께 생태지도를 개발하기 위한 가장 좋은 준비는 자기 자신의 생태지도를 그려 보는 것이다(Hartman, 1995). 자신의 지도를 그려 보고 나서 친구나 동료와 좀 더 연습을 하고 나면, 서비스를 제공받을 가족과 함께 이를 시도해 볼 자신감이 생길 것이다(Hartman, 1995). 서비스를 제공받을 가족에게 생태지도를 사용하려 할 때, 이미 어느 정도 관계가 형성된 가족부터 해 보는 것도 하나의 방법이다. 먼저, 줄이 없는 종이 한 장을 준비한다. 많은 사람이 A4 크기의 종이보다 큰 종이를 선호한다. 어떤 사람은 그림을 그릴 공간이 넓고, 반으로 접으면 일반적인 서류철에 보관할 수 있다는 점에서 B4 크기의 종이를 선호한다. 또 어떤 사람은 시간을 아끼기 위해 동그라미와 범주가 이미 그려져 있는 복사된 생태지도를 선호한다(Hartman, 1995). 아무것도 그려져 있지 않은 빈 종이를 사용할 경우, 각 가족마다 상황이 다름을 고려하여 여러 개의 동그라미를 그리되, 범주는 만들지 않고 두는 것도 좋은 방법이다. 개인적인 생각으로는 생태지도 안에 들어갈 동그라미를 미리 그려 놓는 것보다는 가족과의 만남 중에 그리는 것이 더 좋은데, 이는 그렇게 함으로써 생태지도가 그 가족만의 고유한 것이 될 수 있기 때문이다.

생태지도 작성

기초 작업

조기 개입 전문가는 가족과 생태지도 작성을 할 때 생태지도의 목적과 그 과정을 설명해야 하는데, 이에 조기 개입 전문가는 다음과 같이 말할 수 있다.

> 조기 개입 서비스가 가족에게 도움이 되려면, 제가 가족에 대해 좀 더 잘 알아야 합니다. ○○(아동 이름)의 가족이 가지고 있는 자원과 지원을 이해하게 되면, 그러한 자원을 어떻게 활용할 것인지, 어머니께서 원하시는 다른 자원이 있는지, 그리고 조기 개입 서비스가 어떻게 이를 도울 수 있는지에 대해 우리가 이야기를 나눌 수 있습니다. 괜찮으시다면, 저는 어머니의 도움을 받아 ○○ 가족의 생태지도를 그려 보면서 가족이 가진 지원을 알아보고 싶습니다. 생태지도는 일종의 가족사진 같은 것입니다. 우리는 어머니의 친구, 친척, 어머니께서 하시고 싶은 일, 어머니의 직업, 보건 전문가 등에 대해 여러 동그라미를 함께 그릴 것입니다. 그다음에는 각각이 얼마나 큰 지원, 자원 또는 스트레스가 되는지에 따라 여러 개의 선을 이용하여 그 동그라미들을 가족 동그라미와 연결시킬 것입니다.

이후 가족에게 질문이 있는지 묻고, 이 과정은 가족의 자발적 참여 의사에 따라 선택하는 것임을 가족이 이해하고 있는지 확인하는 동시에, 가족에게 참여하고 싶은지를 묻는다. 다음에서는 생태지도의 작성 과정을 세 가지 주요 과제로 나누어 설명하였다. 즉, ① 사람 및 사회적 관계망 파악하기, ② 관계 결정하기 그리고 ③ 지원의 유형과 흐름 묘사하기 등이다. 〈부록 1-1〉에는 생태지도 작성을 위한 체크리스트를 제시하였다.

사람 및 사회적 관계망 파악하기

면담은 한 집에 살고 있는 사람에 관해 질문하는 것으로 시작된다. 각 성원마다 동그라미를 하나씩 그린다. 각 성원의 동그라미 안에는 그 사람의 나이를 적어 두는 것이 좋다(Hartman, 1995). 나는 주로 가족 중에 아동의 나이만 적어 둔다. [그림 1-1]의 생태지도 예시를 보면, 클로뎃이 어머니이고, 윌리엄이 아버지 그리고 파커, 해나, 빌이 세 자녀다. 각 구성원의 동그라미를 하나씩 그린 후에는 가족 전체를 둘러싸는 원을 하나 그린다.

다음으로, 사회적 관계망에 있는 사람들과 체계를 표시하는 다른 동그라미들을 가족 동그라미 바깥쪽에 그린다. 〈표 1-1〉은 가족이 활용할 수 있는 일반적인 지원 유형을 보여 주고 있다. 이 표는 친밀한 관계에게서 받는 비공식적 지원부터 시작하여 아래로 내려갈수록 먼 관계에게서 받는 공식적 지원이 나열되는 방식으로 구성되어 있다. 비공식적이고 자연스러운 지원이 더 중요하므로 이것들에 대해 먼저 묻는 것이 좋다. 가장 가까운 이들의 지원망(예: 가족, 친구)에 대한 논의가 이루어지고 나면, 면담자는 그다음으로 가까운 지원망(예: 여가 활동, 직장)에 대해 논의할 수 있으며, 이런 식으로 모든 지원이 논의될 때까지 계속하면 된다. 지원 유형에 따라 지면을 구성하면, 각 유형별 지원의 상대적 지원 횟수를 명확히 알 수 있다. 예를 들어, 비공식적 지원에 해당하는 모든 동그라미는 윗쪽에 배치하고, 공식적 지원에 해당하는 모든 동그라미는 아랫쪽에 배치하며, 그 중간에 해당하는 동그라미들은 양쪽 옆 부분에 배치할 수 있다.

조기 개입 전문가는 면담을 하는 동안 가족이 일반적인 시스템에 대해 생각할 수 있도록 촉진하기 위해 친구, 가족, 여가 프로그램, 교회, 직장, 학교, 보육기관, 보건기관 등의 예를 들 수 있다. 예를 들어, 친구에 관한 대화를 촉진하기 위해 전문가는 "많은 분이 생태지도에 친구들을 포함시킵니다. 가족 성원 중 누군가의 친구도 좋고, 가족 전체의 친구도 포함될 수 있습니다. 여기에 포함될 친구가 있나요?"라고 물을 수 있다. 가족은 〈표

〈표 1-1〉 가족지원 제공자

범 주	예
핵가족	배우자나 파트너, 자녀, 그 외 함께 사는 이들
친척	고모(이모), 삼촌(외삼촌), 사촌들, 조부모
비공식적 관계망	친구, 이웃, 교회나 직장 친구
사회 기관과 활동	교회, 사교 모임, 여가 활동
일반 전문가	보건 서비스 제공자, 보육기관, 학교
특수 전문가	조기 개입 전문가, 치료사, 의료 전문가
정책 입안자	기관장, 국회의원, 학교 위원회

출처: Dunst, Trivette, & Deal(1988). Copyright 1988 by Brookline Book.

1-1〉에 제시된 범주들 외에 각자에게만 해당되는 범주를 생각해 낼 수도 있다. 각 범주마다 동그라미를 하나씩 그린 다음, 그 안에 범주 이름(예: 친구, 친척, 직장 친구)과 그 관계나 지원의 성격을 잘 알 수 있게 해 주는 이름이나 문구 등의 세부 사항을 적어 넣는다. 같은 범주에 속하는 동그라미를 여러 개 그릴 수도 있다. 예를 들어, 아동의 어머니와 아버지가 각기 다른 교회에 나간다면, '교회' 동그라미를 2개 그려서 각각에 다른 내용을 써 넣으면 된다.

관계 결정하기

사회적 관계망을 파악하고 나면, 조기 개입 전문가는 가족이나 가족 성원이 각각의 관계망과 어떤 관계를 맺고 있는지에 대한 이야기를 시작해야 한다. 『아메리칸 헤리티지 사전(The American Heritage Dictionary of the English Language)』(2000)은 '관계(relationship)'를 "서로를 대하는 것과 관련하여 사람들 간에 존재하는 특정 유형의 결속"이라고 정의하고 있다. 생태지도의 선들은 지도에 포함된 사람들이나 사회적 관계망과 그 가족 간에 존재하는 관계를 표시한다. 선은 관계의 성격이 가족 전체와 관련된 것인지 한 개인에게만 관련된 것인지에 따라 가족 전체를 하나의 단위로 한 개체와 연결시키기도 하고, 구성원 중 한 개인만을 한 개체와 연결시키기도 한다. 예를 들어, 앞서 제시한 생태지도에서 빌과 클리프는 아버지의 친구들이므로 그의 동그라미에 직접 연결되어 있다. 반면, 교회는 가족 전체가 가진 자원이자 지원이므로 가족 단위 전체에 해당하는 동그라미에 연결되어 있다. 하트먼(1995)은 가족과 그 가족이 속한 환경 안에 존재하는 사람들 및 시스템 간에 존재하는 관계의 특징이나 강도를 표시하기 위해 몇 가지 유형의 선들을 사용한다. 실선은 긍정적이거나 의미 있는 관계를 뜻하고, 점선은 약하고 깨지기 쉽거나 약간의 문제가 있는 관계를 말하며, 꼬불꼬불하게 꺾인 선은 스트레스나 갈등의 관계를 뜻한다.

이 세 가지 종류의 선만 사용해도 사회복지 분야에서 분석을 하는 데는 부족함이 없겠지만, 면담을 촉진하는 도구로 사용할 때에는 가족과 사회복지사가 아쉬움을 느낄 수도 있다(Hartman, 1995). 나 역시 그렇게 느끼고 있으며, 선을 좀 더 다양화하여 관계가 얼마나 긍정적인지 또는 강력한지를 표현할 방법이 필요하다. 호지(Hodge, 2005)와 마찬가지로, 나 역시 선의 개수가 많을수록 결속력이 강한 관계나 지원을 의미하도록 관계의 강도를 선의 개수로 표시하는 방법이 유용하다고 생각한다. 어떤 이들은 선의 굵기로 관계의 강도를 표시하기도 하는데(Wright & Leahey, 2000), 선의 개수로 표현하는 것이 가족의 삶에 존재하는 지원의 강도를 가족이 어떻게 다르게 인식하는지에 대한 명확한 정보를 제공해 줄 뿐 아니라, 더 쉽고 빠르다. 레이와 스트리트(Ray & Street, 2005)는 생태지도에 사용하는 선의 개수를 1~3개까지로 제한하였는데, 경험에 의하면 선의 개수에 제한을 두지 않아야 가족이 표현하고자 하는 지원의 정도가 뚜렷이 드러날 수 있었다.

시스템에서 가족 전체 또는 가족 성원들을 향해 선이 모두 그려지면, 각 관계에서 전달되는 지원의 유형을 묘사하는 세부 사항을 그 선에 써 넣으면 된다(Hartman, 1995). 조기 개입은 물질적 · 정서적 · 정보적 지원을 결집시켜 이 지원을 조화롭게 조정하여 제공하는 것(McWilliam & Scott, 2001)이므로, 지원의 유형이나 선에 직접 표시한 유형들을 개인적으로 선호한다. 나는 약자를 활용하여 물질적 지원은 'M'으로, 정서적 지원은 'E'로, 정보적 지원은 'I'로 표시한다. 이런 방식으로 각 유형별 지원이 어느 정도 접근 가능한지를 한눈에 볼 수 있게 된다.

[그림 1-1]에서 제시한 생태지도의 예에서 어머니는 사라, 줄리아, 제시를 가장 친한 친구로 들고 있다. 어머니는 그 친구들에게 다섯 겹의 선을 그렸다. 이 친구들과의 친밀한 우정에서 정서적 지원이 오가고 있으므로 어머니와 나는 이 선에 'E'라고 써 넣었다. 이와 같이 약자를 사용하면 필요할 경우 메모를 써 넣을 공간이 생기게 된다. 이 부부는 파커가 다니는 어린이집에 매우 만족하고 있었으나, 이번 가을부터는 가든 스프링스 초등학교에 설치된 유아반에 다닐 수도 있음을 알고 있다. 딸 해나가 바로 그 초등학교를 다니고 있기는 하지만, 부부는 이 학교에 설치된 유아반에 대해서는 별로 아는 것이 없기 때문에 그곳으로 가는 것이 좋을지 아직은 확신하지 못하고 있다. 조기 개입 전문가는 어린이집과 파커를 연결하는 선에 올 가을부터 파커를 유아반으로 옮길 것인지의 여부에 대해 의논해야 할 필요가 있다고 메모를 해 두었다.

지원의 흐름 묘사하기

관계를 나타내는 각 선(들)에서 화살표의 방향은 자원, 에너지 또는 관심의 방향을 뜻한다. 양방향 화살표는 지원을 주고받는다는 것을 뜻한다. 가족에게 제공되는 자원과 가족이 제공하는 자원의 강도와 유형을 구분하기 위해 하나의 관계 안에서도 다양한 형태의 선이 사용될 수 있다. 예를 들어, 가족에게서 나가는 선은 실선으로 그리고, 가족을 향해 들어오는 선은 점선으로 그릴 수 있다. [그림 1-1]의 생태지도에서 이 가족과 파커의 외가를 연결하는 실선과 점선을 보면, 가족은 외가에 많은 지원과 에너지를 제공하지만 외가로부터 가족에게 주어지는 지원은 미미함을 뜻한다.

생태지도의 활용

중재 계획

생태지도를 만드는 과정에서 알게 된 정보는 장애 아동을 위한 중재계획의 주요 기반이 된다. 모든 중재의 설계는 아동뿐만 아니라 가족에게 잘 맞는 것이어야 한다. '울퉁불퉁한 표면을 걷는 기술'을 예로 들어 생각해 보자. 이 기술의 발전을 돕기 위한 중재 방법은 여러 가지가 있을 것이다. 아마도 지금 바로 당신은 울퉁불퉁한 표면을 걷는 기술을 증진시킬 10개의 활동을 생각해 내고 있을 것이다. 그러나 우리가 생각해 낼 수 있는 모든 방법이 모든 가족에게 적절하지는 않을 것이다. 오히려 우리는 가족생활 중 울퉁불퉁한 표면을 걸을 기회를 고려해 보아야 한다. 이 가족의 삶에서 아동이 이 기술을 필요로 하는 곳은 어디인가? 집에서나, 혹은 아동이 자주 가는 장소에서 이 기술을 증진시키는 데 도움이 될 자원으로는 어떤 것이 있는가? 지원팀은 생태지도를 만드는 동안, 그리고 그 이후에도 계속 이러한 질문에 답하면서 가족에게 가장 적절한 방법을 선택하게 된다. 이러한 방식으로 지원팀은 가족이 가장 편안하게 실행할 수 있고, 가족이 이미 가지고 있는 자원을 활용하며, 가족이 이미 하고 있거나 하고 싶어 하는 큰 계획에 잘 맞는 중재를 설계할 수 있을 것이다.

부가적인 지원의 필요 여부 결정

생태지도의 주요 초점은 지원과 자원을 판별하는 것이지만, 이 과정에서 이미 가진 자원과 필요한 자원 간의 격차가 확연히 드러나는 경우가 발생한다. 다양한 지원을 동원하고 조정하여 제공하는 것은 아동을 잘 양육하여 아동의 발달과 가족의 성과를 향상시키는 가족 역량의 주요한 한 부분이다 (Dunst, Trivette, & Deal, 1994). 매슬로(Maslow, 1954)의 연구를 살펴보면, 조기 개입 전문가의 최우선 과제는 가족의 가장 기본적인 요구를 다루는 것이다. 또한 우리는 비공식적 지원과 공식적 지원의 상대적 효과 때문에 공식적 지원보다는 비공식적 지원을 통해 가족의 요구를 충족시키려 노력하는 조기 개입 전문가가 가족에게 더 도움이 된다는 것을 알고 있다. [그림 1-2]는 현장 전문가가 가장 기본적인 요구를 파악한 다음, 그 요구를 비공식적 지원과 연결시키는 과정을 안내하고자 할 때 사용할 수 있는 모델이다.

예를 들어, 음식, 주거, 안전 그리고 건강에 관련된 가족의 요구가 충족되었다면, 그다음 기본 요구는 아동과 가족에 대해 누군가에게 의논을 하고 싶은 어머니의 바람일 것이다. 이 어머니는 적절한 이동 수단이 없는 고립된 지역에 살고 있어서 친구를 사귀거나 사회적 상호작용을 할 기회를 별로 갖지 못하는 처지일 수 있다. 조기 개입이라는 공식적 지원도 어머니가 원하는 정서적 지원을 일부 제공해 주기는 하겠지만, 이 요구를 충족시킬 수 있는 자연스러운 지원이 있을지 찾아보는 것이 더욱 바람직할 것이다. 여기에는 지역사회에서 구해 볼 수 있는 교통수단과 사교 모임을 조사하는 일도 포함될 것이고, 어머니를 다른 어머니와 연결시켜 전화로 대화를 나누고 가끔씩 저녁시간을 함께 보내는 등의 활동을 통해 관계를 이어가게 하는 일도 포함될 수 있을 것이다. 〈표 1-2〉는 필요한 지원을 논의할 때 사용할 만한 질문들로, 하트먼과 레어드(Hartman & Laird, 1983)가 제안한 것이다.

가족의 요구		지원의 출처		
		비공식적 ——→ 공식적		
기본 요구	음 식	배우자/파트너, 친구, 가족, 이웃; 교회 친구나 직장 동료	동호회, 사교 모임; 교회, 기타 종교 모임; 봉사단체; 어린이집; 학교	조기 개입 프로그램; 치료사; 의료 서비스 제공자; 의료 전문가; 병원
(↓)	주 거			
	안 전			
	건 강			
	소속감			
	의사소통/이동			
	교 육			
	영 성			
상위 요구	자율성			
	생산성			

[그림 1-2] 가족의 요구와 활용 가능한 지원의 연결

〈표 1-2〉 중재 계획을 시작하기 위해 생태지도를 검토하면서 고려해 볼 질문

1. 이 가족은 기본적 요구를 충족시킬 만한 충분한 수입이 있는가?
2. 음식과 주거가 적절한가?
3. 이 가족이 살고 있는 동네는 안전한가?
4. 이 가족은 예방적 의료 서비스와 의료적 자원을 쉽게 이용할 수 있는가?
5. 이 가족은 자신들이 필요로 하는 의사소통 수단과 자원이나 지원을 얻기 위한 이동 수단을 가지고 있는가?
6. 이 가족은 가족, 친구, 지역사회 기관들과 긍정적인 관계를 맺고 있는가?
7. 가족 성원은 어떤 형태로든 집단 활동을 하는가?
8. 이 가족은 주변 사람들과 문화적 가치를 비롯한 여러 유형의 가치를 공유하는가?
9. 이 가족은 아동과 성인이 가지고 있는 교육 기회에 만족하는가?
10. 가족 성원은 직업을 가지고 있는가? 이들은 그 일에 만족하는가?
11. 가족 성원은 새로운 일을 시작하여 능숙해질 때까지 배우거나 어떤 것에 공헌하는 데 자부심이나 만족감을 얻는가?

출처: Hartman & Laird (1983: 166)에서 수정 발췌. Copyright 1983 by the authors. 허가하에 게재함.

미래 목표 결정

전문가는 현재의 지원을 알아보기 위한 생태지도 이외에도 가족이 자신의 환경이 어떻게 변하기를 바라는지 보여 주는 미래 생태지도(future ecomaps)를 가족과 함께 만들어 볼 수 있다. 조기 개입 전문가는 가족이 생태지도의 변화를 바라는지의 여부와 만약 바란다면 어떻게 변하기를 바라는지에 관해 이야기를 나눌 때 여러 문제를 고려해 볼 수 있다. 이미 완성된 생태지도에 여백이 있다면 다른 색깔의 펜을 이용하여 원하는 변화나 추가 사항을 기입해 넣는 속성 방식으로 미래 생태지도를 만들 수도 있다. 또는 가족이 원하는 변화에 대해 이야기한 것을 면담자가 메모해 넣을 수도 있다. 가족이 필요하다고 말한 지원이나 생태지도에서 강화하고 싶다고 한 영역들은 IEP나 IFSP의 장기목표를 작성할 때 사용될 수 있다.

성과의 평가 및 변화의 측정

생태지도는 보관해 두었다가 나중에(예: IFSP나 IEP를 수정할 때) 다시 꺼내 보면서 관계와 지원이 어떻게 변했는지를 알아보는 데에도 사용될 수 있다. 하트먼(1995)은 사람들이 초기 면담에서 만들었던 생태지도를 시간이 지나서 다시 보게 되면 이를 바꾸고 싶어 한다는 사실을 발견하였다. 어떤 사람은 자신이 빠뜨렸던 사람이나 지원을 추가하고 싶어 하고, 또 다른 사람은 관계의 변화나 제공되는 지원 유형의 변화를 나타내기 위해 선을 수정하고 싶어 했다. 하트먼은 가족이 먼저 생태지도를 재검토하자고 요구하여 이를 수정했던 여러 가지 사례를 설명하였다. 이들은 자신의 삶에서 중요했던 관계가 어떻게 변했는지를 지도에 나타내고자 했다. 생태지도를 수정하거나 완전히 새로 작성함으로써 가족이 가진 전반적인 지원의 변화를 즉각 알 수 있게 된다. 가족이 자원과 지원을 검토하는 일에 이 정도 수준의 관심을 보이게 되는 것은 전통적인 질문지나 평정 척도를 이용했을 때보다는 생태지도를 이용했을 때인 경우가 훨씬 많다.

조기 개입의 성격 명료화

생태지도의 검토는 기대하는 조기 개입 지원의 성격을 논의할 기회도 제공한다. 앞서 제시한 생태지도에서 파커 어머니는 조기 개입팀에서 시작되는 3개의 선을 그렸다. 이 선들이 부모와 장남(빌)에게는 연결되어 있지만, 파커에게는 연결되어 있지 않음에 주목해 보자. 생태지도에 나타난 시각적 정보를 통해 실질적으로 지원을 제공받는 사람이 누구인지 논의함으로써 우리(가족과 면담자)는 그 선이 파커에게 연결되는 것이 적절하지 않다고 결론지었다. 이는 이 가족에게 제공되는 조기 개입이 서비스 모델(services model)에 의한 지원이 아닌 가족중심 지원(family-centered support)이라는 팀의 이해를 다시 한 번 확인시켜 주는 강력한 시각적 자료가 될 수 있다. 또한 조기 개입 제공자가 부모와 주 양육자에게 가족, 친구 및 지역사회 지원 등에 관해 질문을 함으로써 조기 개입 지원이 아동만이 아니라 가족 전체를 지원하는 것임을 명백히 보여 주게 된다.

결론

생태지도는 조기 개입 전문가가 가족의 생태를 파악하고, 이를 바탕으로 종합적인 중재와 지원 계획을 세우게 해 주는 효과적이고 효율적인 방법이다. 장애 아동의 현재 발달 상태에 대한 정보를 얻는 것도 중재를 계획할 때의 필수적인 요소이지만, 가족의 환경을 이해하는 것 역시 동일하게 중요하다. 가족의 환경은 가족에게 의미 있고 적절하게 중재를 설계하고 지원을 조정하는 데 필요한 퍼즐의 핵심적인 한 부분이다. 이 정보를 가진 조기 개입 전문가는 전통적인 발달 검사를 통해 아동의 기술 수준을 판별하고 이에 맞는 중재전략을 고안하는 것에서 멈추지 않는다. 가족의 친분, 자원, 지원에 관한 정보는 조기 개입 전문가로 하여금 가족 전체의 요구에 부응할 수 있고 접근 가능한 자원과 지원을 최대한 활용한 중재를 가족과 함께 설계하려면 자신에게 무엇이 필요한지를 알게 해 준다. 또한 가족의 자원, 지원 및 강점을 명확하게 이해하는 조기 개입 전문가는 아동의 발달적 요구뿐 아니라 가족 전체의 요구를 충족시킬 수 있는 포괄적인 중재를 설계할 수 있다.

참고문헌

The American Heritage Dictionary of the English Language (4th ed.). (2000). Boston: Houghton Mifflin.

Aoun, S. (2004, May). *The hardest thing we have ever done: The social impact of caring for terminally ill people in Australia: Full report of the National Inquiry into the Social Impact of Caring for Terminally Ill People.* Canberra, Australia: Palliative Care Australia.

Baider, L. Ever-Hadani, P., Goldzweig, G., Wygoda, M., & Peretz, T. (2003). Is perceived family support a relevant variable in psychological distress: A sample of prostate and breast cancer couples. *Journal of Psychosomatic Research, 55,* 1-8.

Bernheimer, L. P., & Keogh, B. K. (1995). Weaving interventions into the fabric of everyday life: An approach to family assessment. *Topics in Early Childhood Special Education, 15,* 415-433.

Bronfenbrenner, U. (1979). *The ecology of human development.* Cambridge, MA: Harvard University Press.

Cattell, V. (2001). Poor people, poor places, and poor health: The mediating role of social networks and social capital. *Social Science and Medicine, 52,* 1501-1516.

Christiansen, A., Wittenborn, A., Karakurt, G., Abdullah, S., & Zhang, C. (2007). Exploring relationships: An eco-map activity for adult survivors of incest. In L. L. Hecker & C. F. Sori (Eds.), *The therapist's notebook: Vol. 2. More homework, handouts, and activities for use in psychotherapy* (pp. 159-168). New York: Haworth Press.

Dunst, C. J. (2000). Revisiting "rethinking early intervention." *Topics in Early Childhood Special Education, 20,* 95-104.

Dunst, C. J. (2007). Early intervention for infants and toddlers with developmental disabilities. In S. L. Odom, R. H. Horner, M. E. Snell, & J. Blacher (Eds.), *Handbook of developmental disabilities* (pp. 531-551). New York: Guilford Press.

Dunst, C. J., Trivette, C. M., & Deal, A. (1988). *Enabling and empowering families: Principles and guidelines for practice.* Cambridge, MA: Brookline Books.

Dunst, C. J., Trivette, C. M., & Deal, A. (1994). Resource-based family-centered intervention practices. In C. J. Dunst, C. M. Trivette, & A. G. Deal (Eds.), *Supporting and strengthening families: Methods, strategies and practices* (pp. 140-151). Cambridge, MA: Brookline Books.

Early, B. P., Smith, E. D., Todd, L., & Beem, T. (2000). The needs and supportive networks of the dying: An assessment instrument and mapping procedure for hospice patients. *American Journal of Hospice and Palliative Care, 17,* 87-96.

Hartman, A. (1978). Diagrammatic assessment of family relationships. *Social Casework, 59,* 465-476.

Hartman, A. (1995). Diagrammatic assessment in family relationships. *Families in Society, 76,* 111-122.

Hartman, A., & Laird, J. (1983). *Family-centered social work practice.* New York: Free Press.

Hodge, D. R. (2005). Developing a spiritual assessment toolbox: A discussion of the strengths and limitations of five different assessment methods. *Health and Social Work, 30*(4), 314-323.

Jung, L. A., & Baird, S. M. (2003). Effects of service coordinator variables on individualized family service plans. *Journal of Early Intervention, 25,* 206-218.

MacDonald, H., & Callery, P. (2008, March). Parenting children requiring complex care: A journey through time. *Child: Care, Health, and Development, 34,* 207-213.

Maslow, A. H. (1954). *Motivation and personality.* New York: Harper & Row.

McDonald, L., Kysela, G. M., Drummond, L., Alexander, J., Enns, R., & Chambers, J. (1999). Individual family planning using the family adaptation model. *Developmental Disabilities Bulletin, 27*(1), 16-29.

McWilliam, R. A., & Scott, S. (2001). A support approach to early intervention: A three-part framework. *Infants and Young Children, 13*(4), 55-66.

National Center for Family Support. (n.d.) *Essential features of family support programs.* Retrieved January 11, 2006, from www.familysupport-hsri.org/resources/r_essentials-2.html.

Olsen, S. J., Dudley-Brown, S., & McMullen, P. (2004). The case for blending pedigrees, genograms, and ecomaps. Nursing's contribution to the "big picture." *Nursing and Health Sciences, 6*(4), 295-308.

Ray, R. A., & Street, A. F. (2005). Ecomapping: An innovative research tool for nurses. *Journal of Advanced Nursing, 50,* 545-552.

Rempel, G., Neufeld, A., & Kushner, K. (2007, November). Interactive use of genomes and ecomaps in family caregiving research. *Journal of Family Nursing, 13,* 403-419.

Soothill, K., Morris, S. M., Harman, J. C., Francis, B., Thomas, C., & McIllmurray, M. B. (2001). Informal carers of cancer patients: What are their unmet social needs? *MB Health and Social Care in the Community, 9,* 464-475.

Turnbull, A. P., Blue-Banning, M., Turbiville, V., & Park, J. (1999). From parent education to partnership education: A call for transformed focus. *Topics in Early Childhood Special Education, 19,* 164-172.

van Teijlingen, E. R., Friend, E., & Kamal, A. D. (2001). Service use and needs of people with motor neurone disease and their carers in Scotland. *Health and Social Care in the Community, 9,* 397-403.

Waltrowicz, W., Ames, D., McKenzie, S., & Flicker, L. (1996). Burden and stress on relatives (informal carers) of dementia suffers in psychogeriatric nursing homes. *Australian Journal on Ageing, 15,* 115-118.

Wright, L. M., & Leahey, M. (2000). *Nurses and families: A guide to family assessment and intervention* (3rd ed.). Philadelphia: Davis.

〈부록 1-1〉

생태지도 체크리스트

면담자: ____________________ 날짜: ____________________

관찰자: ____________________

〔✓=만족스러웠음, ×=실행하지 않았음, ?=실행은 했으나 그리 만족스럽지 않았음, NA=해당 사항 없음(예: 시간이 부족하여 관찰할 기회가 없는 경우)〕

면담자는 다음을 얼마나 만족스럽게 실행했나요?	✓ x ? NA	비 고
시작하기		
1. 가족에게 생태지도의 목적을 설명했다.		
2. 이 과정에의 참여는 가족의 자발적 의사에 따르는 것임을 가족에게 설명했다.		
3. 한 집에 함께 사는 사람들을 그려 넣었다.		
4. 각 자녀의 나이를 적어 넣었다.		
5. 가족 전체를 둘러싸는 동그라미를 그렸다.		
사회적 관계망 파악하기		
6. 가족이 가장 가까운 사회관계부터 가장 먼 사회관계까지 생각해 보도록 촉진했다.		
1) 친족(혈연 및 결혼으로 맺어진 친척)		
2) 비공식적 관계망(친구, 이웃, 교회 친구, 직장 동료)		
3) 사회 조직(교회, 사교 모임, 여가활동을 위한 모임, 서비스 제공 기관)		
4) 일반적 서비스 제공자(보건 전문가, 병원, 탁아 제공자, 학교)		
5) 장애 관련 전문가(특수교사, 치료사, 의료 전문가)		
7. 각 동그라미마다 적절한 지원 유형이나 세부 사항을 적어 넣었다.		
관계 결정하기		
8. 가족에게 다양한 선의 종류와 그 용도를 설명했다(이 항목은 필수 사항은 아님).		

(계 속)

면담자는 다음을 얼마나 만족스럽게 실행했나요?	✓ x ? NA	비 고
9. 가까운 지원자부터 시작하여 각 지원의 성격에 대한 논의에 따라 적절한 선을 그려 넣었다(실선, 점선, 꼬불꼬불하게 꺾인 선).		
10. 가족이 긍정적으로 묘사한 관계에 대해서는 그 관계의 강도를 논의한 후 선의 굵기나 개수로 이를 표시했다.		
11. 언급된 관계 중 해당 사항이 있을 경우, 제공되는 지원의 유형에 대해 논의하고, 각 선에 'M' 'E' 'I' 또는 이들의 조합을 써 넣고 필요한 세부 사항을 기입했다.		
12. 각 관계에 대해 자원, 에너지, 관심의 흐름을 논의하고, 이를 화살표의 방향으로 표시했다.		
활동 종결하기		
13. 가족과 함께 지원과 자원 그리고 각각의 관계를 요약하여 논의했다.		
14. 가족에게 생태지도에서 수정하고 싶은 부분이 있는지 질문했다.		
15. 지원과 관련된 가족의 만족도를 높이기 위해 지원을 모으고 조정하고 제공하는 데 조기 개입 서비스가 도움을 줄 수 있는 방법을 논의했다.		

제 2 장 일과기반 면담을 통한 가족 요구 진단

장애 유아의 가족과 일할 때 가장 먼저 해야 할 일 중 하나는 가족을 어떻게 도와야 할지에 대한 계획을 수립하는 것이다. 의미 있는 계획을 세우기 위해서는 기술과 기능을 잘 습득해야 하는 아동의 요구 및 아동의 발달과 학습을 지원해야 하는 가족의 요구를 진단하여야 한다. 일과기반 면담(routine-based interview, 이하 RBI; McWilliam, 1992, 2005)은 IFSP나 IEP에서 다루어야 할 기능적 요구를 가족이 판별하게 하는 절차다. 이 장은 기능적 요구 진단의 필요성에 대해 알아보고, RBI 준비 절차, RBI 절차, RBI의 결과를 문서화하는 방법, 결과를 IFSP나 IEP 목표와 연결시키는 방법, 실행상의 문제점과 해결책에 대한 논의를 제시하였다. 다른 장과 마찬가지로 절차의 각 단계를 설명하는 체크리스트(〈부록 2-1 참조〉)를 제시하였고, 이와 더불어 질 높은 면담의 구성요소에 관한 체크리스트(〈부록 2-2 참조〉)도 제공하였다.

기능적 요구 진단의 필요성

첫째, 우리가 기능적인 IFSP 성과나 IEP 장기목표를 필요로 하는 이유는 이것이 ① 가정, 학교(아동이 학교에 다니는 경우), 지역사회 일과에서 아동의 참여 정도 그리고 그러한 일과에서, ② 아동의 독립성, ③ 아동의 사회관계를 다루기 때문이다. 이 세 가지 영역은 자연스러운 환경에서의 조기개입을 위한 가족중심 접근에서 반드시 고려되는 영역이다. 많은 IFSP와 IEP가 이러한 영역들에 중점을 두는 대신, 인지, 의사소통, 운동, 적응기술, 사회정서 등과 같이 비교적 덜 기능적인 발달 영역을 중심으로 구성되는 경향이 있다.

둘째, IFSP나 IEP에 가족이 개입하는 방식은 ① 단순히 가족에게 우선순위를 물어본 후 그 우선순위를 그대로 포함시키거나(많은 IFSP에서 발생하는 상황임), ② 전문가가 가족에게 장기목표를 추천하고 가족은 그저 이를 따르는(많은 IEP에서 발생하는 상황임) 형태를 취하고 있다. 이 두 가지는 모두 그리 효과적인 방식이 아니며, 가족의 우선순위가 IFSP나 IEP에 제대로 반영되게 하기 위해서는 기능적 요구 진단이 필요하다. ①의 문제점은 우선순위를 판별하는 데 필요한 적절한 사고의 틀(framework)을 제공받지 못한 상태에서 단순히 우선순위에 대한 질문을 받은 가족은 구체적이고 기능적인 목표를 제대로 답하기가 어렵다는 것이다. ②의 문제점은 가족의 우선순위를 전문가가 대략 짐작해 버리거나 아예 가족의 우선순위가 고려되지 않는다는 것이다. 가족이 자신들의 우선순위를 판별하도록 지원하기 위해서는 어느 정도 사고의 틀이 제공되어야 한다(McWilliam, 2003a).

셋째, 너무나 많은 IFSP와 IEP가 지나치게 광범위하거나 지나치게 제한적인 목표를 설정하고 있는데, IFSP의 성과나 IEP의 장기목표는 광범위하면서도 충분히 구체적이어야 한다. 일과 수행에 필요한 기능을 중심으로 계획을 수립하면 광범위성과 구체성 간의 균형을 잡을 수 있다.

넷째, 우리는 기능 문제를 직접적으로 다룰 수 있는 전략이 필요하다. 간접적이고 때로는 매우 지엽적인 중재들은 지나치게 일반적인 장기목표의 부산물인 경우가 많다. 예를 들어, '피터는 또래와 놀이를 한다.'라는 장기목표를 생각해 보자. 직접적인 중재의 개념을 이해하지 못한 중재자는 문제의 본질을 감각적이거나 사회정서적인 것으로 인식하고, 이 문제의 해결을 위해 일할지도 모른다. 그 결과, 아동이 또래와 놀 수 있도록 직접적으로 가르치는 대신, 무거운 조끼를 입혀 압박감을 경험하게 하거나(감각적 접근), 애정 증진 활동을 하게 할 것이다. 이러한 쟁점은 이러한 중재자가 유능한지 아닌지를 말하려는 것이 아니라(Hoehn & Baumeister, 1994), 그러한 중재 방법이 '또래와 놀기'라는 목표를 다루는 방식으로는 너무나 간접적이라는 것을 말하려는 것이다.

다섯째, 가족이 아닌 양육자도 이러한 계획을 수립하는 데 참여하여야 한다. 정기적으로 아동을 돌보는 이들이 아동에게 학습 기회를 부여하는 것이 중요하므로, 가족 외의 양육자도 아동을 위한 계획에 일정 부분 기여할 수 있어야 한다. 이러한 기여를 가능하게 하는 하나의 방법은 이들이 아동과 함께하는 일과에서 느끼는 요구가 무엇인지 알아보는 것이다. 이런 것들이 바로 기능적 요구인데, 프로그램 계획 단계에서 이러한 요구들을 다루는 것은 가족 이외의 양육자에게 그들의 의견을 존중하고 있다는 것과 가족과 전문가가 그들을 신뢰하고 있다는 메시지를 전달하는 것이기도 하다. 정확한 기준을 정할 수는 없겠지만, 일주일에 15시간 정도를 기준으로 잡고 있다. 즉, 부모가 아니더라도 일주일에 15시간 이상 아동을 돌보는 양육자라면 요구 진단 절차에 포함하여야 한다.

지금까지 살펴본 다섯 가지 요점은 중재를 위한 기능적 기초를 제공하는 중요한 것임에도 불구하고 전통적인 IFSP나 IEP의 개발에서 제대로 다루지 않는 경우가 많기 때문에, 기능적 요구 진단은 조기 개입 및 유아특수교육 절차에 반드시 추가되어야 한다.

이 장은 그러한 기능적 요구 진단을 실행하는 과정으로서의 RBI를 설명하고 있다. RBI를 가족자원을 진단하는 데 적용하는 것에 대해서는 이전의 문헌에서 다룬 적이 있지만(McWilliam, 2005a), 이 장에서는 그 적용 범위를 좀 더 확장하여 아동의 발달 및 행동 요구와 가족의 지원 요구를 진단하는 방법의 일환으로 소개하고자 한다.

일 과

일과(routines)란 가정, 집단 양육(어린이집, 유치원 등), 지역사회에서 일어나는 매일의 활동을 말한다(Bernheimer & Weisner, 2007). 일과라는 것이 문자 그대로 매일 똑같이 반복되어야 하는 것은 아니지만, 충분히 반복적으로 발생하여 '가족생활' 또는 '학교생활'이라고 부를 수 있을 정도의 패턴을 형성하는 것이라야 일과라고 할 수 있다. 일과는 자연스러운 가족생활과 학교생활에 억지로 끼워 넣을 수 있는 수업이나 활동이 아니므로, "지금부터 이 가족에게 일과를 교육해 보려고 합니다." 하는 식의 말은 이치에 맞지 않다. 때로 "우리는 일과가 없어요."라고 말하는 가족이 있는데, 우리의 정의에 따르면 이는 불가능하다. 모든 가정에서 사람은 잠에서 깨어나고, 식사를 하고, 옷을 갈아입고, 가족끼리 놀기도 하고, 외출을 하기도 한다. 그다지 구조적이지 못한 가족이 있을 수는 있으나(즉, 일과가 규칙적이지 못한 가족), 이를 일과가 없는 가족이라고 할 수는 없다. 우리가 말하는 일과는 조기 개입에 의한 방해를 받지 않은 상태에서 발생하는 일상 활동을 말한다.

RBI

RBI란 중재를 위한 기능적 목표들을 선택하고 가족과 긍정적인 관계를 맺기 위한 목적으로, 조기 개입 전문가가 최소한 한 명의 부모를 대상으로 집과 학교 일과에서의 아동 기능과 가족 기능에 대해 질문하는 반구조화된 면담을 말한다(Dunlap, Ester, Langhans, & Fox, 2006). RBI에 대한 초기 문헌에 따르면 RBI의 전체 과정은 가족과 전문가의 준비, 면담, 목표 선택, 목표 작성 그리고 전략개발과 진보 점검(McWilliam, 1992)의 다섯 단계로 구성된다.

RBI를 위한 준비

RBI를 위한 준비란 앞으로 진행될 전체 과정과 관련하여 가족에게 여러 선택권을 부여하고 교사의 이해를 돕는 것을 말한다. 가족은 가족 일과와 그 일과 동안 각 성원들이 무엇을 하는지, 가족이 바라는 일과의 변화는 무엇인지 등을 생각해 보라는 부탁을 받게 된다(Bailey et al., 1998). 교사들 역시 이를 생각해 보라는 부탁을 받게 되는데(만약 교사가 아동과 주로 일하는 곳이 교실이라면 교실 일과도 포함하여), 특히 각 일과에서 아동의 참여, 독립성, 대인관계 등에 대해 생각해 보라는 요청을 받는다(McWilliam, 1992, 다음에 소개할 '가족 면담' 단계 중 제5단계 참조). 또한 가족은 면담이 언제, 어디에서 실시되는 것이 좋은지, 누가 면담에 참여하는 것이 좋은지 등에 대한 질문을 받게 된다.

RBI의 구조

RBI는 특별한 구조를 따르며, 몇 가지의 필수 요소를 가지고 있다. 이 요소들은 수백 회의 RBI를 실행하는 과정에서 성공적인 면담을 위해 필수적인 것이라고 입증된 것들이다. RBI에서 파생된 다양한 면담이 고안되어 왔고, 그러한 면담들도 어느 정도 효과가 있기는 하지만, 이러한 면담들은 RBI가 갖는 만큼의 유익한 결과를 내지 못한다. 예를 들어, 많은 조기 개입 전문가가 가족의 일상에 대해 질문을 한다. 그러면 가족은 일과를 하나씩 나열하고, 전문가는 각 일과를 좀 더 명확하게 알기 위한 질문을 한다. 흔히 일상에 관한 이러한 질문과 대답은 전문가가 가족을 처음 만난 초기 면담 장면에서 이루어질 뿐(Tisot & Thurman, 2002), 장기목표를 결정하기 위한 주요 요구조사 방법으로 사용되지는 않는다. 이에 반해, RBI의 질문들은 세 가지의 기능적 영역을 중심으로 이루어지며, RBI 절차의 최종 결과물은 장기목표 목록이다. RBI의 구조는 RBI 실행 체크리스트(〈부록 2-1〉 참조)에 제시되어 있다. 다음에서는 면담 부분부터 시작하여 면담 실행 체크리스트의 각 항목에 대해 살펴보고자 한다.

가족 면담

① 면담을 시작할 때 가족을 환영한 후 이번 만남의 목적을 설명한다(예: 가족의 상황을 잘 이해하고 아동과 가족에게 지원을 가장 잘 제공하기 위한 방법을 모색). 이 만남에 할애된 시간이 어느 정도인지와 이번 만남에서 부족한 부분이 있을 경우, 추가의 만남이 계획될 수 있음을 미리 알려 주는 것이 좋다.

② 면담을 시작하기 전에 주요 질문이나 염려가 있는지를 부모에게 질문

한다. 이 질문은 IFSP를 개발할 때 하는 일반적 질문과 유사하다. 이 질문은 일반적인 응답을 끌어내는 경향이 있는데, 이 단계에서 일반적인 응답이 나와도 RBI에 큰 문제는 없다. 그러나 이 응답은 지원계획을 세우기에는 충분치 않다. 가족의 염려에 대해서는 일과에 대한 질문을 하는 과정에서 그 염려에 대해 다시 물어볼 것임을 가족에게 말해 준다.

③ 가족 중 누가 가장 먼저 일어나는지 질문하는 것을 시작으로 하여 부모에게 매일의 일과를 설명해 달라고 부탁한다. 일반적인 질문의 예는 "하루의 시작은 어떤 모습인가요?" 다. 부모의 일과에 대한 질문은 가족으로 하여금 이 절차가 단순히 아동에 대한 것만이 아님을 알려주는 신호가 된다.

④ 부모의 말을 경청하고, 한 사람을 지정하여 부모의 말을 기록하게 한다. 면담 시작부터 가족이 자신의 말을 경청하고 있음을 알게 해 주는 구어적 · 비구어적 행동을 사용하는 것이 중요하다(Coulehan et al., 2001). 대화를 기록하는 것 역시 가족의 말을 경청하고 있다는 메시지를 전달한다.

⑤ 아동의 참여, 독립성, 사회관계를 알아내기 위한 후속 질문과 부모 외의 다른 가족 성원이 각 일과에서 무엇을 하는지 질문한다. 참여, 독립성 그리고 사회관계는 3대 기능 영역이다. 참여(engagement)는 아동이 맥락적 · 발달적으로 적절한 방식으로 다양한 유능성을 보이며 환경과 상호작용하는 데 보내는 시간을 뜻한다(McWilliam, Scarborough, & Kim, 2003). 일과에의 참여란 아동이 각 일과에 얼마나 질적으로 참여하느냐를 의미하며, 이는 아동의 독립성과 사회관계를 포함한다. 따라서 이 세 영역은 상호 배타적인 것이 아니다. 사회관계는 의사소통 기술과 타인과 잘 어울리는 능력을 포함한다. 면담자는 일과별로 아동과 가족 기능에 대한 세부적 정보를 얻기 위해 충분한 질문을 해야 한다.

⑥ 각 일과에 대한 논의를 마무리할 때, 가족으로 하여금 각 일과에 대한 만족도를 1~5점(매우 불만족~매우 만족) 척도로 평정하게 한다. 조기 개입의 주요 목적 중 하나는 장애 유아 가족의 삶을 증진시키는 것이어야 한다(Bailey et al., 1998). 그러한 삶의 질을 구성하는 요소 중 하나는 각 일과에 대한 가족의 만족도라고 할 수 있다. 이러한 평정은 일과기반 면담을 반복하여 실행하면서(즉, 시간의 흐름에 따라 일과기반 면담을 반복 실시) 조기 개입의 효과를 점검하는 데 유용하다는 것이 입증되었다.

⑦ 가족이 변화를 희망하는 일과나 아동, 가족이 할 수 있게 되었으면 하고 바란 것들 옆에 별표를 해 둔다. 향후 중재의 영역이 될 만한 부분에 표시를 해 두는 것은 면담을 요약하는 데 필수적이며, 이렇게 함으로써 면담자는 장기목표가 될 만한 것들을 신속하게 파악할 수 있다. 별표가 붙은 항목들은 아직은 장기목표라고 확신할 수 없지만 장기목표가 될 가능성을 가진 관심사들이다.

⑧ 충고를 피한다. 면담을 하는 동안, 부모가 전문가에게 조언을 구하는 경우도 있고 전문가가 조언을 하고 싶어질 때도 있다. 이 경우, "이런 것을 시도해 보신 적이 있나요?" 등과 같은 추후 질문(follow-up questions)의 형태로 조언을 대신함으로써 충고하기를 피할 수 있다. 그러나 충고는 대화의 역동성을 바꾸기 때문에 이를 최대한 자제하는 것은 매우 중요하다. 상담 분야에서 이건(Egan, 1994)이 제시한 유능한 조력자(skilled helper)의 단계 모델에는 탐색하기(exploring), 이해하기(understanding) 그리고 행동하기(action)의 단계가 포함된다. 초보 멘터들은 행동하기(즉, 충고하기)의 질이 탐색하기와 이해하기의 질에 달려 있다는 것을 이해하지 못한 채 곧바로 행동하기로 뛰어드는 경향이 있다(Garvey & Alred, 2000). 전문가가 조언을 하기 시작하면 부모는 조언을 듣는 입장에 서게 된다. 이러한 구도가 자리 잡게

되면, 가족은 전문가에게 확인(예: "이게 맞죠? 제가 이렇게 해야 하는 것이죠?")을 거치기 전에 자신의 일과에 대해 이야기하기를 주저하는 현상이 생기게 된다. 가족이 전문가에게 직접 조언을 구한 경우, 전문가는 정말 좋은 질문이라고 말하고 다음에 꼭 답해 드리겠다고 말하면 된다. 면담이 끝난 후, 그 질문을 잊지 않고 반드시 답을 해 주는 것은 매우 중요하다.

⑨ 가족에게 "밤에 잠 못 이루고 걱정할 때 주로 무엇에 대해 염려하시나요?"라고 묻는다. 염려에 대한 질문은 서비스 이용에 대한 사례연구들에 사용되는데(Harbin, McWilliam, & Gallagher, 2000), 가족에게 염려에 대한 질문을 편안하게 잘할 수 있는 전문가들에게는 이 질문이 RBI에 포함될 수 있는 중요한 정보를 제공하는 것으로 알려져 있다. 이 질문과 다음 질문은 가족의 감정적 요소를 자극할 수 있으므로 민감하게 다루어야 한다. 죽을 만큼 피곤해서 잠 못 이루며 깨어 있는 시간이 없다고 답하는 가족이 있을 경우, 평소에 염려하는 것이 무엇인지를 질문하면 된다. 가족의 답에 대한 관심과 공감을 보여 주기 위해 몇 가지 추후 질문을 하거나 간단한 견해를 말할 필요가 있다. 예를 들어, 이 질문에 대한 가장 보편적인 답변은 돈에 대한 것인데, 이에 대한 적절한 추후 질문은 "이와 관련하여 어려움을 경험해 보신 적이 있으신가요? 아니면, 미래를 위한 재정적인 면이 걱정된다는 의미인가요?" 정도가 될 것이다. 이에 대한 적절한 견해 서술은 "앞으로 아이에게 무엇이 필요할지 예측하기가 어렵기 때문에 재정에 대해 더욱 걱정을 하시게 되는 것 같아요." 정도가 될 것이다.

⑩ 가족에게 "삶에서 어떤 것이든 바꿀 수 있다면 무엇을 바꾸고 싶으세요?"라고 질문한다. 변화에 대한 질문은 해결중심 단기치료(solution-focused brief therapy)에서 흔히 사용되는 기적 질문의 변형이다(Popescu, 2005). 상담 분야에서 기적 질문은 "당신이 이번 상

담을 받게 된 문제와 관련하여 기적이 일어난다면, 당신의 삶은 어떤 모습이 될까요?" 와 같은 내용을 포함한다. 그러나 장애 아동의 가족에게는 이런 식으로 질문하지 않는다. '자녀가 장애를 갖지 않는 것'이라고 가족이 답을 하게 되면, 이와 관련하여 우리가 해 줄 수 있는 일이 별로 없기 때문이다. 기적 대신 변화를 질문하면, 가족들은 실제적이고 관리 가능한 것에 집중할 수 있게 된다.

⑪ 가족에게 관심 목록에 추가되어야 할 것이 더 있는지 묻는다. 일과를 이야기하면서 모든 관심사를 다룰 수는 없기 때문에 혹 지금까지 이야기한 것 외에 다른 고민이 있는지 가족에게 물어보는 것이 좋다. 일과에 대한 대화는 일과 자체에 대한 것뿐 아니라 다른 여러 정보를 끌어내기 때문에, 대부분의 경우 가족은 추가할 만한 것이 없다고 답하곤 한다.

교사 면담

교사 면담은 아동이 주당 15시간 이상을 집단 상황(즉, 다른 아동과 함께 하는 탁아 상황)에서 보낼 경우에만 실시한다. 여기서 '교사'란 어린이집이나 유아원과 같은 집단 탁아 시설에서 아동을 돌보는 모든 사람을 말한다.

⑫ 교사 면담은 가족 면담을 한 직후 연달아 하거나 가족과 RBI를 하기 직전에 실시한다(즉, RBI 이후에 해서는 안 된다). 가족과 교사가 서로 일과에 대해 이야기한 것을 들을 수 있다면 더욱 이상적이다. 이 경우, 가족이 먼저 발언하게 함으로써 가족의 관점을 가장 중요하게 여기고 있다는 것을 알게 하고, 교사의 생각에 맞춰 주어야 한다고 느끼지 않게 하는 것이 좋다. 양쪽이 모두 참석하기가 어려울 경우에는 교사를 먼저 면담해야 한다. 이것이 불가능할 경우, 두 번의 면담(가족, 교사)

이 아닌 세 번의 면담(가족, 교사, 가족)을 실시할 필요가 있는데, 이는 가족이 장기목표를 선택해야 하기 때문이다. 가족과의 두 번째 면담 때, 면담자는 교사가 말한 것을 전달하도록 한다.

⑬ 교사 면담이 좀 더 일찍 이루어졌다면, 면담자는 교사가 말한 일과에 대해 하나하나씩 부모에게 알려 주어야 한다. 특수교육이나 관련 서비스 전문가는 아동의 능력을 발달영역별(예: 인지, 의사소통, 운동, 적응, 사회성)로 보고하는 데 익숙하지만, 일과별로 범주화하는 것이 좀 더 의미 있다. 발달영역(예: 인지)은 심상으로 그리기가 쉽지 않지만, 아동이 처한 매일의 상황, 사건, 활동 등을 통해서는 가족과 교사가 아동의 삶을 쉽게 떠올릴 수 있다. 그러므로 아동의 인지 기술, 의사소통, 운동성 등을 하나하나 짚으며 아동의 기능을 보고하는 것은 그리 권할 만한 일이 아니다. 일과에 대해 논의를 하면 대화가 좀 더 기능적으로 유지될 수 있다.

⑭ 교사에게 아동의 등원(등교)부터 하원(하교)까지의 교실 일과를 하나씩 설명해 달라고 부탁한다. 교실 일과는 보통 교실 일정표에 따른다. 영아반은 일정이 그리 구조화되어 있지 않지만, 걸음마를 시작한 유아반부터는 교실 일정표에 따라 움직인다.

⑮ 교사의 말을 경청하고, 한 사람은 면담 내용을 메모해야 한다. 가족 면담과 마찬가지로 교사가 더 많은 정보를 제공하도록 격려하는 분위기를 조성하면서 면담을 하는 것이 중요하다.

⑯ 아동의 참여, 독립성 및 사회적 유능성에 대한 것과 각 일과에서 다른 아동은 무엇을 하는지 알기 위해 교사에게 추후 질문을 한다. 이 세 가지의 기능 영역들은 진단 검사의 하위 영역이라든지 물리치료, 작업치료, 언어치료 등의 치료 영역 대신 아동의 기능에 대화의 초점을 맞추게 해 준다. 다른 아동이 각 일과마다 무엇을 하는지에 대한 정보는 면담자와 가족으로 하여금 각 일과에 대한 기대수준이나 집단의

규준을 알게 해 준다.

⑰ 각 일과에 대한 설명이 끝날 때마다 교사에게 '일과와 아동 간 적합성(goodness of fit)'을 평가해 보게 한다. 가정에서의 일과와는 달리, 각 일과에 대한 교사의 만족도가 가장 중요한 쟁점은 아님에 주의하라. 예를 들어, 교사는 독창적인 시도가 허용되지 않는 대신 문제가 발생할 가능성이 적은 일과에 매우 만족할 가능성이 있다. 교사의 만족도보다 더 중요한 것은 그 일과가 개별 아동에게 유익한지의 여부다. 적합성 개념은 아동의 결점이나 활동 자체가 가진 문제점보다는 아동과 특정 일과 간의 조화에 주목하여 평가하게 해 준다.

⑱ 교사가 변화시키기 원하는 일과나 아동이 앞으로 할 수 있게 되기를 바라는 것에 별표를 해 둔다. 교사와의 면담에서도 추가의 정보 수집을 해야 하는 영역이나 교사가 말한 관심사들에 표시를 해 두는 것은 중요하며, 이렇게 해 두면 20번 항목에서 면담자가 이를 신속하게 검토할 수 있다.

⑲ 교사에게 교실 관련 관심 목록에 덧붙이고 싶은 것이 있는지 질문한다. 때때로 교사가 일과에 대해 논의한 것을 넘어서는 고민거리가 있을 때도 있다.[1)]

⑳ 부모와 함께 모든 가정 및 학교 관심 목록(특히, 별표를 해 둔 부분)을

---

1) 가장 자주 하는 질문은 "가족이 매우 비현실적인 목표(즉, 아동에게 너무 어려운 목표)를 가지고 있을 때는 어떻게 해야 하나요?"다. 이런 상황에 대한 우리의 일반적인 답은 가족의 목표를 인정해 주면서(즉, "그 목표는 노력해 볼 만한 좋은 목표네요."), 그 목표를 달성하기 위해 함께 노력해야 할 첫 번째 단계가 무엇인지 교사에게 질문해 보라는 것이다. 예를 들어, 옹알이를 하는(즉, 아직 말을 하지 않는) 자녀가 어린이집에서 하루를 어떻게 보냈는지 이야기할 수 있기를 희망한다고 말하는 가족에 대해 교사가 질문을 했다면, 면담자는 "그건 좋은 목표네요. 아동이 지금 옹알이 단계에 있음을 고려할 때, 이 아동이 그다음 단계로 할 수 있는 것은 무엇이라고 생각하세요?"라고 질문해야 한다. 필요할 경우, 면담자는 옹알이 대신 단어를 말하는 것이 기대할 만한 다음 기술이라는 것을 제안할 수도 있다. 요점은 가족의 목표를 인정해 준 후, 그 목표에 도달할 수 있는 방법을 교사들이 찾아내게 돕는 것이다.

검토하라. 검토의 목적은 가족에게 장기목표가 될 가능성이 있는 것들을 상기시키는 것이다. 이 검토는 신속히 진행되어야 한다. (역자 주-'교사 면담'이라는 제목하에 포함되어 있기는 하지만, 20번 항목부터는 가족을 위주로 한 항목이다.)

㉑ 팀이 해 주기를 바라는 것들에 대해 가족에게 질문한다. 필요할 경우 단서를 제공하라. 이 시점에서 상징적이고 다소 극적인 제스처를 취해 볼 수 있는데, 즉 그간 메모한 것(〈부록 2-2〉의 'RBI 보고서'를 사용했다면, 이 보고서에 필기한 것)을 가족에게 보여 주어 별표로 표시된 항목들을 볼 수 있게 하는 것이다. 메모를 건네주는 행위는 면담자가 가족에게 숨기는 것이 아무것도 없으며, 협력자라는 것을 보여 준다. 전문가가 아니라 가족이 장기목표를 선택한다는 것을 명심하라. 면담자는 메모한 것을 수정 · 보완할 수도 있고 그렇지 않을 수도 있다. 이 메모는 공식적 문서로 보관되는 것은 아니다.

㉒ 가족에게 가장 도움이 필요한 목표(즉, 최우선 목표)가 무엇인지 묻는다. 이 질문에 가족이 답을 한 후, 그다음으로 우선적인 목표는 무엇인지 묻는다. 이런 식으로 가족이 계획에 포함시키기 원하는 모든 관심사의 우선순위를 정한다. 예상할 수 있다시피, 많은 가족이 가족 단위의 목표를 거의 마지막 순위에 두는 것이 일반적이지만, 이 단계는 의외의 우선순위를 보여 주기도 한다. 모든 장기목표에 똑같은 관심을 기울이기는 어렵기 때문에 목표들의 우선순위를 정하는 것은 조기개입에서 매우 중요하다.

㉓ 부모가 모든 목표를 선택한 후 시간이 허락된다면, 전문가가 그 목표들을 어떻게 다룰지에 대해 정보를 나눌 수 있다(즉, 전략 계획). 시간이 없을 경우, 이를 위해 별도의 시간을 마련할 수도 있다. 어떤 지역에서는 '전략'이 IFSP가 완료되기 전에 필요할 수도 있다. 많은 IFSP 양식에는 각 장기목표에 대한 전략을 쓸 칸이 있으며, 그 칸에 무엇을

기입해야 하는지에 대한 지침은 주(state)마다 다르다. 일반적으로 전략은 목표를 다루기 위해 팀이 사용할 절차를 말한다(예: '전적인 신체적 촉진' '하루에 4회 이상의 놀이 시간'). 이러한 중재계획 단계에서는 한두 가지의 일반적 전략이면 충분하다. 처음으로 조기 개입 서비스를 받는 아동의 경우, 구체적 전략을 이끌어 낼 수 있는 기능적 평가를 하기에는 IFSP나 IEP 개발 절차가 너무 빨리 이루어진다. 그 이후에라도 전략들이 개발되면 바로 IFSP에 추가되어야 한다.

㉔ 팀과 함께 서비스를 결정할 시간(즉, 이번에 정할지, 다음에 한 번 더 회의를 할지)을 의논한다. 이는 장기목표 선택 절차만큼은 아니지만(목표에 따라 서비스가 결정되는 것이지, 서비스에 따라 목표가 결정되는 것이 아니므로) IFSP에서 매우 중요한 부분이다.

㉕ 참여한 모든 이에게 귀한 시간을 내 준 것에 대해 감사를 표한다. 가족이 결정한 장기목표 목록이 얼마나 훌륭하고 기능적인지에 대해 칭찬하라. 실제로 RBI가 잘 진행되었다면 장기목표 목록도 잘 작성되었을 것이다.

지금까지 살펴본 25가지 항목은 아동의 적격성이 결정된 후, 기능적 요구를 진단하는 절차를 설명한 것이다. 장기목표 목록은 IFSP 또는 IEP를 완성하기 위한 기초가 된다.

성공적 면담의 핵심

성공적 면담의 첫 번째 요점은 RBI 보고서(〈부록 2-2〉 참조)를 따르거나 면담의 구조를 충실하게 잘 지키는 것이다. 앞서 말한 것처럼, 면담을 간소화하면 만족스러운 정보를 얻을 수 없고, 장기목표도 빈약해진다.

면담의 질은 상당 부분 추후 질문의 질에 달려 있다. 추후 질문은 한마디로 정의할 수는 없는 것으로, 가족마다 추후 질문이 달라질 수 있으며 면담자의 관심사와 배경에 따라서도 달라질 수 있다. 많은 추후 질문은 아동이 일과에 어떻게 참여하는지를 알아내기 위한 폐쇄형 질문이다(예: "그 시간에 ○○가 이것을 하나요?"). 면담자는 관련성이 있는 추후 질문을 하기 위해 아동 발달과 가족 기능에 대해 충분한 지식을 가지고 있어야 한다. 일과 및 아동-일과 간 적합성에 대한 만족도를 알아보기 위한 질문은 매우 강력한 것이다. 가족과 교사의 인식을 평정하는 것은 단순히 질문만 하는 것보다 진일보한 것이라 할 수 있다.

다양한 비구어적 행동들도 중요하다. 면담자는 질문에 대해 주로 답하게 될 사람의 오른쪽에 앉는 것이 좋은데, 이는 부모로 하여금 면담자가 필기하는 것을 보기 쉽게 하고 눈맞춤을 용이하게 하는 동시에 눈길을 돌리기도 편하게 해 준다. 주 면담자는 메모하는 종이를 세워서 들고 있지 말고 탁자나 책상에 놓음으로써 가족이 원할 때 그 내용을 볼 수 있게 해야 한다.

다음은 몇 가지 팁이다.

- 긴장을 풀어라: 검열하듯이 질문하지 않도록 한다.
- 진정한 관심을 보여라: 형식적으로 면담하는 것처럼 보이지 않아야 한다.
- 공감하라: 무표정하게 있지 말라.
- 수용하라: 판단하지 말라. 아마 이것이 가장 중요한 팁일 것이다.
- 당신의 강점을 활용하라: 모든 사람의 유형이 같다고 생각하지 말라. 당신이 재미있는 사람이면 유머를 사용하고, 스킨십을 잘 하는 사람이면 스킨십을 활용하라. 상대방에게 진심으로 대하라. 스스럼없고 우호적인 태도로 접근을 할 때 성공적인 면담이 될 가능성이 크기 때문에 무뚝뚝하고 격식을 중시하는 유형의 사람은 면담을 어렵게 느낄 수도 있다.

핵심 진술과 질문

앞에서 RBI의 구조에 대해 이미 설명하였으나, 다음의 핵심 진술과 질문들을 기억해 두면 도움이 될 것이다.

- **답하고 싶지 않은 질문에는 꼭 답하지 않아도 됩니다.** 우리는 가족의 사적인 부분에 대해 질문을 하게 되기 때문에 이런 말을 해 주는 것이 중요하다. 이것은 가장 먼저 해야 하는 말이다. 하지만 대부분의 가족은 매우 개방적이다.
- **가족 성원이 어떻게 되나요?** 가족 성원에 대해 이전에 들은 것이 없다면 이 질문은 필수적이다. 각 일과마다 가족 내 각 성원의 기능을 질문해야 하기 때문이다.
- **자녀에 대해 간단하게 설명해 주세요.** 이 질문을 여러 방식으로 변형시켜 가족에게 물어보면 아동의 장애를 좀 더 잘 이해할 수 있다. 면담자는 이전의 서류에서 이미 이에 대한 정보를 알고 있을 가능성이 많지만, 가족이 자녀를 어떻게 묘사하는지 들어보는 것은 도움이 된다.
- **가장 염려되는 것은 무엇인가요?** 이 질문은 IFSP 장기목표 설정을 위해 전통적으로 가족에게 해 왔던 개방형 질문에 해당하는 것이다. IFSP에서 사용되었던 이 질문은 그다지 도움이 되지 않았으며, 두세 개의 어설픈 장기목표를 이끌어 내는 정도의 기능밖에는 하지 못했다. 그러나 RBI 미팅을 시작할 때 가족이 가장 염려하는 것이 무엇인지 알아내는 것은 매우 중요하다. 최종적으로 결정되는 장기목표들은 이러한 염려를 반영할 때도 있고 그렇지 않을 때도 있다.
- **하루를 어떻게 시작하시나요?** 부모에게 하루가 어떻게 시작되는지를 묻는 것은 이 모든 절차가 서비스 대상인 아동뿐 아니라 모든 가족을 위한 것임을 보여 주는 것이다.

- **각 일과별로 다음의 여섯 가지 주요 정보를 수집한다.** 일과 중에 아동 외의 다른 가족 성원들은 무엇을 하는지, 아동은 무엇을 하는지, 아동의 참여는 어떠한지, 아동의 독립성은 어떠한지, 아동의 사회적 관계는 어떠한지, 그 일과가 얼마나 만족스러운지 또는 아동과 얼마나 잘 맞는지 등이다.
- **그래서 어떻게 되었나요?** 한 일과에서 다른 일과로 대화가 전이되는 것을 잘 다루어 가족이 자신의 생활에 대한 그림을 그릴 수 있게 해야 한다. 특정 일과들을 하나하나씩 따로 질문하는 것은 지양하도록 한다.
- **~로 넘어가 볼까요?** 면담이 너무 오래 지속될 경우, 면담자는 현재의 화제를 건너뛰고 하루 중 좀 더 이후에 일어날 것으로 생각되는 일과에 대해 말해 달라고 요청할 수 있다.
- **아까 말씀하신 염려들을 다시 한 번 요약해 볼게요.** 일과에 대한 설명이 끝나고 염려하는 것과 변화를 원하는 것에 대한 질문이 끝나면('가족 면담'의 ⑨, ⑩번 항목) 면담자는 메모한 것을 훑어보면서 별표해 둔 부분을 언급한다.
- **팀이 함께 노력해야 할 과제는 무엇이라고 생각하세요?** 이 질문은 장기목표 목록을 개발하기 위한 것이다. 면담자는 가족의 말을 신속하게 메모하되, 종종 가족이 사용한 용어나 표현을 포함시킨다.
- **필요 시, 면담 중에 제기된 쟁점을 부모에게 다시 한 번 언급한다.** 별표해 둔 부분이 포함된 필기 내용을 가족에게 보여 주는 것도 한 가지 방법이다.
- **이 중 가장 중요한 것은 무엇인가요? 그다음으로 중요한 것은 무엇인가요?** 가족에게 우선순위를 묻는 것으로 장기목표 선정 절차를 마무리한다.

결과 기록

RBI는 원래 추가의 서류작업이라는 부담이 없이 개발되었다. 흥미롭게도, 조기 개입 전문가는 서류작업을 싫어하지만, 그렇다고 해서 서류가 없으면 당황해한다. RBI 보고서(McWilliam, 2003b)는 일과에 대해 무엇을 질문해야 할지에 대한 지침을 제공하고자 개발되었다. 이 책에 제시한 최신 서식은 초기 서식에 장기목표 란과 응답을 돕기 위한 질문을 추가한 것이다.

RBI 보고서

RBI 보고서를 활용하는 방법은 〈부록 2-2〉의 안내문에 제시되어 있다. 안내문에는 일과를 기록하는 페이지에 두 가지 형태, 즉 ① 논의되고 있는 일과라든지, 질문해야 할 구체적 질문을 명시하지 않은 개방형 서식, ② 가정의 일과와 구체적 질문을 포함한 구조화된 서식(〈부록 2-3〉 'RBI-SAFER 종합질문' 참조)이 있다고 서술되어 있다. 이 구조화된 서식은 RBI 보고서와 일과 내 가족행복 진단척도(Scale for Assessment of Family Enjoyment within Routines: SAFER; Scott & McWilliam, 2000)를 통합한 것이다. RBI 보고서는 개방형 서식 한 장만 포함하고 있지만, 이는 여러 장 복사하여 사용할 수 있다. 이 보고서를 다른 사람도 열람할 수 있는 공식적 문서로 작성할지, 아니면 면담자가 면담을 원활하게 진행해 나가도록 돕는 도구로만 쓸 것인지는 가족과 프로그램 제공 기관이 결정할 수 있다.

RBI의 비공식적 성과의 예

다음은 RBI를 통한 실제 성과의 예다. 이 목록은 면담에 임한 부모가 말한 것을 바탕으로 면담자가 작성한 것을 그대로 옮긴 것이다. 이 목록에 포함된 각 항목은 측정 가능한 문장으로 고쳐 쓸 수 있는데, 이에 대해서는 다음 절에서 설명하였다.

사례 1 줄리아 어머니의 우선순위

① 줄리아가 자신의 요구를 표현하는 것(마실래요, 아파요, 먹을래요, "더", 놀아요, TV, 나갈래요).
② 다양한 음식(예: 채소 및 과일들)을 골고루 먹는 것
③ 손 씻고 물로 헹구는 것
④ 책에 나오는 물체를 변별하거나 신체 부위의 명칭을 아는 것(줄리아의 인지 발달을 알아보기 위함)
⑤ 줄리아가 좋아하는 활동(예: 공원에서 놀기)에서 다른 활동으로 잘 전이하는 것
⑥ 치료 서비스들을 어머니가 좀 더 통제할 수 있게 되는 것
⑦ 어머니가 장기간의 탁아를 필요로 할 때(예: 치료를 위한 입원) 아이를 맡길 곳

사례 2 캐런의 목표

① 소리내기(예: 아빠와 놀 때, 기저귀 갈 때, 책 읽어 줄 때, 놀이를 할 때, 먹을 때)
② 엄마, 아빠가 책을 읽어 주거나 놀아 주거나, 먹을 것을 줄 때 반응 보이기
③ 손 뻗기(예: 마루에서 놀거나 목욕할 때, 수영을 배울 때, 음악을 들을 때,

밥 먹을 때)

④ 장난감을 잡기 위해 뛰어가기, 물 튀기기(예: 놀이시간, 목욕시간)

⑤ 앞에 있는 물건을 잡기(예: 음악을 들을 때, 목욕할 때, 밥 먹을 때)

⑥ 앞구르기, 뒤구르기, 팔 굽혀 펴기(예: 놀이시간)

⑦ 도움받지 않고 혼자 앉기(음악을 들을 때, 목욕할 때, 밥 먹을 때)

⑧ 다른 엄마들은 아이를 재울 때 어떻게 하는지에 대한 정보

⑨ 부모만을 위한 시간 갖기

사례 3 에릭에 대한 어머니의 목표

① 물지 않기

② 원하는 것(예: 밖으로 나가기, 학교에서의 전이 시간, 기타 선호 활동)을 얻기 위해 행동이 아닌 말이나 기타 대안적인 수단을 사용하기

③ 활동에 조금 더 오래 집중하기(예: 간식시간, 점심시간, 이야기 듣기 시간, 교사 주도의 활동, 자유놀이, 책상에서 하는 활동)

④ 발가락이 휘는 증상에 대한 정보 및 기타 건강 관련 자료

⑤ 활동 간의 전이를 좀 더 유연하게 하기

⑥ 숟가락을 뒤집지 않고 위쪽으로 향하게 사용하기(예: 아침식사 시간, 기타 간식 시간)

⑦ 옷 벗기(예: 목욕시간)

⑧ 마당이 있고 안전한 동네로 이사하기

RBI에서 IFSP나 IEP의 장기목표 설정하기

이 장에서 제시된 지침에 따라 실행된 RBI는 IFSP나 IEP를 위해 이상적이라 할 수 있는 매우 기능적인 장기목표를 세울 수 있게 해 준다. 그러나 책무성(accountability) 준거를 충족시키기 위해서는 각 문구를 좀 더 다듬

어야 할 필요가 있다. 조기 개입 전문가 중 일부는 이러한 준거에 의해 가족 친화적인 방식으로 장기목표를 서술하기가 어려워졌다고 생각하기도 한다. 이와는 반대로, 가족은 중재 목표가 정확히 무엇인지에 대해 별로 관심이 없고, 언제 그 목표가 성취되었는지에 대해서도 그다지 개의치 않는다고 생각하는 것(역자 주-즉, 구태여 가족이 이해하기 쉽게 하려고 신경 쓸 필요가 없다고 생각하는 것) 역시 그리 적절한 것은 아니다. 기능적인 장기목표를 어떻게 서술할 것인지에 대한 자세한 지침을 제공하는 것은 이 책의 범위를 벗어난다. 하지만 다음의 7단계는 우리가 했던 연수 이후에 많은 기관에서 채택했던 것들이다.

아동을 위한 장기목표 작성 단계

기능적 장기목표는 당연히 기능적 진단에서 비롯된다. 단순히 문장을 잘 만든다고 해서 비기능적인 목표가 기능적인 목표로 바뀌는 것은 아니다. 이 경우, 단순히 잘 작성된 비기능적인 목표가 세워지는 것뿐이다. 기능적이면서 가족중심적인 요구 진단은 기능적 목표를 세우는 데 필수적이다.

① 가족중심의 기능적 요구 진단(예: RBI) 중에 요약형으로 적어 두었던 목표를 읽는다.

이러한 진단을 하게 되면 가족이 우선으로 선택한 여러 관심사를 알게 된다. 면담자는 IFSP에 들어갈 정확한 문장을 고려하지 말고 일단 가족이 우선하는 관심사들을 신속하게 적어 둔다. 예를 들어, 죽만 먹는 다르시의 부모가 RBI에서 말한 목표는 '음식물 씹기'일 것이다.

② 그 목표들이 어떤 일과에 영향을 미치는지 찾아낸다.

RBI가 끝나면 당연히 이를 파악할 수 있다. 앞의 예에서 부모는 점심식사와 저녁식사 때 그리고 식당에 갔을 때 다르시가 단단한 음식을 먹을 수 있기를 바라고 있다. 다르시의 부모는 자신들이 매우 바쁜 아침식사 시간에는 죽 형태의 음식을 먹이는 것에 만족하기 때문에 아침식사 때는 이 목표를 그리 중요시하지 않는다.

③ "○○이는 ~(특정 일과)에 참여할 수 있다."라고 쓴다.

이는 필라델피아에 있는 토머스 제퍼슨 대학교의 유명한 작업치료사이자 교사이자 학자인 핍 캠벨(Pip Campbell)이 제안한 것으로, 그는 일과에의 참여를 매우 중시한다. 일과기반의 진단이 행해졌다면, 아동과 관련된 장기목표의 대부분은 이런 형태로 서술하는 것이 가능하다. 앞의 예로 서술해 보자면, '다르시는 아침식사, 점심식사 그리고 외식에 참여할 수 있다.'라고 쓸 수 있을 것이다. 이때 주의할 점은 행동군(behavior class)이 아니라 아동이 참여할 일과를 중심으로 문장을 기술하는 것이다. 예를 들어, 앨런이 누나와 노는 것이 우선적 목표이고, 이러한 목표행동이 요구되는 일과가 아침식사와 저녁식사를 기다리는 시간일 때, '앨런은 누나와 잘 놀 수 있다.'라고 쓰는 것이 아니라 '앨런은 아침식사와 저녁식사 전의 노는 시간에 참여할 수 있다.'라고 써야 한다.

④ "~(구체적 행동)을 함으로써"라고 쓴다.

이 부분에는 구체적 행동을 명시한다. 다르시의 예로 표현하면, '음식을 씹고 삼킴으로써'라고 쓸 수 있을 것이다.

⑤ 아동이 그 기술을 습득했음을 확인할 수 있는 준거를 쓴다.

습득 준거를 생각해 내는 간편한 방법 중 하나는 "아동이 이 기술을 습득했음을 확인하기 위해서는 어떤 일이 일어나야 하는가?"라는 질문을 생각해 보고 그에 대한 답을 쓰는 것이다. 이것이 첫 번째 측정 가능한 준거다. 다르시가 씹고 삼킬 수 있다는 것을 우리는 어떻게 알 수 있는가? 다르시가 씹기를 한 횟수를 세고 있어야 할까? 씹기는 육안으로 관찰하기도 어려울 뿐 아니라 입안에 든 음식의 분량에 따라 씹는 정도가 달라진다. 팀은 씹기(그리고 삼키기)가 발생했는지의 여부를 부모가 판단하게 하는 동시에 섭취한 분량을 준거로 삼기로 하였다. 팀은 부모가 적정량이라고 판단한 한 컵을 준거로 제시하였다. 즉, 다르시가 한 컵의 음식을 씹고 삼키는 방식으로 먹었다면, 우리는 다르시가 음식을 씹고 삼키는 것을 할 수 있게 되었다고 판단할 것이다. 따라서 준거는 '다르시가 한 컵의 음식을 씹고 삼키면서 먹었다면, 이 기술을 습득했다고 할 수 있다.'와 같은 문장으로 진술될 것이다.

⑥ 일반화와 유지, 또는 유창성(적절한 경우)에 대한 준거를 추가한다.

다르시가 일부 시간이나 장소에서 한 컵의 음식을 씹고 삼킬 수 있게 되는 것이 우리가 바라는 것의 전부일까? 그렇지 않다. 여러 일과에 걸쳐 일반화되어야 한다는 준거는 미리 장기목표 내용에 포함되어 있어야 한다. 우리는 다르시가 점심식사 및 저녁식사 때와 식당에 갔을 때 한 컵의 음식을 씹고 삼키며 먹을 수 있기를 바란다. RBI와 같은 일과 중심 진단의 특성상, 여러 일과에 걸친 일반화는 두 번째 준거가 된다. 일반화는 대상자, 교재, 장소 등을 달리하는 방식으로 프로그램을 구성할 수도 있다(Stokes & Baer, 1977). 일반화 준거 대신 행동의 비율(즉, 유창성)을 준거로 삼는 것이 더 적절한 경우도 있다. 예를 들어, 걸음마를 이제 막 시작한 아동의 부모가 아동이 지금보다 더 빨리 걸을 수 있기를 원하는 경우, 준거는 아동이 20초 내에 10걸음을 걷는 것으로 잡을 수 있다. 유지 준거는 아동이 이미 배운 기술을 더 이상 하지 않아서 부모가 걱정을 하는 경우에 설정하게 된다.

⑦ 언제까지 이 목표가 성취되어야 하는지 쓴다.

예를 들어, '다르시는 12월까지 점심시간에 한 컵의 음식을 씹고 삼킨다.' '1월까지 저녁시간에 한 컵의 음식을 씹고 삼킨다.' '2월까지 식당에서

한 컵의 음식을 씹고 삼킨다.'라고 썼다고 가정해 보자. 이것이 우리가 원하는 것일까? 그렇지 않다. 다르시가 씹고 삼키기를 할 수 있는지 알아보기 위해서는 일주일 이내에 각각의 장면에서 다르시가 어느 정도 하고 있는지를 봐야 한다. 정확한 측정 준거는 예상치를 제안하는 것임을 명심하라. 이 제안이 저절로 되는 것은 아니다. 우리가 기초선(즉, 아동이 이미 할 수 있는 것)을 알고 있다면, 적절한 준거를 정하는 데 도움이 된다. 기초선 없이 준거를 정해야 한다면, "(아동이) 우수한 성취를 이루기 위해서는 현실적인 목표를 세워야 한다."는 일반적인 원칙에 근거하여 목표를 세울 수밖에 없다(Earley & Lituchy, 1991). 다르시를 위한 목표 문장은 다음과 같이 써 볼 수 있다. '다르시는 음식을 씹고 삼키면서 아침식사, 점심식사, 식당에서의 외식에 참여할 것이다. 다르시가 일주일 이내에 씹고 삼키는 방식으로 이 세 장면에서 한 컵의 음식을 먹는다면 이 목표를 성취한 것으로 판단할 수 있다.'

RBI를 처음으로 접한 어떤 전문가는 이와 같이 측정 가능한 목표를 세우는 것이 어렵지 않을까 하고 걱정하기도 한다. 그러나 지금까지 살펴본 것처럼, '씹기와 삼키기'라는 일반적 목표는 ① 매우 측정 가능하고, ② 특정 일과에의 참여를 촉진하는 기능적인 것이다.

가족을 위한 목표

가족을 위한 목표가 반드시 측정 가능한 것일 필요는 없지만, 어느 정도까지는 측정 가능해야 한다. 일반적으로, 우리는 한 가지 준거만을 세운다. 문장 서술을 좀 더 다듬어야 하는 아동 목표와 달리, 가족 목표는 가족이 실제로 했던 표현과 거의 유사한 경우가 많다. 〈표 2-1〉은 요약형 문장으로 서술된 목표를 IFSP에 맞는 표현으로 바꾼 예를 보여 준다.

이 분야는 미국 「공법 99-142」가 통과되었을 때, 그 법에서 기대했던 만큼의 가족 목표를 아직 개발하지 못하고 있다(Garwood, 1987). 이러한

〈표 2-1〉 요약형 문장으로 서술된 목표를 IFSP에 맞는 표현으로 바꾸기

요약형 문장	IFSP에 적절한 문장
엄마 혼자만의 시간 필요	3개월 동안 2주에 한 번은 엄마가 육아에서 벗어나 2시간 동안 자신만의 시간을 갖는다.
부모와 함께 외출	캐머런의 부모는 6월과 9월에 자녀를 동반하지 않고 둘이서만 외출할 기회를 갖는다.
안전한 주거	모렐리스 가족은 가족의 재정 상태에 적합하며 안전한 주거형태 정보 세 가지를 제공받는다.
여행용 의자가 들어갈 밴 구입	아버지는 6월까지 리키의 여행용 의자가 들어갈 수 있는 밴을 구입한다.
엄마의 구직	메리 엄마는 11월까지 최소한 주 20시간 일할 수 있는 직장에 취업한다.

실패에는 IEP 정신(IEP mentality)의 탓도 있다. IEP 정신은 "체제(system)는 아동의 목표 달성을 위한 자원(예: 서비스)을 제공하여 아동의 계획 안에 있는 각 목표를 달성할 책임이 있다."라는 것이다(Turnbull et al., 2007). 그러나 IFSP 정신은 이러한 생각의 노선을 따라서는 안 된다. IFSP에서는 "영유아와 그 가족을 위해 성취되어야 할 것으로 기대되는 측정 가능한 결과나 목표"가 포함되어야 한다(IDEIA, 2004, PL 108-446, Part C, Sec. 636(d)(3)). 몇몇 주에서 사용하는 IFSP 서식은 목표와 서비스를 일대일 대응시키는 방식으로 만들어져 있으나, 이 법에는 그러한 내용이 포함되어 있지 않다. IFSP에 명시된 내용은 "영유아와 그 가족의 고유한 요구를 충족시키는 데 필요한 구체적인 조기 개입 서비스에 대한 서술"이 포함되어야 한다는 것이다. 서비스 조정(service coordination) 또는 기타 유형의 조기 개입 서비스도 가족이 그들만의 '고유한 요구'를 충족시켜 나가는 데 도움을 줄 수 있다(McWilliam, 2006; Roberts, 2006). 정보 제공도 그러한 도움 중 하나가 될 수 있다. 우리는 부모가 자신들만의 시간을 갖거나 외출을 할 때, 아이를 봐 주거나, 안전한 주거를 제공해 주거나, 차를 사 주거나,

부모에게 일자리를 만들어 주어야 할 의무는 없다. 그러나 우리는 가족의 요구를 다루기 위해 정서적 지원을 제공하고 재정적으로 도움이 될 만한 것이나 기타 자원에 대해 정보를 제공할 수 있다.

실행의 문제점과 해결책

RBI를 실행하기 위해서는 각 기관이 IFSP나 IEP의 개발 절차에서 RBI를 언제 실시할 것인지를 결정해야 한다(McWilliam, 2005a). RBI는 첫 방문 시, 평가 시, 평가와 IEP/IFSP 모임 사이, IEP/IFSP 모임 중 어느 때라도 실시할 수 있다. 두 번째 시기(평가 시)를 택하는 기관이 점점 증가하고 있기는 하지만, 대부분의 경우 세 번째 시기(평가와 IEP/IFSP 모임 사이)를 택하는 편이며, RBI 중에 부모가 말한 내용을 근거로 검사지를 작성한다.

적격성 검사를 받은 아동의 10% 이상이 부적격한 것으로 판명된다면, 그 기관은 RBI를 하기 전에 선별(screening)이나 적격성 판정 절차의 실시를 고려해 보아야 한다. 서비스를 받을 자격이 안 되는 아동에게 RBI를 실시하는 것은 비용 낭비이며, 가족에게도 잘못된 정보를 줄 수 있다.

각 모임마다 참석자 구성이 다양할 수 있지만, 참석자 구성을 어떻게 할지에 대해서는 가족이 결정해야 한다. RBI에 반드시 아동이 참석해야 하는 것은 아니다. 가족에게는 RBI를 하는 동안 외부로부터의 방해 요소가 최소화되는 것이 좋다는 것을 미리 말해 두되, 어쩔 수 없는 상황이라면 부담을 갖지 않게 한다. 면담은 혼자서도 할 수 있지만, 2명의 면담자가 있으면 더 좋다. 두 명이 면담을 할 때 다른 한 면담자는 추가 질문을 하거나 메모를 하는 것, 방해 요소를 다루는 것, 필요한 경우 발달 검사를 실시하는 것 등의 역할을 한다.

결 론

RBI는 조기 개입 전문가, 유아특수교육 교사와 행정가들이 기능적인 중재 계획을 세우고 가족과 긍정적인 관계를 형성하기 위해 사용할 수 있는 강력한 도구다. RBI를 실시할 때 주 서비스 제공자 접근(primary service provider approach)이 필수적인 것은 아니지만, 이러한 전략은 초학문적 모델(transdisciplinary model)의 철학적 기초를 세우게 해 준다. 이러한 철학적 기초는 "아동은 많은 시간을 함께 보내는 양육자로부터 매 순간 학습하기 때문에 서비스를 위한 가정방문이나 서비스 회기 사이의 시간에도 양육자를 지원할 수 있는 서비스가 계획되어야 한다."는 원리를 포함한다. RBI는 아동과 가족 기능에 대한 풍부한 정보를 얻게 해 줌으로써 중재 계획(즉, 전략) 수립을 용이하게 해 준다. 이 정보는 전문가로 하여금 사용 가능한 전략을 구상하게 해 주며, 가족은 우선순위별로 정리된 기능적 목표들을 검토하면서 그 전략들을 배워 간다. 면담을 위한 만남 자체가 정보의 교환이자 가족에 대한 격려이며, 모든 가족 성원에 대한 관심이다. 그러나 이 모든 것은 RBI에서 비롯된 기능적 중재 계획에서부터 시작된다.

참고문헌

Bailey, D. B., McWilliam, R. A., Darkes, L. A., Hebbler, K., Simeonsson, R. J., Spiker, D., et al. (1998). Family outcomes in early intervention: A framework for program evaluation and efficacy research. *Exceptional Children, 64,* 313-328.

Bernheimer, L. P., & Weisner, T. S. (2007). "Let me just tell you what I do all day....": The family story at the center of intervention research and practice. *Infants and Young Children, 20*(3), 192-201.

Coulehan, J. L., Platt, F. W., Egener, B., Frankel, R., Lin, C., Lown, B., et al. (2001). "Let me see if I have this right....": Words that help build empathy. *Annals of Internal Medicine, 135,* 221-227.

Dunlap, G., Ester, T., Langhans, S., & Fox, L. (2006). Functional communication training with toddlers in home environments. *Journal of Early Intervention, 28*(2), 81-96.

Earley, P. C., & Lituchy, T. R. (1991). Delineating goal and efficacy effects: A test of three models. *Journal of Applied Psychology, 76*(1), 81-98.

Egan, G. (1994). *The skilled helper: A problem-management approach to helping* (4th ed.). Pacific Grove, CA: Brookes/Cole.

Garvey, B., & Alred, G. (2000). Developing mentors. *Career Development International, 5*(4/5), 216-222.

Garwood, S. G. (1987). Politics, economics, and practical issues affecting the development of universal early intervention for handicapped infants. *Topics in Early Childhood Special Education, 7*(2), 6-18.

Harbin, G. L., McWilliam, R. A., & Gallagher, J. J. (2000). Services for young children with disabilities and their families. In J. P. Shonkoff & S. J. Meisels (Eds.), *Handbook of early intervention* (2nd ed., pp. 387-415). Cambridge, UK: Cambridge University Press.

Hoehn, T. P., & Baumeister, A. A. (1994). A critique of the application of sensory integration therapy to children with learning disabilities. *Journal of Learning Disabilities, 27,* 338-350.

Individuals with Disabilities Education Improvement Act. (2004). Public Law 108-446, Part C, Sec. 636 (d)(3).

McWilliam, R. A. (1992). *Family-centered intervention planning: A routines-based approach.* Tucson, AZ: Communication Skill Builders.

McWilliam, R. A. (2003a). Giving families a chance to talk so they can plan. *News Exchange, 8*(3), 1, 4-6.

McWilliam, R. A. (2003b). *RBI report form.* Nashville, TN: Vanderbilt University Medical Center.

McWilliam, R. A. (2005). Assessing the resource needs of families in the context of early intervention. In M. J. Guralnick (Ed.), *A developmental systems approach to early intervention* (pp. 215-234). Baltimore: Brookes.

McWilliam, R. A. (2006). What happened to service coordination? *Journal of Early Intervention, 28*(3), 166-168.

McWilliam, R. A., Scarborough, A. A., & Kim, H. (2003). Adult interactions and child engagement. *Early Education and Development, 14,* 7-27.

Popescu, B. (2005). Paradigm shift in the therapeutic approach: An overview of solution-focused brief therapy. *Europe's Journal of Psychology,* February. Retrieved from www.ejop.org/archives/2005/02/paradigm_shift.html

Roberts, R. N. (2006). Wow! Models of service coordination do make a difference. *Journal of Early Intervention, 28*(3), 169-171.

Scott, S., & McWilliam, R. A. (2000). *Scale for assessment of family enjoyment within routines (SAFER).* FPG Child Development Institute, University of North Carolina at Chapel Hill (available at www.siskin.org).

Stokes, T. F., & Baer, D. M. (1977). An implicit technology of generalization. *Journal of Applied Behavior Analysis, 10*(2), 349-367.

Tisot, C. M., & Thurman, S. K. (2002). Using behavior setting theory to define natural settings: A family-centered approach. *Infants and Young Children, 14*(3), 65-71.

Turnbull, A. P., Summers, A. J., Turnbull, R., Brotherson, M. J., Winton, P., Roberts, R., et al. (2007). Family supports and services in early intervention: A bold vision. *Journal of Early Intervention, 29*(3), 187-206.

〈부록 2-1〉

RBI 실행 체크리스트

면담자: ____________________ 날 짜: ____________________

관찰자: ____________________ 점 수: ____________________

목표: 85% 이상(이 문항들의 총점을 구했을 때 87점 이상)

(+ = 3점; ± = 2점; − = 0점)

점검할 사항	+	±	−	비 고
1. 면담자는 면담을 하기 최소한 하루 전에 가족에게 ① 가족의 일과를 설명하게 될 것이라는 것, ② 편한 면담 장소를 선택할 수 있다는 것, ③ 면담에 참여할 사람을 선택할 수 있다는 것(부모가 모두 참석하는지 한 부모만 참석하는지를 포함하여)을 말해 줌으로써 가족이 준비할 수 있도록 하였는가?				
2. 면담자는 가족을 반갑게 맞이한 후, 이 면담의 목적(예: 가족을 더 잘 알기 위해, 아동과 가족을 가장 잘 지원할 수 있는 방법을 결정하기 위해)을 가족과 함께 검토하였는가?				
3. 면담자는 부모에게 면담을 시작하기 전에 먼저 말하고 싶은 주요 질문이나 염려하는 것이 있는지 질문하였는가?				
4. 면담의 흐름이 적절하였는가(즉, 필기하는 데 시간을 많이 소모하지 않고 대화가 잘 흘러갔는가)?				
5. 면담자는 부수적인 사항에 주의를 기울이지 않고 면담의 초점을 잘 유지하였는가?				
6. 면담자는 기능을 잘 이해하기 위해 추후 질문을 하였는가?				
7. 면담자는 부모가 대화를 주도하게 하면서 가족의 모든 일과를 다루었는가?				
8. 참여(engagement)에 관련된 추후 질문이 있었는가?				
9. 독립(independence)에 관련된 추후 질문이 있었는가?				
10. 사회적 관계(social relationships)에 관련된 추후 질문이 있었는가?				

(계 속)

점검할 사항	+	±	−	비 고
11. 추후 질문들은 발달적으로 적절하였는가?				
12. 일과와 가족 기능을 파악하기 위한 개방형 질문으로 시작하였는가?(필요할 경우, 개방형 질문을 한 후 폐쇄형 질문을 하였는가?)				
13. 면담자는 아동 이외의 가족 성원이 각각의 일과마다 무엇을 하는지 알아냈는가?				
14. 면담자는 각 일과에 대해 평정(rating)을 하도록 요청하였는가?				
15. 면담자는 가족의 설명과 평정을 통해 가족이 각 일과에 대해 얼마나 만족하는지 알아냈는가?				
16. 하나의 일과에서 다른 일과로 논의를 이어가기 위해 "그다음에는 무엇을 하나요?"와 같은 질문을 하였는가?				
17. 면담자는 적절한 정서적 태도를 보였는가? (예: 표정, 목소리, 반응성)				
18. 면담자는 지지하는 의미의 행동을 보여 주었는가? (예: 고개 끄덕이기, 긍정적인 말이나 몸짓)				
19. 면담자는 행동에 대한 부모의 시각(아동이 어떤 행동을 하는 것에 대해 부모가 생각하는 원인)을 알아내려고 노력하였는가?				
20. 면담자는 적극적 청취 기술을 사용하였는가?(예: 문장 재서술하기, 확인하기, 요약하기)				
21. 일과에 아무 문제가 없을 경우, 면담자는 부모에게 앞으로 원하는 것이 무엇인지 질문하였는가?				
22. 면담자는 충고를 하지 않으려고 노력하였는가?				
23. 면담자는 불필요한 질문(예: 특정한 일이 일어난 정확한 시간)을 배제하였는가?				
24. 면담자는 비판이나 판단하지 않는 태도를 보였는가?				
25. 면담자는 '일과'라는 말 대신 '~하는 시간'이라는 말을 사용하였는가?				

(계 속)

점검할 사항	+	±	−	비 고
26. 어떤 사정으로든 면담이 잠시 중단되었을 때 면담자는 신속하게 면담을 재개하였는가?				
27. 면담자는 면담자의 뜻대로 중요한 화제로 가족의 이야기를 유도하지 않고, 가족 스스로 가족의 의견, 관심사 등을 이야기하도록 허용하였는가?				
28. 면담자는 부모의 휴식 시간(부모가 갖는 자신만의 시간)에 대한 정보를 얻었는가?				
29. "걱정 때문에 잠을 이루지 못한다면, 그 걱정은 무엇에 대한 것인가요?"라는 질문을 가족에게 하였는가?				
30. "삶에서 바꾸고 싶은 것이 있다면, 그것은 무엇인가요?"라는 질문을 가족에게 하였는가?				
31. 면담자는 면담 중에 한 메모에서 가족이 바꾸고 싶다고 했던 일과나 아동 또는 가족이 앞으로 할 수 있게 되기를 바란다고 말했던 사항에 별표를 해 두었는가?				
32. 면담자는 가족의 관심사를 요약하여 말해 준 후, 가족에게 더 추가하고 싶은 것이 없는지 질문하였는가?				
33. 관심사(별표로 표시된 사항)를 요약하여 말해 준 후, 면담자는 새 종이를 꺼내서 가족에게 어떤 것부터 노력하고 싶은지 질문하였는가?(새로운 목록 작성)				
34. 면담자는 가족에게 그들이 바라는 목표를 중요한 것부터 순서를 정하도록 요청하였는가?				
35. 면담자는 서비스에 대한 결정을 언제 할지에 대해(즉, 이번 면담에서 할지, 다음 면담에서 할지에 대해) 논의하였는가?				
36. 면담자는 모든 참석자에게 시간을 내 준 것에 대해 감사를 표했는가?				

〈부록 2-2〉

RBI 보고서

안내문: 이 서식은 McWilliam의 일과기반 면담에서 발견된 사항을 보고하기 위해 작성한 것이다. 이 서식은 면담 보조자(예: 주 면담자를 돕는 사람)가 면담에서 논의되는 내용을 면담 중에 요약할 때 사용할 수도 있고, 면담이 끝난 후 작성할 수도 있다. 일과에 대해 작성하는 페이지에는 두 가지 형태, 즉 ① 논의되고 있는 일과라든지, 질문해야 할 구체적 질문을 명시하지 않은 개방형 서식, ② 가정의 일과와 구체적 질문을 포함한 구조화된 서식(〈부록 2-3〉 RBI-SAFER 종합질문) 등이 있다. 이 구조화된 서식은 RBI 보고서와 일과 내 가족행복 진단척도(Scott & McWilliam, 2000)를 통합한 것이다.

1. 다음의 표를 완성한다.
2. '일과' 칸에는 그 일과를 설명하는 간단한 문구를 쓴다(예: 기상, 아침식사, 휴식시간, 대집단 시간, 간식시간, 센터 학습시간 등).
3. '참여' 칸에는 아동이 그 일과에 어떻게 참여하는지 간단하게 쓴다(예: 숟가락으로 의자를 두드리면서 아침식사를 한다, 선생님을 잘 쳐다본다, 무슨 노래를 할지 물으면 노래 제목을 말한다, 대집단 시간이 끝나기 전에 자리를 이탈하곤 한다 등).
4. 면담을 통해 세 영역 중 어느 영역에서든지 그 영역과 관련된 정보를 하나도 얻지 못했을 경우, 해당 칸에 기재된 '정보를 얻지 못함'이라는 글씨에 동그라미 한다.
5. '독립' 칸에는 아동의 독립성에 관해 간단하게 쓴다(예: 숟가락으로 혼자 먹는다, 컵으로 마시지만 많이 흘린다, 같은 반 아이들과 함께 모든 노래를 따라 부를 수 있지만, 목소리를 좀 더 크게 하라는 촉진을 해 주어야 한다 등).
6. '사회적 관계' 칸에는 아동의 의사소통 및 사회성 능력에 대해 간단하게 쓴다(예: 부엌에 있는 물건을 가리키며 부모를 쳐다본다, 대집단 시간에 교사에게 주의를 집중하는 편이지만 다른 아이들을 계속 귀찮게 한다 등).

아동의 이름	
생년월일	
면담에 참여한 가족 성원	
면담자	
면담일	
(면담 전 언급된) 가족의 주된 관심사	

* 다음 페이지는 여러 장을 복사해서 사용함

일 과	
참 여	정보를 얻지 못함
독 립	정보를 얻지 못함
사회적 관계	정보를 얻지 못함

가정: 이 일과에 대한 만족도(다음 중 하나에 동그라미 하세요.)	교실: 일과와 아동의 적합성(다음 중 하나에 동그라미 하세요.)
1. 전혀 만족하지 않음 2. 만족하지 않음 3. 만족 4. 꽤 만족 5. 매우 만족	1. 전혀 조화되지 않음 2. 조화되지 않음 3. 평균 정도 4. 어느 정도 조화됨 5. 매우 조화됨

관련된 발달 영역(해당되는 모든 것에 동그라미 하세요.)

신 체 인 지 의사소통 사회정서 적 응

(계 속)

목표: 가족에게 '무엇부터 노력하기 시작할지' 질문하기 전에 앞 장의 기록을 보면서 면담을 통해 판별된(별표로 표시된) 모든 관심사를 함께 검토하라.

목표(간단하고 형식에 구애받지 않는 형태로 서술)	우선순위

출처: Rasmussen & McWilliam(2003; 2006).

〈부록 2-3〉

RBI-SAFER 종합질문

일 과	기상 시간

• 기상 시간이 어떤 모습인지 설명해 주시겠어요?
• 주로 누가 가장 먼저 일어나나요?
• 아동은 어디서 자나요?
• 아동이 깼다는 것을 어떻게 아시나요?
• 아동은 잠에서 깬 후 바로 안아 주기를 바라나요? 만약 그렇다면, 안아서 들어 올리면 좋아하나요?
• 또는 깨어난 후 몇 분간 혼자 있는 것을 좋아하나요? 만약 그렇다면, 혼자서 무엇을 하나요?
• 이 시간에 나머지 가족들은 무엇을 하나요?
• 이 시간이 하루 중 평화로운 시간인가요? 만약 아니라면 어떻게 되었으면 좋으시겠어요?

메 모	
참 여	정보를 얻지 못함
독 립	정보를 얻지 못함
사회적 관계	정보를 얻지 못함

가정: 이 일과에 대한 만족도(다음 중 하나에 동그라미 하세요.)	교실: 일과와 아동의 적합성(다음 중 하나에 동그라미 하세요.)
1. 전혀 만족하지 않음 2. 만족하지 않음 3. 만족 4. 꽤 만족 5. 매우 만족	1. 전혀 조화되지 않음 2. 조화되지 않음 3. 평균 정도 4. 어느 정도 조화됨 5. 매우 조화됨

관련된 발달 영역(해당되는 모든 것에 동그라미 하세요.)

신 체　　인 지　　의사소통　　사회정서　　적 응

(계 속)

일 과	기저귀 갈기/옷 입히기

- 옷 입히는 시간은 어떤가요? 주로 어떻게 입히시나요?
- 아동이 옷 입는 것을 누가 도와주나요?
- 옷 입힐 때 아동이 협조하나요? 어떻게 협조하지요? 혼자서도 입나요?
- 옷 입힐 때/기저귀 갈 때 아동의 기분은 어떤가요?
- 이때 어떤 이야기를 나누시나요?
- 아동이 기저귀를 아직 떼지 않았나요?
- 기저귀와 관련된 문제가 있나요?
- 기저귀를 갈아 줄 때 아동은 무엇을 하나요?
- 아동이 화장실을 사용하나요? 사용한다면, 어느 정도까지 혼자 수행하나요?
- 아동이 화장실에 가고 싶을 때 어떻게 표현하나요?
- 이 시간이 하루 중 평화로운 시간인가요? 만약 아니라면 어떻게 되었으면 좋으시겠어요?

메 모	
참 여	정보를 얻지 못함
독 립	정보를 얻지 못함
사회적 관계	정보를 얻지 못함

가정: 이 일과에 대한 만족도(다음 중 하나에 동그라미 하세요.)	교실: 일과와 아동의 적합성(다음 중 하나에 동그라미 하세요.)
1. 전혀 만족하지 않음 2. 만족하지 않음 3. 만족 4. 꽤 만족 5. 매우 만족	1. 전혀 조화되지 않음 2. 조화되지 않음 3. 평균 정도 4. 어느 정도 조화됨 5. 매우 조화됨

관련된 발달 영역(해당되는 모든 것에 동그라미 하세요.)

신 체 인 지 의사소통 사회정서 적 응

(계 속)

일 과	식사시간

- 식사시간은 어떤 모습인가요?
- 아동에게 음식 먹이는 것을 도와주는 사람이 있나요? 그 사람은 누구인가요?
- 아동은 얼마나 자주 먹나요?
- 아동 스스로 먹을 수 있는 음식의 양은 어느 정도인가요?
- 아동은 식사시간에 어느 정도 참여하나요?
- 아동은 주로 어디에서 음식을 먹나요?
- 이 시간에 다른 가족 성원은 무엇을 하나요?
- 음식을 먹고 싶다는 것이나 음식을 다 먹었다는 것을 어떻게 표현하나요?
- 식사시간을 좋아하나요? 그것을 어떻게 아시나요?
- 어떻게 하면 식사시간이 좀 더 당신에게 즐거운 시간이 될 수 있을까요?
- 다른 사람이 아동을 돌볼 때의 식사시간은 어떤 모습인가요?

메 모	
참 여	정보를 얻지 못함
독 립	정보를 얻지 못함
사회적 관계	정보를 얻지 못함

가정: 이 일과에 대한 만족도(다음 중 하나에 동그라미 하세요.)	교실: 일과와 아동의 적합성(다음 중 하나에 동그라미 하세요.)
1. 전혀 만족하지 않음 2. 만족하지 않음 3. 만족 4. 꽤 만족 5. 매우 만족	1. 전혀 조화되지 않음 2. 조화되지 않음 3. 평균 정도 4. 어느 정도 조화됨 5. 매우 조화됨

관련된 발달 영역(해당되는 모든 것에 동그라미 하세요.)

신 체 인 지 의사소통 사회정서 적 응

(계 속)

일 과	외출 준비/외출

- 아동과 외출하기 위해 준비를 할 때의 상황은 어떠한가요?
- 아동의 외출 준비는 주로 누가 하나요?
- 아동이 독립적으로 외출 준비를 할 수 있는 정도는 어떠한가요?
- 외출을 위한 준비 과정에 아동은 어느 정도 참여하나요?
- 이 시간에 아동과 어떤 이야기를 주고받으세요?
- 아동은 외출을 좋아하나요? 그것을 어떻게 알 수 있죠?
- 외출하는 것이 스트레스가 되나요? 어떻게 하면 이 시간이 좀 더 편안할 수 있을까요?
- 아동을 누군가에게 맡길 때와 다시 데리러 갈 때의 상황은 어떤가요? 아동을 돌봐준 사람이나 당신이 이와 관련하여 염려하는 것은 무엇인가요?

메 모	
참 여	정보를 얻지 못함
독 립	정보를 얻지 못함
사회적 관계	정보를 얻지 못함

가정: 이 일과에 대한 만족도(다음 중 하나에 동그라미 하세요.)	교실: 일과와 아동의 적합성(다음 중 하나에 동그라미 하세요.)
1. 전혀 만족하지 않음	1. 전혀 조화되지 않음
2. 만족하지 않음	2. 조화되지 않음
3. 만족	3. 평균 정도
4. 꽤 만족	4. 어느 정도 조화됨
5. 매우 만족	5. 매우 조화됨

관련된 발달 영역(해당되는 모든 것에 동그라미 하세요.)

신 체　　인 지　　의사소통　　사회정서　　적 응

(계 속)

일 과	휴식 시간/TV 시청

- 당신의 가족은 집에서 쉴 때 무엇을 하나요?
- 이 활동에 아동은 어떻게 참여하나요?
- 이 시간에 아동은 다른 가족 성원과 어떻게 상호작용하나요?
- 가족이 TV를 보나요? 아동도 TV를 보나요?
- TV를 볼 때 아동의 모습은 어떤가요? 얼마나 오래 보나요?
- 제일 좋아하는 TV 프로그램은 무엇인가요?
- 저녁 시간에 당신이 꼭 하고 싶은데 하지 못하는 일이 있나요?

메 모	
참 여	정보를 얻지 못함
독 립	정보를 얻지 못함
사회적 관계	정보를 얻지 못함

가정: 이 일과에 대한 만족도(다음 중 하나에 동그라미 하세요.)	교실: 일과와 아동의 적합성(다음 중 하나에 동그라미 하세요.)
1. 전혀 만족하지 않음	1. 전혀 조화되지 않음
2. 만족하지 않음	2. 조화되지 않음
3. 만족	3. 평균 정도
4. 꽤 만족	4. 어느 정도 조화됨
5. 매우 만족	5. 매우 조화됨

관련된 발달 영역(해당되는 모든 것에 동그라미 하세요.)

신 체　　인 지　　의사소통　　사회정서　　적 응

(계 속)

일 과	목 욕

- 목욕 시간의 모습은 어떤가요?
- 누가 주로 아동의 목욕을 돕나요?
- 아동은 욕조에 어떤 자세로 있나요?
- 아동이 물을 좋아하나요? 그걸 어떻게 알 수 있나요?
- 아동이 목욕이나 물놀이에 얼마나 참여하나요?
- 아동이 물을 튀기는 놀이를 하나요?
- 욕조 안에서 아동이 잘 가지고 노는 장난감은 무엇인가요?
- 이 시간에 아동은 당신과 어떤 의사소통을 하나요? 당신은 어떤 이야기를 해 주나요?
- 목욕 시간은 대부분의 경우 즐거운 시간인가요? 아니라면, 어떻게 이를 개선할 수 있을까요?

메 모	
참 여	정보를 얻지 못함
독 립	정보를 얻지 못함
사회적 관계	정보를 얻지 못함

가정: 이 일과에 대한 만족도(다음 중 하나에 동그라미 하세요.)	교실: 일과와 아동의 적합성(다음 중 하나에 동그라미 하세요.)
1. 전혀 만족하지 않음	1. 전혀 조화되지 않음
2. 만족하지 않음	2. 조화되지 않음
3. 만족	3. 평균 정도
4. 꽤 만족	4. 어느 정도 조화됨
5. 매우 만족	5. 매우 조화됨

관련된 발달 영역(해당되는 모든 것에 동그라미 하세요.)

신 체	인 지	의사소통	사회정서	적 응

(계 속)

일 과	낮잠/취침

- 아동을 재우는 시간은 어떤 모습인가요?
- 보통 누가 아동을 재우나요?
- 이때 책을 읽어 주나요? 또는 이 시간에 늘 하는 어떤 일이 있나요?
- 어떻게 잠드나요?
- 잠에서 깼을 때 아동은 조용히 있나요?
- 깨지 않고 밤 내내 자나요? 아동이 깨면 어떻게 하나요? 누가 아동을 보러 가나요?
- 이 시간은 가족에게 편안한 시간인가요, 힘든 시간인가요?
- 다른 사람이 돌보는 중에 낮잠을 자나요? 그 시간은 어떤 모습인가요?

메 모	
참 여	정보를 얻지 못함
독 립	정보를 얻지 못함
사회적 관계	정보를 얻지 못함

가정: 이 일과에 대한 만족도(다음 중 하나에 동그라미 하세요.)	교실: 일과와 아동의 적합성(다음 중 하나에 동그라미 하세요.)
1. 전혀 만족하지 않음	1. 전혀 조화되지 않음
2. 만족하지 않음	2. 조화되지 않음
3. 만족	3. 평균 정도
4. 꽤 만족	4. 어느 정도 조화됨
5. 매우 만족	5. 매우 조화됨

관련된 발달 영역(해당되는 모든 것에 동그라미 하세요.)

신 체　　인 지　　의사소통　　사회정서　　적 응

(계 속)

일 과	장보기

- 장보기는 어떻게 하세요? 아동을 데리고 가나요?
- 쇼핑 카트에 아동이 잘 앉아 있나요?
- 쇼핑 장소에 있는 것을 아동이 좋아하나요?
- 장보기에 아동이 어떻게 참여하나요? 아동을 계속 돌보고 있어야 하나요, 아니면 아동이 큰 불평 없이 잘 따라다니나요?
- 장보기를 하고 있는 다른 사람에 대한 아동의 반응은 어떤가요?
- 이 시간에 아동은 당신과 다른 사람에게 어떻게 의사소통하나요?
- 아동과 함께 장보는 시간이 좀 더 편해질 수 있는 방법은 무엇인가요?

메 모	
참 여	정보를 얻지 못함
독 립	정보를 얻지 못함
사회적 관계	정보를 얻지 못함

가정: 이 일과에 대한 만족도(다음 중 하나에 동그라미 하세요.)	교실: 일과와 아동의 적합성(다음 중 하나에 동그라미 하세요.)
1. 전혀 만족하지 않음	1. 전혀 조화되지 않음
2. 만족하지 않음	2. 조화되지 않음
3. 만족	3. 평균 정도
4. 꽤 만족	4. 어느 정도 조화됨
5. 매우 만족	5. 매우 조화됨

관련된 발달 영역(해당되는 모든 것에 동그라미 하세요.)

신 체　　인 지　　의사소통　　사회정서　　적 응

(계 속)

일 과	야외 놀이

- 당신의 가족은 야외 놀이를 많이 하나요? 어떤 것을 하나요?
- 아동은 야외 놀이를 가면 무엇을 하나요?
- 아동은 야외에서 하는 그 활동을 좋아하나요?
- 야외에 나가면 아동은 어떻게 돌아다니나요?
- 아동은 다른 사람과 어떻게 상호작용하나요?
- 아동이 좋아하거나 열중하는 장난감이나 게임이 있나요?
- 아동은 지금 하고 있는 활동을 그만하고 다른 것을 하고 싶다는 것을 당신에게 어떻게 알리나요?
- 바깥에 나갔을 때 아동이 좋아하는 것이나 관심을 보이는 것은 무엇인가요?
- 이 시간은 일반적으로 즐거운 시간인가요? 이 시간을 좀 더 편안하게 만드는 데 도움이 될 만한 일은 무엇일까요?
- 아동이 참여하는 야외 활동에는 어떤 것들이 있나요? 아동은 어느 정도의 도움을 필요로 하나요? 또래와는 어떻게 상호작용하나요?

메 모	
참 여	정보를 얻지 못함
독 립	정보를 얻지 못함
사회적 관계	정보를 얻지 못함

가정: 이 일과에 대한 만족도(다음 중 하나에 동그라미 하세요.)	교실: 일과와 아동의 적합성(다음 중 하나에 동그라미 하세요.)
1. 전혀 만족하지 않음	1. 전혀 조화되지 않음
2. 만족하지 않음	2. 조화되지 않음
3. 만족	3. 평균 정도
4. 꽤 만족	4. 어느 정도 조화됨
5. 매우 만족	5. 매우 조화됨

관련된 발달 영역(해당되는 모든 것에 동그라미 하세요.)

신 체 인 지 의사소통 사회정서 적 응

* 이 서식은 RBI 보고서(McWilliam, 2003b)와 일과 내 가족 행복 진단 척도(Scott & McWilliam, 2000)를 통합한 것임

제 3 장 지역사회기반의 일상적 아동 학습 기회

장애 유아와 그 가족을 위한 조기 개입이 개념화되고 실행되는 방식은 아동과 그 부모가 최대한의 긍정적 혜택을 누리는 데 매우 중요하다. 이 책의 핵심을 구성하는 세 가지 주제(일상적이고 자연스러운 학습 환경, 다른 가족과 크게 다를 것이 없는 아동과 가족의 경험과 기회, 가족의 역량을 높이는 가족의 참여)는 어떻게 하면 그러한 혜택을 줄 수 있을지에 대한 최근의 견해로부터 도출된 것이다. 이러한 최근의 견해에는 아동의 참여, 능력, 숙달 그리고 자녀의 발달을 향상시킬 학습 기회를 제공하는 부모의 능력 등을 비롯한 많은 것이 포함된다. 이 장에서는 이러한 주제들을 운용하고 실행하는 하나의 방법을 설명하고자 한다. 이 장의 핵심은 일상적 지역사회 활동을 통해 자녀에게 정상화된(normalized) 학습 기회를 제공하려는 부모의 자신감과 능력을 강화하고 지지하기 위한 목적으로, 장애 유아의 가족과 함께 일하는 하나의 접근 방식을 보여 주는 것이다.

이 장은 일상적 지역사회 활동을 아동발달 증진을 위한 학습 기회로 삼는 것과 관련된 원리, 실제, 방법, 절차 등을 설명한다. 일상적인 지역사회 기반의 아동 학습 활동은 영유아가 이미 가지고 있는 기술을 연습하고 새로운 기술을 배울 맥락을 제공하는 공식적-비공식적인, 구조화된-비구조화된, 의도적인-우연적인 일련의 학습 기회, 사건 그리고 경험을 포함한다(Dunst, Hamby, Trivette, Raab, & Bruder, 2000, 2002). 예를 들어, '주 2회 부모-아동 집단 놀이에 참여하기'는 계획된 활동인 반면, 동네를 산책하다가 강아지를 만나 쓰다듬게 되는 것은 계획되지 않은 활동이라 할 수 있다. 또한 수영 학원에 데리고 가는 것은 구조화된 활동인 반면, 뒤뜰에서 축구공을 차며 노는 것은 비구조화된 활동이다. 식사나 간식 후 이를 닦게 하는 것은 의도적 활동인 반면, 많은 비가 내린 후 물웅덩이에서 물을 튀겨 보는 것은 우연한 학습 활동이라 할 수 있다.

아동 학습 기회의 공급원이라 할 수 있는 일상적 지역사회(및 가족) 활동은 자연스러운 환경이다(Dunst, Trivette, Humphries, Raab, & Roper, 2001). 자연스러운 학습 환경이란 맥락에 맞으면서도 기능적이고(functional) 적응적인(adaptive) 기술을 사용할 수 있는 환경을 말하는데, 이러한 기술들은 아동이 문화적으로 적절하면서도 의미 있는 활동에 더욱 활발하게 참여하게 해 준다(예: Alvarez, 1994; Chaiklin, Hedegaard, & Jensen, 1999; Ehrmann, Aeschleman, & Svanum, 1995; Tudge et al., 1999). 맥락에 맞는 또는 상황에 맞는 학습(Chaiklin & Lave, 1996; Lave & Wenger, 1991)이란, 행동이 습득되고 연습되어 사물과 사람에게 영향을 끼치기 위해 사용되는 바로 그 환경에서 요구되는 기술을 아동이 배우고 사용하게 되는 것을 말한다. 유아와 그 가족이 지역사회생활의 일부로 하게 되는 경험들은 장애아동이 참여적 학습 기회(participatory learning opportunities)에 의미 있게 참여하게 해 주는 지원과 자원이라 볼 수 있다(제1장 참조).

이 장에서 설명하는 일상적 지역사회기반 학습에 대한 특별한 접근은 지난 25여 년 동안 연구와 실제에 기반을 두고 발전되어 왔다(Dunst, 1981, 1985, 1992, 2001, 2006; Dunst & Shue, 2005; Trivette, Dunst, & Hamby, 2004). 이러한 연구와 실제는 아동에게 일상적 학습 기회를 제공하는 공급원, 아동이 일상적 활동에 참여하는 패턴, 발달을 촉진하는 일상적 아동 학습 기회의 특징과 결과, 아동의 학습 기회를 향상시키는 주 양육자의 상호작용 방식, 이러한 학습 활동에 참여함으로써 아동과 주 양육자가 받는 유익 등을 찾아낼 수 있게 해 주었다. 이러한 연구와 실제로부터 맥락 중심의 실제(Contextually Mediated Practices™; CMP™)라 불리는 아동의 일상적 학습에 대한 접근이 발달하게 되었다(Dunst, 2006; Dunst & Swanson, 2006). 이 장은 조기 개입에 대한 CMP 접근을 설명하고, CMP 실행을 위한 도구(체크리스트와 예시 자료)를 제시한다.

이 장은 세 부분으로 나뉜다. 첫 번째 부분은 조기 개입의 정의와 CMP 실행의 네 가지 원칙을 제시한다. 두 번째 부분은 CMP 모델에 대한 개관과 조기 개입과 관련하여 이 접근이 갖는 핵심 특징을 제시한다. 세 번째 부분은 아동과 양육자의 유능성과 자신감을 지지하고 강화하기 위해 CMP를 사용하는 방법과 절차를 제시하고 있으며, 이와 아울러 CMP를 실행할 때 전문가들이 사용할 수 있는 체크리스트를 제공한다. 이 장의 마지막 부분에서는 조기 개입, 유아특수교육, 기타 유아교육 관련 프로그램들과 장애 유아 및 그 가족과 함께 일하는 전문가들이 CMP를 선택하고 적용하는 데 영향을 주는 요소들에 대해 논의한다.

용어의 정의와 원칙

이 장에서 설명하게 될 실제들은 조기 개입과 CMP의 초점을 규정하는 네 가지 원칙에 대한 조작적 정의를 포함한다. 조기 개입은 다음과 같이 정의할 수 있다.

> 조기 개입이란 아동의 부모와 그 외 주 양육자들이 사람 및 사물과의 친사회적 상호작용을 가능하게 하는 행동을 아동이 습득하고 사용하게 하려는 목적으로, 자연스럽게 발생하는 일상적 학습 활동의 맥락에서 영유아에게 제공하는 일상적 경험과 기회다.

이 정의는 조기 개입의 세 가지 핵심 특징을 강조하고 있다. 즉, ① 일상적 활동을 아동의 학습 기회로 사용하기, ② 아동의 학습을 촉진하고 지원하는 것과 관련된 부모의 역할, 그리고 ③ 성공적이고 효과적인 조기 개입 실행의 척도라 할 수 있는 '유능성 향상'이라는 성과 등이다. 이와 같은 조기 개입의 각 요소를 지지하는 근거에 대해 좀 더 자세히 알고 싶은 독자는 Dunst(2007)를 참고하기 바란다.

지침이 되는 원칙

이 장의 핵심을 구성하는 조기 개입 접근은 CMP의 실행을 안내하는 네 가지 원리에 근거한다. 이 네 가지 원리를 모두 합하면 자연스러운 학습 환경이라는 실제를 운영하는 개념모델이 구성된다.

- **원리 1. 아동의 학습 기회로 사용될 일상적 경험은 문화적으로 의미 있는 것이어야 하고, 기능적이고 사회 적응적인 행동 능력을 숙달시킬 맥락을 제공해야 한다.** 이 원칙은 아동의 일상생활 중에는 풍부한 학습 기회가 있다는 논의(Dunst et al., 2000)와 이러한 일상적 활동들이 아동 학습의 주요 맥락이라는 논의에 근거한 것이다. 가장 중요한 일상적 활동은 아동으로 하여금 가족생활과 지역사회생활에 더 많이 참여

하게 해 준다는 점에서 의미가 있는 것, 따라서 말 그대로 맥락에 꼭 맞는 것들이다.

- 원리 2. **유아에게 주어지는 경험과 기회들은 아동의 자기주도적이고 자발적인 학습을 강화하고 기능적 행동의 습득을 촉진하며, 아동 스스로 자신이 바람직한 결과를 이루어 낼 능력을 가지고 있음을 인식하게 해 주는 것이어야 한다.** 여기서 '바람직한 결과를 얻을 수 있게 해 주는 행동을 습득하고 사용할 맥락이 될 수 있는 경험 및 환경'(예: 자신이 원하는 물건을 성인이 꺼내 줄 수 있도록 손가락으로 물건을 가리키는 행동을 배우기)과 '아동의 행동을 끌어내는 것만을 목표로 하는 경험 및 환경'(예: 어른이 보여 주는 물건의 이름을 말하기) 사이에 존재하는 근본적인 차이를 찾을 수 있다. 전자는 CMP의 핵심을 구성하는 조기 개입의 실제라고 할 수 있지만, 후자는 그렇지 않다.
- 원리 3. **부모-매개 아동 학습의 효과는 자녀의 발달을 촉진하고 향상시키는 일상적 학습 기회와 경험을 제공하는 일에 대해 부모가 갖는 자신감과 유능성의 강화 정도에 비례한다.** 이 원칙은 조기 개입의 효과가 아동과 그 부모 그리고 다른 주 양육자들 모두에게 실현되어야 한다는 점을 명백히 보여 준다. 부모와 다른 주 양육자들이 아동의 발달에 영향을 미칠 여러 경험과 기회를 지속적으로 제공할 가능성은 성인들이 아동의 성장과 발달에 영향을 미치는 자신의 역할이 얼마나 중요한지를 인식하고 이해할 때 극대화된다(Goldberg, 1977).
- 원리 4. **부모-매개 아동 학습에서 조기 개입 전문가들의 역할은 부모가 아동에게 '아동과 부모의 유능성과 자신감을 높인다고 알려진 특징과 질(quality)을 갖춘(즉, 증거기반의 실제인) 경험과 기회'를 제공할 수 있도록 부모의 능력을 지지하고 강화하는 것이다.** 현명한 전문가는 최상의 긍정적 효과와 관련된 실제들의 특성에 관한 연구들을 잘 알고 있어야 한다(Dunst, Bruder, Trivette, & Hamby, 2006; Dunst, Trivette,

Hamby, & Bruder, 2006). 전문가는 부모가 CMP에 대해 배우고 자녀에게 이를 활용할 수 있도록 모델링을 제공해야 하는 경우에 한해서만 아동에게 직접 개입한다.

양육자를 매개로 한 일상적 아동 학습

[그림 3-1]은 CMP 모델을 보여 주고 있다. 이 모델은 네 가지의 실행 요소(아동의 흥미와 자질, 일상적 활동, 증가된 학습 기회, 부모-매개의 아동 학습)와 두 가지의 주요 성과(활동 환경에의 참여, 아동과 양육자의 유능성과 자신감 증진)를 포함하고 있다. CMP 모델은 흥미에 기초한 아동 학습 기회의 수, 빈도, 질을 증가시킬 일상적 활동에 아동이 참여할 수 있도록 중재하는 부모의 능력을 향상시키기 위해 사용된다(Dunst & Swanson, 2006). 달리

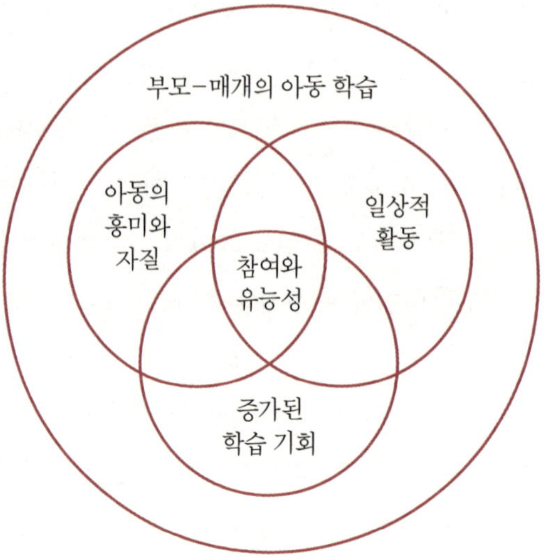

[그림 3-1] 흥미에 기초한 일상적 학습 기회를
유아에게 제공하는 CMP 모델의 주요 요소

말하면, CMP 모델은 부모와 다른 주 양육자들이 ① 아동에게 재미있고 매력적이며 동기를 부여하고, ② 아동으로 하여금 현재 가진 기술을 연습하게 하고 새로운 기술을 배우게 해 주며, ③ 아동 자신의 능력과 타인의 성향(예: 아동과 함께 사는 성인을 신뢰할 수 있는 정도)을 탐색하고 발견하게 해 주는 일상생활에서의 학습 기회를 풍부하게 제공하는 방법을 이해하고 실행할 기초를 제공한다. CMP는 가족에게 익숙하고 편안한 환경에서 가족과 함께 일하는 실제의 일부로 실행될 때 특히 더 효과적이다(제8장 참조).

일상적 활동 환경

세상 모든 아동의 삶은 아동의 학습에 맥락을 제공하는 일상적 활동 환경(everyday activity settings)으로 이루어져 있다(Göncü, 1999). 타프와 갈리모어(Tharp & Gallimore, 1988)는 일상적 활동 환경을 "협력적 상호작용, 상호주관성(intersubjectivity), 보조가 제공되는 수행(assisted performance), 학습 등이 일어나는 환경"(p. 72)이라고 정의하였다. 파버(Farver, 1999)는 "활동 환경은 아동의 사회적 상호작용과 행동이 일어나는 평소의 환경을 포함하는 일상적 경험으로 구성된다. 활동 환경은 매일의 삶과 관련된 누가, 언제, 어디에서, 무엇을, 왜에 해당한다."(p. 201)라고 하였다.

일상적 지역사회생활의 일부인 활동 환경은 자동차나 지하철 또는 버스 타기, 외식하기, 동네 산책하기, 도보여행, 도서관에서 제공하는 구연동화, 지역사회에 있는 연못에서 오리나 물고기에게 먹이 주기, 식당에 설치된 어린이 놀이 공간 등을 포함하며, 이 외에도 활동 환경에 포함될 수 있는 것은 아주 다양하다(Beckman et al., 1998; Dunst, 2000; Dunst & Hamby, 1999a; Dunst, Hamby, Trivette, Raab, & Bruder, 2000; Gallimore, Goldenberg, & Weisner, 1993; Hatcher & Beck, 1997). 일상적 가족생활의 일부인 활동 환경에는 옷 입기와 벗기, 식사하기, 이 닦기, 애완동물 돌보기, 취침 준비하기, 가족 내 다툼, 부모-자녀 놀이 장면, 집안일 등이 포함된다(Dunst & Hamby, 1999b; Dunst et al., 2000; Gallimore, Weisner, Bernheimer, Guthrie, & Nihira, 1993; Gallimore, Weisner, Kaufman, & Bernheimer, 1989; Lamb, Leyendecker, Schölmerich, & Fracasso, 1998; Tudge et al., 1999). 던스트 등(Dunst et al., 2000)은 영유아의 부모를 대상으로 한 전국 단위의 연구에서 일상적 아동 학습 기회를 제공할 수 있는 열한 가지 범주의 지역사회 활동과 가족 활동을 판별하였다. 〈표 3-1〉은 이 연구에서 판별된 일상적 지역사회 활동의 범주와 이 활동들에서 발생할 수 있는 학습 기회의 유형을 보여 주고 있다. 이 표는 일상적 지역사회 학습 활동의 범위를 이해하는 데 특히 유용하며, 흥미에 기초한 아동 학습 기회를 제공할 수 있는 일상적 활동을 찾아내기 위한 체크리스트의 일부로 활용될 수 있다.

일상적 지역사회(및 가족)생활의 일부로 유아에게 주어지는 학습 기회는 맥락화될 수도 있고, 탈맥락화(decontextualized)될 수도 있다(Lave, 1996). 맥락화된 학습 기회와 탈맥락화된 학습 기회의 차이는 다음의 예로 설명할 수 있다. 아동이 밖으로 나가거나 놀기 위해 계단을 오르내리는 것은 맥락화된 학습 기회인 반면, '무게 중심을 옮기는 연습'을 위해 반복적으로 계단을 오르내리는 것은 탈맥락화된 학습 기회의 예다. 아동이 식사시간에 먹을 것을 요구하기 위해 몸짓이나 수화 또는 단어를 사용하는 것은 맥락화된 학습 기회인 반면, 그림이나 플래시 카드에 나오는 음식의 이름을 반복하여 말하는 것은 탈맥락화된 학습 기회의 예다. 아동이 〈아침바람 찬바람에〉 노래에 맞추어 율동을 하기 위해 성인의 손을 잡아끄는 것은 맥락화된 학습 기회인 반면, 아동에게 어떤 몸동작을 반복적으로 모방하게 하거나 손이나 팔을 반복적으로 움직이게 하는 것은 탈맥락화된 학습 기회다. 수영을 배우는 강좌의 일부로 물속에서 손발을 놀리거나 개헤엄을 치는 것은 맥락화된 학습 기회의 예인 반면, 수영장 안에서 관절가동범위(range-

〈표 3-1〉 일상적 지역사회 학습 기회의 범주

범 주	예
가족 활동	장 보기, 빨래 돕기, 동네 청소 돕기, 부모와 함께 공과금 내기, 형제자매 데리러 학교 가기, 재활용품 분류하기, 심부름하기, 차/버스/기차 타기
가족 외출	낙엽/돌멩이 모으기, 외식하기, 동네 산책하기, 가족 모임 가기, 명절 모임에 가기, 소풍/야외 파티 가기, 대형 마트에서 쇼핑하기, 친구/이웃 방문하기, 부모님 직장 방문하기
놀이 활동	아기 스포츠단 참여하기, 어린이집/유아원 놀이집단에 참여하기, 아동 놀이집단 참여하기, 피구하기, 공차기, 숨바꼭질하기, 실내 놀이터에서 놀기, 운동장의 모래밭/미끄럼틀에서 놀기, 동물/애완동물과 놀기
예술/문화 활동	도서관/서점 가기, 음악회 가기, 인형극 보러 가기, 전시회 가기, 아이스 스케이트 쇼 보러 가기, 구연동화 듣기, 마술 쇼 보기, 영화 보기, 어린이박물관 방문하기, 천체과학관 방문하기, 과학 센터 방문하기, 어린이 연극/뮤지컬 관람하기, 무용공연 관람하기
모임/조직	무용 강좌 참석하기, 종친회 참여하기, 체조/운동 강좌 참석하기, 음악 강좌 참석하기, 아기 스포츠 수업 참석하기, 4H 클럽 가기, 미술 강좌 참석하기, 취미활동 모임에 가기, '엄마랑 아가랑' 놀이집단, '놀아 주는 양육' 모임, 걸/보이 스카우트, 재료 예술 강좌 참석하기
공원/여가 활동	체육관 개방 시간에 가족끼리 놀기, 자전거 타기, 볼링, 가족 테니스, 낚시, 승마, 스케이트, 스키, 썰매 타기, 눈썰매 타기, 수영, 걷기/달리기
지역사회 행사	기념 행사 참석하기, 지역사회 부활절 행사 참석하기, 지역사회 모임/집회 참석하기, 지역사회 야유회 참석하기, 가족 잔치/행사 참석하기, 농업박람회 참석하기, 불꽃놀이/레이저 쇼 보러 가기, 거리 축제 가기, 시·군·구 단위 축제(페이스페인팅, 아동용 탈 것), 역사 재연/축전 의식 보기, 퍼레이드 보기
야외 활동	해변 활동, 들새 관찰하기, 보트/카누 타기, 캠핑, 도보 여행, 연 날리기, 숲속 산책, 동네 텃밭에 나무 심기, 래프팅
오락	서커스 구경 가기, 수족관 가기, 자연보호구역 보러 가기, 핼러윈 때 쓸 호박 사러 가기, 동물원에서 동물 쓰다듬기, 놀이공원/테마파크 방문하기, 동물농장 방문하기, 조류 사육장 방문하기, 유적지 방문하기, 애완동물 가게/동물보호소 방문하기, 동물원 또는 야생동물공원에서 동물 구경하기
스포츠 활동	응원하기, 야구하기, 농구하기, 골프/미니골프하기, 축구하기, 자동차 경주 관람하기, 축구경기 관람하기, 하키경기 관람하기
종교 활동	세례식 참석하기, 교회 모금활동 참석하기, 교회 모임/집회 참석하기, 교회예배 참석하기, 종교예식 참석하기, 주일학교 참석하기, 여름성경학교 참석하기, 혼배미사 참석하기, 신앙 강좌 가기, 교회 유아실에서 놀기

of-motion) 운동을 하는 것은 탈맥락화된 학습 기회다.

맥락화된 학습과 탈맥락화된 학습을 구별해 보는 것은 유아에게 주어진 경험이 일상적이고 자연스러운 학습 환경(가장 가치 있고 바람직한 학습 환경)이 될 수 있는 경우와 그렇지 않은 경우를 명확히 하는 데 도움이 된다. 간단하게 말해서, 일상적 활동의 맥락에서 제공되는 학습 기회를 통해 기능적이고 사회 적응적인 학습이 일어난다면 이것이 가장 바람직하고 자연스러운 학습 기회인 것이다. 따라서 치료실이나 기타 특정 장소에서의 탈맥락화된 학습 기회를 단순히 지역사회나 가족 활동으로 옮긴다 해도 그러한 장소의 변화가 바로 자연스러운 학습 기회를 보장하는 것은 아니다.

영유아가 지역사회(및 가족)생활의 일부로 경험하는 일상적 활동과 관련하여 강조해야 할 한 가지 중요한 사항이 있다. 유아가 경험하는 많은 활동은 유아의 참여가 간접적이거나 부수적이더라도 행동이나 발달상으로 유익한 경우가 많다는 점이다(Lave & Wenger, 1991). 유아가 참여하는 일상적 활동은 성인이 하는 활동이거나(예: Rogoff, Mosier, Mistry, & Göncü, 1993) 좀 더 나이가 많은 아동의 활동(예: Lancy, 1996)일 경우가 많은데, 이러한 활동들은 영유아를 다양한 학습 기회의 맥락을 제공해 주는 사람 및 사물과의 상호작용으로 이끌어 준다. 손위 형제의 야구 경기에 따라간 영유아가 야구공을 가지고 놀아 보고, 1루에서 2루까지 뛰어다녀 보고, 야구 방망이를 휘둘러 보고, 안타를 친 손위 형제에게 박수와 응원을 보내는 것은 이러한 부수적 학습 기회의 예라 할 수 있다. 〈표 3-1〉에 포함된 많은 일상적 활동이 이와 같은 학습 기회들이다. 그러므로 부모와 함께 이 목록을 활용하는 전문가는 유아가 누군가를 따라가서 2차적 참여자로 하게 되는 여러 활동이 제공하는 잠재적 학습 기회에 대해 잘 알고 있어야 한다.

아동의 흥미

일반적으로 학습, 특히 아동의 학습은 학습자의 흥미에 기초를 두고, 학습자의 참여를 촉진하며, 학습자의 동기를 유발할 때 최대화될 수 있다(Raab & Dunst, 2007; Renninger, 1988). 여기서 '흥미'란 재미와 능력 발휘의 맥락을 제공하는 바람직한 활동에 아동이(성인도 마찬가지이지만) 참여하도록 동기를 제공하는 좋아하는 것, 선호하는 것, 아끼는 것, 강점, 자질 등을 포함한다. 흥미는 개인적 특성일 수도 있고 환경적(상황적) 특성일 수도 있다(Krapp, Hidi, & Renninger, 1992; Raab, 2005). 개인적 흥미에는 아동이 개인적으로 좋아하는 것, 선호하고 아끼는 것, 아동의 강점 등이 포함된다. 상황적 흥미에는 아동으로부터 관심과 호기심, 사람 및 사물과의 상호작용 참여 등을 이끌어 내는 사회적 · 비사회적 환경의 측면들이 포함된다. 레닝거, 히디 및 크랩(Renninger, Hidi, & Krapp, 1992)에 따르면, 개인적 흥미와 상황적 흥미는 모두 아동의 학습과 발달에 영향을 미친다. 연구들에 따르면, 개인적 흥미와 상황적 흥미 중 어느 쪽이든 관계없이 아동의 흥미에 기초한 아동 학습 기회는 긍정적인 아동 행동과 기능을 증가시키고 부정적인 행동과 기능은 감소시킨다(Raab & Dunst, 2007). 흥미에 기초한 아동의 일상적 활동 참여는 아동의 친사회적 행동을 강조하는 긍정적 행동 지원(positive behavior support)의 한 유형으로도 작용한다(제9장 참조).

[그림 3-2]에 제시된 개념 틀은 CMP의 실행을 보여 준다. 이 개념 틀은 일상적 학습 기회의 주요 특징을 포함하는데, 이 특징들은 우리가 현재까지의 연구들을 통해 이미 알고 있는 내용을 반영하고 있다. 이 모델의 기초는 일상적 활동의 맥락에서 발생하는 흥미에 기초한 아동 학습 기회라 할 수 있다. 연구들은 아동이 흥미에 의해 사람 및 사물과의 사회적이고 비사회적인 상호작용에 참여할 때 학습이 향상된다고 지적한다. 이러한 상호작용은 아동이 이미 가지고 있는 기술을 연습하고, 사회적 · 비사회적 환경을

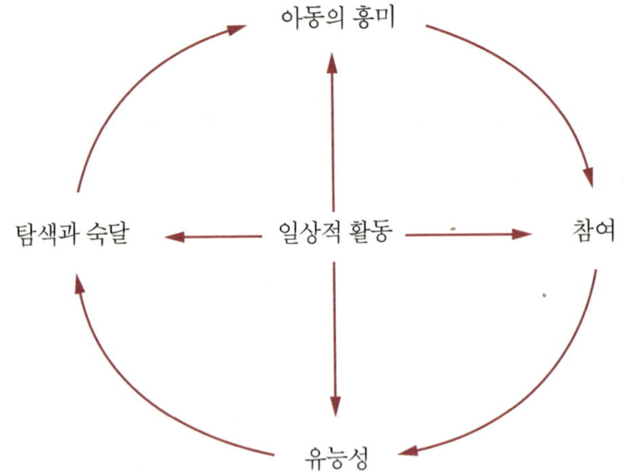

[그림 3-2] 아동의 흥미에 기반을 둔 동시에 아동의 유능성을 향상시키는 일상적이고 자연스러운 학습 기회의 공급원인 일상적 활동

탐색하며, 새로운 능력을 배우고 숙달시킬 기회를 제공한다(Raab & Dunst, 2007). 예를 들어, 넬슨(Nelson, 1999)은 아동의 언어능력 발달이 "아동이 생활 중에 하는 활동과 아동의 홍미에 확실히 관련되어 있음"(p. 2)을 발견하였다. 이와 유사하게, 거버먼(Guberman, 1999)은 "아동의 홍미와 의미 형성 과정은 지지적인 학습 환경의 주요 부분이다."(p. 207)라고 말하였다.

홍미가 아동의 학습과 발달에 영향을 미치는 개인적 혹은 환경적 요소로 기능하는 방식(Bronfenbrenner, 1993; Wachs, 2000)은 다음과 같이 설명될 수 있다. 아동이 개인적으로 홍미를 갖고 있거나 아동에게 홍미를 주는 사람, 사물, 사건들은 아동의 관심을 끌고 유지시키며(Fogel, 1997), 아동이 사람 및 사물과 상호작용하도록 격려하고(Rusher, Cross, & Ware, 1995), 아동의 사회적 · 비사회적 활동 참여를 촉진(Göncü, Tuermer, Jain, & Johnson, 1999)할 가능성이 높다. 홍미에 기초를 둔 놀이와 상호작용은 아동의 참여를 증진시키는 기초라 할 수 있다(McWilliam & Wave, 1994). 아동이 일상적 활동에 참여할 때, 이 활동은 현재 아동이 가진 기술을 연습하고 최근에 배운 기술을 완성하며 새로운 능력을 습득할 기회를 제공한다(Farver, 1999). 아동이 능력을 펼칠 기회를 제공하는 일상적 활동은 자유로운 탐색을 격려하고 지지하는 활동일 가능성이 높다(Wachs, 1979). 탐색을 통해 아동은 자신의 행동과 그 결과 간의 관계를 배우게 되는데, 이 두 가지는 모두 성취감을 향상시키고 강화해 준다(MacTurk & Morgan, 1995). 이러한 성취감은 또다시 현재 아동이 가진 흥미를 강화하고 새로운 흥미의 개발을 촉진할 것이다.

아동의 학습 기회 증진시키기

일상적 활동에의 참여는 발달을 촉진하고 향상시키는 속성을 가진 다양한 사회적 · 비사회적 활동에 참여할 충분한 기회의 수(number of opportunities)가 아동에게 제공되어야만 학습과 발달에 긍정적 효과를 미칠 수 있다(Bronfenbrenner, 1992, 1993). 브론펜브레너(Bronfenbrenner, 1999)는 "한 개인에게 발달이 일어나려면, 그 개인은 활동에 참여해야 한다. 그리고 그 활동은 상당히 규칙적으로 발생하는 것이어야 한다."(pp. 5-6)라고 하였다. '기회'가 갖는 중요성은, 아동이 일상적 활동에의 참여를 통해 현재 가진 기술을 연습하고 새로운 기술을 배울 기회를 제공받는다는 단순한 사실에서 비롯된다(Bourdieu, 1977; Lave, 1996). 듀상(Duchan, 1997)은 "(치료와 중재를 위한) 상황적(맥락적) 접근의 목표는 아동이 일상에서 일어나는 활동에 참여할 기회를 증가시키는 것에 중점을 둔다."(p. 10)라고 하였다. 따라서 아동의 흥미에 기초한 일상적 활동에 아동이 참여할 기회의 수, 빈도, 질을 증가시키는 것이 CMP의 주요 초점이다.

아동의 학습 기회는 흥미에 기초한 여러 종류의 일상적 활동에 참여하는 것을 통해서도 증가될 수 있고, 하나의 일상적 활동 안에서 주어지는 학습 기회의 수가 많아지는 것을 통해서도 증가될 수 있다. 물놀이를 좋아하는 한 아동의 예를 들어 보자. 목욕 중에 물놀이하기, 꽃과 나무에 호스로 물주기, 빗물 웅덩이에서 물 튀기기, 개울이나 연못에서 조약돌 던지기 등은 흥미에 기초한 여러 종류의 일상적 활동에 참여하는 예가 될 것이다. 수영장에서 물 튀기기, 수영장 물에 물체 띄우기, 양동이에 수영장 물을 넣었다가 빼기, 수영장에서 수영하는 흉내 내기 등은 하나의 일상적 활동 안에서 흥미에 기초한 학습 기회가 다양하게 주어진 예라고 할 수 있다. 흥미에 기초한 일상적 활동의 폭과 깊이를 모두 증가시키는 것이 CMP의 주요 초점이다.

부모-매개의 아동 학습

부모-매개의 아동 학습은 아동의 흥미와 능력을 발견하여 인정해 주고, 흥미와 능력에 관한 정보를 이용하여 아동의 흥미에 맞는 일상적 학습 활동에 참여하게 하며, 일상적 활동의 맥락에서 아동의 학습과 능력 발휘를 격려하고 지지하기 위해 다양한 방법과 전략을 의도적으로 사용한다. 부모-매개의 아동 학습은 다양하고 많은 실제를 이용하여 이루어지는데, 부모가 흥미에 기초한 일상적 학습 기회의 일차적 제공자 혹은 주 제공자일 때 CMP가 아동과 부모에게 유익한 효과를 거둘 가능성이 가장 높다. 그 예로 어느 한 연구에서는, 부모가 일상적 활동을 아동 학습 기회의 공급원으로 활용하고 그 활동에서 아동이 긍정적 기능을 보여 주었을 때 부모의 능력이 더욱 강화됨을 보여 주었다(Dunst, Bruder et al., 2006).

부모에 의한 '매개(mediation)'는 세 가지의 서로 다른 요소 또는 절차, 즉 계획, 실행 그리고 평가와 피드백을 포함한다. 먼저, 계획은 아동의 흥미를 판별하는 것과 흥미에 기초한 아동 학습의 맥락으로 가장 좋은 일상적 활동이 무엇인지 결정하는 것을 포함한다. 실행은 다양한 일상적 활동에 대한 아동의 참여를 증진시키려는 부모의 노력과 그러한 활동 중에 아동의 학습을 지원하고 격려하기 위해 부모가 하는 모든 일을 포함한다. 마지막으로, 평가와 피드백은 일상적 학습 기회가 자녀에게 유익했는지, 아동의 학습을 지원하는 부모 자신의 노력이 성공적이었는지 등에 대한 부모의 평가를 포함한다. 아동에게 흥미에 기초한 일상적 학습 기회를 제공하기 위해 CMP를 활용하는 방법을 설명한 이 장의 후반부에서는 조기 개입에서 CMP 양육자-매개 접근을 계획하고 실행하고 평가하는 방법과 절차를 제시하였다.

성과와 유익

CMP의 성공 여부는 아동이 사회적 · 문화적으로 의미 있는 일상적 활동에 참여할 기회가 증가된 정도 그리고 부모-매개 아동 학습의 결과로 아동과 부모의 유능성과 자신감이 강화된 정도로 판단할 수 있다. 참여(participation)란 아동이 일상적 활동에 참여하는 방식(활동 시작하기, 활동 마치기, 활동 중에 끼어들기, 도움을 요청하거나 도움 주기 등)을 말하는데, 이를 통해 아동은 가족이 중요시하는 사회적 · 문화적 활동, 경험 및 기회들에 더 잘 참여하게 된다(Shweder et al., 1998). 아동의 참여가 성공적으로 이루어졌는지의 여부는 일상적 활동이 아동에게 사회적 · 문화적 집단과 환경에 적응하는 데 도움이 되는 능력을 배우고 연습하고 숙달시킬 기회를 제공한 정도에 달려 있다.

CMP의 바람직한 성과는 아동과 부모 유능성의 몇 가지 다른 측면들로 구성된다. 아동 유능성(child competence)은 사람 및 사물과의 상호작용을 시작하고 유지하기 위해, 또 사물과 사람으로부터 피드백을 받기 위해 아동이 사용하는 행동을 포함한다. 이처럼 아동이 주도하는 자발적 행동을 상호작용적 유능성이라 한다(Dunst, Holbert, & Wilson, 1990; Dunst & McWilliam, 1988). 상호작용적 유능성은 사람(및 사물)과의 상호작용(외부에서 아동을 향해 시작되는 상호작용)에서 권력 균형의 이동(shift in balance of power)을 보여 주는 환경적 결과를 끌어내기 위해 사용되는 아동의 행동을 말한다. 아동이 일상적 활동에서 부모나 다른 주 양육자들보다 더 많은 상호작용을 시작할 때, 아동이 일상적 활동에서 사람 및 사물과의 상호작용 내용이나 본질을 친사회적이고 주도적으로 '통제'하려고 시도할 때 권력 균형의 이동이 일어났다고 볼 수 있다(예: Bronfenbrenner, 1979). 한 예로, 던스트(1979)는 장애 유아와 비장애 유아 모두 발달연령 8~14개월에 어머니와의 상호작용에서 이러한 권력 균형의 이동이 나타남을 발견하였다.

부모 유능성은 아동의 흥미를 발견하고, 흥미의 발현을 위한 맥락으로서의 일상적 활동을 선택하며, 아동의 일상적 활동 참여를 증가시키고, 이러한 활동에서 아동의 참여를 지원하는 부모의 능력을 포함한다. 다른 여러 양육 행동의 매개자로 알려진 양육자의 자기 효능감은 특별한 관심을 받고 있다(특히 Dunst, Trivette, & Hamby, 2006, 2008). 이러한 자기 효능감의 측정은 바람직한 성과를 이끌어 낼 '흥미기반 일상적 학습 기회'를 계획하고 제공하는 자신의 능력에 대한 부모의 판단을 중심으로 이루어진다(Bandura, 1997).

아동과 부모의 자신감 역시 CMP 평가의 핵심이다. 자신감의 평가는 자신의 행동 능력에 대한 성취감과 긍정적 정서를 측정하는 행동 지표에 근거하여 이루어진다. 아동의 자신감은 원하던 행동의 효과나 결과를 이루어 낸 것에 대한 반응으로 미소 짓기, 웃기, 발성하기, 기뻐하기 등을 포함한다(Dunst, Raab et al., 2007; Trevarthen & Hubley, 1978). 양육자의 자신감은 발달을 향상시키는 학습 기회를 아동에게 제공한 것과 이러한 경험이 아동에게 유익했음을 인식하는 데에서 오는 만족감을 포함한다(Goldberg, 1977; Okagaki & Divecha, 1993).

CMP의 실행과 연습

CMP는 ① 아동의 흥미와 아동의 삶을 구성하는 지역사회 및 가족의 일상적인 활동을 판별하고, ② 아동의 흥미에 기초한 최상의 학습 기회를 제공하는 활동들을 선택하며, ③ 흥미에 기초한 일상적 학습 기회에 대한 아동의 참여를 증진시키고, ④ 선택된 일상적 활동에서 아동의 유능성, 탐색 및 숙달을 지지하고 격려하기 위해 다양한 상호작용 기술을 사용하며, 그리고 ⑤ 부모-매개 일상적 아동 학습 기회의 효과를 아동과 부모 측면에서 평가하기 위한 방법과 절차를 사용하여 부모와 다른 주 양육자에 의해 실행된다(Dunst, 2006; Dunst & Swanson, 2006). CMP를 이용하여 아동의 참여와 학습을 향상시키려는 노력의 결과도 흥미에 기초한 일상적 활동을 계속할지, 중지할지 또는 수정할지를 결정하는 데 사용된다. CMP는 일상적 활동과 일과의 맥락에서 실행되는 여러 가지 조기 개입 접근 중 하나다(제2장 참조).

[그림 3-3]은 CMP가 부모와 다른 주 양육자들에 의해 실행되는 방식을 보여 준다. CMP의 계획 단계에서는 아동에게 흥미로울 것으로 보이는 일상적 활동을 선택하거나 아동의 흥미에 대한 정보에 근거하여 흥미를 표현하기 위한 맥락으로 이용될 수 있는 일상적 활동을 선택하게 된다. 실행 단계는 흥미에 기초한 일상적 아동 학습 기회의 수, 빈도, 질을 증가시키고 흥미에 기초한 일상적 활동에서 아동이 보이는 행동에 대한 부모의 반응성을 높이기 위한 부모의 의도적인 노력, 아동의 유능성, 탐색, 숙달을 지지하고 격려하는 부모의 노력을 포함한다. CMP의 평가 단계는 일상적 아동 학습이 아동과 부모에게 어떤 이로움을 주었는지에 대한 측정을 포함한다. 피드백 단계에서는 부모가 평가 정보를 활용하여 현재의 일상적 학습 기회를 변화시키거나 새로운 일상적 학습 기회를 개발하게 된다. 실행의 모든

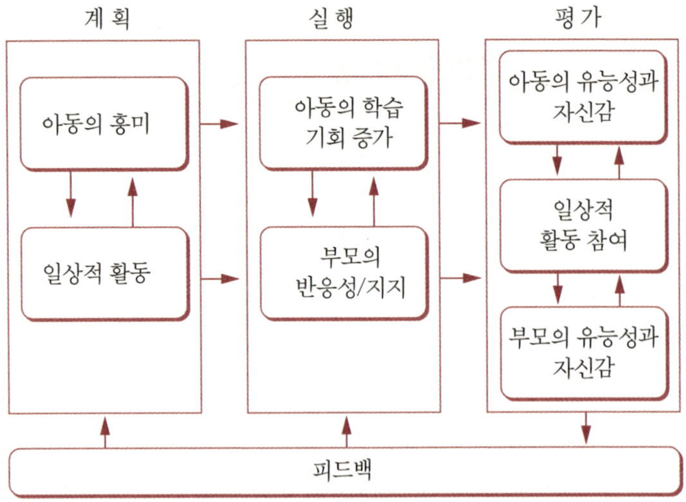

[그림 3-3] CMP의 계획, 실행, 효과성 평가의 절차

단계는 문화적으로 민감하고 부모의 믿음과 가치를 존중하는(제6장 참조) 효과적인 의사소통 기술을 통해 이루어진다(제5장 참조).

양육자가 부모-매개의 아동 학습을 잘 활용할 수 있도록 촉진하는 전문가의 능력을 향상시키기 위해 다섯 가지의 체크리스트가 사용된다. 〈표 3-2〉는 CMP 실행을 위해 체크리스트를 사용할 때 권장되는 체크리스트

〈표 3-2〉 주 양육자의 부모-매개 아동 학습 활동을 증진시키기 위한 체크리스트

순 서	체크리스트 제목	주안점
1	아동의 흥미	아동 개인과 아동이 처한 환경에 관련된 흥미, 선호도 등
2	일상적 지역사회 학습 활동	일상적 지역사회 학습 활동의 유형과 공급원
3	일상적 아동 학습 기회 증진	아동의 흥미에 기초한 학습 활동의 수, 빈도, 질의 증가
4	양육자의 반응적 교수	일상적 활동에서 아동의 학습을 지원하고 격려하기 위한 방법
5	부모-매개 아동 학습 평가	CMP의 성과 측정

사용 순서를 보여 주고 있다. 체크리스트는 아동의 흥미를 파악하고, 흥미에 기초한 아동 학습의 맥락이 될 일상적 활동을 선택하며, 흥미에 기초한 학습 기회의 일부로 아동의 유능성을 지지하고 격려하며, 부모-매개 아동 학습 기회의 효과를 결정하는 데 사용된다. 넓은 의미의 CMP 모델에서는 가족과 지역사회 활동에의 참여를 모두 포함하지만, 이 장에서 제시한 체크리스트에서 특별히 중점을 둔 것은 일상적 지역사회 활동에의 참여다(Dunst, 2006; Dunst & Swanson, 2006). 이 체크리스트들은 특별히 부모와 다른 주 양육자들이 CMP를 선택하고 활용하도록 촉진하기 위해 전문가들이 할 수 있는 사항을 지원하기 위해 개발되었다. 체크리스트들은 이 장의 마지막에 부록(〈부록 3-1〉~〈부록 3-5〉 참조)으로 제시되어 있다.

계 획

부모와 다른 주 양육자는 아동이 좋아하는 것과 싫어하는 것, 선호하는 활동과 회피하는 활동, 아동의 강점과 약점을 알아내는 데 매우 유능하다. 흥미에 기초한 학습을 위해 최상의 맥락을 제공하는 특정한 일상적 활동을 판별하기 위해 이러한 정보를 계획적으로 사용하는 것은 흥미에 기초한 일상적이고 자연스러운 학습 기회를 아동에게 제공하는 일의 일부로서 매우 중요하다.

아동의 흥미

아동의 흥미는 아동 흥미 체크리스트(〈부록 3-1〉 참조)를 이용하여 판별할 수 있다. 아동이 좋아하는 것이 있는지를 알아보는 절차는 비교적 간단하며, '아동이 좋아하는 것은 무엇인가?' '아동을 웃게 만드는 것은 무엇인가?' '아동의 관심을 끄는 것은 무엇인가?' '아동이 하고 싶어 하는 일은 무엇인가?' 등의 질문에 대한 답을 통해 알 수 있다. 이러한 질문에 대

〈표 3-3〉 아동의 흥미를 판별하는 방법

Dunst, C. J., Herter, S., & Shields, H. (2000). Interest-based natural learning opportunities. In S. Sandall & M. Ostrosky (Eds.), *Natural environments and inclusion* (Young Exceptional Children Monograph Series No. 2, pp. 37-48). Longmont, CO; Sopris West.
Dunst, C. J., Roberts, K., & Snyder, D. (2004). *Spotting my child's very special interests: A workbook for parents*. Asheville, NC: Winterberry Press.
Dunst, C. J., & Snyder, D. (2004). *Possibilities interest assessment interview protocol*. Asheville, NC: Winterberry Press.
Orelena Hawks Puckett Institute (Producer). (2004). *Spotting my child's very special interests: A guide for parents* [Visual recording]. Asheville, NC: Winterberry Press.
Raab, M. (2005). Interest-based child participation in everyday learning activities. *CASEinPoint, 1*(2), 1-5. Available at www.fippcase.org/caseinpoint/caseinpoint_vol1_no2.psf

한 답은 아동의 흥미, 특성, 강점, 선호도 등에 대한 프로파일을 만들 수 있게 해 주며, 이를 이용하여 흥미에 기초한 학습을 위한 최상의 맥락이 되어줄 일상적 활동을 선택할 수 있다. 흥미에 기초한 아동 학습이란 아동이 좋아하는 것, 하고 싶어 하는 것, 즐겨 하는 것을 할 수 있는 기회를 말한다. 〈표 3-3〉은 개인적이고 상황적인 아동의 흥미를 판별하기 위해 독자가 유용하게 사용할 수 있는 자료 목록을 보여 주고 있다.

지역사회 활동

홍미에 기초한 아동 학습이 일어날 수 있는 일상적 지역사회(및 가족) 활동은 아동의 나이, 아동이 사는 곳, 부모의 믿음과 가치 등에 따라 다양하다. 앞서 제시된 〈표 3-1〉은 많은 아동이 일상적 지역사회 생활의 일부로 경험하는 일상적 지역사회 활동의 종류에 대한 예시를 제공했다. 일상적 지역사회 학습 활동 체크리스트(〈부록 3-2〉)는 부모와 다른 주 양육자들이

〈표 3-4〉 일상적 지역사회 학습 활동을 판별하는 방법

Dunst, C. J., & Hamby, D. (1999). Community life as sources of children's learning opportunities. *Children's Learning Opportunities Reports, 1*(4). Available at www.everydaylearning.info/reports/lov1-4.pdf

Dunst, C. J., Herter, S., & Shields, H., & Bennis, L. (2001). Mapping community-based natural learning opportunities. *Young Exceptional Children, 4*(4), 16-24.

Dunst, C. J., & Shue, P. (2005). Creating literacy-rich natural learning environments for infants, toddlers, and preschoolers. In E. M. Horn & H. Jones (Eds.), *Supporting early literacy development in young children* (Young Exceptional Children Monograph Series No. 7, pp. 15-30). Longment, CO: Sopris West.

Orelena Hawks Puckett Institute (Producer). (2001). *Power of the ordinary: A photographic journey of children's everyday learning opportunities.* [Visual recording]. Asheville, NC: Winterberry Press.

Orelena Hawks Puckett Institute (Producer). (2002). *Anyplace, anytime, anywhere! everyday learning in community activities* (Natural Learning Opportunities Video Series No. 2) [Video tape]. Asheville, NC: Winterberry Press.

가능한 모든 종류의 지역사회 활동 중에서 아동의 흥미에 맞을 뿐 아니라, 아동의 현재 능력을 강화시키고 새로운 능력 습득을 증진시킬 가능성이 높으며, 다양성(넓이)과 풍부함(깊이)을 제공해 줄 수 있는 활동을 선택하도록 도울 방법을 전문가들에게 알려 주기 위해 특별히 개발된 것이다. 〈표 3-4〉는 일상적 지역사회 활동에 대한 추가의 아이디어를 얻기 위해 독자가 검토하고 싶어 할 만한 기타 자료들을 보여 주고 있다.

흥미에 기초한 학습 기회의 선택

CMP의 계획 단계를 통해 얻게 되는 주요 성과는 부모나 다른 양육자가 흥미에 기초한 학습 기회를 매우 다양하게 제공할 수 있을 만큼 충분히 자

주 발생하는 학습 기회라고 생각하는 8~10개의 일상적 활동을 선택하게 되는 것이다. 이를 위한 절차는 매우 간단하다. 전문가는 부모가 가능한 모든 활동 중에서 아동의 흥미에 맞고, 충분한 수의 학습 기회를 보장할 수 있을 만큼 자주 발생하며, 하나의 활동 안에서도 현재 가지고 있는 기술을 연습하고 새로운 행동을 배울 기회를 많이 제공하거나 아동의 탐색을 격려하는 것을 선택하도록 도우면 된다. 이렇게 선택된 활동들은 CMP 실행 단계의 일부로 사용된다.

실 행

CMP의 실행은 흥미에 기초한 일상적 학습 기회에 아동이 더 많이 참여하게 하는 것과 아동의 유능성을 지지하고 격려하기 위해 양육자가 반응적 교수 기법을 더 많이 활용하게 되는 것을 포함한다. 다음의 예는 이것이 어떤 모습이며, 어떻게 성취될 수 있는지를 보여 준다. 동물을 매우 좋아하는 한 아동은 일주일에 서너 번 아버지와 함께 동네에 있는 연못에 간다. 아동은 특히 연못에 있는 오리에게 먹이 주는 것을 좋아한다. 아버지와 아들은 연못에 갈 때 빵부스러기 한 봉지를 가지고 간다. 아버지가 빵조각을 아들에게 건네주면 아들은 그것을 오리에게 "던진다." 오리가 좋아하는 모습은 아동으로 하여금 이 일에 더욱 열중하게 한다. 아이는 먹이 주는 일을 계속하기 위해 아버지에게 손을 내밀어 빵조각을 더 달라고 "요구한다." 아버지는 아들이 하는 일에 흥미를 보이고, 아들이 하는 행동에 대해 이야기하고, 아들이 빵조각을 더 달라고 요청하고 오리를 따라다니며 먹이고 오리 소리를 내는 것에 대해 격려하고, 아들이 하는 행동을 쉬운 말로 묘사해 주는 등의 방식으로 아동의 행동에 반응한다.

부모로 하여금 아동의 일상적 활동 참여를 증진시키고 아동의 능력을 강화하고 증진하는 것으로 알려진 상호작용 방식을 사용하게 하려는 노력은 그리 어렵지 않은 것으로 알려져 왔다. 그 예로, 어느 한 연구에서는 부모가 일상적 아동 학습 기회의 수, 빈도, 다양성을 증진시키는 데 2주가 채 걸리지 않는 것으로 나타났다(Dunst, Bruder et al., 2001). 활동 중 아동의 학습을 지지하기 위해 단순하면서도 매우 효과적인 상호작용 방식을 사용하도록 부모를 격려하는 것 역시 매우 쉬운 일이다.

아동의 학습 기회 증진

CMP가 최대의 효과를 내기 위해서는 일상적 지역사회 활동의 수, 빈도, 다양성이 아동에게 광범위하고 깊이 있는 학습 기회를 제공할 만큼 충분히 증가되어야 한다. 일상적 아동 학습 기회 증진 체크리스트(〈부록 3-3〉 참조)는 일상적 지역사회 학습 활동에의 참여를 증진시키기 위해 사용할 수 있는 실제들을 포함하고 있다. 일상적 학습 기회의 제공을 촉진하기 위해 부모가 사용할 수 있는 모든 유형의 메모는 흥미에 기초한 일상적 지역사회 학습 활동에 아동이 더 많이 참여하게 해 줄 수 있다. 이러한 메모에는

〈표 3-5〉 일상적 학습 활동에 아동의 참여를 높이는 방법

Dunst, C. J. (2001). Participation of young children with disabilities in community learning activities. In M. J. Guralnick (Ed.), *Early childhood inclusion: Focus on change* (pp. 307-333). Baltimore: Brookes.

Dunst, C. J. (2008). *Parent and community assets as sources of young children's learning opportunities* (Revised and expanded ed.). Asheville, NC: Winterberry Press.

Raab, M., & Dunst, C. J. (2006). Checklists for promoting parent-mediated everyday child learning opportunities. *CASEtools, 2*(1), 1-9. Available at www.fippcase.org/casetools/casetools_vol2_no1.pdf.

Swanson, J., Raab, M., Roper, N., & Dunst, C. J. (2006). Promoting young children's participation in interest-based everyday learning activities. *CASEtools, 2*(5), 1-22. Available at www.fippcase.org/casetoosl/casetools_vol2_no5.pdf.

부모가 CMP의 계획 단계에서 선택한 활동에 아동을 참여시키도록 기억을 상기시켜 주는 일일 활동 목록(쇼핑 목록과 비슷한 것), 주별 계획표, 또는 활동 스케줄(Dunst, Lesko et al., 1987) 등이 포함되며, 그 외에도 많은 것이 있다. 이런 것을 활용하는 목적은 일상적 지역사회 학습 기회에 아동이 참여하는 범위와 깊이를 증가시키는 것이다. 〈표 3-5〉에 포함된 자료들 역시 이러한 목적을 성취할 여러 방법을 알아보는 데 유용할 것이다.

양육자의 반응성

아동의 일상적 활동 참여의 일부로서 부모가 아동의 학습을 지지하고 격려하기 위해 무엇을 하는지는 다음과 같은 여러 가지 이유에서 중요하다. 연구들에 따르면, 일상적 활동의 맥락에서 아동의 행동에 대한 부모의 반응성과 지지는 아동의 능력 발휘를 지지하고 강화하며 새로운 기술의 습득을 촉진하는 효과적인 전략이다(Dunst & Kassow, 2008; Kassow & Dunst, 2007a, 2007b; Nievar & Becker, 2008; Shonkoff & Phillips, 2000). 아동의 능력 발휘에 대한 반응과 지지를 강조하는 반응적 교수, 우발적 교수 그리고 그 외에 현장에서 사용되는 교수 기법과 전략은 아동이 사람 및 사물과의 상호작용에 참여할 때 특히 효과적이다(예: Dunst, Lowe, & Bartholomew, 1990).

양육자의 반응적 교수 체크리스트(〈부록 3-4〉 참조)는 흥미에 기초한 학습과 아동의 유능성 및 자신감을 지원하는 교수 접근의 여러 측면을 포함하고 있다. 이 체크리스트는 아동의 흥미, 아동의 행동에 따른 반응하기, 아동이 보이는 새로운 행동을 격려하기, 아동에게 새로 배운 행동을 연습하고 숙달시킬 기회를 제공하기 등에 양육자의 관심을 모으게 하는 실제들을 포함하고 있다. 이러한 실제들이 모두 실행될 때, 흥미에 기초한 일상적 학습 활동에 대한 참여의 일부로 아동의 유능성과 자신감을 지지하고 강화하는 데 특히 효과적인 교수방법이라고 알려진 상호작용 방식이 수립된다

〈표 3-6〉 양육자의 반응적 교수에 대한 설명

Orelena Hawks Puckett Institute (Producer). (2005). *Tune in: Responsive interaction style* [Visual recording]. Asheville, NC: Winterberry Press. Roberts, K. (2007). *Pathways to parent-child closeness: Research findings show the best kinds of interactions* (Winterberry Research Summaries Vol. 1, No. 23). Asheville, NC: Winterberry Press. Roberts, K. (2007). *Research reveals practical pointers for beneficial adult-child interaction* (Winterberry Research Summaries Vol. 1, No. 12). Asheville, NC: Winterberry Press. Roberts, K. (2007). *Sense and sensitivity: Research indicates best ways to boost parental sensitivity to child behavior* (Winterberry Research Summaries Vol. 1, No. 13). Ashevill, NC: Winterberry Press.

(Dunst & Kassow, 2008; Kassow & Dunst, 2007a; Trivette, 2007). 일상적 지역사회(및 가족) 활동에서 부모 지원, 반응성, 아동 학습에 대한 격려의 핵심 특징 대부분은 〈표 3-6〉에서 제시한 자료에서 찾아볼 수 있다.

평 가

CMP의 성공 여부는 흥미에 기초한 일상적 지역사회(및 가족) 활동에 아동이 참여하는 기회가 얼마나 증가했는지, 일상적 학습 활동에 참여한 결과로 아동의 유능성과 자신감이 얼마나 강화되었는지, 아동에게 흥미에 기초한 일상적 학습 기회를 제공하고자 노력한 결과로 부모의 유능성과 자신감이 얼마나 강화되었는지에 달려 있다. 부모-매개 아동 학습 평가 체크리스트(〈부록 3-5〉 참조)는 조기 개입에 사용된 이 접근의 효과성을 측정하는 데 가장 중요하다고 생각되는 성과들을 포함하고 있다. 〈표 3-7〉은 전문가에게 유익할 만한 평가도구 관련 정보를 담은 자료들을 보여 주고 있다.

〈표 3-7〉 CMP의 효과성을 평가하는 절차

Dunst, C. J., & Masiello, T. L. (2003). *Everyday parenting scale (modified version).* Asheville, NC: Winterberry Press.

Dunst, C. J., Raab, M., Trivette, C. M., Parkey, C., Gatens, M., Wilson, L. L., et al. (2007). Child and adult social-emotional benefits of response-contingent child learning opportunities. *Journal of Early and Intensive Behavior Intervention, 4,* 379-391.

Dunst, C. J., & Trivette, C. M. (2003). *Child learning opportunities scale.* Asheville, NC: Winterberry Press.

Trivette, C. M., & Dunst, C. J. (2004). Evaluating family-based practices: Parenting experiences scale. *Young Exceptional Children,* 7(3), 12-19.

아동의 일상적 활동 참여

일상적 활동에의 참여가 증가되었는지의 여부는 CMP 계획 단계에서 판별된 활동들에 대한 아동의 참여가 CMP 활용 전에 비해 증가되었는지, 이전과 같은 수준인지 혹은 감소되었는지에 대해 부모에게 물어봄으로써 알 수 있다. 활동에의 참여가 흥미에 기초를 두고 있는 정도와 활동들이 발달을 향상시키는 속성을 가지고 있는지의 정도는 부모에게 학습 기회의 특성을 평가하게 함으로써 알아볼 수 있다(예: Dunst & Trivette, 2003). 예를 들어, 부모에게 학습 활동이 흥미에 기초하고 있는지(예: '그 활동을 할 때 아동이 신나게 하는지'), 아동의 주의를 계속 끄는 것인지(예: '그 활동이 아동의 관심을 유지시키는지'), 능력을 발휘할 기회를 제공하는지(예: '그 활동을 할 때 아동이 열심히 노력하는지'), 게임을 시작하고 유지하는 아동의 능력을 강화하는지(예: '아동이 활동 중에 상호작용을 시작하거나 주도하려고 노력하는지')의 정도를 표시하게 함으로써 이러한 것들을 알아볼 수 있다(Dunst, Pace, & Hamby, 2007; Trivette, Dunst, Hamby, & Pace, 2007).

아동에게 미치는 유익

아동의 유능성은 흥미에 기초한 아동 학습 기회의 결과라고 기대되는 아동의 행동을 관찰함으로써 평가한다. 아동의 유능성 평가는 각각의 일상적 활동에서 아동이 사람, 사물, 자료들과 상호작용하는 데 사용하는 행동을 기록하는 방식으로 이루어진다. 아동의 자신감은 바람직한 성과를 이루어 내거나 기대했던 결과를 거두는 것과 관련된 자기 효능감과 성취감을 중심으로 평가한다. 자신감을 보여 주는 행동 지표에는 원하고 기대했던 결과를 얻은 것에 대한 반응으로 나타나는 사회정서적 행동(예: 미소 짓기, 웃기, 발성), 흥분과 기쁨 등이 있으며, 이 외에도 많은 것이 있다(Dunst, Raab et al., 2007).

양육자에게 미치는 유익

양육에 대한 자신감과 유능성은 CMP가 양육 행동이나 신념에 얼마나 영향을 미쳤는지의 정도에 대해 체크리스트의 각 항목에 서술된 행동지표를 이용하여 측정한다(예: "CMP 활용 덕분에 아동에게 제공해 온 학습 기회에 대해 자신이 얼마나 더 유능해졌다고 느끼십니까?"). 유능성은 양육자가 양육 역할을 수행하는 능력(예: 아동에게 흥미에 기초한 학습 기회를 제공함)의 측면에서 평가하며, 자신감은 기대했던 결과를 얻었다는 성취감의 측면에서 평가한다(예: 아동이 맥락에 맞는 기능적 행동을 더 많이 보이게 됨).

피드백

부모와 다른 주 양육자가 아동에게 지속적으로 일상적 학습 기회를 제공하고 활동에서 아동의 유능성 발전을 지지하는 정도는 부모-매개 노력에 대한 자기 효능감 평가에 달려 있다. 부모의 귀인과 행동에 영향을 미칠 만한 두 가지 유형의 자기 효능감 평가(Bandura, 1997)는 다음과 같다. 즉,

① 아동에게 주어진 학습 기회가 아동에게 기대한 결과 또는 바람직한 결과를 가져왔는지의 정도, ② 부모의 결정과 행동이 부모 자신의 양육 능력에 대한 자신감과 유능성을 강화시킨 정도 등이다.

CMP 평가 단계에서 얻은 정보는 아동에게 제공되고 있는 활동을 계속할지, 중단할지, 수정할지 등에 관한 결정을 하기 위해 부모가 자신의 행동에 대한 토의, 반성(reflection), 자기 평가를 하게 하는 데 사용된다. 이 작업의 중요성은 부모의 자기 효능감이 아동에게 주어지는 경험과 그 경험을 통해 아동이 얻는 결과의 주요 매개변인이라는 연구결과에 기초한 것이다(예: Coleman & Karraker, 2003; Coleman et al., 2002; Dunst, Trivette, & Hamby, 2006; Teti & Gelfand, 1991). 부모와 다른 주 양육자가 자신의 노력이 아동의 활동 참여를 증진시키는 데 효과적이었고, 이러한 참여 덕분에 아동과 부모 모두의 유능성과 자신감이라는 유익을 얻었다고 판단할 때 이들이 아동에게 흥미에 기초한 일상적 학습 기회를 지속적으로 제공할 가능성은 높아진다.

결 론

전문가가 부모-매개의 일상적 아동 학습 기회에 대한 부모의 이해와 활용을 증진시키기 위해 CMP를 이용하는 정도는 여러 가지 요소와 조건에 달려 있다. ① 전문가는 일상적 지역사회(및 가족) 활동이 중요한 아동 학습 기회의 공급원이라는 것과 그러한 활동에서 아동의 학습을 지원하는 부모와 다른 주 양육자의 역할이 중요함을 인식해야 한다. ② 전문가는 부모가 자녀의 발달을 촉진하는 학습 기회를 제공하는 능력이 갈수록 향상되어 가는 것을 무엇보다 소중하게 여길 필요가 있으며, 부모의 이러한 발전에 보람을 느껴야 한다. ③ 전문가는 CMP의 효과를 극대화하기 위해 부모와 아동의 자신감과 유능성을 지원하기 위한 자질과 강점 중심의 모델을 이해하고 선택할 필요가 있다. ④ 전문가는 부모-매개의 아동 학습이 부재한 상태에서 전문가가 주 1~2회 중재를 실행할 경우, 학습 기회의 심각한 부족에 의해 아동에게 의미 있는 성과와 유익을 거둘 가능성이 미미함을 인식해야 한다(Dunst, 2006, 2007; McWilliam, 2000).

부모와 다른 주 양육자가 아동의 학습을 증진시키기 위해 CMP를 선택하고 사용할 가능성 역시 다음과 같은 여러 가지 요소와 조건에 달려 있다. ① 부모는 아동의 흥미에 기초한 일상적 학습 기회를 제공하는 것과 관련하여 부모 자신의 역할이 갖는 중요성을 인식해야 한다. ② 부모는 아동 주도적 학습을 중시해야 하며, 아동이 주도하는 행동의 증가가 아동 유능성의 주요 지표임을 인식해야 한다. ③ 부모는 아동의 학습을 지원하고 격려하는 자신의 방식이 아동과 부모 모두의 유익에 매우 중요하다는 것을 이해해야 한다. ④ 부모는 전문가가 아동을 돌보는 기능을 전담할 것이라고 기대하거나 이를 요구하지 않아야 하는데, 이는 양육 기능을 전가하는 것이 부모의 양육효능감에 부정적 영향을 미칠 수 있기 때문이다(Dunst, Bruder et al., 2006; Dunst, Trivette, Hamby et al., 2006; Hewlett & West, 1998).

이 장에서 설명한 조기 개입 접근은 자연스러운 학습 환경과 관련된 실제를 실행하는 많은 방법 중 하나다(제2장 참조). 우리는 CMP를 흥미에 기초한 일상적 지역사회(및 가족) 학습 기회를 유아에게 제공하기 위해 선택할 수 있는 하나의 접근으로 생각하는데, 이는 일상적 지역사회(및 가족) 활동에서 흥미에 기초한 아동 학습 기회와 관련하여서는 긍정적 효과가 보고된 반면, 전문가가 실행하는 중재와 관련하여서는 부정적 효과가 보고되었기 때문이다(Dunst, Brookfield, & Epstein, 1998; Dunst, Bruder et al., 2001; Dunst, Bruder et al., 2006; Dunst, Hamby, & Brookfield, 2007; Dunst, Trivette, & Cutspec, 2007; Dunst, Trivette, Hamby et al., 2006;

Janes & Kermani, 2001). 자연스러운 학습 환경의 실제를 위한 이 접근이 아직 많은 전문가에게 채택되지는 못하고 있지만, 이와 같은 여러 연구결과와 관찰은 조기 개입에서의 부모-매개 접근에 실증적 근거를 제공한다(Dunst & Raab, 2004; Raab & Dunst, 2004).

CMP 형태의 중재 방법이 조기 개입 전문가와 「장애인교육법」(IDEA)의 Part C에 따른 조기 개입 프로그램에 널리 사용되지 않는 데는 몇 가지 요소가 작용하는 것 같다. 그중 하나는 자연스러운 학습 환경과 일상적 학습 기회를 통해 아동과 부모에게 최상의 긍정적 효과가 나타날 수 있는 조건에 대한 전문가의 이해 부족이다. CMP가 믿기 어려울 정도로 간단하다는 점과 상식 수준의 특징을 가진 점도 CMP의 채택을 방해하는 요소가 되는 듯하다. 일상적 학습은 격식을 갖춘 것이 아니어서 중재로 여겨지지 않는 경우가 많기 때문에(실제로 일상적 학습이 중요한 중재가 된다는 증거에도 불구하고), 부모와 전문가는 일상적 학습의 가치와 중요성을 간과하곤 한다.

두 번째 요소는 IDEA의 Part C에 따른 조기 개입 프로그램과 전문가들이 의료보호(Medicaid) 자금을 활용하는 일이 증가되고 있다는 점이다. 이는 특히, 전문가가 아동을 대상으로 직접적 서비스를 제공해야만 수당을 받을 수 있는 주들에서 더욱 그러하다. 그 결과, 앞서 언급하였듯이 맥락에 맞지 않고 기능적이지 않은 서비스들이 부모와 아동을 혼란시키는 일이 자주 발생하게 되었다.

세 번째 요소는 연구와 실제 간의 단절인데, 특히 '최선의 실제'를 구성하는 것들에 대한 일반적인 믿음에 반하는 연구결과들이 문제가 된다. 조기 개입의 실제가 연구를 따라가지 못하고 있다고 말하는 것은 너무 단순한 표현이다(특히 Dunst, 2007 참조). 현재 실행되고 있는 장애 영유아를 위한 조기 개입은 많은 연구에서 아동의 삶에 별다른 성과가 없다고 보고된 요소와 특징으로 이루어져 있다.

이 장에서 설명한 실제들이 프로그램과 전문가들에 의해 널리 활용되기 위해서는 조기 개입의 방법과 목표에 대한 상당한 재고(rethinking)가 필요하다. 이를 위해 전문가는 효과가 있는 실제와 그렇지 않은 실제에 대해 더 많이 자각하고 그 실제들을 어떻게 변화시키고 향상시킬지에 대해 심사숙고해야 한다. 이 장의 내용은 이러한 재고의 기초를 제공하는 것으로, 전문가들이 증거에 기반을 둔 실제를 실행하기 위해 할 수 있는 구체적인 일들을 포함하고 있다. 그러므로 CMP를 실행하는 방법과 절차는 아동과 양육자에게 미치는 유익 측면에서 가장 중요하다고 볼 수 있는 학습 기회를 유아에게 제공하기 위해 노력하는 전문가들에게 풍부한 정보를 제공하는 유용한 것이어야 한다.

우리는 CMP를 비롯한 여러 실제를 활용하는 부모의 능력은 양육에 관련된 역할과 책임을 수행하기 위해 부모가 시간과 에너지를 쏟을 수 있는지의 여부에 달려 있음을 강조하며 이 장을 맺으려 한다. CMP는 가족체계 이론에 근거한 중재의 한 요소인데(Dunst, 2004; Dunst & Trivette, 2008), 이 이론에서는 부모와 다른 가족 성원의 관심과 우선순위에 관심이 주어질 때, 가족도 아동의 학습과 발달이 긍정적 효과를 보일 수 있도록 아동을 일상적 활동에 참여시킬 신체적·심리적 에너지를 갖게 된다고 본다. 20여 년 전만 해도 아동 양육과 무관한 가족의 관심사는 부모가 조기 개입 프로그램 참여의 일부로 중재를 실행하는 데 방해된다고 간주하였다(Dunst & Leet, 1987; Dunst, Leet, & Trivette, 1998). 이러한 이유 때문에, 가족체계 중재라는 한층 더 넓은 개념 틀의 맥락에서 CMP가 가장 잘 이해될 수 있음을 인식할 필요가 있다.

참고문헌

Alvarez, A. (1994). Child's everyday life: An ecological approach to the study of activity systems. In A. Alvarez & P. del Río (Eds.), *Educations as cultural construction* (Explorations in socio-cultural studies, pp. 23-38). Madrid, Spain: Fundación Infancia y Aprendizaje.

Bandura, A. (1997). *Self-efficacy: The exercise of control.* New York: Freeman.

Beckman, P., Barnwell, D., Horn, E., Hanson, M., Guitierrez, S., & Lieber, J. (1998). Communicaties, families and inclusion. *Early Childhood Research Quarterly, 13,* 125-150.

Bourdieu, P. (1977). *Outline of a theory of practice.* Cambridge, UK: Cambridge University Press.

Bronfenbrenner, U. (1979). *The ecology of human development: Experiments by nature and design.* Cambridge, MA: Harvard University Press.

Bronfenbrenner, U. (1992). Ecological systems theory. In R. Vasta (Ed.), *Six theories of child development: Revised formulations and current issues* (pp. 187-248). Philadelphia: Jessica Kingsley.

Bronfenbrenner, U. (1993). The ecology of cognitive development: Research models and fugitive findings. In R. H. Wozniak & K. W. Fischer (Eds.), *Development in context: Acting and thinking in specific environments* (pp. 3-44). Hillsdale, NJ: Erlbaum.

Bronfenbrenner, U. (1999). Environments in developmental perspective: Theoretical and operational models. In S. L. Friedman & T. D. Wachs (Eds.), *Measuring environment across the life span: Emerging methods and concepts* (pp. 3-28). Washington, DC: American Psychological Association.

Chaiklin, S., Hedegaard, M., & Jensen, U. J. (Eds.). (1999). *Activity theory and social practice: Cultural-historical approaches.* Aarhus C, Denmark: Aarhus University Press.

Chaiklin, S., & Lave, J. (Eds.). (1996). *Understanding practice: Perspectives on activity and context.* Cambridge, UK: Cambridge University Press.

Coleman, P. K., & Karraker, K. H. (2003). Maternal self-efficacy beliefs, competence in parenting, and toddlers' behavior and developmental status. *Infant Mental Health Journal, 24,* 126-148.

Coleman, P. K., Trent, A., Bryan, S., King, B., Rogers, N., & Nazir, M. (2002). Parenting behavior, mothers' self-efficacy beliefs, and toddler performance on the Bayley Scales on Infant Development. *Early Child Development and Care, 172,* 123-140.

Duchan, J. F. (1997). A situated pragmatics approach for supporting children with severe communication disorders. *Topics in Language Disorders, 17*(2), 1-18.

Dunst, C. J. (1979). Cognitive-social aspects of communicative exchanges between mothers and their Down's syndrome infants and mothers and their nonretarded infants. *Dissertation Abstracts International, 41*(01), 376B.

Dunst, C. J. (1981). *Infant learning: A cognitive-linguistic intervention strategy.* Allen, TX: DLM.

Dunst, C. J. (1985). Rethinking early intervention. *Analysis and Intervention in Developmental Disabilities, 5,* 165-201.

Dunst, C. J. (1992). A "new look" at promoting the development of children with Down syndrome. In P. Ryall (Ed.), *Learning together* (pp. 3-7). Calgary, Alberta, Canada: Canadian Down Syndrome Society.

Dunst, C. J. (2000). Everyday children's learning opportunities: Characteristics and consequences. *Children's Learning Opportunities Report, 2*(1). Available at www.everydaylearning.info/reports/lov2-1.pdf.

Dunst, C. J. (2001). Participation of young children with disabilities in community learning activities. In M. J. Guralnick (Ed.), *Early childhood inclusion: Focus on change* (pp. 307-333). Baltimore: Brookes.

Dunst, C. J. (2004). An integrated framework for practicing early childhood intervention and family support. *Perspectives in Education, 22*(2), 1-16.

Dunst, C. J. (2006). Parent-mediated everyday child learning opportunities: I. Foundations and operationalization. *CASEinPoint, 2*(2), 1-10. Available at www.fippcase.org/caseinpoint/caseinpoint_vol2_no2.pdf

Dunst, C. J. (2007). Early intervention with infants and toddlers with developmental disabilities. In S. L. Odom, R. H. Horner, M. Snell, & J. Blacher (Eds.), *Handbook of developmental disabilities* (pp. 161-180). New York: Guilford Press.

Dunst, C. J., Brookfield, J., & Epstein, J. (1998, December). *Family-centered early intervention and child, parent and family benefits: Final report.* Asheville, NC: Orelena Hawks Puckett Institute.

Dunst, C. J., Bruder, M. B., Trivette, C. M., & Hamby, D. W. (2006). Everyday activity settings, natural learning environments, and early intervention practices. *Journal of Policy and Practice in Intellectual Disabilities, 3,* 3-10.

Dunst, C. J., Bruder, M. B., Trivette, C. M., Hamby, D., Raab, M., & McLean, M. (2001). Characteristics and consequences of everyday natural learning opportunities. *Topics in Early Childhood Special Education, 21,* 68-92.

Dunst, C. J., & Hamby, D. (1999a). Community life as sources of children's learning opportunities. *Children's Learning Opportunities Report, 1*(4), Available at www.everydaylearning.info/reports/lov1-4.pdf.

Dunst, C. J., & Hamby, D. (1999b). Family life as sources of children's learning opportunities. *Children's Learning Opportunities Report, 1*(3). Available at www.everydaylearning.info/reports/lov1-3.pdf

Dunst, C. J., Hamby, D., Trivette, C. M., Raab, M., & Bruder, M. B. (2000). Everyday family and community life and children's naturally occurring learning opportunities. *Journal of Early Intervention, 23,* 151-164.

Dunst, C. J., Hamby, D., Trivette, C. M., Raab, M., & Bruder, M. B. (2002). Young children's participation in everyday family and community activity. *Psychological Reports, 91,* 875-897.

Dunst, C. J., Hamby, D. W., & Brookfield, J. (2007). Modeling the effects of early childhood intervention variables on parent and family well-being. *Journal of Applied Quantitative Methods, 2,* 268-288.

Dunst, C. J., Holbert, K. A., & Wilson, L. L. (1990). Strategies for assessing infant sensorimotor interactive competencies. In E. Gibbs & D. Teti (Eds.), *Interdisciplinary assessment of infants: A guide for early intervention practitioners* (pp. 91-112). Baltimore: Brookes.

Dunst, C. J., Kassow, D. Z. (2008). Caregiver sensitivity, contingent social responsiveness, and secure infant attachment. *Journal of Early and Intensive Behavior Intervention, 5,* 40-56.

Dunst, C. J., & Leet, H. E. (1987). Measuring the adequacy of resources in households with young children. *Child: Care, Health and Development, 13,* 111-125.

Dunst, C. J., Leet, H. E., & Trivette, C. M. (1988). Family resources, personal well-being, and early intervention. *Journal of Special Education, 22,* 108-116.

Dunst, C. J., Lesko, J. J., Holbert, K. A., Wilson, L. L., Sharpe, K. L., & Ritchie, F. L. (1987). A systemic approach to infant intervention. *Topics in Early Childhood Special Education, 7*(2), 19-37.

Dunst, C. J., Lowe, L. W., & Bartholomew, P. C. (1990). Contingent social responsiveness, family ecology, and infant communicative competence. *NSSLHA Journal, 17,* 39-49.

Dunst, C. J., & McWilliam, R. A. (1988). Cognitive assessment of multiply handicapped young children. In T. D. Wachs & R. Sheehan (Eds.), *Assessment of young developmentally disabled children* (pp. 213-238). New York: Plenum Press.

Dunst, C. J., Pace, J., & Hamby, D. W. (2007). *Evaluation of the games for growing tool kit for promoting early contingency learning* (Winterberry Research Perspectives Vol. 1, No. 6). Asheville, NC: Winterberry Press.

Dunst, C. J., & Raab, M. (2004). Parents' and practitioners' perspectives of young children's everyday natural learning environments. *Psychological Reports, 93,* 251-256.

Dunst, C. J., Raab, M., Trivette, C. M., Parkey, C., Gatens, M., Wilson, L. L., et al. (2007). Child and adult social-emotional benefits of response-contingent child learning opportunities. *Journal of Early and Intensive Behavior Intervention, 4,* 379-391.

Dunst, C. J., & Shue, P. (2005). Creating literacy-rich natural learning environments for infatns, toddlers, and preschoolers. In E. M. Horn & H. Jones (Eds.), *Supporting early literacy development in young children* (Young Exceptional Children Monograph Series No. 7, pp. 15-30). Longmont, CO: Sopris West.

Dunst, C. J., & Swanson, J. (2006). Parent-mediated everyday child learning opportunites: II. Methods and procedures. *CASEinPoint, 2*(11), 1-19. Available at www.fippcase.org/caseinpoint_vol2_no11.pdf.

Dunst, C. J., & Trivette, C. M. (2003). *Child learning opportunities scale.* Asheville, NC: Winterberry Press.

Dunst, C. J., & Trivette, C. M. (2009). Capacity-building family-systems intervention practices. *Journal of Family Social Work, 12,* 119-143.

Dunst, C. J., Trivette, C. M., & Cutspec, P. A. (2007). *An evidence-based approach to documenting the characteristics and consequences of early intervention practices* (Winterberry Research Perspectives Vol. 1, No. 2). Asheville, NC: Winterberry Press.

Dunst, C. J., Trivette, C. M., & Hamby, D. W. (2006). *Family support program quality and parent, family and child benefits* (Winterberry Monograph Series). Asheville, NC: Winterberry Press.

Dunst, C. J., Trivette, C. M., & Hamby, D. W. (2008). *Research synthesis and meta-analysis of studies of family-centered practices* (Winterberry Monograph Series). Asheville, NC: Winterberry Press.

Dunst, C. J., Trivette, C. M., Hamby, D. W., & Bruder, M. B. (2006). Influences of contrasting natural learning environment experiences on child, parent, and family well-being. *Journal of Developmental and Physical Disabilities, 18,* 235-250.

Dunst, C. J., Trivette, C. M., Humphries, T., Raab, M., & Roper, N. (2001). Contrasting approaches to natural learning environment interventions. *Infants and Young Children, 14*(2), 48-63.

Ehrmann, L. C., Aeschleman, S. R., & Svanum, S. (1995). Parental reports of community activity patterns: A comparison between young children with disabilities and their nondisabled peers. *Research in Developmental Disabilities, 16,* 331-343.

Farver, J. A. M. (1999). Activity setting analysis: A model for examining the role of culutre in development. In A. Göncü (Ed.), *Children's engagement in the world: Sociocultural perspectives* (pp. 99-127). Cambridge, UK: Cambridge University Press.

Fogel, A. (1997). Information, creativity, and culture. In C. Dent-Read & P. Zukow-Goldring (Eds.), *Evolving explanations of development: Ecological approaches to organism-environment systems* (pp. 413-443). Washington, DC: American Psychological Association.

Gallimore, R., Goldenberg, C. N., & Weisner, T. S. (1993). The social construction and subjective reality of activity settings: Implications for community psychology. *American Journal of Community Psychology, 21,* 537-559.

Gallimore, R., Weisner, T. S., Bernheimer, L. P., Guthrie, D., & Nihira, K. (1993). Family responses to young children with developmental delays: Accommodation activity in ecological and cultural context. *American*

Journal of Mental Retardation, 98, 185-206.

Gallimore, R., Weisner, T. S., Kaufman, S. Z., & Bernheimer, L. P. (1989). The social construction of ecocultural niches: Family accommodation of developmentally delayed children. *American Journal on Mental Retardation, 94,* 216-230.

Goldberg, S. (1977). Social competence in infancy: A model of parent-infant interaction. *Merrill-Palmer Quarterly, 23,* 163-177.

Göncü, A. (Ed.). (1999). *Children's engagement in the world: Sociocultural perspectives.* Cambridge, UK: Cambridge University Press.

Göncü, A., Tuermer, U., Jain, J., & Johnson, D. (1999). Children's play as cultural activity. In A. Göncü (Ed.), *Children's engagement in the world: Sociocultural perspectives* (pp. 148-170). Cambridge, UK: Cambridge University Press.

Guberman, S. R. (1999). Supportive environments for cognitive development: Illustrations from children's mathematical activities outside of school. In A. Göncü (Ed.), *Children's engagement in the world: Sociocultural perspectives* (pp. 202-227). Cambridge, UK: Cambridge University Press.

Hatcher, B., & Beck, S. S. (Eds.). (1997). *Learning opportunities beyond the school* (2nd ed.). Olney, MD: Association for Childhood Education International.

Hewlett, S. A., & West, C. (1998). *The war against parents: What we can do for America's beleaguered moms and dads.* Boston: Houghton Mifflin.

Janes, H., & Kermani, H. (2001). Caregivers' story reading to young children in family literacy programs: Pleasure or punishment? *Journal of Adolescent and Adult Literacy, 44,* 458-466.

Kassow, D. Z., & Dunst, C. J. (2007a). *Characteristics of parental sensitivity related to secure infant attachment* (Winterberry Research Syntheses Vol. 1, No. 23). Asheville, NC: Winterberry Press.

Kassow, D. Z., & Dunst, C. J. (2007b). *Relationship between parental contingent-responsiveness and attachment outcomes* (Winterberry Research Syntheses Vol. 1, No. 1). Asheville, NC: Winterberry Press.

Krapp, A., Hidi, S., & Renninger, K. (1992). Interest, learning and development. In K. Renninger, S. Hidi, & A. Krapp (Eds.), *The role of interest in learning and development* (pp. 3-25). Hillsdale, NJ: Erlbaum.

Lamb, M. E., Leyendecker, B., Schölmerich, A., & Fracasso, M. P. (1998). Everyday experiences of infants in Euro-American and Central American immigrant families. In M. Lewis & C. Feiring (Eds.), *Families, risk, and competence* (pp. 113-131). Mahwah, NJ: Erlbaum.

Lancy, D. F. (1996). *Playing on the mother-ground: Cultural routines for children's development.* New York: Guilford Press.

Lave, J. (1996). The practice of learning. In S. Chaiklin & J. Lave (Eds.), *Understanding practice: Perspectives on activity and context* (pp. 3-32). Cambridge, UK: Cambridge University Press.

Lave, J., & Wenger, E. (1991). *Situated learning: Legitimate peripheral participation.* New York: Cambridge University Press.

MacTurk, R. H., & Morgan, G. A. (Eds.). (1995). *Mastery motivation: Origins, conceptualizations, and applications* (Advances in Applied Developmental Psychology Vol. 12). Norwood, NJ: Ablex.

McWilliam, R. A. (2000). It's only natural...to have early intervention in the environments where it's needed. In S. Sandall & M. Ostrosky (Eds.), *Natural environments and inclusion* (Young Exceptional Children Monograph Series No. 2, pp. 17-26). Longmont, CO: Sopris West.

McWilliam, R. A., & Ware, W. B. (1994). The reliability of observations of young children's engagement: An application of generalizability theory. *Journal of Early Intervention, 18,* 34-47.

Nelson, K. (1999, Winter). Making sense: Language and thought in development. *Developmental Psychologist,* 1-10.

Nievar, M. A., & Becker, B. J. (2008). Sensitivity as a privileged predictor of attachment: A second perspective on De Wolff and van IJzendoorn's meta-analysis. *Social Development, 17,* 102-114.

Okagaki, L., & Divecha, D. J. (1993). Development of parental beliefs. In T. Luster & L. Okagaki (Eds.), *Parenting: An ecological perspective* (pp. 35-67). Hillsdale, NJ: Erlbaum.

Raab, M. (2005). Interest-based child participation in everyday learning activities. *CASEinPoint, 1*(2), 1-5. Available at www.fippcase.org/caseinpoint/caseinpoint_vol1_no2.pdf

Raab, M., & Dunst, C. J. (2004). Early intervention practitioner approaches to natural environment interventions. *Journal of Early Intervention, 27,* 15-26.

Raab, M., & Dunst, C. J. (2007). *Influence of child interests on variations in child behavior and functioning* (Winterberry Research Syntheses Vol. 1, No. 21). Asheville, NC: Winterberry Press.

Renninger, K. A. (1998). The roles of individual interest(s) and gender in learning: An overview of research on preschool and elementary school-aged children/students. In L. Hoffman, A. Krapp, K. A. Renninger, & J. Baumert (Eds.), *Interest and learning: Proceedings of the Seeon Conference on Interest and Gender* (pp. 165-174). Kiel, Germany: IPN.

Renninger, K. A., Hidi, S., & Krapp, A. (Eds.). (1992). *The role of interests in learning and development.* Hillsdale, NJ: Erlbaum.

Rogoff, B., Mosier, C., Mistry, J., & Göncü, A. (1993). Toddlers' guided participation with their caregivers in cultural activity. In E. A. Forman, N. Minick, & C. A. Stone (Eds.), *Contexts for learning: Sociocultural dynamics in children's development* (pp. 230-253). New York: Oxford University Press.

Rusher, A. S., Cross, D. R., & Ware, A. M. (1995). Infant and toddler play: Assessment of exploratory style and development level. *Early Childhood Research Quarterly, 10,* 297-315.

Shonkoff, J. P., & Phillips, D. A. (Eds.). (2000). *From neurons to neighborhoods:*

The science of early childhood development. Washington, DC: National Academy Press.

Shweder, R. A., Goodnow, J., Hatano, G., LeVine, R. A., Markus, H., & Miller, P. (1998). The cultural psychology of development: One mind, many mentalities. In W. Damon & R. M. Lerner (Eds.), *Handbook of child psychology: Vol. 1. Theoretical models of human development* (5th ed., pp. 865-937). New York: Wiley.

Teti, D. M., & Gelfand, D. M. (1991). Behavioral competence among mothers of infants in the first year: The mediational role of maternal self-efficacy. *Child Development, 62,* 918-929.

Tharp, R., & Gallimore, R. (1988). *Rousing minds to life: Teaching, learning, and schooling in social context.* Cambridge, UK: Cambridge University Press.

Trevarthen, C., & Hubley, P. (1978). Secondary intersubjectivity: Confidence, confiding and acts of meaning in the first year. In A. Lock (Ed.), *Action, gesture, and symbol: The emergence of language* (pp. 183-232). New York: Academic Press.

Trivette, C. M. (2007). *Influence of caregiver responsiveness on the development of young children with or at risk for developmental disabilities* (Winterberry Research Syntheses Vol. 1, No. 12). Asheville, NC: Winterberry Press.

Trivette, C. M., Dunst, C. J., & Hamby, D. (2004). Sources of variation in and consequences of everyday activity settings on child and parenting functioning. *Perspectives in Education, 22*(2), 17-35.

Trivette, C. M., Dunst, C. J., Hamby, D. W., & Pace, J. (2007). *Evaluation of the tune in and respond tool kit for promoting child cognitive and social-emotional development* (Winterberry Research Perspectives Vol. 1, No. 7). Asheville, NC: Winterberry Press.

Tudge, J., Hogan, D., Lee, S., Tammeveski, P., Meltsas, M., Kulakova, N., et al. (1999). Cultural heterogeneity: Parental values and beliefs and their preschoolers' activities in the United States, South Korea, Russia, and Estonia. In A. Göncü (Ed.), *Children's engagement in the world: Sociocultural perspectives* (pp. 62-96). Cambridge, UK: Cambridge University Press.

Wachs, T. D. (1979). Proximal experience and early cognitive-intellectual development: The physical environment. *Merrill-Palmer Quarterly, 25*, 3-41.

Wachs, T. D. (2000). *Necessary but not sufficient: The respective roles of single and multiple influences on individual development*. Washington, DC: American Psychological Association.

〈부록 3-1〉

아동 흥미 체크리스트

이 체크리스트는 부모 또는 다른 주 양육자가 아동의 흥미와 관심을 판별할 수 있도록 돕기 위해 전문가가 사용할 수 있는 질문들을 포함하고 있습니다. 당신이 부모와 함께 다음의 아동 흥미 판별 방법을 사용했는지의 여부를 '예' 또는 '아니요'에 ✓ 표시하시오.

당신(전문가)은 부모가 다음의 사항을 할 수 있도록 도왔나요?	예	아니요
1. 아동의 관심을 끄는 사물, 사람, 활동, 행동을 판별하기		
2. 아동이 가장 좋아하는 사물, 사람, 활동, 행동을 판별하기		
3. 아동을 웃게 만드는 사물, 사람, 활동, 행동을 판별하기		
4. 아동이 행복감을 느끼게 하고 아동을 흥분하게 하는 사물, 사람, 활동, 행동을 판별하기		
5. 아동이 선호하는 사물, 사람, 활동, 행동을 판별하기		
6. 아동이 선택하거나 매우 자주 함께하려는 사물, 사람, 활동, 행동을 판별하기		
7. 아동이 많은 시간을 쏟거나 열중하는 사물, 사람, 활동, 행동을 판별하기		

출처: Dunst, Trivette, Raab, & Swanson (2007).

〈부록 3-2〉

일상적 지역사회 학습 활동 체크리스트

이 체크리스트는 부모 또는 다른 주 양육자가 아동의 흥미에 기초한 일상적 지역사회 학습 활동들을 선택하고, 그중 최상의 학습 기회를 결정하는 것을 돕기 위해 전문가가 사용할 수 있는 일련의 질문들을 포함하고 있습니다. 당신이 부모와 함께 다음의 사항을 실행하였는지의 여부를 '예' 또는 '아니요'에 ✓ 표시하시오.

당신(전문가)은 부모가 다음의 사항을 할 수 있도록 도왔나요?	예	아니요
1. 아동이 일상생활에서 경험하는 지역사회 활동 판별하기		
2. 아동의 흥미에 기초한 학습 기회를 제공하거나 제공할 수 있는 지역사회 활동 판별하기		
3. 아동의 흥미에 기초한 지역사회 활동 중 가끔 발생하는, 계절에 따라 발생하는, 또는 특별한 상황에서만 발생하는 지역사회 활동 판별하기		
4. 아동의 흥미에 기초한 지역사회 활동 중 다양한 종류의 학습 기회를 제공하는 지역사회 활동 선택하기		
5. 아동의 흥미에 적합할 뿐만 아니라 자주 발생하는 또는 자주 발생할 가능성이 높은 지역사회 학습 활동 선택하기		
6. 아동의 흥미에 기초한 지역사회 학습 활동 중 서로 다른 학습 기회들을 많이 제공하는 활동 선택하기		
7. 아동의 흥미에 적합할 뿐만 아니라 아동이 새롭게 습득한 능력을 연습하고 새로운 능력을 개발하는 데 특별히 도움이 되는 지역사회 학습 활동 선택하기		
8. 아동의 흥미에 적합할 뿐만 아니라 아동으로 하여금 여러 가지를 시도하게 만드는 지역사회 활동 선택하기		

출처: Swanson, Dunst, Raab, & Trivette (2007).

〈부록 3-3〉

일상적 아동 학습 기회 증진 체크리스트

이 체크리스트는 부모 또는 다른 주 양육자가 아동의 흥미에 기초한 일상적 학습 기회의 범위를 확장하도록 돕기 위해 전문가가 사용할 수 있는 질문들을 포함하고 있습니다. 당신이 부모와 함께 다음의 사항을 실행하였는지의 여부를 '예' 또는 '아니요'에 ✓ 표시하시오.

당신(전문가)은 부모가 다음의 사항을 할 수 있도록 도왔나요?	예	아니요
1. 아동의 흥미에 기초한 지역사회 학습 활동에 아동이 더 자주 참여할 수 있도록 하기 위해 메모, 달력 또는 그 외의 활동 스케줄을 사용하기		
2. 아동의 흥미에 기초한 지역사회 학습 활동의 수를 증가시키기		
3. 아동의 흥미에 기초한 지역사회 학습 활동의 다양성을 증진시키기		
4. 아동의 흥미에 기초한 지역사회 학습 활동의 질을 향상시키기		
5. 하나의 지역사회 활동 안에서 가능한 아동 학습 기회의 수를 증가시키기		
6. 하나의 지역사회 활동 안에서 가능한 아동 학습 기회의 다양성을 증진시키기		
7. 하나의 지역사회 활동 안에서 가능한 아동 학습 기회의 질을 향상시키기		
8. 많은 학습 기회를 제공하기에 충분할 만큼 자주 발생하는 활동에 대한 아동의 참여를 증진시키기		

출처: Dunst, Raab, Trivette, & Swanson (2007).

〈부록 3-4〉

양육자의 반응적 교수 체크리스트

이 체크리스트는 부모 또는 다른 주 양육자가 아동의 흥미에 기초한 일상적 활동에서 아동의 학습과 유능성을 지원하고 격려하는 여러 가지 상호작용 행동을 이해하고 사용할 수 있도록 돕기 위해 전문가가 사용할 수 있는 일련의 질문들을 포함하고 있습니다. 당신이 부모와 함께 일할 때, 부모가 다음에 나열된 실제를 사용하도록 했는지의 여부를 '예' 또는 '아니요'에 ✓ 표시하시오.

당신(전문가)은 부모가 다음의 사항을 할 수 있도록 도왔나요?	예	아니요
1. 아동의 흥미에 기초한 지역사회 학습 활동에 아동을 참여시키기		
2. 지역사회 학습 활동 중에 아동이 사람 또는 사물과의 상호작용을 시도할 시간을 제공하기		
3. 지역사회 활동 중에 아동이 언제, 어떻게 사람 및 사물과 상호작용을 하는지에 관심을 기울이고 알아채기		
4. 아동 행동의 양, 속도, 의도에 알맞은 방식으로 아동의 상호작용에 신속하고 긍정적으로 반응하기		
5. 아동의 행동에 코멘트, 공동 상호작용, 몸짓 등으로 반응하여 아동의 활동 참여를 지원하기		
6. 아동이 자신의 행동을 지금까지와는 다른 새로운 방식으로 사용하도록 격려하는 형태로 반응하기		
7. 아동이 새롭거나 다양한 일을 하는 데 자신의 흥미를 사용하도록 격려하기 위해 새로운 자료를 추가하거나 환경을 조성하기		
8. 아동이 점점 더 복잡한 행동을 할 수 있도록 격려하기		
9. 아동이 새롭게 배운 행동을 지역사회 활동 중에 사용하고 연습할 기회를 많이 제공하기		

출처: Raab, Trivette, Dunst, & Swanson (2007).

〈부록 3-5〉

부모-매개 아동 학습 평가 체크리스트

이 체크리스트는 부모 또는 다른 주 양육자가 아동의 흥미에 기초한 일상적 학습 기회를 아동에게 제공하기 위해 기울인 노력의 유익을 평가하도록 돕기 위해 전문가가 사용할 수 있는 일련의 질문들을 포함하고 있습니다. 당신이 부모와 함께 일할 때, 부모가 다음과 같은 일상적 아동 학습의 유익에 대해 판단해 보도록 했는지의 여부를 '예' 또는 '아니요'에 ✓ 표시하시오.

당신(전문가)은 부모가 다음의 사항을 할 수 있도록 도왔나요?	예	아니요
1. 아동이 다양하고 많은 지역사회 활동에 참여할 기회를 가졌는지 판단하기		
2. 아동이 지역사회 활동에서 다양한 일을 해 볼 기회를 가졌는지 판단하기		
3. 아동이 지역사회 활동에서 사람 및 사물과의 상호작용을 더 많이 주도하게 되었는지 판단하기		
4. 아동이 지역사회 활동에서 더욱 다양한 행동을 보이게 되었는지 판단하기		
5. 아동이 지역사회 활동에서 사람 및 사물과 더 복잡해진 상호작용을 주도하게 되었는지 판단하기		
6. 아동이 지역사회 활동 중에 자신이 성취한 것에 대해 미소 짓거나 웃거나 기쁨을 나타내게 되었는지 판단하기		
7. 지역사회 활동에서 아동의 학습을 지원하고 격려한 양육행동은 어떤 것들이었는지 알아보기		
8. 아동의 흥미에 기초한 학습 기회의 제공과 관련하여 어떤 면이 가장 부모에게 만족스러웠는지 판단하기		
9. 아동의 흥미에 기초한 학습 기회의 제공에서 부모가 갖는 중요한 역할을 인식하기		
10. 아동의 흥미에 기초한 학습에 사용될 지역사회 활동을 변화시키기 위해 평가 정보를 사용하기		

출처: Trivette, Dunst, Raab, & Swanson (2007).

제 4 장 가족과 서비스 조정하기

1986년, IDEA(Individuals with Disables Education Act)의 Part H(현 Part C)는 영유아와 그 부모가 참여할 수 있는 주 차원의 조기 개입 프로그램을 만들었다. 조기 개입 프로그램의 구성 요소는 복잡하며, 여러 철학적 신념뿐 아니라 가족중심 중재, 문화적 유능성, 팀 간의 협력, 자연적 학습 환경, 기관 간 협력 등의 프로그램 요소를 필요로 한다(Dunst, 2007; Hanson & Bruder, 2001). 이 중에서 가장 까다로운 요소는 가족, 조기 개입 전문가, 다른 제공자 간의 협력이다. 가족과 조기 개입 서비스 제공자, 그 밖의 다른 제공자는 장애 아동과 가족을 위한 IFSP의 개발을 통해 조기 개입 서비스의 지원을 계획 · 실행 · 평가하여야 한다. IFSP의 목적은 각각의 장애 아동이 필요로 하는 성과를 문서화하는 것과 아동의 가족이 개별 아동의 특별한 요구에 적합한 지원을 받을 수 있도록 하는 것이다. 여러 기관과 서비스 제공자, 가족이 아동을 위한 서비스와 지원을 개별화하기 위해 협력을 시도하는 것은 매우 까다로운 일이다(Bruder & Bologna, 1993). 최근 조기 개입은 더욱 복잡한 쟁점이 되었는데, 이는 Part C 프로그램이 아동뿐 아니라 가족의 성과도 수집해야 한다는 법적 의무가 부과되었기 때문이다(www.the-eco-center.org 참조).

주 차원의 조기 개입 시스템의 협력적 요소를 보조하는 요소 중 하나는 각 대상 아동과 가족을 위한 서비스 조정자를 두는 것이다. 서비스 조정자는 모든 서비스 제공의 협력적 요구 사항을 감독할 책임이 있다. Part C에 명시된 서비스 조정은 대상 아동과 그 가족이 주 정부의 조기 개입 프로그램하에 승인된 그들의 권리, 절차적 보호 장치 그리고 서비스를 받을 수 있도록 도와주는 것을 말한다. 이러한 기능은 기관 간 모든 서비스를 조정하는 것과 가족이 필요로 하는 서비스와 지원을 얻도록 도와주는 대표적 접촉자로서의 역할을 하는 것을 포함한다. 이러한 역할을 하기 위해 서비스 조정자는 영유아의 조기 개입 적격성, IDEA의 Part C와 관련 규정, 주 정부의 조기 개입 시스템하에서 가능한 서비스의 특성 및 범위, 재정적 지원 제도와 그 밖의 정보들에 대해 잘 알아야 한다. 법에 명시된 서비스 조정자의 책임에는 IFSP의 개발과 점검 및 실행, 아동과 가족에게 서비스를 제공하는 여러 전문가와 기관의 조정 등 7가지의 구체적 활동이 포함된다. 〈표 4-1〉은 이와 같은 서비스 조정자의 일곱 가지 책임을 보여 주고 있다. 다

〈표 4-1〉 서비스 조정자의 책임

- 평가와 진단을 조정하고 실행한다.
- IFSP의 개발, 검토 그리고 평가에 참여하여 그 과정을 촉진한다.
- 활용 가능한 서비스 제공자를 찾는 것을 도와준다.
- 활용 가능한 서비스 전달을 조정하고 감독한다.
- 가족에게 옹호 서비스에 관해 알려 준다.
- 의료, 건강 서비스 제공자와 협력한다.
- 유아특수교육 서비스로의 전환계획 수립을 촉진한다.

음에서는 IDEA의 Part C에서 규정한 서비스 조정의 기능과 평가에 기여한 연구를 살펴본 후, 일곱 가지의 서비스 조정 활동에 대해 자세히 살펴보고자 한다.

서비스 조정에 대한 연구 기반

서비스 조정에 대한 연구 및 훈련 센터(이하 RTC)는 IDEA에 따른 서비스 조정자 연수 모델 개발을 위해 미국 교육부의 특수교육 프로그램국(OSEP)으로부터 재정 지원을 받았다. 이를 위해 미국 전역에서 서비스 조정의 실태를 파악하기 위한 많은 연구가 수행되었다(Bruder & Dunst, 2006). 안타깝게도, 연구결과들은 서비스 조정이 미국 전역에서 일관적으로 실행되고 있지 않음을 보여 주었다(Harbin et al., 2004). 대부분의 주에서 서비스 조정자들의 훈련이 요구되지 않았고, 훈련이 요구되었다 하더라도 훈련에는 평균 2.9일밖에 소요되지 않았다(Bruder, 2005).

RTC는 또한 효과적인 서비스 조정의 실제와 성과를 확인하기 위한 두 번째 연구를 시행하였다(Bruder et al., 2005; Dunst & Bruder, 2002, 2006). 다양한 양적 · 질적 자료수집 방법의 사용을 통해 정보수집, 분석 그리고 종합하는 전국 규모의 연구들이 시행되었고, 연구결과를 통해 서비스 조정의 복잡성이 강조되었다. 즉, 처음으로 250개 이상의 서비스 조정 성과와 2,000가지 이상의 실제들이 연구 참여자들에 의해 판별되었다. 이 자료들은 질 높은 서비스 조정의 결과로 성취되어야 하는 9가지 성과(〈표 4-2〉 참조)와 3가지의 실제 범주로 종합되었다. 3가지의 범주는 도움 제공, 협력, 관리다.

서비스 조정 모델, 성과 그리고 실제에 대한 이 자료들을 통합하기 위해서, RTC는 브론펜브레너(Bronfenbrenner, 1993)의 생태학적 모델을 채택

〈표 4-2〉 서비스 조정 성과

• 가족이 자신들의 개별적인 요구를 다루기 위한 지원, 정보, 교육에 접근할 수 있다. • 가족이 장애 영유아의 요구를 알려 줄 수 있다. • 가족이 장애 영유아를 위한 서비스, 자원, 기회에 대해 정보에 근거한 결정을 한다. • 여러 기관과 전문가들이 조화롭게 일한다. • 아동과 가족이 질 높은 서비스를 받는다. • 아동과 가족이 조정되고, 효과적이고, 그들의 요구에 맞는 지원과 서비스에 참여한다. • 가족이 삶의 질을 확보하여 행복을 누린다. • 가족이 장애 영유아의 특별한 요구를 충족시킨다. • 아동의 건강과 발달이 향상된다.

하였다. 이 모델은 서비스 체제의 많은 특성에 집중할 것을 요구하며, 서비스 조정의 성과는 서비스 전달과 시스템 관리에 관여하는 개인, 조직, 기관, 문화, 지역사회, 주 정부의 영향하에 있음을 알려 준다. 또한 아동과 가족은 자신들의 역사, 가치, 문화, 인종, 구조, 일상적인 집안 활동과 지역사회 활동, 아동의 장애, 아동의 나이, 경제적 지위 그리고 지리적 위치 등과 같은 복잡한 맥락 안에 존재한다. 마찬가지로 서비스 제공자와 조정자도 자신만의 태도, 가치, 지식, 다양한 경험, 훈련 그리고 기술 등을 서비스 실행 장면에 가지고 온다. 가족과 서비스 제공자의 이러한 특성들은 서비스 조정의 여러 측면에 영향을 끼친다. 마지막으로, 서비스 조정은 현존하는 여러 단체의 영향도 받는다. 이러한 단체들은 효과적인 서비스 조정을 방해하거나 또는 용이하게 할 수 있는 많은 조직, 기관 그리고 프로그램으로 구성되어 있다. 재정 보조는 이 단체들에게 매우 중요한 요소이지만, 그 외의 요소들도 동일하게 중요하다(예: 인력 개발, 서비스 조정 업무량 방침).

이 변수들 간의 관계성은 서비스 조정의 복잡성을 보여 주는 한편, 훈련과 평가를 위한 모델의 수립을 어렵게 한다. 이 체제 유형에 맞게 고안된 모델 중 하나가 논리 모델이다. 논리 모델은 프로그램 특징 또는 프로그램

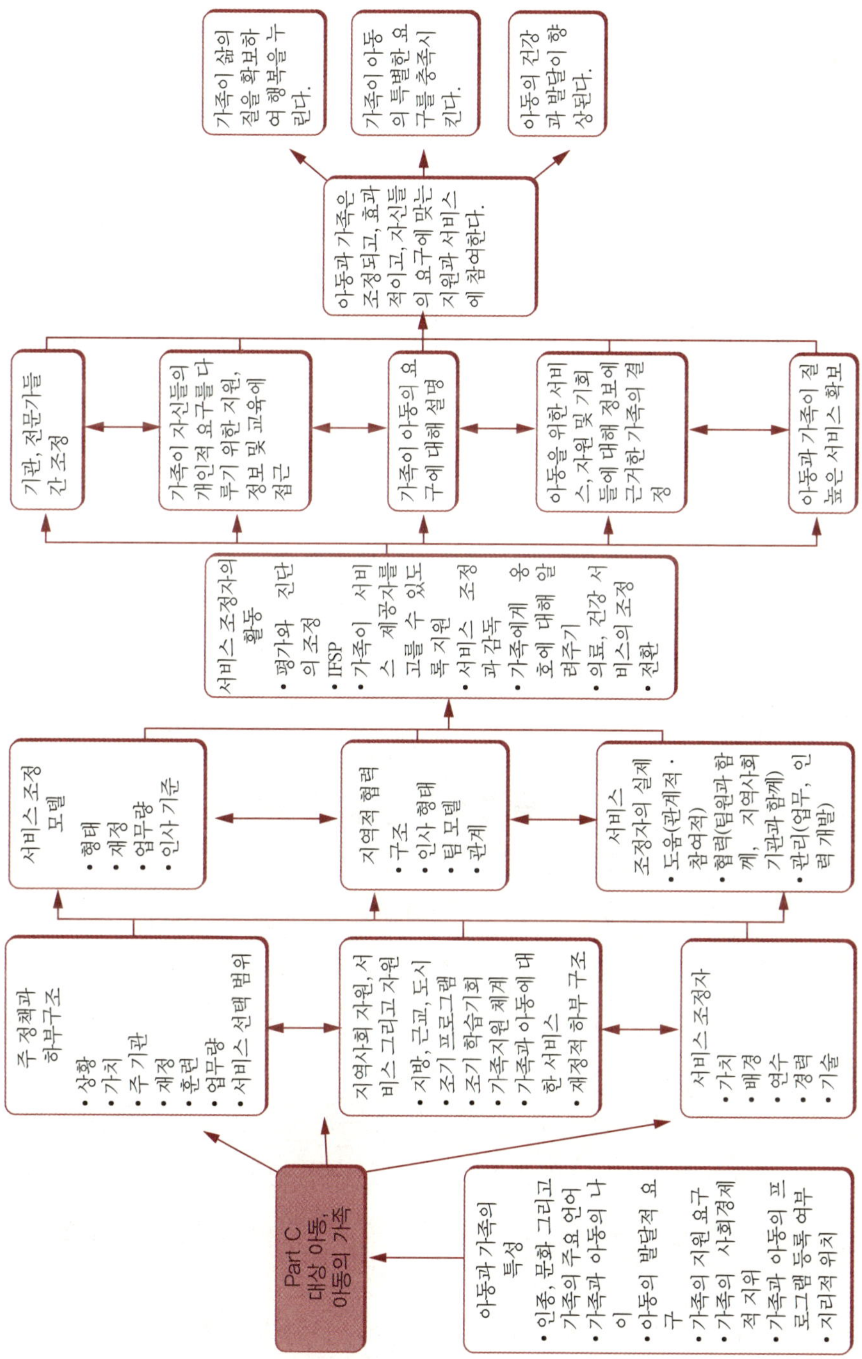

[그림 4-1] 서비스 조정을 위한 논리 모델

에 기여하는 변수들 간의 관계성에 대한 이해가 가능하도록 만들어졌다. 변수들은 자원 또는 투입, 활동, 산출 그리고 성과 등과 같은 특징에 따라 분류될 수 있다(Gilliam & Mayes, 2000; W. K. Kellogg Foundation, 2001). RTC는 앞서 설명한 자료들을 이용하여 서비스 조정이 어떻게 실행되어야 하는지를 보여 주는 논리 모델을 개발하였다. 이 모델은 [그림 4-1]처럼 조기 개입을 위한 서비스 조정의 실행과 평가를 안내할 수 있다. 서비스 조정의 실제적인 효과에 대한 실험은 서비스 조정자가 활동들을 얼마나 잘 실행하느냐에 달려 있다. 이는 논리 모델에 제시된 각각의 성과에 대해 아동과 가족 및 시스템이 어떤 상태에 있는지를 알아봄으로써 측정할 수 있다. 위 연구에서 판별된 실제들은 각각의 서비스 조정 활동에 사용되어야 하는데, 다음에서는 이 활동들을 하나씩 차례로 살펴볼 것이다. 각각의 활동을 위해 사용될 이 실제들에 대한 체크리스트는 이 단원의 마지막에 있는 부록에 제시하였다.

평가와 진단을 조정하기

서비스 조정자는 조기 개입 체제를 처음으로 이용하게 된 가족에게 하나의 접촉점 역할을 한다. 이 단계에서 가족은 모르는 것이 많다. 어떤 가족은 조기 개입에 대해서 전혀 들어본 적이 없을지도 모른다. 그리고 또 다른 사람은 자신의 자녀가 발달적 요구를 가졌다는 것조차 모를 수도 있다. 가족과의 관계를 발전시키고 그들의 요구와 걱정에 대해서 알고 조기 개입 체제에 대해서 설명하는 데 시간을 투자하는 것이 서비스 조정자의 책임이다. 이러한 단계들은 조기 개입을 위한 아동의 적격성을 결정하는 첫 평가와 진단을 조정하는 데 중요한 단계다.

첫 만남은 평가와 진단을 조정하는 첫 단계다. 이것은 직접적 만남을 통해 시행되어야 하며, 한 번 이상의 만남이 필요할 수도 있다. 이런 시간을 갖는 것은 서비스 조정자가 가족과 관계를 형성하고, 아동과 가족의 요구를 파악할 수 있게 해 준다. 이를 위해 서비스 조정자는 가족을 존중하고 가족의 문화적 다양성에 민감하며, 가족에게 선택 기회를 제공하고 가족이 정보에 입각한 의사결정을 하도록 지원하며, 가족의 유능성과 자신감을 향상시키는 의사소통 전략을 사용하는 등의 도움주기 실제를 사용할 수 있어야 한다(Dunst, Trivette, & Handy, 2007). 만약 이를 효과적으로 이행했으면 평가와 진단의 과정은 아동과 가족의 요구뿐 아니라 그들의 요구를 충족시킬 서비스와 지원을 판별해 준다. 서비스 제공자가 가족의 요구와 관심사를 존중하면서 세심한 방법으로 평가와 진단 과정에 접근하는 것은 중요하다. 그리고 가족이 평가 과정에 대해서 완벽하게 이해하도록 하는 것 역시 중요하다.

서비스 조정자는 조기 개입을 위한 아동의 적격성과 요구를 결정하는 평가와 진단을 준비하고 조정할 책임이 있기 때문에, 가족이 조기 개입 참여에 대한 권리와 절차적 안전장치에 대해 알게 하는 것도 서비스 조정자의 책임이다. 서비스 조정자는 가족이 그것에 대해 알고 난 후에야 평가와 진단의 실행을 위한 조정을 시작할 수 있다. 이 조정은 평가를 실행하는 사람과 진단에 사용되는 도구와 절차 이 모든 것을 포함한다. 서비스를 받기 위해서, 대부분의 아동은 적격성 결정을 위한 평가를 받게 된다. 적격성 평가는 진단의 기능도 할 수 있으며, 의학적 · 교육적 · 사회적 체제에 걸친 아동의 정확한 요구를 파악하게 한다. 적격성 판정은 조기 개입 대상인 것이 확실한 아동에게는 요구되지 않는다. 그들은 이미 장애를 가졌다는 의학적 진단을 받았기 때문이다. 이러한 실제는 영역별 발달 기술에 따라 어린 아동을 진단하는 것이 매우 비생산적이라는 믿음을 지지한다. 왜냐하면 각각의 영역들은 상호의존적이기 때문이다. IDEA가 아동의 현재 기능 수준을 다섯 개의 영역별로 보고하도록 요구하고 있기는 하지만, 전통적인 진단모델들은 장애 영유아에게 적용하기에 부적절하다. 효과적인 조기 진단 프로토콜은 아동의 나이, 장애의 유형과 장애 수준, 가족 환경 그리고 여러 발달 영역에 걸친 아동 행동의 통합된 모습을 민감하게 고려해야 한다. 특정 전문 지식을 갖춘 전문가가 진단 절차의 주요 요소가 아니라는 것은 아니지만, 아동을 각 영역으로 나누어 보는 것보다 전인적으로 보기 위해서 각 전문가는 진단 과정과 통합된 진단 보고서 작성 과정에 팀을 이루어 일하게 된다.

서비스 조정자는 진단 전(계획)에, 도중(과정)에 그리고 진단 후(보고)의 전 과정에 협력적 팀 접근이 이루어지게 해야 한다. 서비스 조정자는 진단을 위한 팀원을 선정하고, 가족과 지역사회 안에서 아동의 발달과 기능에 대한 정보를 얻기 위해 모두가 함께 일할 수 있는 협력 분위기를 조성해야 한다. 그에 대한 첫 과제는 자신의 분야와 유아 발달에 유능할 뿐만 아니라 팀 접근과 협력적 상담 모두에서 능력 있는 팀원을 찾아내는 것이다. 그러한 능력의 중요성이 지금까지 조기 개입에서 옹호되어 왔지만(Bruder, 1996; Rapport, McWilliam, & Smith, 2004 참조), 이러한 최선의 실제의 활용에 대한 증거는 부족한 실정이다(DEC, 1993). 그럼에도 불구하고, Part C는 평가와 진단 과정에서 다학문적 팀(multidisciplinary team)의 사용을 요구하고 있다. 이 팀의 구성은 진단의 목적과 관계된 아동과 가족 고유의 요구에 따라 이루어진다. 예를 들어, 장애 진단이 목적일 경우, 특성화된 다양한 분야의 수많은 전문가로부터의 좀 더 면밀한 참여가 요구된다. 법에 명시된 다섯 개의 영역(운동, 의사소통, 사회정서, 인지, 적응)에서 아동의 현행 수준이 어떠한지에 대한 종합적 그림을 제시하는 것이 목적일 경우에도 수많은 전문가가 참여하게 될 것이다. 법적으로는 두 명 이상의 전문가가 참여하면 다학문적 진단으로 인정된다.

IFSP 계획을 위한 아동 기능의 진단을 통해서도 아동의 현재 발달단계를 확인할 수 있다. 그러나 그것은 적절한 가족과 지역사회 활동 및 일과에 대한 아동의 참여에 초점을 맞춰야 한다. 이때 전문가는 소수만 참여하는 것이 바람직하다. 왜냐하면 이 진단은 아동이 일상적으로 참여하는 장소에서 일어나거나 면담의 형식으로 이루어지기 때문이다. 너무 많은 전문가가 참여하면 아무래도 부담이 되고, 심한 경우에는 아동과 가족에게 위협적일 수 있다. 특정 영역의 기술을 점검하는 것이 아니고, 아동이 모든 발달 영역의 기술을 사용하여 일상적 활동과 일과(예: 식사시간에 얼마나 자주 숟가락을 사용하는가)에 참여하는 범위를 파악하는 것이 이러한 진단의 목적이다. 이러한 형식의 진단은 활동과 일과에 아동이 참여하고 학습하는 것을 증가시키기 위한 적응, 지원 및 전략을 판별해야 한다. 그 결과로 얻는 것은 아동의 현행 수준에 대한 정확한 조망과 다양한 활동과 일과에서의 학습 능력이다. 아동의 능력과 강점, 선호하는 것 그리고 흥미는 진단과정 내내 파악되어야 한다. 진단을 할 때는 아동의 수행을 최대화시키기 위해 아동이 흥미 있어 하는 활동에 참여시켜야 한다. 기능 진단에서는 아동의 유능성과 참여를 촉진하기 위한 환경 수정 방안을 알아보기 위해 특정 활동이나 일과에서 사회적 · 물리적 환경이 어떤 방식으로 아동의 기능을 돕거나 방해하는지를 관찰하는 데 중점을 두어야 한다.

마지막으로, 팀은 적격성 평가 또는 프로그램 계획을 위해 종합적인 진단 보고서를 작성해야 한다. 진단 정보는 관찰 기록, 면접, 평정척도 및 체크리스트에 근거하여 요약해야 한다. 진단 보고서의 목적은 중재 목표, 중재를 위한 조정과 지원, 중재 전략을 세우기 위해 아동과 가족에 대한 전반적인 정보를 제공하는 것이다. 보고서는 전체적인 과정을 잘 나타내야 하고, 아동과 가족의 요구뿐만 아니라 강점을 포함해야 한다. 서비스 조정자는 아동발달 평가의 효과를 최대화하기 위해 가족을 대상으로 일과기반 면담을 실시할 수도 있다(제2장 참조).

IFSP를 개발, 검토, 평가하기

서비스 조정자는 IFSP의 개발, 지속적 검토, 연간 평가의 모든 측면을 조정하게 된다. 각 단계가 진행되는 동안 서비스 조정자는 아동, 가족, 조기개입 서비스 제공자 그리고 지역사회 자원을 포함하는 모든 사람이 각자 가지고 있는 정보와 진단 결과를 공유하고, 아동과 가족의 장단기 목표를 개발하며, IFSP 목표를 달성하는 데 필요한 서비스와 지원을 판별하기 위한 모임을 주선해야 한다. IFSP는 필요에 따라 개정이 가능한 문서로, 서비스 조정자는 그 계획이 아동과 가족의 권리를 반영하고, 부수적으로 발생하는 기타 요구가 명시되게 할 책임이 있다. IFSP는 가족이 이해하기 쉬운 말로 써야 하고, 아동과 가족의 강점에 초점을 맞춰야 하며, 측정 가능하고 성취 가능한 성과와 목표를 포함해야 한다. IFSP가 아동과 가족에게 긍정적인 성과를 가져오려면 그 계획은 포괄적이고 협력적이어야 한다. 협력적 요소에는 사회적 · 의학적 · 건강적 요구의 조정, 전문 분야와 기관의 경계를 넘어서는 통합된 성과와 목적이 포함된다. 중재 또는 서비스는 아동의 장애 유무에 관계없이 아동의 자연스러운 환경에서 시행되어야 한다.

IFSP 개발을 위한 모델을 제공하는 조기 개입의 개념틀은 가족이 판별한 활동과 일과를 학습을 위한 환경으로 삼을 것을 제안한다. 이러한 학습 환경은 일상에서 아동에게 주어지는 경험과 학습기회를 조성할 다양한 하위 환경을 제공해 준다. 이러한 환경에는 아동과 가족의 일과, 가족 행사, 가족과 지역사회의 행사 그리고 가족 전통 등이 포함된다. 아동의 장애 유형과 장애 정도에 관계없이, 대부분의 아동은 매일 다양한 학습기회를 경험하며, 이러한 경험은 치료 또는 교수적 지원의 기초를 형성한다. IFSP에서 추구하는 성과는 가족과 서비스 제공자가 판별한 활동 상황에서 아동의 학습 기회를 증대시키는 것뿐 아니라 아동의 독립적인 일상생활 참여에 초점을 맞춰야 한다. 진단과 IFSP 회의 과정에서 서비스 조정자는 위와 같은 개념들을 가지고 있어야 한다.

IFSP 회의에서는 서비스 제공자와 가족이 함께 정보의 교환과 공동 결정에 참여하도록 한다. 모든 IFSP 팀원은 대상 아동과 가족을 지원하기 위한 쟁점을 잘 이해하기 위해 그들의 지식을 동원한다. 첫 번째 IFSP 회의는 이후의 모든 IFSP 회의의 성향과 분위기를 좌우할 수 있다. 서비스 조정자는 효과적이고 생산적인 회의를 위해 다음에서 제공하는 실제를 사용해야 한다.

여는 활동 및 마무리 활동을 사용하라

모든 팀원이 IFSP 과정에서 자신의 역할에 대한 정보를 공유하는 기회를 가지고 회의를 시작하는 것이 도움이 된다. 예를 들면, 어느 조기 개입 전문가가 한 가족의 주요 중재자가 될 수도 있다. 그러나 다른 가족에 대해서 그 중재자는 다른 주요 중재자가 IFSP를 실행하는 데 자문하는 역할을 할 수도 있다. 역할에 관한 정보를 공유함으로써, 그 팀은 더 활발한 토론을 할 수 있고, 팀원 간에 동등함을 느낄 수 있다. 또한 가족에게 IFSP 과정에서의 그들의 역할에 대해 알려 주는 것이 중요한 것처럼, 팀원 간에 역할에 대한 정보를 나누는 이런 기회는 가족으로 하여금 편안함을 느끼게 하는 데 중요하다.

팀이 해야 할 일을 판별하라

생산적인 팀은 분명히 정해진 임무를 가진다. 임무는 팀에게 강한 목적의식을 가져다준다. 덧붙여서, 팀이 체계적인 업무 방식을 만들고, 그들에게 긍정적인 결과를 생산하는 데 필요한 조직과 구조를 갖출 때, 그들이 목표를 성취할 가능성은 높아진다. IFSP 팀은 성과와 목표의 개발, 요구와 흥미에 맞는 중재를 위한 조언 등을 통해 가족을 지원하는 데 중점을 두어야 한다. 가족이 원할 경우, 서비스 조정자나 가족 중 한 명이 회의가 시작되기 전에 팀의 임무를 명확하게 설명하는 시간을 가질 수도 있다.

매 회의를 위한 안건 준비하기

회의의 안건은 팀이 동일한 화제에 초점을 맞추도록 하는 데 중요한 도구이므로, 서비스 조정자는 안건을 개발해야 한다. 좋은 안건은 정보교환, 구체적인 과제에 대한 토론 그리고 다음 회의의 날짜, 시간, 장소 등의 확인이 포함되어야 한다. 회의 하루 전에 안건을 알림으로써 팀원들은 안건에 대한 토론을 준비할 수 있다.

매 회의마다 회의록을 작성하라

회의록은 팀원 간의 의사소통을 향상시키므로, 서비스 조정자가 매 회의마다 회의록을 준비하도록 한다. 매 회의마다 회의록을 정리하여 배부할 한 명 혹은 몇 명의 담당자를 정한다. 회의록에 대한 표준 형식은 없지만, 회의록은 다음의 내용을 반드시 포함해야 한다.

- 회의 참석자 명단
- 회의 내용
- 제안 사항
- 제안 사항의 실행을 맡은 팀원
- 각 팀원이 맡은 과제를 완수할 기한

모든 팀원이 회의를 준비할 수 있도록 지원하라

IFSP에 관한 경험은 팀원들 사이에서도 각자 다르다. 대부분의 조기 개입 전문가와는 달리, 가족 성원과 지역사회 서비스 제공자는 IFSP 회의에 관한 경험이 제한되어 있다. 서비스 조정자의 중요한 업무는 참가자에게 적절한 질문을 하거나 생각할 이슈를 제공함으로써 모든 팀원이 회의를 준비할 수 있도록 도와주는 것이다. 이것은 팀원에게 생각을 구조화하도록 도와주고, 회의가 진행되는 동안 토론에 쉽게 참여하도록 해 준다.

가족의 관심, 우선순위, 자원, 활동과 일과가 회의에서 검토된 후의 다음 단계는 이러한 정보들을 IFSP의 목표 문장으로 진술하는 것이다. 이를 위해서는 이용 가능한 정보를 종합하는 것과 가족의 우선순위를 결정하는 것이 필요하며, 팀원 간의 협상, 협력 및 문제해결이 요구된다. 비록 가족이 그 과정에서 중심이 되는 사람이지만, 서로 다른 관점이나 우선순위를 가진 팀원들은 공동의 해결책 모색을 위해 가치와 우선순위를 조정하려는 노력을 해야 한다. 서비스 조정자는 가족을 포함한 팀원이 아동발달의 향상과 관련된 장기목표를 판별하도록 돕기 위해 효과적인 의사소통 전략을 사용하는 데 모범을 보여야 한다.

IDEA의 Part C는 IFSP가 아동의 특별한 요구를 충족시키기 위해서 가족의 능력과 아동의 발달을 향상시키는 데 필요한 서비스를 포함해야 함을 명시하고 있다. 이를 위해, IFSP의 성과는 아동뿐 아니라 가족에게도 초점을 맞춰야 한다. 가족 성과는 가족이 자녀의 발달과 관련하여 자신의 삶에서 이루기를 원하는 변화다. 각 가족은 고유한 존재이므로, IFSP 팀은 가족의 관심사, 우선순위, 자원뿐 아니라 가족 성원이 가족으로서 참가하고 싶어 하는 활동과 일과에 대해 토론해야 한다.

가족 관련 목표를 작성할 때, 가족이 바라는 것이나 성취하려는 것을 포함하는 것이 중요하다. 더욱이 가족 성과는 가족이 이해하기 쉽게 쓰여야 한다. 미국 교육부의 특수교육 프로그램국은 최근에 Part C 프로그램의 가족지원 상황을 평가하기 위해 측정할 세 가지의 가족 성과 영역을 판별하였는데, 이 세 가지 영역은 ① 권리 알기, ② 자녀의 요구에 대해서 의사소통하기, ③ 자녀가 배우고 성장하도록 지원하기였다. 이 성과들은 광범위할 뿐 아니라 모든 가족에게 적용 가능하도록 서술된 것이기 때문에, 서비스 조정자는 IFSP 팀이 가족의 요구에 맞는 구체적 성과를 개발하도록 도와주어야 한다. 이러한 성과는 '어머니는 목요일 밤에 ○○을 잘 돌볼 사람을 찾기 원한다. 그런 사람을 구하게 되면 어머니는 교회 성가대에 다시 합류할 수 있다.' 부터 '가족은 아동의 장애와 그 장애가 미래에 미치게 될 영향에 대해 더욱 알고 싶어 한다.' '가족은 부부와 세 명의 자녀들이 살 수 있는 큰 집을 찾기 원한다.'에 이르기까지 다양하다. 첫 번째 예는 탁아와 부모의 사회생활에 대한 요구를 지원하는 데 초점을 맞춘다. 이 성과도 아동의 발달과 관련되어 있는데, 이는 부모가 교회 성가대로부터 얻는 지원이 어머니의 스트레스를 없애는 데 도움이 될 것이라고 느끼기 때문이다. 스트레스를 줄이고, 지원을 증가시키는 것은 양육자-아동 간 관계와 상호작용의 질을 높인다. 긍정적인 양육자-아동 간 관계와 상호작용은 긍정적인 아동의 성과에 기여하게 된다.

두 번째 예는 장애가 아동과 가족의 상호작용에 어떻게 영향을 미칠 것인지와 장애 관련 정보와 지식에 대한 가족의 요구에 초점을 맞추고 있다. 아동의 장애와 발달을 아는 것은 가족이 아동을 돌보기 위해 필요로 하는 지원과 자원을 확인하게 도와준다. 세 번째 예는 주거 선택에 대한 가족의 요구에 초점을 맞추고 있다. 이러한 내용들은 직접적으로 아동의 발달에 관련되지 않은 것처럼 보일 수도 있지만, 붐비는 아파트에서 휠체어를 사용하는 지체장애 자녀와 함께 사는 가족은 추가의 공간이 필요할 것이기 때문에, 주거 문제는 사실상 이 가족에게 중요하다. 지체장애를 지닌 아동이 집안에서 자유롭게 돌아다닐 수 있게 하는 것은 독립성과 학습(예: 스스로 장난감을 잡으려고 손을 뻗는 것, 스스로 신변처리 하는 것)을 증가시키는 데 중요하다. 서비스 조정자는 아동의 성과뿐 아니라 가족의 성과를 조정하는 것에도 책임이 있다.

가족이 서비스 제공자를 찾도록 도와주기

조기 개입 분야에서 일하는 사람들은 모두 장애 위험이 있거나 장애를 가지고 있는 영유아가 수많은 사람, 다양한 서비스 그리고 여러 기관으로부터 연합된 지원을 필요로 한다는 것에 동의할 것이다. 그러나 아동과 가족을 돕기 위해서 적절하게 훈련된 사람을 찾아내기란 어려운 일이다. 두 가지 이상의 영역에서 서비스 제공자가 필요할 경우, 중재에 대한 철학이 같고 가족을 위해 협력하려는 서비스 제공자를 찾는 것은 거의 불가능하다. 예를 들면, 전통적으로 장애 영유아와 그 가족을 대상으로 서비스를 제공해 온 사람들은 의료 전문가, 치료 전문가, 교육 및 발달 전문가, 사회서비스 전문가 등이다. 그러나 각각의 서비스 제공자는 서로 다른 학문 분야를 대표하며, 일하는 기관도 다를 수 있으며, 상충되는 철학적 서비스 제공 모델을 가지고 중재할지도 모른다. 사실 서비스 영역별로 서로 다른 전문가 양성 과정과 특정 분야에 국한된 실제 때문에 서비스 단계에서의 조정은 긴장감이 클 수 있다(Bruder & Dunst, 2005). 〈표 4-3〉은 가장 전형적인 조기 개입 제공자의 목록과 설명을 보여 주고 있다.

적절하게 훈련된 서비스 제공자와 관련된 또 다른 문제가 Part C 주 단위 서비스 조정자에 의해 판별되었다. 그들 중 47명이 질문지에 응답했는데, Part C하에서 일하는 대다수의 중재자들이 전공을 막론하고 조기 개입 제공에 대한 충분한 교육을 받지 않은 상태라고 응답하였다. 사실 16개의 주에서만 Part C 서비스 제공자들에게 조기 개입 유능성에 관련된 자격을

〈표 4-3〉 조기 개입에 관여하는 여러 분야의 전문가

분 야	전문 영역
언어치료사	아동의 의사소통 기술에 초점을 맞춘다. 아동이 내는 소리의 양과 질, 아동의 의사소통 전략을 평가한다. 또한 아동의 발화를 방해하는 신체적 문제가 있는지 조사한다.
유아특수교사	사회성, 자립, 행동, 움직임, 언어기술 등을 포함하는 여러 영역에서의 아동 발달에 초점을 맞춘다.
작업치료사	일상적인 일들(식사, 옷 입기, 화장실 가기)을 수행하는 것, 소근육 운동기술의 사용과 같은 아동의 독립성에 초점을 맞춘다. 아동의 자조기술, 조작기술 및 다른 활동들을 평가한다.
물리치료사	아동의 움직이는 능력에 초점을 맞춘다. 움직임, 근긴장, 근력, 움직임의 범위, 균형뿐 아니라 기능적 또는 병리적인 운동상의 문제를 평가한다.
사회복지사	상담을 할 수 있고, 폭넓은 지역사회 자원(교회 모임, 사립/공립 기관, 봉사)을 가족에게 연결할 수 있다. 사회복지사는 의식주, 의료적 처치 등의 기초적 요구와 기타 지원 요구를 해결하기 위해 가족이 가진 역량을 진단한다.
상담가	부모의 스트레스 정도, 대처기술, 아동의 정신건강과 같은 가족과 아동의 심리 상태를 진단한다.
영양사	건강을 유지하는 데 필요한 질 좋은 영양소를 아동이 적정량 섭취하게 함으로써 아동의 발달을 촉진한다. 아동의 음식 섭취와 식사 방식을 진단한다. 식이요법에 대해서 조언할 수 있고, 가족을 위해 식사관리 계획을 개발할 수 있다.
청각학자	청각문제를 찾아내고, 아동의 청력 손실을 다루기 위한 절차를 추천한다. 청각을 측정하는 특별한 평가를 수행하는 훈련을 받았다.
전문의	아동의 최상의 건강, 성장 그리고 발달을 촉진한다. 일반적으로 각자의 전문 영역 내에서 건강문제를 진단하고 치료한다.

요구한다(www.uconnucedd.org/per_prep_center/index.html). 결과적으로, 장애 아동의 발달을 위해 가족을 지원할 서비스 제공자의 능력을 평가하는 것이 서비스 조정자의 가장 힘든 과제가 될지도 모른다.

이러한 서비스 조정자의 과제를 도울 수 있는 한 가지 방법은 주 조기 개입 제공자의 판별과 활용이다(주 조기 개입 제공자는 아동의 발달을 촉진하는 데 필요한 능력을 보여 줌으로써 선택된다.). 이들은 아동을 중재할 때 부모와의 협력하에 다른 조기 개입 제공자의 조언을 통합한다. 서비스 조정자는 유능한 조기 개입 제공자에 관한 정보를 제공하는 등의 도움주기 기술을 이용하여, 이 모델의 적용에 대한 가족의 만족도를 높일 수 있다.

주 서비스 제공자 모델의 필수적인 요소 중 하나로 초학문적 팀(transdisciplinary team)을 들 수 있는데, 이는 이 모델이 특정 분야의 전문가들에 의해 제공되는 분리된 중재와는 대조적으로, 발달 영역을 아우르는 조기 개입의 제공에 초점을 두기 때문이다(King et al., 2009). 아동을 위한 중재는 다양한 영역의 전문가에 의해 제공되는 지원과 함께 주 조기 개입 전문가에 의해 실행된다. 주 서비스 제공자가 가족과 지역사회 서비스 제공자의 자문가 역할을 하고, 다른 팀원 역시 주 조기 개입 전문가에게 자문자의 역할을 한다. 결과적으로, 초학문적 팀을 통해 아동의 발달과 학습을 촉진하는 전문가의 능력이 향상된다. 팀 안에서 누가 개별 가족을 위한 주 조기 개입 전문가가 될지 결정하기 위해 서비스 조정자는 다음을 포함한 여러 요인을 고려해야 한다.

가족의 관심과 아동의 특성

주 조기 개입 전문가는 특정 분야와 관련된 기술에 능하기보다 가족의 관심 및 아동의 특성에 자신을 맞출 수 있어야 한다. 주 조기 개입 전문가의 다른 기준으로는 가족과 신뢰할 수 있고 개방적인 관계 형성, 아동의 요구와 아동이 참여할 활동에 대한 이해 그리고 지역사회 서비스 제공자에게 적절한 지원을 제공하는 능력 등이 있다.

팀원 각각의 기술과 지식

주 조기 개입 전문가는 활동 환경을 아우르는 기능적 발달과 참여를 촉진하는 기술을 가져야 한다. 덧붙여서, 주 조기 개입 전문가는 가족에게 자문하는 역할에 대해 편안함을 느껴야 한다. 예를 들어, 물리치료사가 주 조기 개입 전문가로서 선택될 수 있는데, 물치치료사는 공원에서의 다양한 활동 상황, 카누 타기, 저녁식사, 목욕하기와 같은 다양한 활동 상황에서 아동의 참여와 관련된 요구에 조언을 제공해 줄 수 있기 때문이다. 아동이 다른 발달영역에서 요구를 가질 때 주 조기 개입 전문가는 그 영역에도 주의를 기울여야 한다.

주 조기 개입 전문가의 활용 가능성

가족과 지역사회 사람들이 신뢰와 유능함을 느끼도록 하기 위해서, 주 조기 개입 전문가는 중재가 실행될 일상적인 활동들 안에서 자문을 제공해야 한다. 가족이 중재가 아직 제공되지 않은 다른 상황에 일반화하는 것을 자신 없어 할 수도 있기 때문에, 주 조기 개입 전문가는 다양한 활동과 일과에 참여할 수 있는 유연성을 지녀야 한다.

어떤 중재자는 여러 발달영역별로 아동의 참여에 대한 자문을 제공하는 능력이 있을 수 있지만, 아동의 모든 활동과 일과를 관찰할 여력은 없을 수도 있다. 예를 들어, 낮에는 학교 교사로 일하고, 밤에는 조기 개입 전문가로 일하는 특수교사가 저녁식사 시간을 이용하여 가족에게 자문을 제공해 왔다고 가정해 보자. 이제 가족은 아침식사 동안 중재를 실행하는 것에 대한 질문이 있었는데, 중재자는 점심식사 시간조차 아동을 관찰할 시간이 없었다. 물론 중재자가 주말 동안 아침식사에 대해 상담을 제공할 수는 있겠지만, 이는 아동이 주중에 다니는 어린이집 상황에는 적용할 수 없다. 이와 같이 특정한 가족을 위한 주 조기 개입 전문가로 누가 가장 적합한지 결정할 때, 중재자가 처한 여건이 고려되어야 한다.

주 제공자 모델(primary provider model)과 초학문적 팀 접근의 사용은 팀원에게 높은 수준의 의사소통과 협력을 요구한다. 서비스 조정자는 팀이 협상하고 문제를 해결하도록 도와줄 수 있어야 한다. 덧붙여서, 서비스 조정자는 모든 팀원이 서로 가르치고, 정보를 나누고, 특정한 역할과 책임을 교환하는 과정인 역할 방출(role release)을 용이하게 하기 위해서 각 팀원의 전문 분야에 대해 알아야 한다. 역할 방출은 주 조기 개입 전문가가 다른 분야의 전문가인 팀원의 도움을 받아 그가 수행했던 활동을 할 수 있게 한다. 각 팀원은 역할 방출의 과정을 효과적으로 이행하기 위해, 다른 팀원의 전문 지식과 기술을 기꺼이 배워야 한다. 팀원은 친숙하지 않은 기술적 언어 또는 전문 용어의 설명을 위해 다른 영역의 전문가에게 물어보는 것, 아동을 가르치는 다른 분야의 전문가를 관찰하고 관찰된 것들에 대한 토론을 하는 것, 다른 분야의 중재를 실행하고 다른 분야의 팀원에게 그 수행에 대한 평가를 요청하는 것을 배울 수 있다. 또한 중재를 실행할 때 다른 분야의 전문가와 함께 일하는 것, 중재에 대해 도움을 요청하는 것, 그리고 다른 분야의 전문가와 함께 아동의 수행에 대해서 토론하는 것과 같은 활동들을 배워 간다.

또한 팀원은 다른 팀원과 아동이 다양한 활동 및 일과에 참여할 수 있도록 적응 또는 지원을 제안하는 것, 중재 전략들을 추천하는 것, 그리고 주 조기 개입 전문가가 어떻게 모든 영역에서 발달과 학습을 지원할지에 대해 가르치는 것 등에 대해 기꺼이 서로의 지식을 나누어야 한다. 그러나 각 팀원은 자신의 전문 분야에서의 권위를 계속하여 인정받을 것이다. 서비스 조정자는 이러한 역할 방출을 위한 지원을 제공하여야 한다.

활용 가능한 서비스의 전달을 조정하고 감독하기

종합적인 프로그램은 아동 및 가족을 위한 서비스 실행, 학습 기회, 중재 전략, 발달 및 행동에 대한 정보가 정기적으로 수집될 때라야 효과를 기대할 수 있다. 서비스 조정자는 여러 전문가와 기관이 제공하는 서비스와 지원을 가족이 조정하고 점검하도록 돕는 단일 창구의 역할을 한다. IFSP에 기술된 대로 '모든 서비스와 지원이 ① 공급되었는지, ② 시의 적절하게 정시에 그리고 가족에게 편한 장소에서 제공되었는지, ③ 증거기반 실제와 관련된 최신의 연구를 반영하는지, ④ 서로 잘 조정되었는지, ⑤ 지속적으로 효과성 평가를 받는지' 확인하는 것은 서비스 조정자의 책임이다. 서비스 조정자가 서비스와 지원을 적절히 조정하면, 관계된 모든 사람의 생산성을 높이고 스트레스를 감소시킨다. 질 높은 서비스 조정은 모든 사람이 공동 목표를 위해 일하고, 개방적인 의사소통을 하며, 효과적인 중재 실제를 공유하고, 아동과 가족의 상태를 지속적으로 점검한다. 다른 요소들과 같이, 이 접근은 조정과 통합의 철학을 요구한다. 왜냐하면 서비스와 그 성과가 오직 협력적인 틀 안에서 측정되어야 하기 때문이다.

아동의 진보에 대한 평가는 두 가지 요소를 가진다. 하나는 IFSP의 검토와 지속적인 데이터 수집을 통해 이루어지는 전형적인 진보 측정이다. 아동과 가족의 진보에 대한 특정 시점의 모습을 정기적으로 포착하여 기록하는 것도 중요하지만, 다양한 활동과 일과에서의 진보를 계속하여 기록하는 것은 수정과 지원 및 중재 전략이 아동과 가족에게 효과적이었는지를 평가하는 데 중요하다.

이를 용이하게 하기 위한 한 가지 방법은 조기 개입 서비스 계획을 통한 아동과 가족의 진보 상황을 감독하고 검토하기 위해 서비스 조정자와 가족이 전문가들을 만나는 정기적이고 계획적인 팀 회의를 가지는 것이다. 불행하게도, 이러한 회의가 정기적으로 일어나지 않는 이유는 회의를 위한 자금문제와 같은 구조적 지원의 부족 때문이다. 그러나 그러한 회의를 시도해 본 이들은 '만족'과 '진보'를 보고하였으며, 많은 전문가가 지속적인 협력과 책무성을 확보하기 위해 그러한 팀 회의를 제안해 왔다. 연 2회 실시되는 IFSP 개정회의는 각 주가 연방에 제출해야 하는 보고서에 포함될 자료 수집에도 활용될 수 있다.

조기 개입 서비스 전달을 평가하는 두 번째 방법은 모든 Part C 참가자에 대해 미국 특수교육 프로그램국(OSEP)이 요구하는 연말업적 보고서다(www.the-eco-center.org 참조). 이 보고서에는 〈표 4-2〉에 제시된 성과에 대한 것을 기록하게 된다. 안타깝게도 각 주의 요구와 현황에 맞는 주별 자료 수집이 허용됨에 따라 타당성 있게 각 주를 비교하는 것이 어려워졌다. 그럼에도 불구하고, 주들은 연방과 주 차원에서 요구되는 믿을 만하고 타당한 정보 체계를 설계할 기회를 마련해야 한다.

가족에게 옹호 서비스에 관해 알려 주기

대체로 가족은 장애 아동의 요구를 가장 잘 안다. 이는 가족이 때로 아동의 요구를 충족시키기 위해 서비스를 요청해야 한다는 것을 의미한다. 서비스 조정자가 하게 되는 중요한 기능은 가족이 아동의 강력한 옹호자(advocate)가 되도록 도와주는 것이다. 옹호(advocacy)라는 말은 다른 사람을 대변한다는 의미다. 서비스 조정자는 가족이 활용 가능한 옹호 서비스에 관해 가족에게 알려 주는 것으로 도움을 줄 수 있다. 옹호 서비스에는 가족에게 어떻게 옹호하는지를 알려 주는 것, 가족을 대신하여 옹호해 주는 지역 및 주 서비스, 일반적으로 장애 아동과 그 가족을 대신하여 옹호하는 국립 기관 등이 있다. 이것은 IFSP 팀이 제공하는 바에 만족하지 못하거나 동의하지 않는 가족을 위한 중요한 활동이다.

의학 및 건강 서비스 제공자와 협력하기

의학 및 건강 서비스 제공자들과의 조정은 조기 개입 과정에서 계속되는 활동이다. 조기 개입 대상인 모든 아동은 조기 개입을 받기 전에 건강 서비스 제공자와 만나게 된다. 조기 개입을 위한 단일한 접촉점으로서, 서비스 조정자는 가족이 건강 서비스 제공자와의 관계를 향상시킬 수 있도록 도와준다. 또한 서비스 조정자는 가족이 필요로 하는 다른 추가적인 의학 및 건강 서비스 제공자를 만나도록 도와줄 수 있고, 다른 조기 개입 서비스 및 지원과 함께 서비스들을 조정할 수 있도록 도와준다.

조기 개입 지원을 받는 많은 아동은 한 명 이상의 의학 및 건강 서비스 제공자와 관련되어 있다. 여러 명의 서비스 제공자가 관련되면 서비스가 쉽게 와해될 수 있고, 서비스 제공자가 서로 의사소통을 하지 않거나 자료를 서로 교환하지 않는 것이 일반적이다. 이것이 메디컬 홈(역자 주: 미국의 주치의 제도를 일컫는 용어)이라는 개념이 모든 아동, 특히 특별한 건강 서비스 요구를 가진 아동에게 필요한 이유다. 이들 중 많은 아동이 조기 개입 서비스를 받을 것이다. 메디컬 홈은 의료 서비스가 모든 아동에게 제공되고 아동의 모든 의료적 요구를 조정할 것을 요구한다. 클리닉, 개인병원, 개원의 연합병원 모두 메디컬 홈이 될 수 있다. 메디컬 홈은 아동에게 서비스를 제공하는 모든 사람의 능력을 확인하고, 가족이 이에 필요한 재정적 자원을 가지고 있는지 알아볼 책임이 있다. 마지막으로, 메디컬 홈은 가족이 아동의 특별한 요구를 충족시킬 수 있게 하기 위한 가족지원을 제공한다. 그러므로 서비스 조정자는 그들이 서비스를 제공하는 각 아동을 위해 메디컬 홈을 확인하고, 조기 개입 팀이 아동의 메디컬 홈에 정보를 제공하게 해야 한다.

의료 및 건강 서비스 제공자와의 조정에서 서비스 조정자는 조기 개입 팀을 위해 메디컬 홈에 정보를 요청해야 한다. 조기 개입 전문가와 다른 서비스 제공자는 아동의 건강 상태가 전반적인 발달과 중재에 미치는 영향을 알기 위해 건강 및 의료적 정보를 필요로 한다. 가족은 아동을 잘 보살피기 위해 아동의 건강 상태에 대한 최신 정보를 확보해야 한다. 결국, 모든 서비스 제공자는 아동을 위해 지원을 하기 전에, 아동의 다양한 요구와 이미 받고 있는 서비스에 대한 정보를 알아야 한다.

유아특수교육 서비스로의 전환계획 수립을 촉진하기

전환의 중요성은 주, 연방법, 연방 재정 계획 및 문헌에 명시되어 있다. 성공적인 전환은 다른 환경으로 아동과 가족이 이동하는 것을 촉진하는 일련의 잘 계획된 절차다(Bruder & Chandler, 1993). 성공적인 전환을 조정하는 것은 IDEA의 Part C하에 있는 서비스 조정자의 주요 책임이다. 전환을 위한 계획과 실제는 전환의 성공과 전환 과정의 만족도에 분명히 영향을 끼친다.

조기 개입 분야에서 전환은 한 프로그램에서 다른 프로그램으로, 또는 어떤 서비스 형태에서 다른 서비스 형태로의 변화 과정이라고 볼 수 있다. 장애 아동과 그 가족이 아동의 연령에 맞는 다른 서비스 제공자, 프로그램 그리고 기관들 사이의 이동을 반복할 것이기 때문에 사람들은 전환의 역동적인 과정을 강조한다. 비록 장애 영아의 공식적인 전환은 전형적으로 3세(유아원에 들어갈 때)에 발생하지만, 서비스, 서비스 제공자 그리고 프로그램들 사이에서의 전환은 더 어릴 때부터 발생한다. IDEA의 Part C는 잠재적인 전환의 수를 증가시킨다. 예를 들어, 갓 태어난 아기의 건강 상태가 특별 보호 시설과 발달 중재를 필요로 한다면, 전환은 갓 태어난 영아에게도 시작될 수 있다.

조기 개입하의 영유아와 가족은 아동이 세 살이 될 때까지 많은 전환을 겪을 것이다. 이러한 전환은 병원 또는 신생아 중환자실에서 집으로, 집에서 다양한 지역사회 상황으로, 그리고 아이가 세 살이 되면 공립 유치원 또는 다른 지역사회기반 자원 또는 지원을 받을 수 있는 곳으로의 이동을 포함한다. 저자들이 수행했던 연구에서 가족에게 서비스 조정의 가장 중요한 성과에 대한 질문을 하였는데, 성공적인 전환이 가족의 주요 관심사였다. 많은 가족이 이러한 전환 과정이 얼마나 어려울 수 있는지, 서비스 조정자가 지역 학교 체제를 알고 가족에게 다양한 유아 프로그램을 방문해 보도록 격려하는 것이 얼마나 효과적인지에 대해 말한다. 잘 개발된 전환 계획은 추가적인 진단과 문서 업무를 감소시키며 서비스 제공의 공백이 생기지 않게 한다.

많은 가족이 조기 개입 프로그램에서 유아특수교육으로 전환한 다음에는 서비스와 지원의 적격 여부가 달라질 수 있다는 것을 잘 모른다. 좋은 전환 계획은 모든 사람이 충분한 정보를 가진 상태에서 결정 과정에 참여할 수 있도록 사람들과 정보를 공유하는 것이다. 성공적인 전환 계획은 가족이 필요로 하는 자원을 얻을 수 있도록 필요한 정보와 지원을 제공한다. 가족이 모든 정보를 알고 있어야 다른 서비스 제공자와 협력하여 앞으로의 서비스와 배치에 대한 결정을 내릴 수 있다.

평가를 계획하기 위한 논리 모델 사용하기

서비스 조정 활동은 모든 대상 아동과 가족을 위한 조기 개입 과정을 대표하기 때문에, 서비스 조정 활동의 이행은 매우 힘든 일처럼 보인다. 그러나 서비스 조정자가 없는 조기 개입은 훨씬 더 힘들어 보인다. 부록에 제시된 체크리스트의 활용(〈부록 4-1〉~〈부록 4-8〉 참조)은 서비스 조정자, 시스템 그리고 가족을 위한 책무성 확보를 위해 유용할 것이다. 그러나 궁극적인 책무성은, 장애 아동과 가족을 위한 RTC(〈표 4-2〉 참조)에 의해 판별된 것처럼, 서비스 조정 성과의 성취 여부에 대한 것이다.

[그림 4-1]에서 보듯이, 서비스 조정 논리 노델은 성과의 도달 시점에 따라 성과를 분류하고 있다. 다른 논리 모델을 사용할 때와 같이, 각 성과에 대한 적절한 측정도구가 사용되어야 한다. 서비스 조정자는 조기 개입 과정의 여러 시점에 걸쳐 각 성과를 측정하는 데 사용할 여러 도구를 개발해야 한다. 면접, 평정척도 그리고 표준화된 도구들은 함께 또는 각각 사용될 수 있고, 하나의 성과 또는 모든 성과를 다루기 위해서 사용될 수 있다. 이러한 성과들은 논리 모델에 제시된 서비스 조정 활동, 실제 그리고 주와 지역 상황에 삽입되어 있다. 각 성과를 측정하는 데 사용되는 도구들은 궁극적으로 IDEA의 Part C에 명시된 서비스 조정의 취지가 아동과 가족에게 실현되었는지의 여부를 평가해 줄 것이다.

결론

서비스 조정은 영유아 그리고 가족에게 제공되는 모든 조기 개입 지원과 서비스를 조직하는 것이다. 서비스 조정이 잘 이루어졌을 때, 이는 가족에게 조기 개입 과정을 밝게 비춰 주는 한 줄기 빛이 될 것이다. 마찬가지로 서비스 조정은 모든 서비스 제공자가 조기 개입 시 증거기반 실제를 사용하게 하는 구심점이 될 수 있다. 그러나 서비스 조정이 잘 이루어지지 않았을 때, 서비스 조정은 이미 다루기 힘든 시스템에 부정적인 영향을 야기함으로써 조기 개입을 더욱 복잡하게 한다. 이 장에서는 효과적인 서비스 조정에 필요한 방법을 전문가와 가족에게 제공하기 위해 7가지의 서비스 조정 활동에 대한 설명과 배경 연구에 대한 정보를 제공하였다.

참고문헌

Bronfenbrenner, U. (1993). The ecology of cognitive development: Research models and fugitive findings. In R. H. Wozniak & K. W. Fischer (Eds.), *Development in context: Acting and thinking in specific environments* (pp. 3-44). Hillsdale, NJ: Erlbaum.

Bruder, M. B. (1996). Interdisciplinary collaboration in service delivery. In R. A. McWilliam (Ed.), *Rethinking pull-out services in early intervention: A professional resource* (pp. 27-48). Fort Worth, TX: Harcourt Brace.

Bruder, M. B. (2005). Service coordination and integration in a developmental systems approach to early intervention. In M. J. Guralnick (Ed.), *A developmental systems approach to early intervention: National and international perspectives* (pp. 29-58). Baltimore: Brookes.

Bruder, M. B., & Bologna, T. M. (1993). Collaboration and service coordination for effective early intervention. In W. Brown, S. K. Thurman, & L. Pearl (Eds.), *Family-centered early intervention with infants and toddlers: Innovative cross-disciplinary approaches* (pp. 103-127). Baltimore: Brookes.

Bruder, M. B., & Chandler, L. K. (1993). Transition. In DEC (Ed.), *DEC recommended practices: Indicators of quality in programs for infants and young children with special needs and their families.* Reston, VA: Council for Exceptional Children.

Bruder, M. B., & Dunst, C. J. (2005). Personnel preparation in recommended early intervention practices: Degree of emphasis across disciplines. *Topics in Early Childhood Special Education, 25*(1), 25-33.

Bruder, M. B., & Dunst, C. J. (2006). Advancing the agenda of service coordination. *Journal of Early Intervention, 28*(3), 175-177.

Bruder, M. B., Harbin, G. L., Whitbread, K., Conn-Powers, M., Roberts, R., Dunst, C. J., et al. (2005). Establishing outcomes for service coordination: A step toward evidence-based practice. *Topics in Early Childhood Special Education, 25*(3), 177-188.

DEC. (Ed.). (1993). *DEC recommended practices: Indicators of quality in programs for infants and young children with special needs and their families.* Reston, VA: Council for Exceptional Children.

Dunst, C. J. (2007). Early intervention with infants and toddlers with developmental disabilities. In S. L. Odom, R. H. Horner, M. Snell, & J. Blacher (Eds.), *Handbook of developmental disabilities* (pp. 531-551). New York: Guilford Press.

Dunst, C. J., & Bruder, M. B. (2002). Valued outcomes of service coordination, early intervention and natural environments. *Exceptional Children, 68*(3), 361-375.

Dunst, C. J., & Bruder, M. B. (2006). Early intervention service coordination models and service coordinator practices. *Journal of Early Intervention, 28*(3), 155-165.

Gilliam, W. S., & Mayes, L. C. (2000). Development assessment of infants and toddlers. In C. H. Zeanah (Ed.), *Handbook of infant mental health* (2nd ed., pp. 236-248). New York: Guilford Press.

Hanson, M. J., & Bruder, M. B. (2001). Early intervention: Promises to keep. *Infants and Young Children, 13*(3), 47-58.

Harbin, G. L., Bruder, M. B., Whitbread, K., Reynolds, C., Mazzarella, C., Gabbard, G., et al. (2004). Early intervention service coordination policies: National policy infrastructure. *Topics in Early Childhood Special Education, 24*(2), 89-97.

King, G., Strachan, D., Tucker, M., Duwyn, B., Desserud, S., & Shillington,

M. (2009). The application of a transdisciplinary model for early intervention services. *Infants and Young Children, 22*(3), 211-223.

Rapport, M. J. K., McWilliam, R. A., & Smith, B. J. (2004). Practices across disciplines in early intervention: The research base. *Infants and Young Children, 17*(1), 32-44.

W. K. Kellogg Foundation. (2001). *Using logic models to bring together planning, evaluation, and action: Logic model development guide.* Battle Creek, MI: Author.

〈부록 4-1〉

평가와 진단의 조정: 첫 만남

서비스 조정자가 해야 할 일	✓ / x	비 고
정보를 공유할 영역		
• 조기 개입 철학		
• 아동을 위한 적격성 기준을 포함하는 주 전체의 조기 개입 체제		
• 평가를 위한 진단과 진행 중인 진단의 차이점		
• 진단 과정에서 가족의 역할		
• 절차적 안전장치와 가족의 권리		
• 비밀보장에 관련된 정책과 실제		
가족에게서 정보를 얻어야 할 영역		
• 가족 배경, 인종 및 주 언어		
• 가족 구조 및 성원		
• 아동의 건강과 발달 정도, 발달력		
• 가족 자원, 관심사 및 우선순위		
• 아동과 관련된 다른 기관과 전문가들		
• 낯선 사람(중재자)에 대한 아동의 반응		
협력		
• 가족을 포함한 다른 사람과 정보를 공유하는 방법을 모색하기 위해 협력		
행정적으로 처리할 과제		
• 아동의 평가와 진단을 위한 부모의 허락받기		
• 정보 요청 문건을 작성하여 제출하기		
• 필요한 경우, 비용 지불에 대한 문건을 작성하여 제출하기(예: 보험, 가족 부담)		
• 아동에 대한 기록과 이전의 진단 결과를 구하여 조기 개입 진단자들과 공유하기		
• 아동의 장애에 대한 정보 얻기		
• 정보의 보관과 관련하여 부모 허락받기		
• 메디컬 홈을 포함한 의뢰처에 확인서 보내기		

〈부록 4-2〉

평가와 진단의 조정 및 실행

서비스 조정자가 해야 할 일	✓ / x	비 고
정보를 공유할 영역		
• 타당하고 믿을 만한 평가와 진단 모델 및 도구		
• 사용될 진단 프로토콜		
• 진단에서 가족의 역할		
• 진단팀과 평가자/진단자의 개인적인 배경		
• 사용될 진단 도구		
• 평가/진단 결과에 대한 요약 정보		
가족에게서 정보를 얻어야 할 영역		
• 아동과 가족의 활동 상황/일과 그리고 아동의 참여 정도		
• 아동의 전형적인 행동, 동기, 끈기		
• 평가/진단의 결과 요약을 받는 데 가족이 선호하는 양식		
• 새로운 사람에 대한 아동의 반응		
• 아동의 행동을 촉진하기 위해 가족이 사용하는 적응과 지원		
협력		
• 진단 전, 중, 후에 팀원(가족을 포함해서) 간 정보 공유를 용이하게 하기 위해 협력		
• 진단 팀이 진단/평가 결과를 가족이 판별한 활동과 일과에 기능적으로 적용하도록 돕기 위해 협력		
• 진단팀이 진단 요약본을 쓰는 것을 도와주기 위해 협력		
행정적으로 처리할 과제		
• 평가/진단을 하는 팀원을 선정하기		
• 평가/진단 시간과 장소를 설정하기		
• 조기 개입의 다음 단계 서비스에 대한 아동의 적격성 여부를 가족에게 알리기		
• 조기 개입 서비스를 받을 자격이 없다고 판정된 경우, 아동발달 서비스에 대해 안내하기		

〈부록 4-3〉

IFSP의 개발, 검토, 평가에의 참여

서비스 조정자가 해야 할 일	✓ / x	비 고
정보를 공유할 영역		
• IFSP의 목적		
• IFSP의 회의, 형식 및 참여자		
• 학습 기회를 향상시키기 위한 조기 개입 서비스의 판별		
• 서비스를 위한 시간 계획과 준거의 개발		
• 서비스 제공과 학습 습득을 위한 평가 기준		
• 서비스 조정자의 지속적인 역할		
• 전환 계획의 개발		
가족에게서 정보를 얻어야 할 영역		
• 학습을 위한 활동 상황/일과		
• 활동 상황/일과에서의 아동의 참여를 위해 우선하는 것		
• 다른 아동이 참여하는 집, 지역사회 상황에서의 학습 기회 판별		
• 판별된 활동 상황/일과에서 아동과 가족의 강점을 지원하기 위한 기능적이고 통합된 장단기목표의 설정		
• IFSP 회의를 위해 선호하는 시간과 장소		
• IFSP에 포함될 다른 서비스 제공자와 지원/서비스		
• IFSP 회의를 위해 선호하는 시간과 장소		
• IFSP 회의와 문서에 대해 느끼는 편안함의 정도		
협력		
• 평가를 실시했던 서비스 제공자를 포함한 IFSP 회의 참가자를 구성하기 위해 협력		
• 가족과 함께 회의 시간, 장소 및 안건을 정하기 위해 협력		
• IFSP 회의를 용이하게 하기 위해 협력		
• 가족이 회의에서 자주 발언할 수 있도록 하기 위해 협력		
• 서비스 성과를 위해 가족이 어려움을 극복할 수 있게 하기 위해 협력		

(계 속)

서비스 조정자가 해야 할 일	✓ / x	비 고
• 가족이 목표 달성을 위해 어떻게 지원과 자원에 접근해야 할지에 대한 계획을 개발하기 위해 협력		
행정적으로 처리할 과제		
• IFSP 회의에 관련된 모두에게 서면으로 공지하기		
• IFSP 회의를 용이하게 하는 역할하기		
• 모든 문서를 정확히 작성하고 서명을 받아 모든 관련자들에게 배부하기		
• 아동의 서류철, 가족 그리고 서비스 제공자들을 위해 IFSP 복사본을 만들고 배부하기		

〈부록 4-4〉

가족이 활용 가능한 서비스 제공자를 찾도록 지원하기

서비스 조정자가 해야 할 일	✓ / x	비 고
정보를 공유할 영역		
• 주 서비스 제공자		
• 다른 분야 전문가의 능력과 역할		
• 서비스 제공자의 능력/효과성을 진단하기 위한 전략		
• 서비스 제공자로서, 전문 영역의 인력을 선정하기 위한 과정		
• 서비스 제공자를 가족과 지역사회 활동 상황에 통합시키는 방법		
• 발달영역, 분야, 그리고 일상적 학습 기회와 일과에서의 아동의 발달적 요구를 통합시키기 위해 협력적 자문과 초학문적 팀 구성하기		
• 조기 개입 체제 밖의 지역사회 서비스 제공자		
가족에게서 정보를 얻어야 할 영역		
• 여러 분야에 대한 가족의 지식		
• 중재 방문을 위해 가족이 선호하는 시간과 장소		
• 서비스 제공의 횟수에 대한 가족의 편안함 정도		
• 중재에 참여하는 가족의 편안함 정도		
• 중재자에게 정보를 주는 것에 대한 가족의 편안함 정도		
협력		
• 주 서비스 제공자를 찾기 위한 협력		
• 아동과 가족을 위해 유능한 서비스 제공자를 선택하도록 촉진하기 위한 협력		
• 서비스 전달 구조를 파악하기 위한 협력: 시간, 장소, 한 회기당 시간		
• 가족과 서비스 제공자와 함께 팀 회의 횟수와 의사소통 전략을 확인하기 위한 협력		
• 조기 개입 시 어떻게 가족의 문화적 전통과 비공식적 지원을 통합할지를 확인하기 위한 협력		

(계 속)

서비스 조정자가 해야 할 일	✓ / x	비 고
• 서비스 제공자와 가족이 모든 관련된 정보(평가, IFSP)를 공유하도록 촉진하기 위한 협력		
행정적으로 처리할 과제		
• 잠재적인 서비스 제공자에 대한 필수 정보를 모으기		
• 잠재적인 서비스 제공자와 접촉하기		
• IFSP 목표를 성취하기 위해 중재 방문의 일정 정하기		

〈부록 4-5〉 활용 가능한 서비스 전달을 조정하고 감독하기

서비스 조정자가 해야 할 일	✓ / x	비 고
정보를 공유할 영역		
• 기관과 서비스 제공자의 책임		
• 팀 과정과 여러 영역에 걸친 학습의 통합		
• 서비스 전달 팀과 기관 활동에서의 효과적인 의사소통 전략		
• 서비스 제공자가 아동의 발달과 행동을 촉진하는 방식		
• 각각의 아동과 가족의 IFSP 목표의 성취 정도를 측정할 준거		
• 서비스의 전달과 중재 회기에 대한 계속적인 추적 체제		
• IFSP와 서비스 전달 계획의 수정을 요청하기 위한 전략		
가족에게서 정보를 얻어야 할 영역		
• IFSP와 서비스 전달에 대한 가족의 만족도		
• 중재의 결과로 아동의 발달을 촉진할 수 있다는 확신		
• 중재의 시기와 장소		
협력		
• 협력적 자문과 팀 회의를 수립하고 조정하기 위해 협력		
• 서비스 전달 계획을 감독하거나 용이하게 하기 위해 협력		
• 모든 서비스 제공 팀원으로부터 수집된 정보를 점검하기 위해 협력		
• 기관 간 협의사항을 따르고, 기관 간 회의에 참석		
• 모든 아동과 가족 성과에 대한 공식적 보고서 또는 정보의 공유를 위한 시간을 마련하기 위해 협력		
• 가족이 조기 개입 서비스 제공 모델, 서비스 제공자, 그리고 아동과 가족의 진보에 대한 의견을 제공할 체제를 구축하기 위해 협력		
행정적으로 처리할 과제		
• 모든 서비스 제공자를 위해 아동과 가족의 성과에 대한 정보수집 전략 수립하기		
• 모든 서비스 제공자로부터 수집된 IFSP 목표의 성취 정도 기록하기		
• 6개월마다 IFSP의 검토 회의를 소집하기		

〈부록 4-6〉

가족에게 옹호 서비스 알려 주기

서비스 조정자가 해야 할 일	✓ / x	비 고
정보를 공유할 영역		
• 옹호의 정의와 용도		
• 옹호/지원을 위한 부모 자원(예: 부모교육과 정보 제공, 부모결연)		
• 적법 절차와 조정의 사용		
가족에게서 정보를 얻어야 할 영역		
• PTI, 부모결연, 기타 지원 등의 자원에 가족이 참여한 경험		
• 가족의 권리, 옹호 자원, 그리고 적법 절차에 대한 가족의 지식		
협력		
• 가족이 자신들이 필요로 하는 옹호 서비스에 접근하고 이를 이용하도록 돕기 위해 협력		
• 필요에 따라 가족이 갈등해결기술을 사용하도록 돕기 위해 협력		
행정적으로 처리할 과제		
• 서비스 제공 팀이 필요한 갈등해결기술을 사용하도록 도와주기		
• 가족이 조기 개입 과정에 만족하지 못할 때, 조정 및 적법 절차를 신청하도록 도와주기		

〈부록 4-7〉

의료 및 건강 서비스 제공자와 협력하기

서비스 조정자가 해야 할 일	✓ / x	비 고
정보를 공유할 영역		
• 관련 정보의 공유와 비밀 유지(구두와 서면으로)		
• 접근이 가능하고, 계속적이고, 종합적이고, 가족중심적이고, 조화롭고, 따뜻하고, 그리고 문화적으로 효과적인 메디컬 홈의 개념		
• 아동의 성장과 발달을 위한 영양상의 요구		
• 아동의 정신건강 요구		
• 아동에 대한 환경적 위험		
가족에게서 정보를 얻어야 할 영역		
• 의료지원 제공자/메디컬 홈		
• 아동의 신체건강 요구		
• 아동의 영양상 요구		
• 아동의 정신건강 요구		
• 가족의 의료보험/저소득층을 위한 의료보장제도		
협력		
• 서비스 제공자 간의 의료 정보/조기 개입 정보의 적절한 공유를 촉진하기 위해 협력		
• 아동의 의료적 요구에 대해 서비스 제공자들을 교육시키기 위해 협력		
• 아동이 필요로 할 만한 추가적인 의료 및 건강 서비스를 판별하고 얻기 위해 협력		
행정적으로 처리할 과제		
• 발달, 건강 및 의료 기록을 공유하고 받기 위해 가족으로부터의 동의서를 얻기		
• 적절한 기관에 아동의 건강과 의료 기록을 요구하기		
• 조기 개입 평가와 진보에 대한 기록을 건강 및 의료 서비스 제공자에게 제공하기		
• 아동을 위한 지속적인 의료 및 건강 기록 시스템을 수립하기		

〈부록 4-8〉 유아특수교육 서비스로의 전환계획 수립을 촉진하기

서비스 조정자가 해야 할 일	✓ / x	비 고
정보를 공유할 영역		
• 조기 개입에서 전환과 관련된 규칙		
• 아동과 가족에게 적합한 지역사회 서비스와 특화된 서비스		
• 적절한 경우 IDEA 학령기 전 정책(Part B)		
• 지역사회 유아 프로그램에 아동이 참여할 기회		
• 최소한 유아특수교육 서비스 전환이 일어나기 90일 전에 가져야 하는 전환 회의		
가족에게서 정보를 얻어야 할 영역		
• 장애를 포함한 아동의 발달적 요구에 대한 가족의 지식		
• 아동을 위한 지역사회 자원에 대한 지식		
• 유아특수교육에 대한 가족의 지식		
• 유아 프로그램에 관련된 가족의 선호도		
협력		
• 가족의 유아 서비스 기관 방문을 주선하기 위해 협력		
• 전환 팀을 구성하기 위해 협력		
• 부모가 원하는 장소와 시간을 고려하여 전환계획 팀 회의를 갖기 위해 협력		
• 전환 팀 회의를 용이하게 하기 위해 협력		
• 전환 계획을 개발하기 위해 협력		
행정적으로 처리할 과제		
• 진단 및 평가 정보와 IFSP 사본을 잠재적인 서비스 제공자와 공유할 수 있도록 가족의 동의서 받기		
• 가족에게 편리한 시간과 장소에서 전환 회의 준비하기, 전환 회의 전에 유아를 담당할 서비스 제공자에게 유아에 관한 현재의 정보를 보내기		
• 유아가 3세가 되기 9~12개월 전에 지역 교육 기관에 통지하기		

제 5 장 가족과 대화하기

이 책의 다른 장들은 특정 장면에서 가족과 협력하는 기술을 다루지만(예: IFSP나 IEP를 개발할 때), 이 장에서는 가족지원의 기초라 할 수 있는 가족과의 대화에 관해 다루고자 한다. 1986년에 「조기 개입 관련법」(PL 99-457)이 통과되기 전부터 가족중심 중재는 장애 영유아와 그 가족을 위한 접근으로 권장되어 왔다(McGonigel, Kaufman, & Johnson, 1991; Sandall, McLean, & Smith, 2000). 이러한 생각에 기초한 접근이 효과적인 가족-전문가 간 협력의 바탕이 된다. 또한 이와 같은 풍토에서 나온 상호 간의 신뢰와 존경이 협의된 결론, 특별히 가족에게 우선권을 둔 중재로 이어지게 된다. 그러나 이러한 이상을 완전하게 실행하는 것은 생각보다 어렵다(Bruder, 2000).

구조적인 어려움들(예: 정책, 전문가들의 이직, 근무 시간, 담당 아동 수)이 효과적인 가족-전문가 간 협력에 어려움을 줄 수 있지만(Park & Turnbull,

2003), 최근에는 사람들 간의 장벽이 더 큰 문제가 된다는 것에 동의하고 있다(Blue-Banning, Summers, frankland, Nelson, & Beegle, 2004; Dinnebeil, Hale, & Rule, 1996; McWilliams, Tocci, & Harbin, 1998; Park & Turnbull, 2003). 이러한 대인관계 문제들은 서비스 제공자와 가족의 개인적 특성 그리고 의사소통의 내용과 관련이 있다. 즉, 어떤 내용이 거론되고 어떤 내용이 거론되지 않는지, 언제, 어떻게 그러한 내용들을 이야기하는지 등이 관련된다. 이 장은 신뢰, 존중, 및 평등을 증진시키는 방향으로 가족과 대화하는 방식에 대한 것이다.

무엇이 가족과의 대화를 그토록 어렵게 하는가? 장애 아동의 부모인 제니스 피알카(Janice Fialka)는 장애 아동 부모와 전문가 간의 관계 형성을 춤에 비유하였다. 전문가는 신속하게 춤을 추고 싶어 하는 반면, 부모는 춤추는 것 자체를 주저한다는 것이다.

> 전문가인 당신은 새로운 파트너를 애타게 기다리고 있다. 당신의 팔은 부모를 향해 뻗어 있고, 그들이 당신의 세계에 들어오기를 기대하고 있다. ……부모는 아직 춤을 출지 선택하지 않았고, 대부분은 춤에 합류하기를 그리 원하지 않는다. 부모는 대개 고집스럽게 팔짱을 강하게 끼고서 당신들에게 접근할 것이다. 우리는 주저하거나, 양가 감정을 갖거나, 꺼려하는 감정을 가질 것이다. 우리가 당신과 함께하기로 결정한다면, 우선 우리는 자녀가 장애를 지녔다는 것을 인정해야 한다. 우리가 당신의 세계에 들어가는 것은 낯설고 당황스러운 경험이다. 당신과의 협력 관계는 우리의 꿈을 버리고 새로운 꿈을 가지라고 요구한다(Fialka, 2001: 22).

피알카는 춤에 대한 비유에서, 부모가 춤에 참여하게 되더라도 처음에는 전문가와 다른 음악을 듣는다고 한다. 따라서 파트너는 각기 다른 속도와 박자로 춤을 추게 된다. 춤(관계)이 부드럽게 진행되기까지 그들은 주저하고, 어색해하며, 심지어 발을 밟기도 한다.

> 부모와 전문가의 우선순위는 서로 다른 경우가 많다. 이것은 마치 각자가 서로 다른 헤드폰을 끼고 자신만의 노래를 자신만의 톤, 가사, 리듬에 따라 듣는 것과 같다. 거기에는 어머니의 노래가 있고, 아버지의 노래가 있고, 언어치료사의 노래가 있고, 신경학자의 노래가 있으며, 교사의 노래가 있다. 때로 우리는 "길을 떠나라, 되돌아오지 말고."라는 노랫말에만 동의할 수 있다(Fialka, 2001: 26).

조기 개입 전문가가 협력이라는 춤에 부모를 초대하고, 부모가 적극적으로 춤에 참여하게 하며, 때로는 부모가 춤을 이끄는 역할까지 편안하게 하게 만드는 데 필요한 의사소통 기술을 갖고 있지 못할 때, 부모는 자신의 능력과 역할에 대해 확신하기가 어렵다(Brady, Peters, Gamel-McCormick, & Venuto, 2004; Winton, 2000). 이 장은 전적으로 의사소통 기술에 초점을 두고 있다. 왜냐하면 우리는 말하는 것을 통해서만 부모에게 존경, 이해 그리고 우리가 진심으로 부모와 함께 댄스 무대에 서기를 원한다는 사실을 알려 줄 수 있기 때문이다. 만약 우리가 이러한 메시지를 효과적으로 그들에게 전달한다면 시간이 흐른 뒤 그들은 더욱 우리를 신뢰할 것이고, 보다 더 기꺼운, 적극적인 그리고 자신감 넘치는 참여자가 될 것이다.

비공식적 대화 기회 만들기

여러 문헌에서 부모-전문가 간 문제가 발생했을 때와 문제를 진단할 때, 그리고 IFSP나 IEP를 개발할 때 등 시기에 적절한 부모-전문가 간의 의사소통 전략에 대하여 언급하였다. 우리가 부모에게 말하고자 하는 것과 말하고자 하는 방법은 의심의 여지없이 이러한 특별한 시기나 장면의 서비스 전달에 대한 것이다. 그렇다 할지라도, 이러한 시간들은 전문가가 가족과 의사소통하는 기회 전체 중에서 상당히 작은 부분을 차지한다. 블루 버닝과 동료들(Blue-Banning et al., 2004)의 연구에 따르면, 질 높은 부모-전문가 관계에 기여하는 중요한 요인은 의사소통의 빈도다. 부모와 전문가들이 모두 참석한 포커스그룹에 따르면, 부모-전문가 간 관계에서 신뢰를 형성하는 가장 결정적인 것은 부모-전문가 간의 빈번한 대화와 정보교환의 기회였다.

효과적인 의사소통을 위해 가장 먼저 할 일은 빈번하고 계속적인 의사소통의 기회를 갖는 것이다. 그렇다고 새로운 팀 회의를 계획하거나 부모와의 일대일 면담 계획을 세우라는 의미는 아니다. 단지 일상적으로 우리가 동료나 친구를 만나서 가볍게 이야기하는 것과 같은 비구조화되고 비공식적인 대화 기회를 만들면 된다. 비록 이러한 대화가 대부분 요점이 없거나 대수롭지 않은 이야기들로 진행되는 것처럼 보여도, 이러한 짧은 상호작용들이 오랜 시간 지속되면 부모-전문가 간 관계가 견고해진다. 따라서 우리가 확신해야 할 첫 번째는 우리가 부모와 비공식적 만남을 하느라 허비해 버렸다고 여겼던 시간들이 사실은 매우 잘 활용한 시간이란 점이다. 두 번째는 이러한 부모와의 대화 시간을 만들기 위해 우리의 업무를 조정해야 한다는 점이다.

가정을 방문하는 전문가야말로 이러한 비공식적 대화를 하기에 가장 유리한 위치에 있다고 할 수 있다. 가족과의 비공식적 대화는 일반적으로 가정을 방문한 직후 중재가 시작되기 전에 이루어지거나, 가정방문을 마치기 전에 학습자료 등을 정리하는 시간 등에 잠깐 동안 진행되기도 한다. 이와 같은 비공식적 대화를 가정방문 중에 정기적으로 포함시키는 것은 조기 개입 전문가의 책임이다. 전문가가 가족에게 이러한 비공식적 대화를 정식으로 요청하지 않는다면, 가족은 중재자의 역할이 아동과 함께하는 것만으로 제한된다고 여기기 쉽다. 가족 성원은 중재자에게 방해가 되지 않으려고 한발 물러서서 아동의 발달과 직접적으로 관련된 이야기가 아니면 하지 않으려 하고, 아동의 교육에서 가족의 기여를 제한하려 할 것이다. 그러나 중재자에 의해 비공식적 의사소통이 시작되면 부모도 이야기에 참여할 것이고, 전문가의 민감한 반응성이 대화를 계속 유지하도록 할 것이다.

비공식적 대화의 기회를 정기적으로 마련하는 것이 교실기반 또는 센터기반의 서비스에서는 쉽지 않지만, 완전히 불가능한 것은 아니다. 교실 프로그램의 경우, 아동이 교실에 오는 시간과 집에 가는 시간에 부모와 대화를 할 수 있도록 융통성 있게 일과를 조절할 수 있다. 교사가 부모와 충분한 시간을 가지고 대화를 할 수 있도록 교직원 수를 늘이는 것도 고려할 수 있다. 또 다른 방법으로, 아동이 교실에 들어오자마자 할 수 있는 몇 가지 코너 활동을 준비할 수 있다. 부모는 아동이 하는 활동에 잠깐 동안 함께 참여할 수 있으며, 이때 교사는 아동이 여러 활동에 번갈아 참여할 수 있게 도와주면서 이 시간에 부모와 비공식적 대화를 나눌 수 있다. 부모가 활동과 대화에 즐겁게 참여할 수 있게 하기 위해 고려해야 할 사항은 다음과 같다. 많은 부모가 아침 시간에는 바쁘기 때문에 비교적 여유가 있는 하교 시간에 대화의 기회를 마련하는 것이 좋다. 날씨가 좋은 날에는 하교 시간에 아동을 위한 다양한 야외활동을 계획하여 운동장에서 부모와 편하게 짧은 대화를 나누는 것도 한 가지 방법이다. 많은 경우, 중요한 대화가 주차장에서 이루어질 때가 많은데, 수업을 마친 후 부모와 교사가 아동과 함께 부모의 차가 있는 곳으로 걸어가면서 대화를 나누기 때문이다. 이때에도 부모가 대화에 쉽게 참여할 수 있도록 전문가 쪽에서 먼저 대화를 시도할 필요가 있다.

가정-학교 알림장이나 이메일 혹은 전화통화는 모두 교실 프로그램에 대해 가족과 이야기할 수 있는 기회를 늘려 준다. 이러한 의사소통 수단들이 유용하기는 하지만, 아동과 관련된 사항을 다루는 데 한계가 있다. 이러한 전통적인 가정-학교 의사소통 방법(예: 가정-학교 알림장)은 교사가 가족에게 정보를 제공하기에는 편리하지만, 가정에서 교사에게 의사소통을 하기에는 적절하지 않은 경우가 많다. 만약 부모가 더욱 적극적으로 교육에 참여하고 정보 교환을 활발하게 하기를 원한다면, 부모를 직접 만나는 면대면 의사소통을 하는 것이 더욱 효과적이다(Hart, Drotar, Gori, & Lewin, 2006).

센터기반 서비스에서는 가족과의 이러한 대화가 더 어려울 수 있다. 부모가 정기적으로 센터를 방문하는 것이 주 1회를 넘지 않으며, 그 시간이 짧고 치료 스케줄이 연달아 잡혀 있는 경우가 많기 때문이다. 만약 가정방문 중재가 센터기반 서비스와 유사한 형태로 실시된다면 대화의 어려움은 동일할 것이다. 따라서 전문가가 아동에게 중재를 할 때 가족과의 관계에서 비공식적 대화가 갖는 중요성을 인식하는 것이 필요하다. 부모와의 대화는 일반적으로 부모의 센터 방문 초기 혹은 마치는 시간에 이루어진다. 짧은 시간이지만 매우 의미 있는 내용이 오갈 수 있고, 부모가 방문할 때마다 정기적으로 대화가 이루어진다면 가족에 대한 많은 정보가 오갈 수 있으며, 이러한 관계가 지속된다면 더욱 효과적인 부모-전문가 간 관계가 형성될 수 있다. 실제로 나는 센터에서 아동과의 활동 중에 부모와 짧은 대화를 함으로써 부모가 치료에 효과적으로 개입하는 것을 보았다. 이러한 자문 중심의 접근은 아동이 센터에 오지 않는 시간에도 가족이 중재를 실행할 가능성을 높인다.

아동과 가족의 강점 인정하기

아동의 가족을 만날 때 전문가는 가족의 문제에만 집중하는 습관에 빠지기 쉽다. 서비스 제공 전문가로서 우리는 가족이 우리에게 도움을 받고자 왔다는 점을 인식하고 있다. 따라서 우리는 부모를 만나면 "자녀에 관해서 무엇이 가장 큰 걱정인가요?" "아이를 위해서 무엇을 같이 할까요?" "지금 내가 당신을 도울 일은 무엇인가요?" 등을 먼저 물어보게 된다. 그러나 이렇게 문제에만 집중할 경우, 자칫하면 부모의 역량이 부족하기 때문에 전문가의 도움 없이는 잘할 수 없다는 생각을 은연중에 부모에게 심어 줄 수 있다. 더 나아가 이러한 우리의 태도는 우리가 결함 위주로 아동을 보고 있다는 인상을 줄 수도 있다.

전문가가 가족의 강점을 인정하지 않음을 가족이 느낀다면 가족-전문가 간에 진정한 협력 관계가 형성되기가 매우 어렵다. 특히 장애 자녀가 어려서 이제 막 부모가 아동의 장애에 적응하고 자녀가 받는 서비스에 대해 알아가기 시작할 때, 많은 부모는 자신감과 자아정체감의 동요를 경험한다. 아동과 가족의 강점을 인식하고 인정하는 것이 가족-전문가 관계에서 존경과 평등을 전하는 방법이 된다.

설문과 면담 및 일화 기록을 통해 장애 아동 부모가 전문가의 주요 자질로 거듭 언급하는 사항은 그들 자녀에 대한 진심어린 보살핌이다(Blue-Banning et al., 2004). 부모는 전문가가 자녀의 능력에 대해 어떻게 인식하는지, 자녀의 가능성에 대해 신뢰하는지, 자녀의 장래의 발전에 얼마나 헌신하는지 등을 기준으로 진심어린 보살핌의 여부를 판단한다. 물론, 전문가는 아동이 현재 수준에서 다음 단계로 발전하는 것을 촉진시키고 행동문제를 중재하는 것 등에 도움을 줄 것이지만, 그러한 과정에서 아동의 성취와(아무리 작은 성취라 해도) 긍정적인 특징을 명백하게 인정해 주어야 한다. 어떤 경우에 전문가는 부모와 마찬가지로 아동의 장애를 넘어 아동의 능력을 볼 수 있는 유일한 사람이다.

아동에 대한 칭찬은 공식적 진단, IFSP나 IEP 회의, 또는 6개월마다 하게 되는 아동의 진보 점검 회의에서만 하는 것이 아니라 부모와의 일상적 상호작용 속에서 매일 이루어져야 한다. 이러한 칭찬은 특정 발달기술에 대해 언급하는 것뿐 아니라 아동의 일반적 특성에 대해서도 이루어져야 한다. 아동을 잘 관찰하면 아동의 강점을 발견하여 일상적으로 아동을 칭찬하는 것이 그리 어렵지 않다. 이러한 칭찬은 장황하고 길 필요는 없지만, 매우 개별화되어야 하며, 무엇보다 진심을 담고 있어야 한다.

"아이가 정말 에너지가 넘치네요!"
"얼마나 행복한 아이인지요!"
"아직 익숙하지는 않지만, 얼마나 집중하고 있는지 한번 보세요!"
"정말 재미있어 하네요!"
"정말 열심히 하려 하네요."
"저 커다랗고 매력적인 눈빛이 모든 것을 삼켜 버리려 하네요!"
"저는 정말 저 아이에게 반해 버렸어요!"

내가 예전에 가르쳤던 한 아이와 그 가족을 기억한다. 루크는 18개월 때 질식 사고로 심각한 산소결핍에 의해 전반적 뇌손상을 입었다. 그 결과로, 자발적인 운동이나 인지적 기능이 거의 없었다. 어느날 루크와 그 어머니를 만나 인사를 하였는데, 그녀가 했던 말을 잊을 수 없다. "당신이 루크에게 직접 말을 거는 유일한 사람이네요. 다른 사람은 모두 루크에 관해 나에게 이야기를 하지만 루크에게는 직접 이야기를 하지 않거든요." 나에게는 루크의 머리카락을 헝클이며 장난을 치거나, 루크에게 인사하고 어떻게 지내는지 물어보는 것이 자연스러웠다. 그러나 그녀가 나에게 이야기해 주기 전까지는 그러한 나의 행동이 중요한지를 알지 못했다. 그녀는 그날 나에게 좋은 교훈을 주었다. 그날 이후로 나는 부모가 자신의 자녀를 하나의 '사례'가 아닌 진정한 인격체로 여기는 서비스 제공자에게 정말 감사한다는 말의 의미를 알게 되었다.

또한 나는 부모의 관점에서 아동의 강점을 인식하는 것이 중요함을 깨달은 적이 있다. 나의 딸이 아기일 때, 나날이 아이의 장애가 분명해지고 있던 어느 날, 나는 아이의 기저귀 가방에서 사과 모양의 종이 중 일부가 찢어진 채 들어 있는 것을 보게 되었다. 나는 그 종이에 그날의 날짜와 함께 다음과 같은 문구가 쓰여 있는 것을 보았다. "오늘은 ○○가 자기 손이 있다는 것을 깨달은 날이다!" 그 찢어진 작은 종잇조각은 나에게 너무나 소중했다. 아이의 장애 때문에 두려움과 걱정에 휩싸여 있을 무렵, 아이를 돌봐 주는 사람이 내가 기뻐할 만한 일을 찾아냈던 것이다. 무엇인가 함께 기뻐할 것을 찾아낸다는 것은 누군가에게 기대어 울 어깨를 찾는 것만큼이나 중요한 일이다. 따라서 그것이 기저귀 가방에 들어 있던 쪽지이든, 기쁜 소식을 전하는 이메일이든, 아동이 교실에서 보였던 우스운 행동 때문에 일어난 재미있는 이야기이든 간에 함께 기뻐하고 축하하는 것은 매우 중요하다.

우리가 장애 아동에게 칭찬을 하듯이, 그들의 부모에게도 정기적으로 칭찬을 해야 한다. 이때 칭찬을 해 주기 위해 대단한 성과가 있어야 하는 것은 아니다. 적절한 시점에 전반적인 칭찬을 해 주는 것이 더 진실해 보이며, 덜 쑥스럽게 느껴진다. 전달되어야 할 메시지는 일반적으로 부모가 아동의 성장이나 발달, 행복감 등에 기여를 했다는 것 등이다. 칭찬은 일반적으로 부모가 아동의 발달이나 특정 기술을 개발하기 위해 부모가 돌보고, 상호작용하고, 가르친 것들에 대해 이루어지게 된다. 또한 부모의 개인적인 태도에 대해서도 칭찬할 수 있는데, 부모가 일상생활을 하기 위해 하는 일들과 가족 모두를 위해 하는 일들에 대해 칭찬할 수 있다. 다음은 몇 가지 구체적인 예다.

"어머, 아이가 어머니 목소리에 반응하는 것 좀 보세요."
"정말 아이에 관해 인내심이 많으시네요. 그래서 아이가 정말 많이 발전했어요."

"아이가 이 책을 정말 좋아하네요. 정말 좋은 선택이에요. 어디에서 이 책을 사신 거예요?"

"뭔가 아이에게 잘해 주셨나 봐요. 몇 주 동안 아이가 아픈 적이 없네요."

"이 블록은 정말 아이의 손에 적합한 크기네요."

"어머니께서는 아이가 원하는 것을 정말 잘 파악하시네요!"

"어머니께서 그 많은 일을 어떻게 해내시는지 정말 모르겠네요! 그 많은 일을 한꺼번에 조화롭게 해내시니 대단하세요."

부모의 의견 구하기

우리는 조기 개입 전문가로서 우리의 전문 영역인 아동의 행동이나 발달에 관련된 문제에 대해 해답을 가지고 있어야 한다고 느낀다. 우리는 부모가 그간의 교육과 경험을 바탕으로 아동의 요구에 적합한 조언을 기대하고 있음을 안다. 우리 전문가에게 전문성이 없다면 부모가 우리에게 서비스를 받으려 할 이유가 없다.

따라서 부모가 우리에게 자녀에 대한 고민을 이야기할 때 우리는 재빨리 실제적이고 바른 해결책을 제시하려 한다. 만약 부모가 기지 못하는 자녀에 대해 걱정을 하면, 우리는 배밀이 시기, 손이 닿는 범위 밖에 장난감을 놓는 것 등을 이야기해 줄 것이다. 공격성, 텐트럼, 잠투정 등에 대해서도 우리가 알고 있는 행동중재 기술 중 적합한 방법에 대해 제안을 해 준다. 아동이 말을 하지 못하는 문제에 대해 부모가 염려를 하면, 우리는 방해 전략부터 수화, 그림교환 의사소통 체계(Picture Exchange Communication System; PECS; Frost & Bondy, 2002), 보완대체의사소통(AAC) 등에 이르는 많은 의사소통 교수전략에 대해 언급해 줄 것이다. 우리가 이러한 중재방법을 제안할 때 사용하는 말들은 다양하지만, 대체로 "○○에게 필요한 것은 '~(특정한 해결 방법)'인 것 같아요." "이러한 문제에 대한 중재 방법으로 일반적으로 '~(특정한 해결 방법)'이 제시되고 있어요." "우리가 이 문제에 대해 우선 해야 할 일은 '~(특정한 해결 방법)'이라고 생각해요." "가장 적합한 접근법은 '~(특정한 해결 방법)'입니다." 등이다. 부모는 우리의 제안을 받아들일 수도 있고 그렇지 않을 수도 있다. 따라서 다음과 같은 질문을 하게 된다. "어머니께서는 어떻게 생각하세요?" "어머니께서도 해 보고 싶으셨던 방법인가요?" 많은 경우에 부모는 우리의 제안에 동의할 것이며, 우리는 상호 동의한 중재를 하게 된 것처럼 느낄 것이다.

그러나 많은 경우 시간이 지나면 부모가 상호 동의에 근거하여 계획했던 중재를 실행하지 않고 있음을 알게 된다. 중재 약속을 시행하지 않거나 취소하기도 하며, 다른 중재 방법을 찾아다니기도 한다. 전문가가 제안한 수화, 배변 훈련 방법이 실행되지 않고, 고가의 휠체어나 AAC 도구가 창고에 먼지 덮인 채 버려지게 된 데에는 다양한 이유가 있을 수 있다. 이와 같이 부모가 전문가의 중재 제안에 따르지 않을 때 전문가는 크게 좌절하게 되며, 의식하든 그렇지 않든 간에 부모에게 좀 더 강력하게 제안을 따르라고 요구하게 된다. 이러한 압력은 부모에게 죄책감을 느끼게 하거나 부모를 분개하게 만드는데, 어느 쪽이든 간에 이러한 상황은 원만한 관계 형성을 어렵게 한다.

부모가 전문가의 제안을 잘 따르지 않는 이러한 상황은 무엇보다, 전문가의 제안이 부모에게 잘 받아들여지지 않기 때문에 발생한다. 제안된 해결 방법이 부모의 가치관이나 믿음과 다를 수 있고, 혹은 부모가 진정 원하는 중재 방법이긴 하지만 실행하기에 시간, 에너지 또는 자원이 부족할 수 있다. 부모가 전문가의 제안을 받아들이거나 거절하는 것만이 유일한 결정 사항일 경우, 제안된 중재 방법을 거절하면 나쁜 부모로 보일 수 있다는 생각에 부모는 제안된 방법을 묵인할 가능성이 있다.

부모와의 진정한 협력 관계를 위하여 우리는 해결책을 정하는 것에 부모가 적극적으로 참여하도록 격려하여야 한다. 이를 위하여 우리는 자신만의 생각으로 해결책을 제안하려는 마음을 잠시 접어 두고 부모의 생각을 먼저 들어야 한다. 이를 위한 간단한 방법은 다음과 같이 부모에게 이야기하는 것이다. "이 중재 방법이 바뀌기를 원하시는지요?" "서로 머리를 맞대고 생각해 봅시다." "그간의 중재가 얼마나 효과적이었다고 보세요?" 이러한 질문에 부모가 적절히 대답하지 못할 때는 다음과 같이 물어볼 수 있다. "○○가 스스로 밥을 먹을 수 있게 되어 식사시간의 스트레스를 줄이려면 무엇이 필요하다고 생각하세요?" 또는 다음과 같이 질문할 수도 있다. "예전엔 이러한 상황에 어떻게 대처하셨나요?" "변화를 위해서는 어떻게 해야 할까요?" 부모에게 이러한 질문을 하는 것은 우리가 부모에게 제안을 해서는 안 된다는 것이 아니라, 먼저 부모의 의견에 귀를 기울여야 한다는 것이다. 부모의 생각에 귀를 기울임으로써 우리는 부모의 가치, 신념 및 자원에 대해 알 수 있다. 이러한 이해는 우리가 제안하는 중재를 더욱 풍부하게 한다. 만약 부모가 전문가의 중재 제안을 선택한다고 하여도 우리는 다음과 같은 질문을 통해 확인을 해야 한다. "이미 꽉 짜여진 바쁜 스케줄 속에서 이 중재 방법을 어떻게 실행하실 수 있지요?" "이 중재 방법을 적용할 때 예상 가능한 어려움에는 어떤 것들이 있을까요?" "이 중재 방법을 어떻게 조정하여야 어머니와 아동 및 나머지 가족에게 더 도움이 될 수 있을까요?"

이해하기

다른 사람의 입장을 완벽하게 이해하는 것은 불가능하겠지만 장애 아동의 부모가 중요하게 생각하는 것과 그 이유를 알고 싶어 하는 전문가의 마음을 표현하는 것은 가능하다. 부모와 함께 일을 할 때 그들의 관점을 알고자 하는 우리의 노력과 부모의 눈으로 세상을 보려는 노력은 부모에 대한 존중을 표하고 궁극적인 신뢰를 얻는 데 중요하다. 우리가 만약 누군가를 진심으로 이해하려는 노력을 하지 않는다면 어떻게 그들을 존중한다고 말할 수 있겠는가?

만약 우리가 부모에게 그들의 고민이 무엇인지, 아동과 가족의 우선순위가 무엇인지에 대해 질문을 해서 답을 듣는다면, 그것은 단지 그들에 대한 표면적 이해만 하는 셈이다. 가족의 걱정거리나 우선순위는 삶의 경험과 가족이 처한 문화 속에서 가치와 믿음을 통해 나오게 되는 최종의 산물이다. 다시 말해, 우리는 그러한 표면적 질문으로는 부모 동기의 근원을 알아내지 못할 것이다. 그럼에도 불구하고, 그들의 관점에 대해 이해하고자 관심을 표하는 것은 우리가 그들을 존중한다는 것을 표현하는 것이다. 부모에 대해 더 많이 이해할수록 전문가는 더 효과적으로 서비스를 전달할 수 있게 된다(Turnbull, Poston, Minnes, & Summers, 2007).

어린 장애 자녀를 둔 부모의 전형적인 우선순위인 독립적 장난감 놀이에 대해 생각해 보자. 만약 우리가 우선순위로 '독립적 장난감 놀이'와 같은 중재 목표를 접하였다면 우리는 부모의 기대를 쉽게 충족시킬 수 있다. 그러나 표면상으로 간단해 보이는 목표 뒤에 있는 부모의 동기는 상당히 다양할 수 있다. 그들의 진정한 우선순위는 또래나 형제간의 상호작용의 증가, 평화로운 저녁식사, 집안일을 할 때 아이가 방해되지 않는 것, 독립적 장난감 놀이를 함으로써 아이가 조부모에게 더 잘 수용되는 것일 수 있다. 따라서 독립적 장난감 놀이만을 위해 중재를 한다면, 내재된 염려에 대해 쉽게 다룰 수 있는 추가적이고 대안적인 중재의 기회를 놓칠 수도 있다. 예를 들어, 앞서 언급한 독립적 장난감 놀이 중재에서(예: 부모가 아동에게 적절한 장난감 놀이를 가르치는 동안) 실제로 부모의 더욱 긴급한 우선순위를 놓치게 될 수 있다(예: 식사를 준비하거나 빨래를 할 시간의 확보).

이와 같은 사례에서 몇 분간의 질문 혹은 몇 개의 잘 준비된 질문만 있으면 부모의 근원적인 고민이나 동기를 알아낼 수 있다. 첫째, 먼저 우리는 독립적 놀이를 원하는 부모의 결정이 수용 가능한 것임을 표현해야 한다(예: "네. 말씀하신 것은 우리가 함께 노력해 볼 수 있는 일이네요."). 다음으로 우리는 그것이 부모에게 왜 중요한지를 파악하여 부모의 요구에 대한 심도 있는 이해를 해야 한다. 부모에게 "그것이 당신에게 왜 중요한가요?"라고 묻는 것은 논리적으로 문제가 없어 보이지만 '왜'라고 묻는 것은 부모에게 도전적으로 인식되어 방어적인 부모 반응을 야기할 수 있다. 조금 덜 직접적인 접근이 더 안전할 수 있다. 예를 들어, 다음과 같이 질문할 수 있다. "만약 우리가 ○○이 혼자 장난감 놀이를 할 수 있게 중재를 해서 성공한다면 ○○에게나 다른 가족에게 무엇이 달라지게 되나요?" 같은 선상에서 기대하는 성과에 대해 더욱 구체적인 질문을 할 수 있다. 예를 들어, 다음과 같이 물어볼 수 있다. "우리가 중재에 성공한다면 어떤 미래가 펼쳐질지 마음속에 그려 보실래요? 특별히 ○○가 무엇을 할 수 있을 것이라고 상상하시나요?"

이해를 방해하는 것 중 하나는 불충분하거나 적절하지 않은 의사소통이다. 예를 들어, 앞서 언급한 사례에서 가족의 관점을 이해하기 위해서 요구되는 것은 몇 분간의 추가적인 질문이다. 그러나 다른 사례에서는 장시간에 걸친 한 번의 대화든 몇 주 또는 몇 달에 걸쳐 조금씩 쌓아 가는 대화든 간에 훨씬 더 긴 시간이 요구되기도 한다. 중요한 것은 부모와 이야기를 나누거나 질문을 할 기회를 만드는 것, 그리고 우리가 그들의 자녀와 그 가족의 눈으로 보고자 한다는 열망을 전달하는 것이다.

부모를 이해하기 위한 기회를 만든다는 것은 그들이 생각하는 것, 그들에게 중요한 것을 당신이 알기 원한다는 것과 그들의 자료를 소중하게 여긴다는 것을 부모와 의사소통한다는 것을 말한다. 또한 이것은 부모의 이야기를 경청하면서 시간을 보낸다는 것을 뜻한다. 몸짓(body language)은 사람의 의도를 듣고 이해하는 데 매우 중요하다. 따라서 조기 개입 전문가는 편안해 보여야 하며, 상대방의 이야기를 들어줄 시간이 있다는 뜻을 몸짓으로 전달해야 한다. 그러나 대화를 시작할 책임감은 전문가에게 있다. 대화는 최근 일어난 일, 최근 관찰된 것, 또는 부모가 예전에 언급했던 내용으로 시작되는 경우가 많다. 예를 들어, "주말에 ○○의 할머니 댁에 가신다고 하셨는데, 잘 다녀오셨어요?"라고 말할 수 있다. 조기 개입 전문가는 부모의 말을 주의 깊게 듣고 적절한 반응을 보이며, 그들이 감정에 대한 이야기까지 하도록 격려할 수 있어야 한다. 중재자는 가족의 문제에 대해 즉각적으로 해결책을 제시하고 싶은 유혹을 떨쳐 버려야 한다. 경청하고 이해하는 태도가 무엇보다 우선되어야 한다.

이와 유사한 접근이 실제 상황이나 염려되는 상황에 대한 부모의 관점을 알아보기 위해 이루어져야 한다. 예를 들어, "목요일에 있었던 모임에서 많은 사람이 서로 다른 이야기들을 해서 저는 굉장히 혼란스럽더라고요. 제가 볼 때 어머니께서 그날 좀 걱정스러워하시는 것 같았어요. 언어치료사가 저스틴에게 수화 적용을 이야기할 때 어머니께서는 별 말씀을 하지 않으셨지만, 저는 좀 확인해 보고 싶거든요. 어머니께서는 저스틴에게 수화를 가르치는 것에 대해 어떻게 생각하세요?" 질문은 개방형으로 이루어져야 하며, 저스틴에게 수화 교육을 하는 것에 대해 부모가 가질 만한 염려에 대해 이야기할 수 있도록 대화를 이끌어야 한다. 이때 주의해야 할 점은 부모에게 '예/아니요' 답변을 성급하게 이끌어 내려 하지 않아야 한다는 것이다. 부모는 자신이 말하고 싶은 만큼 자유롭게 이야기할 기회를 얻어야 한다. 같은 맥락에서, 중재자는 부모의 감정에 대해 가정을 하거나 중재자 자신의 의견을 먼저 말해서는 안 된다(좋지 않은 예: "할머니 댁에 놀러 갔던 것이 너무 좋았었지요?" "저스틴에게 수화를 가르치는 것은 정말 좋은 생각인 것 같아요.").

만약 부모가 전문가의 말에 반응을 보인다면 전문가는 부모의 말에 관심을 보여야 한다. 어떤 경우에는 의사소통에서 요구되는 것이 적절한 몸짓(몸을 기울여 듣기, 눈 마주침, 끄덕임 등)뿐일 수도 있고, "아! 알 것 같아요." "음……." "맞아요." 등의 말을 사용해서 계속 말하게 하는 것이 필요할 수도 있다. 또는 계속 말을 하도록 하기 위해서 다음과 같은 구체적인 표현을 사용할 수도 있다. 예를 들어, "와! 정말 재미있네요. 저는 그런 식으로 생각해 본 적이 없었어요." "계속 더 말해 주시겠어요?" "이건 정말 어머니에게 중요한 문제인 것 같아요. 저도 더 알고 싶어요. 더 설명해 주시겠어요? 예를 들면 어떤 것이지요?" 물론 토의 중인 특정 주제에 대한 후속 질문은 가족을 더 자세히 이해하기 위해 사용될 수 있다. 그러나 여기에서 중요한 점은 부모의 관점에 대해 관심을 보이고 부모가 자신의 생각에 대해 이야기할 수 있도록 용기를 주고 충분히 말하게 하여 그들이 만족해하며 생각을 정리할 수 있게 하는 것이다.

부모와 전문가 간에 의견이 다를 때 서로를 이해하려는 노력은 다른 어떤 것보다도 중요하다. 부모가 비현실적인 목표를 가지고 있을 때, 부적절한 중재를 제안하였을 때, 완수하지 못하거나 필요하다고 생각되는 중재가 완전히 거절당했을 때, 우리는 우리가 생각하는 '올바른' 중재를 선택하도록 설득하고 싶은 유혹을 느끼게 된다. 물론 '올바른' 중재란 우리가 생각하기에 아동에게 가장 좋은 중재를 말한다. 어리석게도 우리는, 만약 가족에게 우리가 하는 제안의 중요성을 이해시킨다면 그들이 결국 이해하게 되고 동의할 것이라고 생각한다. 결국 우리는 경청하기를 멈추고 말하기를 시작하여 정당화하고, 설명하고, 납득시키려 할 것이다. 그러나 불행하게도 이러한 과정을 통해 부모는 판단받는 느낌을 갖게 되고, 중재자가 가족의 존재와 요구를 인정하지 않는다고 생각하게 되는 부작용이 발생한다. 이러한 대화는 관계를 매우 위태롭게 한다. 따라서 부모와 의견이 일치되지 않을 때 전문가는 부모를 설득하려는 의지를 떨쳐 버려야 한다. 이해시키려는 시도의 에너지를 이해하려는 에너지로 전환하여야 한다. 항상 같은 경우는 아니지만, 부모가 자신이 이해받고 있다고 느끼고 자신의 의견이 존중된다고 느끼면 자신과 다른 관점에 대해 기꺼이 경청하려 하고 이를 고려하게 된다(〈부록 5-1〉의 10~13번의 내용 참조). 그리고 그들의 관점도 충분히 이해가 된다면 일리가 있을 수 있다.

가족 모두를 고려하기

부모는 우리가 제공하는 서비스에 대해 장애를 지닌 자녀가 있기에 받게 되는 서비스라고 여긴다. 따라서 대부분의 부모는 우리가 하는 말이나 노력이 자녀의 발달과 특별하게 연관이 있다고 생각한다. 특히 장애 영유아의 가족이 조기 개입 전문가를 처음 만나는 경우에는 더욱 그러하다. 가족의 특성, 기능 및 사회적 지원망에 대한 정보가 아동에게 도움이 되는 것은 사실이지만 우리와의 대화에 대한 가족의 기대를 저버리지 않도록 주의하여야 한다. 만약 가족은 아동에 관한 사항만 기대하는데 우리는 가족에 관해서도 이야기하기를 원한다면, 우리는 이를 가족에게 설명해야 한다.

어떻게 해야 우리가 아동의 특별한 요구에만 관심을 갖는 것이 아니고 가족 모두의 행복에 관심을 가지며 가족중심 접근을 실현하려 한다는 것을 가족에게 전달할 수 있을까? 우리의 철학은 가족에게 서면으로 제공될 수도 있다. 또한 가족과의 첫 만남 시 구두로 전달될 수도 있다. 만약에 그렇게 된다면 '가족중심 접근'이 단순한 표명으로 그치지 않게 될 것이다. 더구나 이러한 관계는 고도로 개별화된 양상으로 획득되며, 가족의 모든 성원에 대한 성실한 배려를 통해 발전한다.

나는 우리 딸이 한 살 밖에 되지 않았을 때 한 소아과 의사가 내게 말한 이야기를 생생하게 기억한다. 그때 딸 아이는 폐렴과 심각한 혈액감염 때문에 입원 치료를 받은 후 퇴원하고, 통원 치료를 받을 때였다. 불과 몇 달

만에 서너 번의 입원을 해서 그 당시의 나는 아이 때문에 걱정이 큰 것은 말할 것도 없고 매우 지쳐 있었지만, 겉으로는 '용감한 엄마 얼굴'을 하고 담당 의사들을 만났었다. 그런데 그 담당 소아과 의사는 아이의 의학적 문제에 대해 이야기를 마치고, 잠깐 간격을 두고 나와 직접 눈을 마주치며 물었다. "어머니는 어떻게 지내세요?" 그가 어찌나 진지하게 물어보았던지! 그 질문 하나로 내가 위장하고 있던 '용감한 엄마 얼굴'이 모두 허물어질 뻔했다. 그렇지만 나는 "저는 괜찮아요."라고 답하고 재빨리 다른 화제로 대화를 돌리려 했다. 그때 나는 그렇게 소극적으로 대응하였지만, 그 소아과 의사가 '나'에게 어떻게 지내는지 진지하게 물어보았던 사실은 잊을 수 없다. 25년이 지난 지금까지도 그 소아과 의사의 질문을 기억한다는 것은 그 당시 나에게 그런 종류의 '배려'가 얼마나 중요한 것이었는지를 의미한다.

가족에 대한 '배려'를 언급할 때 반드시 '문제'에서 출발해야 할 필요는 없다. 자녀의 장애가 가족 성원에게 반드시 적응에 어려움을 줄 것이라는 가정에서 출발하면 안 된다. 때로 부모는 자신이 특정 문제로 어려움을 겪고 있음을 타인에게 쏟아놓고 싶어 하지 않는다. 이 중 일부 부모는 더욱 완강히 거부할 수 있다. 그러나 그럼에도 불구하고 우리는 장애가 가족에 미치는 영향을 우리가 잘 이해하고 있다는 것, 아동뿐 아니라 가족 모두를 고려하고 있다는 것, 우리가 가족 전체의 요구에 늘 관심을 갖고 있다는 것을 가족에게 보여 줄 수 있다(Turnbull et al., 2007).

우리가 가족 전체에 관심이 있다는 것을 보여 주는 위협적이지 않고 쉬운 방법은 부모의 개인적인 관심사나 가족의 행사 등에 관심을 보이는 것이다. 예를 들어, 부모가 자신의 일에 대해 이야기하는 것에 주의를 기울일 수 있다. 즉, 부모가 새로운 직장에 면접을 보러 갔는지, 새로운 설비 작동에 대한 연수를 받았는지, 부모가 출장을 다녀왔는지 또는 전문적 연수를 마치고 돌아왔는지, 최근 기상 현상에 부모의 직업이 영향을 받는지 등에 주의를 기울이는 것이다. 부모의 취미나 여가 생활에 관심을 보일 수도 있다. 즉, 부모 대기실에서 뜨개질을 하며 아이를 기다리는지, 친척 방문을 위해 치료 시간을 변경하였는지, 아동의 형제자매의 축구시합을 보기 위해 치료 예약을 변경하였는지, 집을 방문하였을 때 손으로 수를 놓은 쿠션이 소파 위에 놓여 있었는지, 캠핑 여행을 갔던 사진이 거실에 있었는지 또는 볼링 가방이 놓여 있었는지 등에 관심을 보일 수 있다. 혹은 지난 만남 때 부모가 말한 새 자동차를 구입했는지, 입원한 친지가 있는지, 주말에 형제자매가 친구의 집으로 파자마 파티를 다녀왔는지 등에 대해 관심을 보일 수도 있다. 이러한 정보를 가지고 우리는 만남의 처음 혹은 마지막에 다음과 같이 이야기할 수 있다.

"지난 주말 캠핑여행은 어떠셨어요? 혹시 비 때문에 감기 걸리지 않으셨어요?"
"시댁에 잘 다녀오셨어요? 특별한 일은 없으셨어요?"
"어머, 이 색깔 제가 좋아하는 색이에요. 뜨개질 많이 하세요? 이것은 선물받으신 거예요? 직접 뜨신 거예요?"
"저기 볼링공은 누구 것인가요? 볼링을 하시나 봐요?"
"지난 수요일에 면접을 보신 것은 어떻게 되셨나요? 그쪽에서 어머니께 관심 있는 것 같았어요? 만약 채용되시면 출퇴근 시간이 달라지나요?"
"지난주에 친정 어머니께서 무릎 수술 하신다고 하셨잖아요? 수술은 잘 되었나요? 어머니를 보살펴드릴 시간이 있으셨어요?"
"이번 시즌에 ○○(장애 아동의 형제자매)의 축구시합은 어떻게 되고 있어요? 경기를 보러 갈 시간이 있으셨어요?"

이와 같은 질문은 아마 직장에서 동료 혹은 친구에게 흔히 할 수 있는 질문이라고 생각할 것이다. 사실이 그러하다. 우리가 이러한 질문을 하는 것은 우리가 그들의 친구가 되고 싶어 한다는 뜻을 전달하는 의미도 된다. 적어도 이와 같은 대화를 함으로써 부모 및 가족 성원의 흥미와 역할, 책임 등이 장애 아동에게 국한되지 않고 더 넓다는 것을 알려 주게 된다. 모든 부모와 우리가 단짝친구가 되어야 한다는 것은 아니다. 그러나 협력할 수 있는 파트너 관계는 형성하여야 한다. 어떤 경우에는 부모의 반응에 따라 계속 질문하게 될 수도 있다. 그러나 화제를 끌어내는 첫 번째 질문만으로도 우리가 그들의 삶에 관심이 있음을 전할 수 있다.

때로 우리는 부모의 요구에 대한 보다 직접적인 반응을 얻을 기회를 갖기도 한다. 예를 들어, 부모와 처음 만났을 때 부모가 아동이 요즘 수면에 어려움을 겪고 있어 밤에 거의 반은 깨어 있다고 말할 수 있다. 부모의 그 말을 기억하고 있다가 가정방문이 끝날 때, 혹은 방과 후에 부모를 만났을 때 다음과 같이 말할 수 있다. "오늘 밤에는 아이가 잠을 잘 자서 어머니께서 좀 편하셨으면 좋겠네요. 그렇게 되길 기원하겠습니다." 이러한 말을 하는 것은 전혀 전문적인 도움을 주는 것은 아니다. 그러나 이러한 이야기를 함으로써 우리가 아동의 수면 양상이 가족에게 영향을 준다는 것을 알고 있으며 가족의 행복에 관심이 있다는 것을 보여 줄 수 있다. 이것이 바로 대화의 시작이 된다. 만약 아동의 수면 문제가 계속된다면 부모는 우리와 함께 이에 대해 이야기하는 것을 편안하게 여길 것이다. 그렇게 되면, 우리는 가능한 몇 가지 해결책을 부모와 함께 궁리해 볼 수 있게 된다.

또한 우리는 새로운 서비스나 중재 전략을 추천할 때마다 모든 가족 성원의 요구를 고려하고자 하는 우리의 관심을 전달해야 한다. 앞서 언급한 아동의 예에서 아동이 계속 밤에 잠을 잘 자지 못할 경우 부모와 그 대책에 대해 이야기해 볼 수 있다. 부모와 함께 아동의 수면 상황에 대해 자세히 이야기를 나누고, 대안으로 구체적이고 성공적인 수면 전략 등을 소개해 줄 수 있다. 수면 전략 제안을 결론 맺기 전에 반드시 새로운 전략이 가족 성원에게 미치는 영향에 대해 확인해 보아야 한다. 수면 문제가 있는 아동의 사례에서는 다음과 같이 이야기할 수 있다. "지금 제안하는 수면 전략이 많은 아이에게 효과적인 것은 사실이지만, 당장 가정에서 실행하는 것에 어려움은 없을까요? 나중에는 이 방법이 효과가 있겠지만, 이 방법을 적용하면 처음에는 아이가 밤에 우는 것이 더 심해질 수 있어요. 이러한 과정이 모든 부모에게 힘들겠지만, 결국 누구보다 어머님의 수면에 많이 방해가 될 거예요. 그리고 아버님과 다른 자녀에게도 영향을 줄 수 있고요. 어머님 댁에서 이 방법을 바로 적용할 수 있을지 잘 생각해 보시겠어요?"

숟가락을 사용하는 독립적 식사기술이나, 컵을 사용하여 음료를 마시는 것 등 아주 간단해 보이는 전략을 가르치는 것에 대해서도 가족 성원 모두를 고려하여 정하여야 한다. 심지어 실행하는 데 5분이 걸리는 중재라 하여도 이미 빡빡하게 짜여진 스케줄 중에 끼워 넣는 것이 어려울 수 있다. 따라서 중재 때문에 발생하는 시간이 가족의 아침 출근이나 등교에 영향을 주는지, 그 시간에 형제자매에게 주어져야 할 관심이 장애 자녀에게로 전환되는 것인지, 배우자가 도와줄 능력이나 의지가 있는지 등을 확인해야 한다. 새로운 서비스나 치료를 시작할 때 '시간'의 문제는 생각보다 클 수 있다. 따라서 부모에게 다음과 같이 물어볼 수 있다. "언어치료사가 새미의 의사소통 능력을 향상시키기 위해 도움을 주고자 합니다. 그런데 새로운 서비스를 시작하기에 지금이 적당한 시기인지요? 요즘이 연말정산 기간이라 남편께서 바쁘실 것 같아요. 또 새미의 형이 지금 축구시합 중이잖아요. 괜찮으시겠어요? 아니면 다른 방법도 좀 더 고려해 볼까요?"

우리가 가족을 처음 만날 때 우리가 가족 전체의 상황에 관심이 있고, 가족 모두를 고려하는 것이 왜 중요한지를 전달한다면, 가족은 이러한 관심에 익숙해질 것이며, 더 나아가 우리가 가족 모두에 대해 대화할 준비가 되어 있다고 기대하게 될 것이다. 이러한 가족의 기대에 부응할 두 가지 전략이 이 책에 소개되어 있는데, 바로 생태지도의 개발(제1장)과 RBI의 실행(제2장)이다.

감정에 대해 인식하고 반응하기

가족과의 대화에 관한 논의에는 부모의 감정을 적절하게 다루는 내용이 꼭 포함되어야 한다. 많은 사람이 장애를 지닌 자녀가 태어날 때, 혹은 발달상의 지체가 현실화될 때 그 부모에게 강한 감정의 동요가 동반될 것임을 예측할 수 있다. 가족도 이를 알고 있으며, 가족을 돕는 전문가 또한 이를 알고 있다. 부모가 강한 감정을 경험할 것임은 누구나 알고 있으나, 그 감정을 직접 언급하기는 쉽지 않다. 장애 아동 부모와 전문가들에게 부모의 감정을 직접적으로 언급하기란 어려운 일임에 분명하다. 이러한 대화는 업무상 관계에서 가능한 친밀감의 한도를 넘는 것으로, 이러한 대화를 통해 친밀감이 획득되기 전까지는 가족과 전문가 간 관계가 완성되었다고 볼 수 없다.

앞서 언급한 피알카(2001)의 이야기로 돌아가 보자. 피알카는 부모와 조기 개입 전문가 간의 '강요된 친밀함'에 대해 부모의 입장에서 다음과 같이 강하게 이야기하였다.

> 우리가 가장 고통스럽고 혼란스러운 시기에 당신들(조기 개입 전문가)이 함께 있었기 때문에 당신들과 뜻하지 않게 친밀감을 갖게 되었다. 우리는 가장 힘든 시기에 당신을 만났고, 당신이 우리의 마음에 들어왔다. 당신은 우리의 죄책감과 부끄러움에 관련된 이야기를 들었다. 우리의 부적응에 대해 들었다. 당신은 우리의 쓴 눈물을 보았다. 당신은 우리 고통의 증인이다. 우리는 물론 친절한 지원과 실제적인 중재를 환영하지만, 즉각적인 친밀함을 강요하는 상황을 만나면 불편해진다. ……때로 우리 부모들은 잘 모르는 사람 앞에서 울기도 하는데, 나는 그런 상황이 싫다. …… 우리는 당신들이 우리와 우리의 격한 감정에 대해 어떻게 생각하는지 잘

모르겠다(Fialka, 2001: 23).

또한 피알카는 전문가가 부모의 감정 표현에 반응적인 것이 얼마나 도움이 되는지에 대해 이야기하였다.

> 우리가 우리를 이해하고 우리를 염려하는 사람 앞에서 한순간에 무너져 내릴 수 있을 만큼, 당신 전문가들은 우리가 감정을 표현할 수 있는 기회를 준다. 당신들의 감정 이입적이고 판단하지 않는 태도는 우리의 고립감을 감소시키고 우리의 스트레스를 감소시키는 '선물'이라 할 수 있다(Fialka, 2001: 23).

그러나 불행하게도, 부모가 강한 감정을 표현하는 것을 주저하는 것과 마찬가지로 많은 조기 개입 전문가가 부모의 감정에 제대로 반응하지 못한다. 그래서 전문가는 부모에게 감정이입이라는 '선물'을 잘 주지 않는다. 브래디와 그의 동료들(Brady et al., 2004)은 전문가가 장애 아동의 가정을 방문하여 부모와 대화하는 장면을 비디오로 촬영하여 분석하였다. 1만 3,145개의 언어적 행동과 2,155개의 부모-전문가 상호작용이 관찰되었는데, 위협적이지 않는 태도로 가족의 감정을 받아들이거나 감정을 명확하게 표현하게 하는 '감정 수용' 등의 전문가 행동 발생 비율이 1% 미만이었다. 연구에 따르면, 가족이 감정을 표현할 때 전문가는 부모의 실제 감정에 적절히 반응하기보다 해결책을 제시하기 위해 문제에 집착하는 경우가 많았다. 브래디 등(2004)은 다음과 같은 예를 들었다.

> 한 어머니가 눈물을 흘리며 신경질적으로 손톱을 물어뜯으며 말한다. "오 하나님, 나는 정말이지 우리 아이가 걷기를 원합니다. 알고 계시죠? 하지만 아이는 아직 앉지도 못해요." 그러면 전문가가 이렇게 말한다. "이

제 아이를 소파에 데리고 가서 앉기를 가르쳐 보기로 하지요." (Brady et al., 2004: 155).

아마도 전문가는 부모의 감정을 알게 되는 것을 꺼릴 수 있다. 부모의 감정을 자신의 책임으로 여기지 않거나, 자신이 적절한 말을 하게 될지 혹은 틀린 말을 하게 되어 사태를 더욱 악화시키게 될지 자신이 없을 수 있다. 따라서 아무 말도 하지 않을 수 있다. 그러나 부모의 감정 표현에 대해 반응을 하지 못하는 것은 결국 부모의 감정이 어리석다거나 자신에게는 중요하지 않다는 의미로 전달될 수 있다. 이러한 메시지는 관계에 부정적인 영향을 미칠 것이다. 부모의 감정은 실제적이고, 때로 매우 강하여 이러한 감정을 무시한다는 것은 부모가 우리에게서 떠나가게 한다. 우리는 이 중요한 주제(즉, 부모의 감정)를 간과할 수 없다.

우선 우리는 부모에게 상황이 그다지 나쁘지 않다고 말하면서 용기를 주려고 간단히 "밝은 면을 보세요."라고 말하지 않도록 주의해야 한다. 그렇게 말한다면 부모가 느끼는 감정이 비현실적이라는 메시지를 전하는 격이 된다. 다음으로, 부모를 괴롭히는 것에 대해 단정지으려는 유혹도 뿌리쳐야 한다. 이후에 해결책을 제시하겠지만, 먼저 우리는 부모의 감정을 인정해야 한다. 그리고 부모의 감정에 대해 알게 되었다고 해서 부모의 걱정, 두려움, 분노 및 슬픔을 책임져야 하는 것은 아님을 기억해야 한다.

부모와 대화를 할 때는 부모의 감정을 반영하여야 하므로, 우리가 구체적으로 할 말은 부모가 어떤 말을 하느냐에 달려 있다. 예를 들어, 부모가 우리에게 다음과 같이 말할 수 있다. "딸이 우는 소리를 듣기가 너무 힘들고, 얘가 원하는 것이 무엇인지 도대체 알 수가 없어요. 딸애가 배가 고프다는 것인지, 아프다는 것인지, 화가 났다는 것인지……. 원하는 것이 무엇인지만이라도 내가 알 수 있으면 좋겠어요." 이때 우리는 다음과 같이 반응할 수 있다. "아이가 왜 우는지를 모르면서 울음소리를 듣는 것이 정말 힘드시겠어요." 혹은 "정말이지 어머니께서 얼마나 좌절하고 걱정되실지 저는 짐작만 할 뿐이에요."라고 말하고, 부모가 자신의 감정을 더욱 확장하여 이야기할 수 있도록 여유를 준다. 부모가 이야기를 충분히 계속할 수 있도록 하고, 부모의 감정을 반영해 주면 된다. 그리고 부모가 판단받지 않고 충분히 감정을 표현한 후 해결책을 함께 강구할지, 추가적인 도움을 제공할 목록을 줄지에 대해 결정을 할 수 있다. 많은 경우 부모는 단지 누군가 자신의 이야기를 들어주고, 수용하고, 감정을 이해해 주는 것을 원한다.

결 론

가족중심 서비스 제공의 원칙은 서비스를 실행하는 우리의 행동과 태도를 통해 실현되는데, 이 장에서는 이 두 가지 중 태도에 대한 것을 살펴보았다. 조기 개입 및 유아특수교육 전문가들은 가족친화적인 방식으로 가족과 대화할 수 있어야 한다. 전문가들은 비공식적 대화를 통해(물론 이러한 비공식적 대화도 미리 계획되어야 하지만) 아동과 가족의 강점을 찾을 수 있게 된다(〈부록 5-1〉의 첫 두 영역). 아동의 결함에 주로 초점을 두고 가족으로 하여금 무력감을 느끼게 하는 체제일수록 강점의 발견과 인정은 중요하다. 그러나 가족이 전문가의 칭찬과 친절을 받기만 하는 존재는 아니다. 가족은 전문가와 효과적으로 함께 일하기 위해 자신의 생각과 의견을 제시해야 한다. 상황이 좋지 않을수록 가족중심 전문가는 방어적 입장을 취하기보다 가족을 이해하려고 노력한다. 가족에게 의미 있는 대화를 하기 위해 전문가는 자신이 주 양육자를 포함한 가족 전체에 애정과 관심을 가지고 있음을 보여 주어야 한다. 가족 내 성인(예: 부모)과 대화를 할 때, 정서적인 지지를 잘하는 전문가는 그의 구체적인 고민을 다루기 전에 그의 감정을 이해하고 지지한다. 이와 같은 여러 가지 상호작용 행동을 통해 효과적인 조기 개입 전문가가 육성된다. 가족 내 성인들과 연대하지 못하는 조기 개입 전문가는 효과적으로 일하기 어렵다.

참고문헌

Blue-Banning, M., Summers, J. A., Frankland, H. C., Nelson, L. L., & Beegle, G. (2004). Dimensions of family and professional partnerships: Constructive guidelines for collaboration. *Exceptional Children, 70,* 167-184.

Brady, S. J., Peters, D. L., Gamel-McCormick, M., & Venuto, N. (2004). Types and patterns of professional-family talk in home-based early intervention. *Journal of Early Intervention, 26,* 146-159.

Bruder, M. B. (2000). Family-centered early intervention: Clarifying out values for the new millennium. *Topics in Early Childhood Special Education, 20,* 105-115.

Dinnebeil, L. A., Hale, L. M., & Rule, S. (1999). Early intervention program practices that support collaboration. *Topics in Early Childhood Special Education, 19,* 225-235.

Fialka, J. (2001). The dance of partnership: Why do my feet hurt? *Young Exceptional Children, 4,* 21-27.

Frost, L., & Bondy, A. (2002). *Picture exchange communication system training manual* (2nd ed.). Newark, DE: Pyramid Education Products.

Hart, C. N., Drotar, D., Gori, A., & Lewin, L. (2006). Enhancing parent-provider communication in ambulatory pediatric practice. *Patient Education and Counseling, 63*(1-2), 38-46.

McGonigel, M. J., Kaufman, R. K., & Johnson, B. H. (1991). *Guidelines and recommended practices for the individualized family service plan* (2nd ed.). Chapel Hill, NC: National Early Childhood Technical Assistance

Center & Association for the Care of Children's Health.

McWilliam, R. A., Tocci, L., & Harbin, G. L. (1998). Family-centered services: Service providers' discourse and behavior. *Topics in Early Childhood Special Education, 18,* 206-211.

Park, J., & Turnbull, A. P. (2003). Service integration in early intervention: Determining interpersonal and structural factors for success. *Infants and Young Children, 16*(1), 48-58.

Sandall, S., McLean, M. E., & Smith, B. J. (2000). *DEC recommended practices in early intervention/early childhood special education.* Longmont, CO: Sopris West.

Turnbull, A. P., Poston, D. J., Minnes, P., & Summers, J. A. (2007). Providing supports and services that enhance a family's quality of life. In I. Brown & M. Percy (Eds.), *A comprehensive guide to intellectual and developmental disabilities* (pp. 561-571). Baltimore: Brookes.

Turnbull, A. P., Summers, J., Turnbull, R., Brotherson, M. J., Winton, P., Roberts, R., et al. (2007). Family supports and services in early intervention: A bold vision. *Journal of Early Intervention, 29*(3), 187-206.

Winton, P. J. (2000). Early childhood intervention personnel preparation: Backward mapping fot future planning. *Topics in Early Childhood Special Education, 20,* 87-94.

〈부록 5-1〉

가족과의 대화 체크리스트

중재자: ______________________ 날짜: ______________

관찰자: ______________________

(✓=만족스럽게 수행, ×=실시 안 함, ?=실시하지 않았거나 불만족스럽게 실시, NA=해당 없음)

중재자는 다음의 항목을 수행하였는가?	✓ x ? NA	비 고
비공식적 대화의 기회를 제공하였는가?		
1. 가정방문, 교실에서 만남, 치료실 약속 등에서 비공식적 대화를 위한 시간을 마련하였는가?		
2. 가족의 스케줄을 고려하여 비공식적 대화 약속을 하였는가? (예: 비공식적 대화 시간이 가족들에게 편리하였는가?)		
3. 부모와의 대화를 먼저 시작하였는가?		
4. 다양한 의사소통 방법을 사용하였는가? (예: 이메일, 쪽지, 전화통화)		
5. 가족과 자주 의사소통하는가? (예: 주 1회 이상)		
6. 친근하고, 밝게, 긍정적인 면을 강조하여 의사소통하는가?		
아동과 가족의 강점을 인식하는가?		
7. 아동을 칭찬하는가?(아동의 긍정적인 자질과 성취에 대해 인정하는가?)		
8. 아동의 성취에 기여하는 가족의 공헌을 인정하고 칭찬하는가? (예: 자원, 기술, 지식)		
9. 가족 기능 전반에 대한 부모의 기여를 인식하고 있는가?		
부모의 의견과 생각을 구하였는가?		
10. 전문가에게 의견을 묻기 전에 부모에게 먼저 자녀와 관련한 문제에 대한 의견이나 해결책에 대해 물어보는가?		
11. 가족이 제안한 해결책에 대해 충분히 논의하고, 그 실천 가능성에 대해 긍정적인 태도를 보였는가?		

(계 속)

중재자는 다음의 항목을 수행하였는가?	✓ x ? NA	비 고
12. 전문가가 제시한 해결책을 가족이 채택하였을 때 기존의 가족활동 스케줄과 우선순위 내에서 실현 가능한 활동인지 확인하였는가?		
13. 전문가가 제시한 해결책을 강요하지 않고 가족과 충분히 토의하여 가족이 수용할 때까지 기다렸는가?		
이해하려고 노력하였는가?		
14. 부모가 목표, 활동, 결정을 선택하는 주요 걱정과 동기를 알기 위해 개방형 질문을 하였는가?		
15. 경청하기와 적절한 몸짓을 사용함으로써 부모의 관점에 관심이 있고 또 그것을 받아들인다는 것을 표현하였는가?		
16. 판단하지 않는 자세를 유지하였는가?		
가족 전체에 대한 관심을 표현하였는가?		
17. 가족 성원 모두의 활동에 대해 언급하거나 가벼운 대화를 통해 관심을 표하였는가? (예: 직업, 취미, 특별한 관심이나 활동)		
18. 가족의 생활이 바뀜으로써 받는 영향에 대해 물어보았는가? (예: 직장 변동, 자녀 출산, 이사)		
19. 아동의 행동, 건강상 요구, 치료 등이 다른 가족 성원(부모, 형제자매, 친척)에게 미치는 영향에 대해 물어보았는가?		
20. 부모나 형제자매가 겪는 어려움에 대해 공감하며 가족에게 도움이 될 가능한 자원에 대한 정보를 제공하였는가?		
감정에 대해 인식하고 반응하였는가?		
21. 부모의 감정에 대해 경청하고, 공감하며, 추가적인 질문을 하였는가? 적극적 경청 기술을 사용하였는가?		
22. 밝은 면만 부각시키려 하거나, 강한 감정을 경시하거나 고치려 하지 않고 존중하였는가?		

제 6 장 다양한 배경을 가진 가족과 일하기

이 세상의 어떠한 사람도 서로 똑같지 않다. 똑같아 보이는 쌍둥이도 각자 독특한 개성이 있다. 모든 사람은 서로 비슷한 특징이 있으면서도 또한 여러 가지 면에서 서로 다르다. 이는 가족의 경우에도 마찬가지다. 모든 가족은 서로 다르며, 이러한 다양성은 조기 개입 분야에서 일하면서 접하게 되는 가장 흥미로운 부분 중 하나다.

조기 개입 전문가와 기타 서비스 제공자는 장애 아동 가족과 함께 일하면서 매우 다양한 면에서 서로 다른 가족을 만나게 될 것이다. 여러 측면 중에서도 특히 가족의 가치, 의사소통 능력과 방식, 신념 체계는 전문가와 가족의 관계에 영향을 미치게 될 것이다. 이 장의 목적은 다양한 배경과 관점의 차이를 존중하며 가족과 협력 관계를 형성하는 전문가를 지원하는 것이다. 이와 같은 문제는 조기 개입 시스템을 강화하는 것(Guralnick, 2008)과 가족을 지원하는 것(Turnbull et al., 2007)의 중심 원리라 할 수 있다.

다양성이란 무엇인가

가장 피상적인 수준에서 다양성은 피부색, 눈, 머리카락과 같은 신체적 특징으로 설명될 수 있다. 사용하는 언어의 차이, 삶의 방식, 신앙 역시 다양성을 특징짓는 것들이다. 다양성에 대한 정의는 개인의 입장에 따라 정의되는데, 이는 다른 사람의 신체적 특징, 언어, 신앙, 행동양식이 자신과 다를 경우에 '다양한'이라고 표현하기 때문이다. 어떤 사람에게는 익숙하고 관습적인 것이 다른 사람에게는 매우 놀랍고, 혼란스럽고, 당황스러울 수 있다. 그러한 것들이 자신의 삶의 경험과 다르기 때문이다. 미국에서 '다양하다'는 단어는 주로 유색인종을 언급할 때 이용된다. 그러나 다양성은 민족, 문화, 인종에 국한된 것은 아니다. 다양성은 다차원적이며 모든 차원은 장애 아동의 가족을 이해하고 그들이 어떻게 역할하는지를 이해하는 데 중요하다. 조기 개입 전문가에게 다양성의 이해가 중요한 이유는 그들이 가족과 밀접한 관계를 맺기 때문이다. 가족이 사는 집에서 일을 하고, 양육과 관련된 연구를 하며, 가족과 상호작용을 하고, 가족의 건강관리를 하는 조기 개입 전문가는 가족의 가장 개인적이고 가치 있는 가족생활의 섬세한 점들에 관여하게 된다. 그러므로 조기 개입 전문가가 매일 다양성을 접하게 되는 것이 놀라운 일은 아니다. 또한 전형적인 가족보다 특별한 여건에 처한 가족과 관계를 맺는 것이 더 힘들 수 있다. 다양성의 차원을 인식하고 이해하는 것이 효율적인 실행을 보장하는 것은 아니지만, 이러한 과정이 가족과의 효율적인 관계를 구축하는 첫 번째 단계다.

다양성의 차원

가족이 어떻게 구성되며, 누가 가족 성원으로 간주되는지는 각각의 가족에 대해 더 알아갈 수 있는 시작점이 되는 다양성의 차원이다. 예를 들어, 가족이 어머니, 아버지, 자녀들로만 구성이 되어 있는가? 또는 가족이 씨족이나 다른 집단으로 구성되어 있는가? 또한 가족의 자기 효능감, 교육, 사회경제적인 지위와 같은 사회문화적인 요소는 세계관 및 가족 성원의 경험에 대한 정보를 제공한다. 또한 주요 언어, 인종, 민족, 종교나 영적 관습, 자녀 양육과 관련한 가치관이나 신념, 성역할, 전통, 가족 조직과 같은 문화 정체성 및 문화의 구성 요소들은 각각 가족의 다양성을 정의하는 추가적인 차원들이다(Hanson & Lynch, 2004). 다음에서 제시하는 논의는 이러한 차원에 대해 간략하게 검토한 것으로, 이를 통해 독자는 각자의 경험 및 신념에 관련지어 각각의 차원들을 고려해 볼 수 있다.

가족 구조 및 가족 성원

가족은 다양한 크기와 조합으로 나타난다. 가족 성원으로 형제, 자매, 할아버지, 할머니, 이모, 삼촌, 조카를 포함하는 가족도 흔하다. 부모와 자녀만, 또는 조부모와 손자녀만으로 구성된 작은 가족도 흔하다. 일부 가족의 경우에는 가족 성원에 의미 있는 친척 관계가 아닌 사람들, 혈연관계, 결혼 및 입양과 관련된 관계들 전부가 포함되어 있을지도 모른다. 또한 어떤 가족은 아동과 동성 부부로 구성되어 있을지도 모른다. 전통적인 가족의 정의는 ① 다른 집단보다 오래 지속되고, ② 여러 세대를 아우르며, ③ 생리적·법적 관계를 모두 포함하고, ④ 보다 큰 친족관계에 연결 고리를 제공한다는 특성을 포함하지만, 각 개인은 자신들의 가족을 훨씬 더 넓게 정의한다(Klein & White, 1996). 예를 들어, 어떤 사람은 가족에 대해 '삶을 나누는 작지만 친밀한 우애 집단'으로 생각할지도 모른다.

미국 가족에 대한 통계조사 결과는 여러 가지 시사점을 제공한다. 2007년에 미국에 있는 17세 이하 7,390만 명 이상의 아동 중 68%가 양부모(아버지와 어머니)와 함께 산다(ChildStats.gov, 2008c). 23%는 아버지가 없는 가정에서, 3%는 어머니가 없는 가정에서 살고 있으며, 4%는 부모 없이 산다. 그러나 이 자료들은 정확하다고 할 수 없다. 부부가 동성이기 때문에 합법적으로 결혼할 수 없거나 결혼은 하지 않기로 결정한 두 부모와 함께 사는 아동은 '양부모(아버지와 어머니)와 함께 사는' 가정에 속하지 않는다. 혼합가족과 함께 사는 아동의 비율도 정확하지 않은데, 이는 그 부모가 혈연으로 맺어진 부모일 수도, 입양이나 재혼으로 맺어진 부모일 수도 있기 때문이다.

실제 가족 구성과 가족 성원은 사회가 가족에게 기대하는 기능만큼 충분히 역할을 수행하지는 못할 것이다. 많은 저자가 가족 기능에 대한 저술을 내놓았다(Bristor, 1995; Onaga, McKinney, & Pfaff, 2000; Ronneau, 1999; Turnbull, Summers, & brotherson, 1984). 핸슨과 린치(Hanson & Lynch, 2004)는 가족의 역할과 책임을 폭넓게 제시하면서 이 사회는 가족에게 다음과 같은 것을 기대할 수 있다고 하였다. 즉, ① 사랑과 애정, ② 일상적 보호와 건강 유지, ③ 경제적 지원, ④ 정체성 발달, ⑤ 사회화와 안내, ⑥ 교육적 · 직업적 개발에 대한 지원, ⑦ 오락, 휴식 및 회복 등이다. 중재자는 가족 구조와 가족 성원이 이러한 과업을 충족시키는 가족의 능력에 영향을 끼칠 수 있는 방법을 강구하길 바란다. 예를 들면, 어떤 확대 가족은 가족이 모든 기능을 충족시키게끔 도와주는 광범위한 자원과 지원을 제공하는 반면, 같은 가족 구조를 가진 또 다른 가족은 가족이 기능하는 데 필요한 물질적 · 감정적 자원을 낭비할지도 모른다. 또한 가족 성원이 가족 기능에 영향을 끼칠 수도 있다. 예를 들어, 많은 경우 조부모는 이제 막 형성된 가족이 기능을 잘할 수 있도록 도와주는 역할을 한다. 그러나 일부의 조부모는 상당한 도움과 지원을 필요로 하고, 이제 막 형성된 가족이 자녀의 요구를 충족시키는 것을 더 힘들게 만든다. 혼합 가족은 가족 기능을 지원하는 방법으로 연합하거나, 가족 기능에 방해가 될 정도로 갈등 중에 있을 수도 있다. 어떤 상황이든지 조기 개입 전문가의 역할은 가족이라는 틀 안에서 일하는 것이고, 가족 성원들이 가족의 목표를 달성하는 방법을 찾을 수 있도록 도와주는 것이다.

사회문화적 요인

조기 개입 전문가와 가족의 사회문화적 요인은 조기 개입에 관련된 모든 이에게 불편한 감정이나 부적절성을 야기하는 차이점을 초래할지도 모른다. 특히 조기 개입 전문가와 가족 간의 사회경제적 지위(SES), 교육 그리고 자기 효능감에서의 차이가 도전이 될 수 있다(Hanson & Lynch, 2004). 예를 들어, 자신의 삶에서 스스로 통제력을 갖고 편안한 삶을 사는 석사급의 조기 개입 전문가는 교육을 받지 못하고 빈곤하며, 자신의 삶의 상황을 바꾸는 데에서 무력함을 느끼는 아동의 어머니에게 동감하기 어려울 것이다.

가난은 교육적 기회와 사회적 경험을 모두 제한한다. 장애 아동의 가족은 비용이 많이 들고, 경쟁적이고, 물질적인 세계에 살고 있기 때문에 가난은 일상생활의 모든 면에 영향을 끼친다. 더욱이 이주 가정에 속한 아동의 1/3 이상이 기초생활수급자로 분류되는 가족에 속해 있다(Hernandez, Denton, & Macartney, 2007). 2006년 미국의 통계에 따르면, 18세 이하 아동의 17%가 가난하고, 5세 이하 아동의 20%가 가난하다. 2007년 조사에 따르면, 미국 아동의 57%가 순수 백인이고, 21%가 히스패닉계, 15%가 흑인, 4%가 아시아인 그리고 4%가 그 외 인종인 것으로 확인되었다(ChildStats.gov, 2008a). 조사 결과에 따르면, 가난은 가족 구성 및 문화와 관련이 있는 것으로 나타났다. 아버지가 없는 가정의 아동 중 대다수가 부모를 모두 가진 아동보다 가난하고, 가족 구조와 관계없이 흑인과 히스패닉계 아동이 백인 아동보다 가난할 가능성이 더 높다. 가난하게 살아 본 적이 없는 사람이 가난한 가정이 겪는 일상생활의 어려움과 요구를 상상하는 것은 불가능하다.

가족과 서비스 제공자 간의 교육적 수준의 차이 역시 흔하다. 이러한 차이는 의사소통을 더욱 어렵게 하며, 협력적으로 계획을 세우는 것을 불편하게 만든다. 고학력의 전문가 팀에 둘러싸여 있는 자신을 발견한 일부 가족은 자신들이 전문가와 동등한 동료로서 팀에 참여할 지식 또는 이해력을 가지고 있지 않다고 생각할 수 있고, 자신의 사회적 경험 부족과 교육 부족 상태로 난처해할지도 모른다. 또한 이것은 반대의 영향을 미칠 수도 있다. 일부 조기 개입 전문가는 상당한 고학력의 부모와 함께 일하느라 힘들어할 수도 있다.

자기 효능감 또는 자신의 삶의 선택을 통제할 수 있는 자신감을 갖고, 스스로 능력이 있다고 생각하는 느낌은 조기 개입 전문가와 장애 아동 가족 간의 차이를 두드러지게 할 수 있다. 교육과 사회적 서비스의 모든 영역은 강한 신념, 사람을 성장하게 하고 배우게 하고 변화하도록 하는 긍정적인 개선 의지에 기반을 둔다. 따라서 조기 개입 전문가가 다른 사람에게 긍정적인 변화를 일으키게 하는 긍정적인 생각과 자신감을 가진 것은 놀랄 일이 아니다. 가난과 제한된 교육은 기회를 줄이고 급여를 적게 받도록 하며, 자신감을 무너뜨린다. 또한 자기 효능감을 느끼는 것을 더욱 어렵게 만든다.

가난과 저학력, 무기력함 등의 요인들 중 그 어떤 것도 개인의 자기 인식과 삶에 대한 반응을 전적으로 좌우하지는 않는다. 가난한 사람이 부유한 사람이 되고, 한정된 교육을 받은 성인이 놀라울 정도로 성공한 사례들은 많이 있다. 그러나 가난, 저학력, 무기력함과 같은 사회문화적 요인은 가족 기능이 성공적으로 충족되도록 도와주는 특징들은 아니다.

문화적 요소와 조기 개입

문화적 다양성은 인종, 문화적 정체성, 언어, 신앙, 전통, 삶의 풍속 등과 같은 많은 요소로 구성되며, 이러한 것들은 물질적인 것일 수도 있고 실체가 없는 것일 수도 있다. 조기 개입 전문가는 이러한 요소들이 각 가족과 그 성원들에게 중요한 것인지를 결정하고, 요소들이 어떻게 표현되는지 알아내어 가족의 문화적 틀에 맞는 상호작용과 중재 방법을 찾을 수 있어야 한다. 다음에서는 이러한 문화적 고려 사항에 대한 논의를 제시하였다. 논의에 들어가기 전에, 인종의 개념에 대해 이해하는 것이 중요하다. 인류학자들은 지난 200년 이상 사람의 신체적인 특징을 기본으로 해서 인종을 묘사해 왔다(Gollnick & Chinn, 2001). 그러나 최근에 인간의 유전자에 대한 이해가 확대되면서 인종은 생물학적으로 의미를 지니지 않음이 분명해졌다(Olson, 2001; Smith & Sapp, 1996). 인종 간 전 세계적인 유사점을 나타내는 과학적 증거에도 불구하고, 인종의 개념에 대해 오랫동안 지속되어 온 선입견은 고정관념을 더욱 강화시켰고, 백인의 특권을 나누어 주지 않으려는 사람들과 경계를 만들었다(Hanson & Lynch, 2004). 인종은 결국 체계 및 세계와 가족의 상호작용에 영향을 끼치는 사회문화적인 요인과 관련되어 있으며, 인종이 행동 또는 신념을 결정짓는 것은 아니다.

가장 중요한 문화적 고려 사항 중 하나는 각 개인 또는 가족의 문화적 정체성이다. 예를 들어, 가족 또는 가족 중 누군가 자신이 특별한 문화적 또는 인종적 집단이라는 강한 정체성을 가지고 있는가? 어떤 가족의 대답은 일반인의 예상을 넘어설지 모른다. 미국 대륙에서 살고 있던 원주민의 후예로 예측되는 사람을 포함하여, 오랫동안 미국에서 살아온 어떤 가족은 자신들을 인디언, 이탈리아인, 또는 중국인으로 생각할지도 모른다. 반대로 현재 미국에 살고 있으며 오랫동안 미국 대륙에서 살아온 또 다른 가족은 자신들을 단지 미국인으로 볼지도 모른다. 그들은 자신들의 뿌리 또는 자기 조상의 믿음과 전통에 대해 강하게 느끼지 못할지 모른다. 새롭게 이주해 온 사람의 경우에도 마찬가지다. 어떤 가족은 고유 문화를 유지하기 위해 노력할지도 모르지만, 반면에 다른 가족은 새로운 세계에서 새로운 삶에 적응하기 위해 빠르게 노력하고 있을지도 모른다(Hanson, 2004). 문화적 정체성에서 집단 내 또는 집단 간에 많은 차이점이 있는 것처럼, 가족도 매우 다양하다. 나이가 많은 가족 성원은 자신의 원문화에 매우 밀접할지 모른다. 그러나 어린 가족 성원은 또래를 통해, 그리고 텔레비전과 학교를 통해 노출되는 지배적인 문화가 더 익숙할 것이다. 그들에게는 십대 청소년이 된다는 것이 베트남인, 멕시코인, 앵글로 유럽인이 된다는 것보다 더 중요한 신분일지 모른다.

주 언어는 문화적 다양성의 또 다른 요소다. 2000년에 미국 인구 조사국이 수집한 자료에 따르면, 5세 이상의 미국 인구 중 18%가 집에서 영어가 아닌 다른 언어를 더 많이 사용하는 것으로 나타났다(U.S. Census Bureau, 2008). 이러한 통계는 1990년 인구조사 결과보다 4% 증가한 것이다. 2000년의 조사 자료에 따르면, 가정에서 영어보다 다른 언어를 더 많이 말한다는 사람들 중 대다수(92%)는 영어를 매우 잘하지만, 8%는 영어를 그리 잘하지 못하는 것으로 나타났다. 영어 외에 많이 사용되는 언어는 ① 스페인어, ② 중국어, ③ 프랑스어, ④ 독일어, ⑤ 타갈로그어 그리고 ⑥ 베트남어 순이었다. 가정에서 영어 외의 언어를 많이 사용하는 사람들은 미국 서부와 남부 지역에 많이 있었고, 이들 중에는 영어가 모국어인 사람들도 있었다. 가족이 가장 편안하게 여기는 언어와 서비스 제공자의 언어 체계가 다르다면 가족중심 서비스와 가족 친화적인 서비스의 제공도 어려워진다. 일상생활에서 영어를 유창하게 말하는 사람이라도 교육, 건강관리, 사회적 서비스 관련 대화에서는 통역이 필요할 수 있다.

가족과 관련된 신념, 행동 및 생활습관, 자녀 양육, 영성, 독립성, 시간, 전통, 소유권, 성, 열망 등은 개인의 문화 및 문화 정체성의 핵심이 된다(Lynch, 2004). 이러한 각각의 영역들은 중재자와 가족의 상호작용뿐 아니라 가족이 자신과 자녀에 대해 갖는 목표에 중요한 영향을 준다. 또한 이러한 영역은 가족-중재자 간에 차이가 벌어지는 영역이기도 하다. 그런데 특정 문화에 대한 정보가 잘못된 결과를 야기할 수도 있다. 앞서 언급하였듯이, 문화 간 차이뿐 아니라 문화 내 차이도 크다. 종교적인 신념 역시 커

다란 차이가 될 수 있다. 예를 들어, 어떤 가족에게는 유대교, 천주교, 이슬람교, 힌두교, 기독교 등의 종교를 갖는 것이 가장 중요한 문화적 정체성이 되기도 한다.

전문가가 편견을 배제하고 잠재적인 문화적 차이를 고려할 수 있게 하기 위해 문화적 연속체 개념이 제안되었다(Lynch, 2004). 각각의 연속체들은 독립성-의존성, 조화-통제 등과 같은 공통된 가치의 범위를 나타낸다. 개인은 각각의 연속체에서 자신의 선호 지점을 나타낼 수 있다. 그러나 그러한 지점은 고정된 것이 아니다. 시간의 흐름, 삶의 상황, 신념의 변화에 따라 달라질 수 있다. 어떠한 것도 옳고 그른 것이 아니라, 단지 연속체 중 어느 한쪽으로 기운 선호도만을 표현해 줄 뿐이다. 연속체는 한편으로는 상호의존적이고 또 한편으로는 개별적이다. 어떤 가족에게는 모두가 함께 일하고 복지를 위해 기여를 하는 것이 어느 한 사람만 두드러지는 것보다 더 중요할 수 있다. 결과적으로, 이러한 가족은 장애 아동에게만 관심을 집중하는 것보다 가족이 함께 시간을 보내는 것에 더욱 관심을 보일 수 있다. 이러한 경우 중재자는 협동을 촉진하고 모든 가족 성원이 참여할 수 있는 활동을 개발하여 가족의 바람을 충족시켜 줄 수 있다.

또 다른 연속체는 젊음, 미래 그리고 기술을 강조하는 것과 대조적으로 연장자, 통과의례, 전통의 존중에 대한 신념을 다룬다. 기술과 그 가능성에 의지하는 가족은 아동의 건강과 기능을 향상시킬 수 있는 가장 최근의 의학 연구에 대한 정보 또는 아동을 위한 최신의 의사소통 기술을 찾기 위한 지원을 원할지도 모른다. 연속체 중 다른 쪽 끝에 가까운 가족은 아동의 치료와 교육을 위해 대대로 내려오는 관습이나 가족에게 익숙한 의식에 더 많이 의지할 것이다. 이러한 가족에게 외과적인 수술을 권장하는 것은 최선의 접근이 아닐지도 모른다. 각각의 연속체는 중재자와 중재에 영향을 준다. 중재를 가족의 신념과 관습에 맞추는 것은 중재의 성공 가능성을 증가시킨다. 더욱 완전한 문화적 연속체에 대한 토론과 그것들의 적용을 원한다면 린치(Lynch, 2004)의 연구를 참조하길 권한다.

가족 특성 간의 관계

가족 구조, 사회문화적 요인 그리고 문화적 배경 등은 가족을 묘사하는 주요 요인이지만, 이 요인들을 따로따로 보면 주어진 가족의 정체성 또는 복잡성을 적절하게 볼 수 없다. 어떤 이민자 가족은 모국의 문화적 정체성과 강한 관계를 유지하는 반면, 다른 가족은 새로운 문화에 동화될지도 모른다. 또 다른 가족은 자신들이 접하게 된 문화 중 선호하는 문화를 선택할지도 모른다. 예를 들면, 그들은 자녀를 위해서는 새로운 사회에서 교육적 서비스를 받겠지만, 건강과 치료를 위해서는 모국의 전통적인 관습에 의지할 것이다.

가족에게 주어진 권력과 기회도 그들의 경험과 성과에 영향을 끼친다. 의심의 여지없이, 가난하며 교육 정도가 낮고 영어가 아닌 다른 언어를 사용하는 가족은 자신들이 필요로 하는 서비스에 접근하고 자녀를 위한 최선의 경험을 제공하는 능력에 심각한 제한을 가지고 있을 것이다. 이러한 요인들은 가족의 선택 및 선택 사항을 줄어들게 할 것이다. 그러나 서비스 제공자가 이러한 요인들이 가족의 성과에 미치는 영향을 인식하고 가족의 다양성을 존중하는 태도로 가족의 문화적 차이를 이해하고 가족을 지원하려 노력한다면, 이러한 부정적 상황을 바꾸거나 예방할 수 있다.

문화적 유능성 향상시키기

교육, 건강 그리고 인간 서비스에서 효과적인 실행을 위한 하나의 기준은 다양한 문화들을 아울러서 효과적으로 일하는 능력이다. 다시 말해서,

믿음, 전통, 세계관, 언어 그리고 신체적 능력이 다른 사람과 함께 효과적으로 일하는 능력이다. 문화적 유능성은 다양한 방법으로 정의된다. 로리, 페인 그리고 바거(Rorie, Paine, & Barger, 1996)의 정의에 따르면, 문화적 유능성은 '체제, 기관, 개인이 문화적으로 다양한 사람들, 공동체와 함께 효과적으로 기능하게 만드는 행동, 태도 및 정책'이다. 바레라와 크래머(Barrera & Kramer, 1997)는 문화적 유능성에 대해 조기 개입 전문가에 초점을 맞추어 '가장 적합하게 모든 아동에게 반응하고, 서비스 제공자뿐만 아니라 아동과 가족에 영향을 주는 사회문화적 환경의 풍요로움과 한계에 대해 이해하는 서비스 제공자의 능력'이라고 하였다. 우리는 앞에서 문화적 유능성을 '사회문화적 · 언어적 다양성을 인정하고 존중하고 형성하는 방법으로 생각하고 느끼고 행동하는 능력'이라고 정의하였다(Lynch & Hanson, 1993: 50). 비록 이러한 정의들이 강조하는 바가 다소 다를지라도 모든 정의는 문화적으로 더 좋은 체제와 지원을 만들기 위한 지지로서 사용될 수 있다. 각각의 정의에서 문화적 유능성이 종점이 아니라 과정이라는 것을 분명히 인정하는 것이 필요하다. 문화적 유능성은 한 번 배우면 숙달되는 기술이 아니라 평생에 걸친 노력을 필요로 하는 것이다.

비록 문화적 유능성이 완벽히 성취할 수 있는 것이 아닐지라도, 개인이 그 기술을 향상시키기 위해 취할 수 있는 여러 노력이 있다. 그중 첫 번째는 자기 인식이다(Barrera & Corso, 2003; Harry, 1992; Lynch, 2004). 우리의 믿음, 편견 및 행동은 매우 깊게 뿌리박혀 있어서 우리는 일반인들이 세계를 보는 방법이 아닌, 우리가 만나는 가족이 나타내는 그들만의 세계관을 인식하는 것에 종종 실패한다. 자기 인식을 높이는 것은 고향 또는 타고난 신분, 이주 여부, 구어로 쓰는 말, 정치적 경향, 직업, 종교, 사회경제적 지위 그리고 교육적 경험 등과 같은 것들을 포함해서 자기 자신의 천성을 아는 것으로 시작한다. 이 과정은 자신의 가치, 믿음, 관습 그리고 행동이 어떤 문화적 뿌리에 의해 형성되었는지 알게 하고, 자신만의 관점을 파악하는 데 필요한 정보를 제공한다.

자신의 가치, 편견 및 행동을 파악하는 것은 자기 인식 능력을 향상시키는 출발점이다. 많은 가치와 편견이 어린 시기에 주입될 가능성이 있다. 가치를 확인하는 것은 자기 인식력을 증가시키는 첫 단계다. 예를 들면, 어떤 사람이 정확함, 자기 결정 그리고 성취에 높은 가치를 둔다면, 잊어버리거나 약속에 늦고, 결정을 하는 데 어려움을 가지며, 서비스에 따르지 못하고 이용 가능한 서비스를 사용하지 못하는 가족과 함께 일하는 것이 매우 힘들 것이다. 또한 한 사람의 편견에 직면하는 것은 자기 인식을 증가시키는 역할을 한다. 우리는 어떤 집단이 다른 집단보다 더 똑똑하고 나으며, 어떤 선수가 다른 선수보다 더 낫고, 어떤 사람이 다른 사람보다 더 깨끗하고, 더 미국적이라는 말을 쉽게 듣는다. 사람을 몇몇 집단으로 나누는 모든 말은 편견을 만든다. 때때로 편견은 긍정적이지만, 부정적인 경우가 더 많다. 당신이 가진 편견을 확인하기 위한 첫 단계로서 당신이 다른 사람들에 대해 하는 말들, 다른 사람을 웃기려고 하는 농담 그리고 차이에 직면했을 때 당신이 결코 인정하지 못하는 생각들을 고려하라. 이미 존재하는 편견들은 쉽게 없애거나 무시할 수 없으며, 편견은 사람의 일에 영향을 끼친다.

자기 인식을 향상시키는 마지막 단계는 배경, 문화, 인종, 가치, 믿음 또는 사회경제적 지위가 다른 사람과 자신의 행동을 주의 깊게 생각하는 것이다. 다양성에 대한 당신 자신의 접근에 대해서 생각하라. 당신은 다른 사람의 시각과 입장에 대해 알아보고, 친구 및 동료 그리고 조언자로서 그들을 만나고, 전문가적으로 거리를 유지하는 방법으로 행동하고 있는가? 우리가 아는 모든 사람은 이 세계에서 살아가는 우리의 존재를 풍부하게 해 준다. 익숙한 것에만 자신을 제한하는 것은 우리의 가능성뿐 아니라 다른 사람의 가능성을 축소시킨다. 자신을 이해하는 것은 문화적 유능성을 위한 기반이 된다. 자신에게의 여행은 쉽지 않지만, 개인적 · 전문가적 지혜를 습득하기 위해서는 충분히 노력할 가치가 있다(자기 인식을 증가시키는 더욱 완벽한 접근을 위해, 린치(2004)의 『문화적 여행(A Cultural Journey)』을 참고하길 바란다).

두 번째 단계는 다른 사람들의 문화적 · 사회문화적 관점에 대해 더 아는 것이다. 앞서 언급하였듯이 특정한 태도, 믿음 및 행동을 특정한 문화의 탓으로 돌리는 것은 잘못된 것이다. 문화들 간에서 뿐 아니라 한 문화 안에서도 많은 차이가 발견된다. 모든 개인 또는 가족은 서로 많이 다르다. 또한 문화는 역동적이며, 끊임없이 변화한다. 이러한 단서들을 고려하여 어떻게 다른 문화에 대한 정보들을 얻을 수 있는가? 린치(2004: 48)는 다음의 전략들을 제안하였다.

- 책, 예술 및 과학기술을 통해 배우기
- 문화적 안내자 또는 중재자로서의 역할을 할 수 있는 사람과 함께 대화하고, 사귀고, 일하기
- 다른 문화의 일상생활에 참여하기
- 다른 문화의 언어 배우기

이 전략들 중 어떠한 것도 충분하지 않다. 그러나 각각의 전략은 문화적 · 사회문화적 차이점을 이해하고 구별하는 데 도움을 줄 수 있다.

세 번째 단계는 자신의 자기 인식과 다른 문화에 대해 배운 정보를 실제로 적용하는 것이다. 우리가 만나는 가족의 문화적 · 사회문화적 정체성을 알아내는 것, 그들의 생활과 신념에 대해 더 알려고 하는 것, 그리고 그들의 세계관을 지원하는 중재를 정교하게 하는 것은 문화적 경계를 없애는 데 도움을 줄 수 있다. 새로 얻게 되는 지식을 실천에 적용하고, 판단을 보류하고, 다른 사람의 신념과 실행을 받아들이는 것을 통해서 중재자는 자신의 지식, 기술 및 능력을 정교화하게 된다.

가족과 관계 형성하기: 다양성을 인식하고 존중하기

각각의 서비스 제공자는 다양한 가족과 함께 일할 기회를 가질 것이다. 이 기회와 특권은 많은 다양한 상호작용의 형태뿐 아니라 가족에게 나타나는 가치 그리고 삶의 관습을 예상하고 존중하는 책임을 수반한다. 가족을 다양하게 하는 몇몇 중요한 특징은 다음과 같다. 즉, 의사소통 양식, 가족의 역할에 대한 신념, 아동과 아동 양육에 대한 시각, 장애와 장애 위험에 대한 관점, 그리고 변화와 중재에 대한 관점이다(Hanson, Lynch, & Wayman, 1990).

의사소통 양식

성공적이고 문화적으로 민감한 가족중심 서비스는 관계 형성에 필수적이고 효과적인 의사소통을 요구한다. 상호작용에서는 구어·비구어 의사소통이 모두 고려되어야 한다. 세계를 여행하는 사람은 자신이 가진 언어로 다른 언어를 사용하는 사람과 의사소통하는 것의 어려움을 알 수 있다. 단어 또는 구에 대한 직접적인 번역이 이해가 안 될 때가 종종 있다. 그것은 음식점에서 정체 불명의 음식과 같은 놀라운 상황을 만들어 낼지도 모른다. 예를 들면, 아동의 머리를 가볍게 두드리거나 상대방에게 반가움의 표시로 손을 뻗고 손가락을 움직이는 것과 같은 몸짓이 어떤 나라에서는 상호작용에서 인정 또는 제안을 나타낼 수도 있다. 하지만 이러한 몸짓이 다른 나라나 상황에서는 외설적이거나 매우 부적절한 것으로 보일 수 있다. 여행자는 이렇게 잘못 전달되는 의사소통을 종종 재미있는 경험으로 간주하고 에피소드로 남길 수 있다. 그러나 가족에게는 장애, 자녀 보육 그리고 치료가 매우 개인적이고 중요하기 때문에, 의사소통과 문화적 오해는 서비스 제공자–가족 간에 심각한 신뢰의 불화를 초래할지도 모른다.

의사소통에 대한 관심은 두 명의 사람이 같은 언어를 말한다는 개념에서 시작된다. 개인이 선호하는 상호작용 및 의사소통 양식은 다른 사람과 의사소통을 얼마나 잘하느냐에 영향을 끼친다. 문화는 종종 고맥락문화(high-context cultures)에서 저맥락문화(low-context cultures)까지의 연속체에 따라 특징지어진다. 고맥락문화에서서는 상황적 단서가 가장 중요하며, 개인은 대부분 이미 수립된 위계에 의존하고 이에 맞서지 않는다. 저맥락문화에서는 의사소통이 전형적으로 직접적이고 직설적이다. 우위를 차지하고 있는 앵글로계 미국인 문화는 저맥락문화의 예다. 반면에 고맥락문화에서는 중요하다고 여겨지는 내용보다 어떻게 의사소통되는가에 중요성을 둔다. 사실 말로 언급되는 것보다 말로 표현되지 않는 것이 더 중요할지도 모른다. 서비스 제공자와 가족에게 이러한 것들은 복잡할 수 있으며, 오해를 초래할 수도 있다. 예를 들면, 서비스 제공자가 중재를 제안할 때 가족 성원들이 머리를 끄덕이며 반응할지도 모른다. 서비스 제공자에게 이것은 가족이 요구에 동의한다는 것을 의미하는 것이다. 그러나 그들은 단지 말하는 것을 잘 들었다고 하는 것에 그치는 것일 수 있다.

누가 인사를 하고, 어떻게 인사를 받는지도 관계 형성에 중요하다. 예의 바른 소개를 할 때 부모 중 어느 편을 먼저 소개하는지, 연장자와 연소자 중 어느 편을 먼저 소개하는지 등은 문화에 따라 다르다. 또한 이름을 부르는 격의 없는 인사와 공식적 호칭을 부르는 격식적인 인사로 가족 성원을 부르는 방법은 상호작용의 시작에 영향을 끼칠 수 있다. 또한 어떻게 앉거나 일어서는지, 외모와 옷 입는 스타일, 그리고 악수와 같은 스킨십은 모두 문화적 관습에 의해 지배된다. 서비스 제공자는 처음에 조심스럽고 신중하게 일을 시작하며, 가족과의 회의 전에 가족의 선호 사항에 대한 정보를 되도록 많이 모으고, 회의에서는 가족의 방식을 따르는 것이 좋다.

대부분이라 할 수는 없어도, 많은 가족은 자녀를 위한 지원을 얻기 위해

끊임없이 많은 전문가와 상호작용하는 것에 스트레스를 받는다. 어떤 가족이 속한 문화에서는 장애를 가진 아동이 있다는 것이 부끄러운 일이라고 여겨진다. 따라서 자녀의 장애에 대해 확인받거나, 면담을 하고 질문을 받는 것과 같은 단순한 활동이나 지원에 불편함을 느낀다. 이러한 가족 성원들은 장애에 대한 화제가 다른 사람에게 알려지는 것이 망신이라고 생각할 수 있다. 이러한 가족은 정보 수집에서 간접적인 방법을 선호하고, 첫 만남보다는 오랜 시간에 걸친 만남을 통한 면담을 선호할 수 있다. 이와 같은 상황에서, 두 문화를 모두 이해하는 문화적 안내자 또는 중재자와 함께 일하는 것이 가족을 이해하고 공동의 관심사를 만드는 데 필요할 수 있다.

가족은 전문가로부터 받기 원하는 정보의 형태뿐만 아니라 정보가 제공되는 방법에 대한 기대에서 서로 많이 다를 수 있다. 어떤 가족은 전문가로부터 방향 제시와 해결책 제시를 기대한다. 이런 가족의 경우 전문가가 이러한 특정한 요구들을 들어주지 않으면 전문가를 무능하거나 관심 없어하는 것으로 볼 것이다. 반면 어떤 가족에게는 직접적인 접근이 불쾌감을 일으킨다. 가족과 함께 일하기 위한 가족중심 접근은 가족에게 그들이 원하는 지원의 형태를 물어보는 것이다. 영어를 사용하며 서비스 체제와 친숙한 지배적 문화에 속한 가족은 이러한 서비스 시스템을 편하게 느끼고, 원하는 서비스를 자신 있게 답할 것이다. 이러한 문화와 지원 체제를 처음 접하는 어떤 가족은 전문가가 제시하는 것들을 잘 이해하지 못할 뿐 아니라 아동과 가족의 지원 요구에 부적절하고 성가시다고 느낄 수 있다. 따라서 지원을 시작할 때 서비스 제공자가 가족의 배경과 경험을 이해하는 것은 문화적 다양성을 존중하는 방식으로 상호작용을 하는 데 도움이 될 것이다.

따라서 서비스 제공자는 가족에게서 정보를 얻고, 더욱 효과적으로 중재 목표와 방법을 판별하기 위해서 가족의 선호 사항과 의사소통의 문화적 형태에 대해 많이 알도록 주의를 기울여야 한다. 이러한 정보는 가족과 함께 일하는 다른 전문가로부터 올 수도 있다. 조기 개입 전문가와 서비스 제공자는 자신의 가치관이나 가족의 인종 또는 언어를 기반으로 짐작을 하기보다 가족이 선호하는 것을 직접 물어보아야 한다. 또한 가족과 동일한 문화적 집단에 속한 다른 전문가가 의사소통의 효과적인 방법에 대한 조언을 하기 위해 문화적 중재자 또는 안내자의 역할을 할 수 있다. 서비스 제공자가 미국 내 다양한 문화적 집단의 구성원과 일할 때 관계 형성과 효과적인 의사소통을 하는 것을 도울 수 있는 문화적 호의와 관습에 대한 구체적 제언이 린치와 핸슨의 책에 포함되어 있다(Lynch & Hanson, 2004). 이 내용은 미국 내 주요 문화 인종 및 다양한 집단과의 광범위한 토론을 통해 얻어진 것이다.

가족 역할에 대한 신념

앞서 언급하였듯이, 가족 성원을 어떻게 정의하느냐에 따라 가족의 개념이 달라진다. 어떤 이들에게는 가족이 부모와 자녀만을 의미할지도 모르고, 다른 사람에게는 가족이 혈연관계만이 아닌 부족 또는 씨족의 모든 구성원을 말하는 것일 수도 있다. '확대 가족'의 의미는 상당히 다양하다. 지역에 따라 차이가 있을 수 있지만, 미국과 같은 지배적인 문화에서 부모 또는 후견자 이외의 가족 성원은 종종 아동을 위한 목표를 설정하고 지원을 제공하는 데 소정의 역할을 한다. 그러나 어떤 문화에서는 친족이 모두 중요하고 친족이라는 개념에서 각각의 가족 성원은 아동 양육 등의 가족 기능에 책임을 분담하고 주요 부양 업무를 다른 구성원에게 의지한다. 서비스 제공자는 가족 성원의 관점에서 크게 신뢰할 만하거나 중요하지는 않다. 이러한 상황은 특히 자신의 전문 분야에서 전문가로 대우받는 데 익숙한 중재자에게는 힘든 상황일 수 있다.

또한 가족은 성별과 지위에 따라 역할 분담에서 다르다. 대개 어머니가 어린아이의 주 양육자이지만, 이것은 모든 가족에게 해당되지 않을 수도 있다. 조부모와 형제 또는 다른 친척이 중요한 역할을 하거나 심지어 양육을 담당할지 모른다. 자녀 양육 및 관리에 관한 결정에서도 가족마다 차이가 있다. 어떤 문화에서는 어머니가 주요 결정자가 되지만, 또 다른 문화에서는 아버지, 연장자, 조부모 또는 부족장들이 주요 결정자가 되기도 한다. 서비스 제공자는 가족 성원 중 누가 결정에 참여하는지 여부에 대해 선험적으로 가정하지 않는 것이 좋다. 가족 내 결정권자에 대한 존경을 보이지 않거나, 가족이 규정하는 역할 내에서 일하지 못할 경우, 서비스 제공자가 서비스 지원에 참여하지 못하게 되는 결과를 초래할 수도 있다. 이들의 친족 관계망은 조기 개입에서 매우 유용한 지원을 제공한다.

아동과 아동양육에 대한 시각

역사와 여러 문화를 통해 아동의 지위와 역할은 신의 선물에서부터 가족의 짐에 이르기까지 다양하게 변화해 왔다. 오늘날 미국에서 지배적인 문화는 매우 젊은 세대들 중심이고, 아동은 전형적으로 경제시장에서 큰 힘을 지닌 집단으로 평가되고 경제시장의 주요 구성원이다. 이러한 문화에서는 규준에 순응하는 것이 강조되는 문화에서와는 달리 개성이 최대한 육성될 수 있다. 서비스 제공자는 가족마다 다른 양육자-아동 간 상호작용 형태, 양육 가치관과 기준 그리고 아동의 역할에 관한 관점의 차이를 접하게 될 것이다.

많은 집단에서 유아기는 어머니와 유아가 친밀하게 접촉하는 시기다. 그리고 아동의 의존성 요구가 즉시 충족되는 시기다. 그러나 맞벌이 부부의 증가와 같은 가족역할의 변화는 영유아를 돌보는 사람의 범위를 넓혔다. 아동이 성장함에 따라 그들의 행동에 대한 기대는 바뀐다. 어떤 문화에서는 많은 시간 동안 아동의 응석을 받아 주고 욕구를 충족시켜 주는 것을 계속하지만, 다른 문화에서는 아동이 독립적으로 되도록 요구하고 아동이 더 많은 책임감을 갖도록 기대한다. 따라서 아동중심의 상호작용과 어린 시기의 의존성에서 더 많은 독립성으로의 전환이 일어난다. 그러나 아동이 문화적 기준대로 행동할 수 있다고 기대되는 나이의 기준은 다양하다. 아동이 언제 화장실 가는 훈련을 받아야 하는지 또는 언제 숟가락을 사용하여 식사하는 것을 가르쳐야 하는지에 대해 발달단계목록에 따라 중재를 실행하는 서비스 제공자가 문화적으로 민감하게 지원을 제공하는 것은 매우 어려울 것이다. 아동의 행동 중 옳고 그른 행동에 대한 가족의 오랜 문화적 가치를 존중하는 것의 실패, 적절한 아동 발달 규준, 부모 또는 양육자의 책임과 실행은 서비스 제공자가 가족과 효과적인 협력 관계를 맺는 것을 어렵게 할 수 있다. 아동을 위한 프로그램을 효과적으로 개발하기 위해서는 가족의 가치와 문화적 선호가 우선적으로 고려되어야 한다.

장애와 장애 위험에 대한 관점

서비스 제공자가 장애와 장애의 위험 상태의 특징 및 원인에 관한 훈련을 받고 지식을 습득하지만, 그들의 시각은 가족 또는 특별한 문화 집단의 관점에서 볼 때 매우 다를 수 있다. 또한 장애의 원인에 대한 다양한 관점이 존재한다. 많은 사람에게 장애 또는 장애 위험 상황은 무작위적인 상황이며, 장애 아동의 가족은 아동에 대해 수정된 기대와 요구를 가질 것을 요구받는다. 어떤 가족은 운명의 힘을 강조하며, 장애를 집안의 액운 또는 불운의 결과라고 믿을지 모른다. 또 다른 사람들은 장애를 부모 또는 심지어 조상의 죄, 그리고 임신 중에 먹은 음식을 포함하여 가족 성원들이 임신 기간 동안 했던 일이나 하지 않았던 일의 탓으로 돌릴지도 모른다. 또한 장애는 유령, 악마에 의해 생기는 것으로 여겨지기도 한다.

장애 또는 장애 위험 상태에 대한 가족의 해석은 그들이 아동의 장애에 대해 과실이나 책임이 있다고 보는지에 영향을 받는다. 장애가 가족 탓이라고 믿는 가족은 장애나 장애 위험 조건을 가진 아동의 존재를 부끄러워할 수도 있다.

가족이 장애와 장애에 대한 정보를 이해하는 방법에 대해 중재자가 배우는 것은 그리 쉽지만은 않다. 그러나 일반적인 가족의 문화와 가치, 믿음, 편견에 대해 많이 알수록 장애에 대한 가족의 관점을 파악하는 데 도움이 된다. 조기 개입 및 서비스 제공자는 적극적 경청을 통해 가족들로부터 이러한 정보를 얻을 수 있다. 가족에게 그들의 자녀와 자녀의 상황과 상태 등을 말하도록 개방형 질문을 하는 것은 그들의 가치와 믿음에 대한 지식과 이해를 발전시키는 데 유용할 것이다. 문화적 매개자와 함께 일하는 것 역시 중재자가 가족의 관점을 이해하는 데 도움이 된다. 가족의 관점을 이해하는 것은 효과적인 협력 관계를 개발하고, 문화적으로 반응적인 지원을 하는 데 필수적이다.

변화와 중재에 대한 관점

변화와 중재에 대한 가족의 관점은 장애와 장애 위험에 관한 가족의 관점과 연결되어 있다. 장애 또는 장애 위험을 숙명이라고 여기는 가족은 아동에게 어떠한 중재도 필요하지 않거나 가능하지 않다고 믿을지도 모르며, 마지못해 지원을 찾을 것이다. 또한 장애를 가족의 업보로 돌리는 사람은 장애에 대한 부끄러움과 불명예 때문에 외부의 지원을 피할 가능성이 있다. 종종 서비스 제공자는 가족이 자신들이 처한 상황을 개선하기 위해 적극적인 노력을 하지 않고, 운명을 받아들이거나 도움을 구하지 않는 것에 좌절감을 느끼거나 화가 난다. 이러한 관점은 장애가 누구에게나 찾아올 수 있는 그런 상황이라고 이해하고, 교육, 보건 그리고 사회적 서비스 체제 등에서 제공되는 다양한 서비스에 참여하는 가족과는 대조적이다.

문화적 관점에서 현저하게 두드러진 하나의 영역은 건강관리 영역이다. 지배적인 문화의 관점은 전형적으로 수술, 약 그리고 치료와 같이 상태를 조정하거나 고치는 새로운 기술과 중재에 큰 존경을 표한다. 이러한 관점은 운명을 믿는 문화나 육체와 정신의 직접적 연결을 중시하는 전인적 접근의 문화와는 맞지 않을 수 있다. 많은 문화적 집단에서 치료 접근은 단지 신체적 증상을 다루기보다는 신체와 정신 또는 신체적 요인과 사회적 요인 간의 균형을 잡는 데 초점이 맞춰진다. 중재자, 치료자, 서비스 제공자 또는 진심으로 들어주는 사람의 선택은 각자의 관점에 의해 영향을 받을 것이다. 민간 치료자 또는 연장자는 서양 의학의 의사나 다른 건강 전문가보다 가족의 역할을 더욱 중심에 둔다. 이러한 치료자는 약초나 안마, 혹은 근본적인 몸 상태를 치료하기 위해 식물과 동물의 사용을 포함하는 더욱 신성한 접근을 할 수 있다. 지역사회 서비스 제공자는 이러한 치료를 이국적이거나 생소하거나, 어떤 경우에는 해롭다고 인식할 수도 있다. 가족이 변화와 치료를 위해 부여한 의미를 이해하는 것은 필수적이다. 서비스 제공자는 가족의 믿음과 관습에 대해 더욱 많이 알아야 하며, 가족의 전통적인 중재 방법을 주요 서비스 중재 체제에 최대한 통합시킬 수 있어야 한다(예: 부적의 사용, 민간 치료사와 함께 일함 등). 『유령이 당신을 붙들면 당신은 쓰러진다(The Spirit Catches You and You Fall Dawn)』(Fadiman, 1997)라는 저명한 책은 서비스 제공자와 가족의 신념이 다르고, 의사소통을 하는 것이나 서로에 대해 배우는 것에 실패할 때 발생할 수 있는 문화적 불일치에 대한 이해가 중요함을 설명하고 있다.

가족이 지녀온 다양한 가치, 신념 및 습관을 알아보는 것은 가족과 효과적으로 함께 일하거나 협력 관계를 유지하는 것의 핵심이다. 이 사회의 문화적 다양성을 고려하면, 서비스 제공자가 다양한 배경의 가족과 함께 일하는 기회를 갖게 되는 것은 당연하다. 많은 가족의 관점과 생활방식은 서비스 제공자와 크게 다르지 않을 것이므로, 이 경우에는 의사소통과 관계 형성에 요구되는 노력이 크지 않을 것이다. 그러나 어떤 경우에는 가치와 삶의 관습의 차이가 서비스 제공자에게 무능함을 느끼게 하거나, 극단적인 경우에는 가족에게 거부당하는 느낌을 갖게 할 것이다. 능숙한 가족중심 서비스 제공자는 다름을 존중하고, 가족의 선호도와 우선순위를 알기 위한 시간을 가지며, 가족을 판단하지 않고, 가족과 함께 신뢰를 쌓는다. 이상에서 가족의 다양성이 드러나는 여러 영역을 소개하였다. 이러한 여러 가지를 잘 고려하는 서비스 제공자는 가족과의 관계 형성을 순조롭게 시작할 수 있을 것이다.

목표를 다루기 위해 가족과 협력하기

문화적으로 더욱 유능한 체제 만들기

유아특수교육은 중재자가 가족과 강하고 신뢰감 있는 관계를 형성하도록 하는 가족중심 접근을 기반으로 한다. 앞서 언급하였듯이, 이러한 관계는 가족과 전문가가 중재의 모든 면에서 협력적으로 일할 수 있게 하는 가족-전문가 관계를 구축하는 기본요건이다. 그러나 만약 조기 개입 프로그램 또는 체제가 문화적으로 민감하지 않으면, 그러한 관계를 만드는 것은 훨씬 더 어려운 일이다. 때때로 자동차를 정기점검하듯이, 체제도 정책과 절차 그리고 관습이 문화적 능력을 고무시키는지 보기 위해 때때로 정기적인 점검이 필요하다. 이 장의 뒤에 있는 〈부록 6-1〉은 중재자, 행정가 그리고 가족 대표가 프로그램을 검토할 때 사용할 수 있는 일반적인 질문을 포함한다.

체제가 문화적으로 유능한 방식으로 기능하는지 확인하는 것에 더하여, 서비스 제공의 각 요소를 검토하는 것 또한 중요하다. 교육, 건강관리, 사회적 서비스는 모두 서비스 시작하기, 실행하기, 평가하기 등의 예측 가능한 과정에 의지한다. 전형적으로 과정은 ① 초기 만남과 기본 정보의 교환, ② 정보수집 및 진단, ③ 중재 계획 개발, ④ 계획 실행, ⑤ 아동, 가족 및 프로그램 성과의 모니터링과 평가로 구성된다. 다음은 각각의 과정을 설명하고 있다.

초기 만남

대부분의 사람은 잘 알지 못하는 전문가에게 문의하기 시작할 때 두려움을 느낀다. 서비스 체제에 대해 익숙하지 않고, 전문적 서비스에 대한 경험이 제한적이며, 자원과 적절한 정보도 없는 사람들이 얼마나 어려움을 겪을지 고려하여야 한다. 그리고 가족이 정말 사랑하는 자녀에 대한 심각한 걱정으로 조기 개입 프로그램에 접촉한다는 사실을 염두에 두어야 한다. 초기 만남은 가족이 프로그램과 지원에 대해 갖게 되는 첫인상이 되므로, 이 경험은 긍정적이어야 한다. 부모와 가장 먼저 접촉하는 '첫 번째 반응자'는 첫 번째로 통화를 하는 사람이다. 소방서, 경찰서 그리고 응급의료센터 등에서 전화를 받는 사람들처럼 이 전문가들도 잘 훈련받아야 한다. 그러나 불행하게도, 전문적 훈련을 받지 않은 사람이 이와 같이 중요한 역할을 담당하기도 하며, 어떤 경우에는 자동응답기를 사용하기도 한다. 조기 개입에서 모든 첫 번째 응답자는 가족의 요구와 염려를 듣고, 지원적 · 보호적 방법으로 반응해 주며, 가족이 지원의 다음 단계를 밟도록 돕기 위해 훈련 · 지도 · 감독받아야 한다. 만약 서류 작업이 필요하게 되면 가족과 통화한 첫 번째 응답자는 어떤 언어를 사용해야 할지를 결정해야 한다. 대상 가족과 같은 언어를 사용하는 훈련된 부모 지원자와 가족을 연결시키는 것도 지원을 제공하는 방법이 될 수 있으나, 같은 언어를 사용한다는 것만으로 가치관과 세계관이 공유된다고 가정할 수 있는 것은 아니다.

정보수집 및 진단

정보수집 및 진단은 각 아동과 그 가족에게 적절한지와 관계없이 정해진 틀에 따라 실행되는 경우가 많다. 가장 먼저 고려해야 할 것은 상업적으로 시판되는 검사들에 사용되는 언어에 대한 것이다. 만약 그것이 아동 또는 가족이 사용하는 언어가 아니라면 검사의 결과는 정확하지도 않고, 중재를 계획하는 데 도움이 되지도 않는다. 아동이 이해하지 못하는 언어로 된 검사를 사용하는 사람은 없겠지만, 검사의 직접적인 번역 역시 바람직하지 않다. 두 개의 언어를 사용하는 집에서 자란 아이가 가족이 사용하는 여러 언어로 된 언어를 아는 것은 매우 일반적이다(Barrera & Corso, 2003). 결과적으로, 한 아동의 기능을 결정을 하기 위해서는 보호자 및 부모로부터 제공되는 정보와 함께 유능한 평가자가 필요하다.

전형적인 평가 안에서 측정되는 내용에 대해 아동의 문화적 · 사회문화적 경험을 고려하여야 한다. 책장을 넘기는 활동이 아동의 경험 속에 없었던 활동일 수 있고, 어떤 아동은 그 연령에 적합하게 답을 못할 수도 있다. 또 어떤 아동은 구조화된 생활을 해 본 적이 없어 지시에 따라 무엇을 하는 것이 어렵다고 느낄 수도 있다. 또한 다른 아동은 자신의 가족 내지 문화적 집단 밖의 사람과의 경험이 적을 수 있고, 낯선 사람과 교류하는 것을 어렵게 또는 불가능하게 느낄 수도 있다.

가족이 아동과 가까운 사람을 데려올 수 있는 시간으로 평가를 조정하고, 가정에서도 평가를 실시하며, 한 명의 검사자가 모든 검사를 실시하여 아동과 가족의 혼란을 줄이고, 아동에게 평가 도구를 나눠 줄 때 가족 성원을 이용하며, 검사에 소요되는 전체적인 시간을 줄이는 것은 아동과 가족이 편안하게 진단에 임하는 데 도움이 된다. 중재자의 관점에서 분명히 가치가 있는 많은 평가 도구가 가족에게는 이상하게 보일 수 있다. 따라서 사용되는 검사도구의 목적에 대해 전문가가 설명을 하고 가족이 이러한 전문가의 행동을 관찰하는 과정은 가족과 조기 개입 전문가를 연결시키는 좋은 계기가 될 것이다. 만약 가족이 선호하는 언어가 평가자의 언어와 다를 경우, 통역사와 함께 일하는 것도 도움이 된다.

가족 성원과 중재자 사이를 연결하는 또 다른 방법으로는 가족이 우려를 표시한 분야부터 평가의 초점을 맞추는 것이다. 만약 부모가 그들의 17개월 된 딸이 걸을 수 없을 것에 대해 걱정을 하고 있다면, 중재자는 다른 분야에 앞서 발달 분야부터 일을 착수해야 한다. 가족 및 그들의 걱정, 우선순위 및 자원에 대해 더 배우는 것은 정보수집 단계의 한 부분이다. 가족과 협력하기 위해서는 그들의 걱정, 양육에 대한 견해, 문화 및 일과에 대해 공부하는 것이 중요하다. 그러나 불행하게도, 이런 정보는 가족과 관계가 형성되기 전에는 얻기 어려운 것들이고, 체크리스트를 이용하여 얻을 수 있는 것도 아니다. 오히려 가족이 편안할 때 하는 대화가 가족의 성향에 맞게 자녀 교육을 조정하는 데 유익하고 포괄적인 정보를 알려 준다. 〈표 6-1〉은 중재를 어떻게 구성할지 결정하기 위해 도움이 될 정보 목록을 제시하고 있으며, 이는 주로 비공식적인 대화를 통해 얻을 수 있다.

중재 계획 개발

미국에서는 조기 개입 시 아동과 가족의 중재 목표를 개발할 때 부모-전

〈표 6-1〉 가정방문자를 위한 지침

Part I -가족 구조와 자녀 양육 실제
가족 구조
• 가족 구성
-가족의 일원은 누구인가?
-중요한 의사결정자는 누구인가?
-의사결정은 특정한 상황과 관련이 있는가?
-의사결정은 개인과 집단 중 누구 중심인가?

(계 속)

- 가족 성원이 모두 같은 집에 살고 있는가?
- 가족 성원 중 누가 서로 친구 같은 관계인가?
- 가족 내의 위계는 어떠한가? 이러한 것들이 성 또는 나이와 관련이 있는가?

• 주 양육자
- 주 양육자는 누구인가?
- 그 밖에 누가 양육에 참여하는가?
- 어머니가 양육하는 것과 다른 사람이 양육하는 것은 각각 어느 정도인가?
- 자녀는 주 양육자와 어느 정도의 시간을 함께 있는가?
- 양육방식과 관련하여 양육자들 간에 충돌이 있는가?
- 양육과 관련하여 어떤 생태학적 문제가 있는가? (집, 직장 등)

양육 실제

• 음식 먹이기
- 가족이 어떻게 음식을 먹이는가?
- 식사시간의 규칙은 무엇인가?
- 어떤 종류의 음식을 먹는가?
- 모유로 아기를 기르는 것에 대해 어떻게 생각하는가?
- 우유로 아기를 기르는 것에 대해 어떻게 생각하는가?
- 이유식에 대한 가족의 실행 방식은 어떠한가?
- 어느 가족 성원이 음식을 준비하는가?
- 음식은 집에서 만드는가, 아니면 사 먹는가?
- 음식을 준비하거나 취급할 때 금기 사항이 있는가?
- 가족 중 누가 자녀를 먹이는가?
- 가족의 식사시간 모습은 어떠한가?
- 자녀가 독립적으로 먹는 것에 대한 가족의 관점은 무엇인가?
- 자녀를 먹이는 것과 관련한 신념과 실행에 관해 가족 간에 차이가 있는가?

• 가족 수면 양식
- 부모와 같은 방, 혹은 부모와 같은 침대에서 자녀를 재우는가?
- 자녀는 어느 정도의 나이에 어머니에게서 떨어져 자는가?
- 취침시간이 정해져 있는가?
- 자녀가 밤중에 깼을 때 그것에 대한 가족의 반응은 무엇인가?
- 자녀가 낮잠을 자는 동안에는 무엇을 하는가?

(계 속)

- 아동의 불순응 행동 및 공격성에 대한 가족의 반응
  - 자녀의 행동 중 받아들일 수 있는 행동의 기준은 무엇인가?
  - 어떠한 행동을 할 때 훈육을 하는가?
  - 누가 훈육을 하는가?

- 자녀의 울음에 대한 가족의 대응
  - 양육자가 우는 아기를 안아 주기까지 어느 정도의 시간이 소요되는가?
  - 양육자는 아기를 어떻게 진정시키고 달래는가?

Part II – 가족의 인식 및 태도

아동의 장애에 대한 가족의 인식

- 가족의 인식을 형성하는 문화적 혹은 종교적 요인이 있는가?
- 가족은 아동의 장애에 대한 책임을 누구에게, 무엇에게 그리고 어디로 돌리는가?
- 가족은 자신들의 삶에 대한 역할을 어떻게 인식하는가?
- 가족은 아동 중재에서 그들의 역할에 대해 어떻게 생각하는가? 아동을 변화시킬 수 있을 것이라고 생각하는가, 아니면 희망이 없다고 생각하는가?

건강과 치유에 대한 가족의 인식

- 의학적 필요에 대한 가족의 접근은 어떠한가?
- 서구 의료 서비스에 전적으로 의지하는가?
- 대체의학 접근에 유일하게 의지하는가?
- 위의 두 가지 접근을 혼용하여 사용하는가?
- 누가 주요한 의학적 제공자 또는 의학 정보의 전달자인가? (가족 성원, 연장자, 친구, 민간 치료사, 가정 주치의, 전문의)
- 가족성원 모두가 의학적 필요에 대한 접근에 찬성하는가?

도움의 요청과 그에 따른 개입에 대한 가족의 인식

- 가족들은 주로 가족 성원 중 누구에게 혹은 외부 기관 또는 외부의 누구에게 도움을 요청하는가?
- 가족이 도움을 요청할 때 직접적으로 하는가? 아니면 간접적으로 하는가?
- 가족이 도움을 요청할 때 가족의 일반적인 감정은 어떠한가? (부끄러운지, 화가 나는지, 권리 요구라고 생각하는지, 불필요하다고 생각하는지)
- 어떤 지역사회 시스템과 상호작용을 하고 있는가? (교육, 의료, 사회 등)
- 지역사회 시스템과의 상호작용은 어떤 방식으로 이루어지고 있는가? (직접 만남, 전화, 편지 등)

(계 속)

- 가족 성원 중에 누가 서비스 시스템 등과 상호작용을 하는가?
- 그 가족 성원은 서비스 시스템과 상호작용을 할 때 편안해하는가?

Part III – 언어와 의사소통 방식

언 어

- 언어 수준
  - 가정방문 중재자는 가족이 평소에 말하는 언어를 어느 정도 능숙하게 사용하는가?
  - 가족은 영어를 어느 정도 능숙하게 구사하는가?

- 통역사가 있을 경우
  - 통역사는 어떤 문화에 가장 밀접하게 소속되어 있는가?
  - 통역사가 가족의 나라의 구어적 표현들을 잘 알고 있는가?
  - 가족은 통역사를 편안하게 느끼는가? 또한 가족 성원은 동성의 통역사를 더 편하게 느끼는가?
- 문서 자료를 이용할 경우 문서가 모국어로 작성되었는가?

상호작용 방식

- 직접적인 방식으로 가족 간의 의사소통을 하는가? 아니면 간접적으로 의사소통을 하는가?
- 상호작용할 때 조용하게 이야기하는가? 아니면 큰 소리로 이야기하는가?
- 가족 성원은 정서적 주제에 대해 이야기할 때 서로 공감하는가?
- 가족은 당신에게 직접적인 질문을 하는가?
- 조기 개입 목표와 그리 관련이 없더라도 가정방문 시 충분한 사교시간을 갖는 것을 가족이 중요하게 여기는가?
- 가족이 가정방문자의 확대 가족에 대해 아는 것이 필요하다고 생각하는가? 그러한 정보를 이야기하는 것이 당신(가정방문자)에게 편안하게 느껴지는가?

문가 간의 협력에 높은 가치를 둔다. 그러나 가족 성원을 동등한 협력자로 간주하는 것은 다른 문화에서 흔한 견해는 아니다. 가족이 교육을 적게 받거나, 교사를 존경하는 문화 및 사회적 요인 때문에 가족이 자녀 교육계획에 충분히 참여하는 것이 어려울 수 있다. 그들은 지금까지 자녀의 교육 계획에 참여하는 것을 해 보지 않았으며, 기대하지 않고, 이러한 역할을 하는 것을 선호하지 않는다. 이러한 요인 외에도 많은 가족이 고도로 숙련된 전문가와 중재 계획을 위한 모임을 할 때 위협적으로 느낄 수 있다. 문화적 또는 사회문화적 차이가 있을수록 더 크게 위협적으로 느낄 것이라는 것은 놀라운 일이 아니다.

이러한 과정이 가족에게 더욱 편안해지도록, 중재자는 이러한 모임이 있기 전에 간단한 설명을 제공해야 한다. 가족이 중재 계획 모임에 앞서 모임에 누가 관련되어 있고, 어떠한 내용을 다룰지에 대해 알고 있다면 모임에 대해 더욱 편안하게 느낄 것이다. 회의의 주제와 방식을 가족의 선호도에 맞추어 준비한다면, 가족이 보다 편안해하고 더 잘 참여할 것이다. 또한 가족이 질문을 할 수 있도록 하는 것도 가족의 역할을 확장시키는 전략이 될 수 있다. 평가를 할 때와 마찬가지로, 계획을 위한 회의에 참여하는 전문가의 인원를 제한하고 가족이 편안하게 느끼는 사람을 데려와 함께 참여하도록 하여 가족의 불안을 감소시킬 수 있다. 질문할 시간을 주는 것도 도움이 된다. 가족이 질문을 하지 않는 경우, 모임에서 자주 질문하는 내용에 대해 이야기해 주는 것도 도움이 된다. 이러한 방법을 통해 가족이 질문을 하지 않더라도 자신이 궁금한 내용에 대해 답을 얻을 수도 있다.

중재 계획을 위한 모임은 많은 정보가 한정된 시간에서 제공되기 때문에 쉽지 않은 모임이다. 그러나 가족이 편안하게 느끼도록 하고, 전문가가 서두르지 않도록 노력하는 것이 필요하다. 가족에게 시간을 내 준 것에 대해 감사를 표하고, 커피나 차 등을 대접하며 가족이 가장 잘 아는 사람 옆에 앉을 수 있게 하여 가족이 보다 편안하게 적극적으로 참여하도록 도와준다.

계획 실행

실천하지 않는 계획은 성공할 수 없다. 따라서 가족의 신념, 가치, 자원에 맞는 실행 전략을 개발하는 것은 매우 중요하다. 만약 가족이 목표에 진정으로 동의하지 않는다면, 그 목표는 실행될 가능성이 희박하다. 가족의 목표는 상황에 따라 변경될 수 있다. '스스로 먹는 것'이 한 달 전에는 중요한 목표라고 생각하였지만, 이제는 그렇게 할 시간이 없다고 생각하거나 할머니가 아동을 돌봐 주게 되어서 상황이 달라질 수 있다. 조기 개입에서 발달적 이슈는 다양하고 '정상' 발달과 양육 방식에 대한 문화적 관점이 다르기 때문에 중재자와 가족의 관점은 다를 수 있다.

가족의 우선순위, 목표, 성과물 간 적합성을 향상시키는 방법은 목표를 선정할 때(또는 IFSP의 성과를 정할 때) 가족이 가장 중요하게 여기는 것으로 정하는 것이다. 부모와 조부모, 형제, 자매, 고모, 삼촌, 사촌들을 포함시키는 것이 아동이 새로운 기술과 행동을 배우는 것을 확대할 수 있게 한다. 숟가락과 포크 대신 젓가락을 사용하는 것, 경쟁적이 아닌 협력적으로 행동하는 것 등과 같이 가족과 지역사회의 선호도에 맞게 장단기목표를 조정할 때, 가족의 참여도와 중재의 성공 가능성을 향상시킬 수 있다.

모니터링과 평가

아동이 목표를 달성했는지와 가족 성원이 그들이 성과를 이룬 것에 만족하는지를 알아보는 것은 프로그램 실행에서 중요한 사항이다. 성취와 만족도에 대한 자료 없이 의미 있는 기회를 만들기는 어렵다. 아동의 성취에 관한 자료는 일반적으로 수집하기 쉽다. 프로그램 참여 경험과 프로그램의 향상을 위한 제안을 가족으로부터 얻는 것이 더욱 어렵다. 이는 조기 개입 프로그램에 참여한 아동의 가족 대부분이 호의적인 응답을 하기 때문에 프로그램의 향상을 위한 제안을 얻기가 힘들기 때문이다. 좀 더 의미 있는 정보를 모으기 위해 사용되는 한 가지 방법은 다른 부모나 지역사회 지도자가 참여하는 원탁회의를 여는 것이다. 즉, 프로그램 관련자가 참석하지 않은 상태에서 지역사회 촉진자가 가족 성원이 무엇을 가장 좋아하는지, 프로그램 중에 가장 좋아하는 것과 좋아하지 않는 것에 대해 이야기하도록 하고, 프로그램에 관한 제안 사항을 말하도록 하는 것이다.

서비스 제공의 모든 측면이 문화적 민감성의 관점에서 검토되어야 한다. 이는 지속적으로 검토되어야 하지만, 특히 가족의 여건이 달라지거나 팀 구성에 변화가 있을 때마다 다시 검토되어야 한다. 법률, 규칙 및 입법 서비스가 만들어짐에 따라 문화적으로 유능한 서비스 전달의 영향력이 중요시되고 있다. 이 장에서 소개한 제안 이외에 〈부록 6-2〉는 행정가, 직원 및 가족이 프로그램의 문화적 유능성을 살펴볼 때 사용할 질문들을 제공한다.

가정기반 서비스에서 특별히 고려할 사항

영유아를 위한 서비스는 대부분 가정에서 제공된다. 가정에서 제공되는 서비스에서 친밀함의 중요성은 아무리 강조해도 지나치지 않다. 장애 영유아를 위한 조기 개입 서비스 외에 다른 어떠한 서비스도 이렇게 아동, 가족과 함께 자녀 양육 같은 개인적이고 가치 있는 문제를 전문가가 함께 일하는 경우가 없다. 가족이 조기 개입 전문가에게 갖는 신뢰의 정도는 매우 특별하다. 그러므로 전문가는 매우 엄격하면서도 윤리적이고 존중받도록 행동하여야 한다. 윤리성은 모든 전문 분야에서 적합한 행동의 원칙이 된다. 조기 개입에서는 비밀을 유지하기, 자신의 전문 분야만 다루기, 가족의 결정을 존중하기와 같은 원칙이 포함된다.

전문가의 윤리적 기준을 충족하는 것에 더하여, 각 가족 성원을 존중하는 것이 요구된다. 조기 개입 전문가는 가족이 보이는 신뢰에 대해 존중으로 보답하여야 한다. 존중은 여러 가지 방법으로 표현될 수 있다. 가정에 들어갈 때 신발 벗기, 가족 중 연장자에게 먼저 이야기하기, 또는 중재자가 권유한 것과 다른 결정을 하는 것을 수용하기 등이 존중의 신호가 될 수 있다. 조기 개입 전문가에게 주어지는 신뢰에 비해, 존중은 매우 작은 보답이 된다.

다양한 배경을 가진 가족에게 반응적이고 효과적으로 서비스 제공하기

다양성이라는 주제는 그리 가볍게 볼 수 있는 것이 아니다. 서비스 제공자는 자신의 문화와 많이 다른 문화와 유형을 가진 가족과 효과적인 업무 관계를 맺는 것에 대해 주저하고, 긴장감을 느낄 수 있다. 실수가 있을 수도 있지만, 가족에게 열린 마음을 갖고 솔직한 대화를 나누면 신뢰 관계가 형성될 수 있다. 다음의 두 가지 상황은 이러한 문제의 중요성을 보여 준다.

상황 1

섀넌은 큰 교외 도시의 조기 개입 전문가다. 그녀의 주된 업무는 신생아부터 3세까지의 장애 영유아의 가정을 방문하여 가족중심 서비스를 제공하는 것이다. 그녀는 10년 이상 이 분야에서 근무하였고, 자신의 능력에 자부심을 갖고 있다. 최근 그녀는 어느 한 가족을 통해 자기성찰 및 반성의 기회를 가졌다. 이 가족은 최근에 중동에서 이주를 하였다. 미국에 도착하고 나서 얼마 후에 어머니는 이분 척추 장애를 지닌 아들을 낳았고, 그 아기를 섀넌이 담당하게 되었다. 그 가정의 생활은 여러 면에서 섀넌을 혼란시키고 좌절하게 만들었다. 아이의 어머니는 집에서 나가는 것이 허락되지 않았고, 나가게 되더라도 몸이 안 보이게 천을 덮어써야만 했다. 남편이 모든 주요한 결정을 하고, 아내에게는 요리와 청소, 빨래 등 가족을 뒷바라지하는 일만 시키는 것에 놀랐다. 섀넌은 어머니가 자녀의 성장과 발달에 거의 시간을 쏟지 못하는 것과 아버지가 집에 있는 시간이 거의 없어 자녀 돌보기에 참여하지 않는 것을 매우 걱정하였다.

상황 2

카를로스는 5년 경력의 유아특수교사다. 그는 스페인어와 영어를 할 수 있으며, 그의 반에 가끔 다문화 가정의 아동이 들어오곤 하였다. 올해에는 그의 반에 다운증후군 아동이 들어왔다. 이 아동은 전혀 말을 하지 못하였고, 카를로스는 처음에 이 아동이 어떤 언어를 사용하는지 몰랐다. 그는 나중에 이 아동의 가족이 동남아시아에서 왔다는 것을 알게 되었다. 그 부모는 좋은 사람인 것 같았으나, 아동에 대해 전혀 궁금한 것이 없었고, 한 번도 학급을 방문한 적이 없었다. IEP 계획을 세우기 위해서 여러 번 만남의 기회를 만들었다. 그 회의에 어머니와 아버지가 참여하였으나 거의 말을 하지 않았다. 카를로스는 이 가족이 4세인 딸이 말을 하지 못하는 것과 장애를 가진 것에 이토록 관심이 없는 것을 이해하기 어려웠다.

이 두 가지 상황에서 서비스 제공자가 장애 아동의 가족과 관련하여 어려움을 느끼는 것을 알 수 있다. 두 사례에서 보았듯이, 가족-전문가 간 협력 관계를 효과적으로 형성하는 것은 쉽지 않다. 그러나 두 사례에서 전문가가 가족의 염려를 이해하려 노력하고 정보를 수집하려 하였기 때문에 충돌은 피할 수 있었다. 섀넌은 자신의 동료들과 대화를 할 때 아동의 가정에서 여성의 역할과 우선순위가 다른 가정과 크게 대조적인 것에 대해 이야기를 나누었다. 카를로스는 그 동남아시아에서 온 가족이 장애 자녀에게 관심이 많지만 야간과 주간에 계속 일을 해야 하는 상황이라는 것을 알게 되었다. 어머니는 주간 근무를 하고 저녁 근무를 또 하고 있었고, 아버지는 긴 야간 근무를 하고 있었다. 그래서 아이 돌보기와 집안일은 아동의 누나들에게 맡기고 있는 상황이었다. 그 가족은 그저 다른 무엇을 하기에는 돈과 자원이 없을 뿐이었다. 두 교사는 통역 서비스를 받아 부모와 이야기를 나누고 자료를 제공하였다. 또한 두 교사는 담당 가족에 대해 잘 아는 지역사회의 중동 지역 및 아시아 지역 출신의 사람들을 만나 자문을 구했는데, 이들은 새넌과 카를로스에게 담당 가족의 가치와 삶의 방식에 대해 이해할 수 있도록 도움을 주었다.

이와 같이 서비스 제공자가 만나는 가족의 언어와 문화적 배경은 서비스 제공자의 언어 및 문화와 다를 수 있다. 가족의 자녀 양육, 가족 역할, 중재 등이 서비스 제공자의 입장에서 볼 때 이상해 보일 수 있다. 이러한 경우에 가족은 서비스에 접근하는 것이나 보다 큰 사회에 참여하는 역량과 기회에 제한을 받을 수 있다. 이러한 가족은 체제 속에서 어찌할 바를 모르거나 새로운 환경의 주류 사회에서는 당연하게 여겨지는 일에도 마음이 상할 수 있다.

이러한 경우에 서비스 제공자는 그들이 담당하는 가족의 선호도와 그들이 편안하게 의사소통할 수 있는 방법에 대해 이해하고자 시간을 보내게 된다. 그들은 또한 처음에는 낯설고 무심해 보일 수도 있는 대상 가족의 사회에 대해 잘 알고 가족의 문화와 관습에 대해 안내를 해 줄 수 있는 사람들과 함께 일을 할 수 있다.

결 론

이 장은 중재자가 가족과 처음 관계를 형성할 때 중요한 사항을 강조하고 있다. 여기에는 가족의 걱정거리와 우선순위에 대해 듣는 것과 중재자에게 익숙하지 않고 때로는 급진적으로 보이는 가족의 가치와 관습에 대해 이해를 하는 것이 포함되며, 이때 다양한 사회의 자원을 이용하는 것도 도움이 될 수 있다. 가족과 함께 일을 하는 이민 집단, 노숙자, 빈민과 관련된 특별한 서비스 시스템의 도움을 받아 대상 가족에 대한 지식을 넓히고 더 좋은 서비스를 제공하게 될 수도 있다. 아마도 서비스 제공자에게 가장 중요한 단계는 자신의 가치와 신념이 무엇인지 명확하게 하고, 삶의 방식과 목표가 다른 가족과 일하는 것이 쉽지 않음을 깨닫는 것일 것이다. 서비스 제공자와 가족의 문화 중 어느 한쪽이 옳고 그른 것이 아니라고 인정하며, 새로운 문화를 배움으로써 인격이 성숙할 수 있을 뿐 아니라 문화적으로 반응적이고 가족중심적인 서비스를 제공할 수 있게 된다. 가족들에 대해 그들이 누구인지, 또한 그들의 배경과 경험이 무엇인지에 대해 수용하는 것은 의사소통 과정에서 필수적이다.

참고문헌

Barrera, I., & Corso, R. M. (with MacPherson, D.) (2003). *Skilled dialogue: Strategies for responding to cultural diversity in early childhood.* Baltimore: Brookes.

Barrera, I., & Kramer, L. (1997). From monologues to skilled dialogues: Teaching the process of crafting culturally competent early childhood environments. In P. J. Winton, J. A. McCollum, & C. Catlett (Eds.), *Reforming personnel preparation in early intervention: Issues, models, and practical strategies* (pp. 217-251). Baltimore: Brookes.

Bristor, M. W. (1995). *Individuals and family systems in their environments* (2nd ed.). Dubuque, IA: Kendall/Hunt.

ChildStats.gov. (2008a). *America's children in brief: Key national indicators of well-being 2008, demographic background.* Retrieved August 12, 2008, from www.childstats.gov/pdf/ac2008/ac_08.pdf.

ChildStats.gov. (2008b). *America's children in brief: Key national indicators of well-being 2008, economic circumstances.* Retrieved August 12, 2008, from www.childstats.gov/pdf/ac2008/ac_08.pdf.

ChildStats.gov. (2008c). *America's children in brief: Key national indicators of well-being 2008, family and social environment.* Retrieved August 12, 2008, from www.childstats.gov/pdf/ac2008/ac_08.pdf.

Fadiman, A. (1997). *The spirit catches you and you fall down: A Hmong child, her American doctors, and the collision of two cultures.* New York: Farrar, Straus, & Giroux.

Gollnick, D. M., & Chinn, P. C. (2001). *Multicultural education in a pluralistic society* (6th ed.). Upper Saddle River, NJ: Prentice-Hall.

Guralnick, M. J. (2008). International perspectives on early intervention: A search for common ground. *Journal of Early Intervention, 30*(2), 90-101.

Hanson, M. J. (2004). Ethnic, cultural, and language diversity in service settings. In E. W. Lynch & M. J. Hanson (Eds.), *Developing cross-cultural competence: A guide for working with children and their families* (pp. 3-18). Baltimore: Brookes.

Hanson, M. J., & Lynch, E. W. (2004). *Understanding families: Approaches to diversity, disability, and risk.* Baltimore: Brookes.

Hanson, M. J., Lynch, E. W., & Wayman, K. I. (1990). Honoring the cultural diversity of families when gathering data. *Topics in Early Childhood Special Education, 10*(1), 112-131.

Harry, B. (1992). Developing cultural self-awareness: The first step in values clarification for early service providers. *Topics in Early Childhood Special Education, 12,* 333-350.

Hernandez, D. J., Denton, N. A., & Macartney, S. E. (2008). Children in immigrant families: Looking to America's future. *Society for Research in Child Development, Social Policy Report, 22*(3), 3-11, 15, 17-22.

Klein, D. M., & White, J. M. (1996). *Family theories: An introduction.* Thousand Oaks, CA: Sage.

Lynch, E. W. (2004). Developing cross-cultural competence. In E. W. Lynch & M. J. Hanson (Eds.), *Developing cross-cultural competence: A guide for working with children and their families* (pp. 41-75). Baltimore:

Brookes.

Lynch, E. W., & Hanson, M. J. (1993). Changing demographics: Implications for training in early intervention. *Infants and Young Children, 6*(1), 50-55.

Lynch, E. W., & Hanson, M. J. (2004). Implications for service providers. In E. W. Lynch & M. J. Hanson (Eds.), *Developing cross-cultural competence: A guide for working with children and their families* (pp. 449-466). Baltimore: Brookes.

Olson, S. (2001, April). The genetic archaeology of race. *The Atlantic Monthly*, 69-80.

Onaga, E. E., McKinney, K. G., & Pfaff, J. (2000). Lodge programs serving family functions for people with psychiatric disabilities. *Family Relations, 49*, 207-217.

Ronneau, J. P. (1999). Ordinary families-extraordinary caregiving. *Family Preservation Journal, 4*(1), 63-80.

Rorie, J. L., Paine, L. L., & Barger, M. K. (1996). Primary care for women: Cultural competence in primary care services. *Journal of Nurse Midwifery, 41*(2), 92-100.

Smith, E., & Sapp, W. (Eds.). (1996). *Plain talk about the Human Genome Project: A Tuskegee University conference on its promise and perils...and matters of race.* Tuskegee, AL: Tuskegee University Publications.

Turnbull, A. P., Summers, J. A., & Brotherson, M. J. (1984). *Working with families with disabled members: A family systems approach.* Lawrence: University of Kansas, Kansas Affiliated Facility.

Turnbull, A. P., Summers, J. A., Turnbull, R., Brotherson, M. J., Winton, P., Roberts, R., et al. (2007). Family supports ands services in early intervention: A bold vision. *Journal of Early Intervention, 29*(3), 187-206.

U.S. Census Bureau. (2008). *Language use and English-speaking ability:*

2000. Retrieved August 12, 2008, from *factfinder.census.gov/servlet/ACSSAFFPeople*.

Wayman, K. I., Lynch, E. W., & Hanson, M. J. (1990). Home-based early childhood services: Cultural sensitivity in a family systems approach. *Topics in Early Childhood Special Education, 10*(4), 65-66.

〈부록 6-1〉

체제의 문화적 유능성 확인하기

질 문	그렇다	개선이 필요하다	잘 모르겠다
1. 문화, 인종과 지역사회에서 사용되는 언어를 프로그램 제공자들과 자원에 반영하는가?			
2. 행정가와 프로그램 제공자들은 일상적으로 지역사회 지도자나 대표적인 자문단에게 자문을 구하며 상호작용하는가?			
3. 프로그램은 지역적으로 접근이 용이하고, 접근 가능하고, 다양한 배경의 가족들을 환영하는가?			
4. 가족이 원할 경우, 가족끼리 함께할 기회가 주어지는가?			
5. 필요할 때마나 훈련된 통역자나 번역자의 도움을 받을 수 있는가?			
6. 교재나 서식 등이 다양한 언어와 형식으로 작성되어 있는가?			
7. 문화적으로 적절한 가족 모임의 장소가 있는가?			
8. 영어교실, 직업훈련과 같이 가족이 자기계발을 할 수 있는 기회가 제공되는가?			
9. 프로그램 제공자들은 모든 가족 성원을 존중하는가?			
10. 가정방문이 가족 성원에게 편안하고, 가족의 전통과 신념이 존중되는가?			

〈부록 6-2〉 문화적 유능성을 고려한 프로그램 실행 확인하기

질 문	잘하고 있다	개선이 필요하다	정보가 더 필요하다
서비스 소개			
1. 우리의 서비스가 지역신문이나 출판물에 소개되는가?			
2. 우리의 서비스는 교회, 유대교 회당, 사원, 오락시설, 시장과 같은 지역사회 내 모임 장소에 게시되어 있는가?			
3. 지역사회 인사들이 우리의 서비스를 알고 있거나, 우리의 프로그램에 와 봤거나, 프로그램 안내지를 받아 보았는가?			
4. 서비스에 관한 정보가 지역사회 구성원이 사용하는 언어로 인쇄되고, 대안적인 양식으로도 제공되는가?			
5. 지역사회의 의뢰 기관에서 우리의 프로그램과 의뢰 방법을 알고 있는가?			
6. 최초의 접촉이 가족이 선호하는 언어로 이루어졌는가?			
7. 프로그램 직원들은 가족과 비슷한 배경을 가졌는가?			
정보수집과 진단			
8. 모든 과정과 절차는 후속 작업과 설명을 포함하여 가족이 선호하는 언어로 기술되었는가?			
9. 훈련된 통역 및 번역자가 필요할 때 도움을 주는가?			
10. 다른 여러 진단자가 필요할 때도, 한 사람이 계속 가족과 함께하면서 정보 수집의 역할을 하는가?			
11. 가족이 불편해하지 않는 방식으로 가족의 문화에 대한 정보를 수집하였는가?			
12. 가족이 편안하게 느끼는 조건(예: 아이를 안고, 아이와 놀면서, 아이에게 말을 유도하면서)에서 진단에 참여하게 하였는가?			

(계 속)

질 문	잘하고 있다	개선이 필요하다	정보가 더 필요하다
목표 개발			
13. 가족이 목표를 개발하도록 격려하고 지원하는가?			
14. 목표를 향한 전략을 설명할 때 가족이 선호하는 언어를 사용하여 설명하는가?			
15. 각 목표 및 전략에 관한 정보는 가족이 선호하는 언어로 제공되는가?			
프로그램 실행			
16. 목표 진술이 가족의 문화적 · 사회문화적 맥락에 맞게 기술되었나?			
17. 가족이 프로그램 실행과 관련하여 자신들의 편의를 위한 요구를 하였는가? 그리고 그러한 요구가 실행되었나?			
18. 중재자는 가족과 함께 목표의 적절성을 지속적으로 확인하는가?			
19. 가족은 아동의 진보와 목표 성취에 대해 자신들이 이해하는 방식으로 계속 정보를 받고 있는가?			
프로그램 평가			
20. 프로그램 평가는 체계적 · 지속적으로 이루어지는가?			
21. 평가 자료가 문화적으로 적절한 방법으로 수집되었는가?			
22. 지역사회 인사와 문화적 중재자가 정기적으로 평가 정보를 모으고, 프로그램의 향상을 위해 제안을 하는가?			
23. 프로그램의 문화적 유능성을 강화하기 위한 제안 사항이 실행되고 있는가?			

제 7 장 가족과의 협력을 위한 주 코치 접근

미국 「장애인교육법(IDEA)」 Part C에 따라 주 서비스 제공자(primary service provider; PSP)를 두는 것은 장애 유아와 그 가족, 특정 분야의 전문기관 그리고 전반적인 유아특수교육 분야에 긍정적 성과를 가져올 수 있는 권장된 실제로 인정되어 왔다(American Speech-Language-Hearing Association, 2008a, 2008b; Pilkington, 2006; Sandall, Hemmeter, Smith, & McLean, 2005; Vanderhoff, 2004; Woods, 2008; Workgroup on Principles and Practices in Natural Environments, 2007). 조기 개입 분야에서 다양한 전문성과 지식을 갖춘 개인들로 구성된 팀을 이용하는 개념은 미국 장애인 교육법 개정안(Individuals with Disabilities Education Act Amendments, 20 U.S.C. §1400 *et seq.*, 1997), 권장된 실제 관련 문헌(Sandall et al., 2005), 이론 및 실험 연구(Antoniadis & Videlock, 1991; Briggs, 1997; Nash, 1990; Woodruff & McGonigel, 1988)의 지속적인 구성 요소였다. 이제 조기 개입

분야에서 해야 하는 질문은 팀접근을 적용할지의 여부가 아니라 어떻게 팀이 장애 영유아와 가족의 유익을 최대화하기 위해 효과적이고 효율적으로 함께 일할 수 있을까 하는 것이다. 이 장에서는 팀활동에서의 주 코치 접근(primary-coach approach)의 특징을 설명하고, 이 접근을 실행하는 프로그램과 전문가에게 도움을 제공하고자 한다. 이 접근은 조기 개입의 초학문적 팀 상호작용 모델과 가장 전형적인 관련이 있는 주 서비스 제공자의 활용을 구체적으로 적용한 방식 중 하나다.

팀활동에서의 주 코치 접근은 조기 개입 프로그램이 조기 개입과 가족지원을 위한 공식적 자원으로 판별된 후, 그 프로그램에 아동의 부모 및 기타 양육자를 지원할 다양한 지식과 전문성이 있는 전문가를 고용하게 되었을 때 실행한다. 팀활동에서의 주 코치 접근은 장애 아동 가족의 지원과 서비스에 대한 접근을 제한하려는 것이 아니라, 확장하기 위한 것이다. 주 코치는 그 자체로 가장 중요한 프로그램의 자원이며, 프로그램 제공자와 가족 및 기타 양육자(즉, 팀) 간의 연결점이다. 또한 매우 다양한 가족의 우선순위와 가족이 바라는 자원에 관련된 가족과 기타 양육자의 기술과 지식을 매개하는 역할을 하기도 한다. '팀활동에서의 주 코치 접근'의 조작적 정의는 다음과 같다.

> 정기적으로 모이는 기존의 다학문적 팀이 한 명을 주 코치로 선정한다. 주 코치는 다른 팀원들에게 코치를 받은 후 이를 부모와 기타 양육자에게 적용한다. 이를 통해 아동의 학습과 발달을 촉진하고, 자연스러운 학습 환경에서 지원과 자원을 획득하는 이들의 능력을 지지하고 강화하게 된다(Shelden & Rush, 2007: 2).

팀활동에서의 주 코치 접근의 조작적 정의는 부모의 기술, 지식 및 능력의 향상을 위해 팀원의 역할과 팀원 간의 상호작용 방식(즉, 코칭)과 내용

(즉, 자연스러운 학습 환경에서의 실제)을 명확히 함으로써 가족과 팀원(예: 초학문적) 간의 중개자 역할을 주로 하는 주 코치를 둔다는 점에서 다른 접근들과 차이가 있다(Woodruff & McGonigel, 1988; York, Rainforth, & Giangreco, 1990).

자연스러운 학습 환경에서의 실제

자연스러운 학습 환경에서의 실제란 장애 아동의 부모와 기타 양육자가 아동 학습 기회의 공급원으로서 일상적 활동이 갖는 중요성을 이해하도록 지원하는 실제를 말한다. 던스트, 브루더, 트리브티, 함비와 그 외 동료들(Dunst, Bruder, Trivette, Hamby et al., 2001)은 활동 환경(activity setting)을 "아동의 학습을 위한 맥락을 제공하는 상호작용, 물리적 환경 또는 이 둘을 모두 포함하는 특정 상황에 대한 경험, 기회 또는 사건"(p. 70)이라고 정의하였다. 예를 들어, 목욕하기, 밥 먹기, 부엌 바닥에서 냄비와 프라이팬을 가지고 놀기, 타이어 그네 타기, 개에게 먹이 주기, 시내에서 버스 타기, 자기 전에 책 읽기, 할머니와 함께 크리스마스 쿠키 굽기 같은 활동들이 여기에 속한다. 또한 자연스러운 학습 환경에서의 실제는 부모와 기타 양육자가 모든 아동의 생활 속에 존재하는 풍부한 학습 기회들을 이용하기 위해 아동의 흥미를 인식하고 활용하도록 한다. 흥미기반 학습(Interest-based learning)이란 아동이 흥미와 재미, 즐거움을 발견하는 사람, 사물 및 활동에 참여하는 것을 말한다(Dunst, Herter, & Shields, 2000; Raab, 2005). 선행연구에서 보여 주듯이, 아동은 어떤 물건이나 사람에게 빠져들었을 때 더욱 오랫동안 참여하게 되고 이는 긍정적인 결과를 낳는다(Dunst et al., 2000; Raab, 2005).

많은 전문가는 먼저 아동의 기술들 중 지체된 것을 확인한 후, 일과나 활동 환경 내에서 그 기술을 발달시키기 위한 전략을 부모에게 교수하도록 훈련받아 왔다. 예를 들어, 어떤 아동의 언어발달 수준이 낮다면, 전문가는 부모나 양육자에게 "주세요(more)."라는 손동작을 가르치고, 아동이 "주세요."라는 손동작을 하거나 말을 하게 하기 위해 부모가 해당 손동작을 직접 사용하도록 지시한다. 반면, 활동 환경 내에서의 아동의 참여를 조기 개입으로 인식하는 전문가는 아동이 새로운 기술을 학습하고 실행할 수 있는 상황 내에서 아동의 흥미와 그것이 표현될 수 있는 기회를 관찰하고 판별하기 위해 부모와 시간을 보낸다. 예를 들어, 아동이 아침에 신문을 소리 내어 읽는 아버지의 무릎에 앉아 있는 것을 매우 좋아한다는 것을 알게 된 전문가의 예를 생각해 보자(즉, 활동 환경/아동의 흥미). 전문가는 아버지에게 이 행동을 계속하도록 격려하면서, 일상 속에서 흥미에 기초한 활동 환경에서의 참여를 통해 아동에게 제공되는 가치 있는 학습 기회에 대해 이야기할 것이다. 또한 아버지에게 관심과 의지가 있다면, 전문가는 그 활동에 아동을 더 많이 참여시키는 방법을 의논할 수 있을 것이다. 아버지는 사진이나 광고에 대해 간단히 설명하거나 신문에 있는 사진에 대해 아동에게 물어볼 수 있다. 또한 아동에게 신문을 넘기는 것을 돕게 하거나, 신문에 소개된 재미있는 이야기를 읽어 주거나 신문을 읽어 보라고 할 수도 있다. 이러한 것들은 아동이 재미있고 흥미 있는 활동에 지속적으로 참여하게 하기 위해 아버지가 쉽게 사용할 수 있는 간단하고 반응적인 전략의 예다. 이는 즐겁고, 재미있고, 자연스러운 방식으로 아동의 언어발달을 촉진할 뿐만 아니라 사회성, 인지, 운동 능력도 향상시킨다. 자연스러운 학습 환경에서의 실제에 대한 부가적인 정보를 원하는 독자는 던스트, 브루더, 트리브티 그리고 함비(2005, 2006), 던스트, 브루더, 트리브티, 함비와 그 외 동료들(2001)을 참고하기 바란다.

가족 코칭하기

코칭(coaching)은 주 코치와 주 양육자가 하는 활동, 반성, 정보 공유의 상호작용 과정으로, 현재의 실천을 개선하고, 새로운 기술을 개발하며, 코칭을 받는 사람의 꾸준한 자기평가와 학습을 증진시키기 위해 사용한다(예: Joyce & Showers, 1982; Kohler, McCullough, & Buchan, 1995; Morgan, Gustafson, Hudson, & Salzberg, 1992; Munro & Elliott, 1987; Peterson, Luze, Eshbaugh, Jeon, & Kantz, 2007; Rush, Shelden, & Hanft, 2003; Showers, 1985; Sparks, 1986; Tschantz & Vail, 2000). 유아기에서의 코칭은 역량 구축 모델(capacity-building model)에 포함된 도움 제공(helpgiving) 실제의 특정한 한 형태로 개념화할 수 있는데, 이 모델은 바람직한 생활환경을 만들기 위해 가족과 기타 양육자가 현재의 능력을 활용하고 새로운 기술을 개발하도록 지원하기 위한 것이다(Dunst & Trivette, 1996; Dunst, Trivette, & LaPointe, 1992; Rappaport, 1981; Trivette & Dunst, 1998). 조기 개입 전문가가 부모와 기타 양육자에게 제공하는 코칭은 아동의 학습과 발달을 촉진하기 위한 가족의 역량을 증진시킨다.

코칭을 사용하는 조기 개입 전문가는 정보의 역동적인 교환을 촉진하는 동시에 가족, 지역사회 그리고 조기 개입 환경에서 아동의 참여를 향상시키는 데 필요한 현재 부모의 수준과 의도에 기초한 새로운 전략을 구상하고 실행해야 한다(Bruder & Dunst, 1999; Hanft, Rush, & Shelden, 2004). 코칭의 역할은 부모와 코치가 함께 현재의 실천들을 평가·반성하고, 피드백을 통해 새로운 기술을 적용하며, 도전이 될 만한 상황들을 다룰 수 있는 지원적이며 비계층적인 환경을 제공하는 것이다. 그리고 그 궁극적인 목표는 부모가 적절하게 여러 상황에서 새로운 기술과 전략을 일반화하며, 자기 교정, 자기반성, 활동에 참여하기 위한 능력과 자신감을 갖고 지속적으로 실행하는 것이다(Flaherty, 1999; Kinlaw, 1999).

코칭 실제의 조작적 정의

학자들에 의해 개발 및 사용된 코칭의 정의는 코칭 실제와 의도된 결과 간의 관계의 조작화(Dunst, Trivette, & Cutspec, 2002)뿐만 아니라, 관찰된 변화들을 제시하기 위한 과정에 중점을 두고 있으며, 코칭 실제에 대한 연구들을 종합한 것에 기반을 두고 있다. 코칭의 정의는 다음과 같다.

> 코칭이란 성인 학습 전략 중 하나로, 코치는 학습자가 어떤 조치나 실제의 효과성을 평가하는 수단으로써 자신의 행동에 대해 숙고해 본 후 그 행동을 더욱 정교화하여 즉각적인 상황 및 미래 상황에 활용할 계획을 세우는 능력을 발전시키도록 돕는다(Rush & Shelden, 2005: 3).

다음은 전문가가 부모를 어떻게 코칭 상호작용에 참여시킬 수 있는지에 대한 간략한 사례다. 부모가 전문가에게 슈퍼마켓에서 아기를 카트 안에 앉히고 자신들은 쇼핑을 하고, 아기는 주변 상황을 볼 수 있게 하고 싶다고 말한 상황을 생각해 보자. 전문가는 부모에게 최근에 쇼핑하는 동안 어떻게 했었는지 그리고 그것이 얼마나 효과적이었는지를 물을 것이다. 그다음 전문가는 아버지와 함께 브레인스토밍을 하여 아버지가 어떤 노력을 해 왔는지에 대한 생각들을 나누고, 다음에 슈퍼마켓에 갈 때 만날 계획을 세운다. 아버지는 전문가와 논의한 대로 슈퍼마켓에서 아기를 카트 안에 앉히고 벨트를 채운다. 아기는 소란을 피우며 몸을 카트 한쪽으로 젖혀 울기 시작한다. 전문가는 아버지에게 아기가 왜 우는지 생각해 보라고 요청한다. 아버지는 아기가 카트 안에 있기가 불편해서일 거라고 답한다. 이에 전문가는 아기를 카트에 똑바로 앉게 하려면 어떻게 해야 하는지에 대한 생각을 묻는다. 아버지는 아기를 다르게 앉혀 보지만 별 도움이 되지 않자 아기 옆에 기저귀 가방을 두어 아기를 지지할 수 있게 하기로 한다. 가방 안에는 아기가 가장 좋아하는 장난감이 몇 개 들어 있다. 아버지가 장난감을 꺼내려고 팔을 뻗을 때, 전문가가 아버지에게 묻는다. "어떻게 해야 아이가 장난감을 선택하는 데 더욱 능동적이 될까요?" 아버지가 방법을 모르겠다고 하자, 전문가는 아기가 가방에서 장난감을 꺼내게 하는 시범을 보인다. 전문가는 자신이 시범을 보인 행동이 그의 평소 행동과 비교하여 어떠한지 묻는다. "나는 단순히 장난감을 선택하게 하는 것이 아이를 즐겁게 한다는 것을 몰랐고, 아이가 소란을 피우는 대신 그 장난감을 가지고 잘 놀 수 있음을 깨닫지 못했습니다." 쇼핑을 마치고 전문가와 아버지는 쇼핑카트에 아기를 바르게 앉힐 방법과 아버지가 식료품을 살 동안 아기가 할 수 있는 흥미에 기초한 부가적인 활동들에 대한 계획을 세운다.

코칭의 특징

특정 실제의 특징은 원하는 효과를 얻기 위해 전문가가 해야 하는 바를 알려 준다. 저자들의 미간행 연구들을 종합하면 코칭은 의도된 결과를 얻게 하기 위한 다섯 가지 특성을 갖는다. 즉, ① 함께 계획하기, ② 관찰, ③ 실행, ④ 반성 그리고 ⑤ 피드백이다.

함께 계획하기

함께 계획하기는 코칭 회기 동안 새로운 지식과 기술의 사용에서 부모의 활발한 참여를 보장한다. 함께 계획하기는 모든 코칭 대화의 한 부분으로 이루어지는데, 이는 일반적으로 기존에 연습한 기술이나 논의한 정보를 이용하기 위해 코칭 상호작용 중 부모가 하기로 동의한 것을 포함한다. 예를 들면, 부모와 전문가 간의 코칭 상호작용 결과로 전문가의 다음 방문 전까지 부모는 창고에서 아기용 의자를 꺼내어 닦아 두고 유아가 식사시간과 간식시간에 사용하게 하겠다고 약속할 수 있다.

관 찰

관찰은 코칭 대화를 할 때마다 해야 하는 것은 아니지만, 몇몇 코칭 방문 과정 중에 사용된다. 관찰은 대개 부모의 행동을 직접적으로 관찰하는 전문가가 하며, 이를 통해 반성과 논의를 위한 기회를 제공한다(예: 전문가는 아침에 옷을 입히는 동안 부모가 아동에게 선택권을 제공하는 것을 관찰한다.). 또한 관찰은 부모를 위해 전문가가 보이는 시범을 포함하기도 한다. 전문가가 부모에게 시범을 보일 때는 준비, 시범 및 반성으로 구성된 3단계 과정을 사용한다. 먼저, 전문가는 아동과 무엇을 할 것인지에 대해 이야기하고 시범을 보이는 동안 부모가 구체적으로 이를 관찰하도록 한다. 두 번째로, 전문가는 부모가 이미 하고 있는 것에 더하여 부가적인 전략들도 함께 시범을 보인다. 세 번째로, 전문가의 시범이 부모의 의도와 어느 정도 부합하는지, 부모의 전형적인 행동과 유사 또는 상이한지, 그리고 아동 학습에 관한 연구결과 및 부모가 바라는 것과 같은 맥락에 있는지 혹은 부모가 전문가의 시범에 따라 시도해 볼 의지가 있는지를 부모로 하여금 생각하게 한다(예: 심도 있는 대화를 나눈 후, 전문가는 아동의 눈높이에 맞게 몸을 낮추어 아동과 눈을 맞추면서 선택 기회를 제공하는 시범을 보인다.).

실 행

실행(action/practice)은 실제 생활의 활동 맥락에서 발생하고, 코치가 존재하건 안 하건 간에 발생할 수 있는, 계획되거나 자연스러운 사건 또는 경험이다. 실행의 특징은 코칭 상호작용을 하는 동안 논의한 정보를 사용할 수 있도록 가족과 주 양육자에게 기회를 제공한다는 것이다. 이러한 유형의 활발한 참여는 코칭을 받는 사람의 능력을 촉진하기 위한 필수 요소이며, 효과적인 도움주기의 주된 특징이다. 예를 들어, 부모와 아동이 자동차 여행을 준비할 때, 부모는 아동에게 출발 15분 전에 미리 알려 주어 아동이 자신의 보행 보조기를 이용하여 차까지 이동하는 데 필요한 충분한 시간을 주고, 차에 올라타서 앉는 것만 간단히 도와줄 수 있다.

반 성

코칭을 받는 사람에 대한 반성(reflection)은 상담, 감독 및 훈련과 구별되는 중요한 특징이다. 반성은 관찰이나 활동에 수반되며, 부모에게 현재의 전략을 분석하고 자신의 지식과 기술을 재정의할 기회를 제공한다. 반성을 하는 동안, 전문가는 관찰이나 활동을 할 때 어떤 것이 효과가 있었고 어떤 것이 효과가 없었는지 부모에게 설명하도록 한 후 지식과 기술을 지속적으로 개선할 수 있는 대안과 행동을 구상한다.

피드백

피드백은 부모가 관찰과 행동에 대한 반성의 기회 또는 새로운 기술을 실천하기 위한 기회를 가진 후에 하는 것으로 전문가가 하는 진술(statement)이다. 전문가가 하는 진술은 부모의 반성을 긍정하거나(예: "지금 무슨 말씀을 하시는지 잘 알고 있습니다.") 주제에 대한 부모의 이해를 심화하는 정보가 더해진다. 또한 부모와 전문가가 함께 새로운 아이디어와 행동을 개발하는 것도 피드백에 포함된다. 피드백을 제공할 때, 코치는 전문적인 경험, 다른 팀원에게서 얻은 정보, 자신의 전공 분야에서 이루어진 최신 연구들에 기반을 둔 정보를 공유한다. 아동이 미끄럼틀을 오를 수 있게 하려고 부모가 노력해 본 것과 그 노력의 결과가 성공적이었는지에 대한 부모의 반성을 들어본 후 부가적인 아이디어를 부모에게 이야기해 주는 것은 정보적 피드백의 한 예다.

팀활동에서의 주 코치 접근

비즈니스와 산업 분야(Cohen & Bailey, 1997; Hoegl & Gemuenden, 2001), 교육 분야(Flowers, Mertens, & Mulhall, 1999), 유아교육 분야(Briggs, 1997; Woodruff & McGonigel, 1988)와 건강 서비스 분야(Borrill et al., 2001; Borrill et al., 2002)의 현장에서 팀이 이룬 성과는 상당히 크다. 또한 건강 서비스 분야에서 팀워크의 중요성은 건강 서비스 종사자(예: 낮은 스트레스, 낮은 이직률, 팀원들에 의한 혁신의 증가, 업무 만족도의 증가)와 서비스 수혜자(예: 낮은 병원 내 사망률, 질 높은 서비스, 비용-효과성의 증가)에게 미치는 유익을 중심으로 입증되어 왔다(Borrill et al., 2001; Borrill et al., 2002). 팀설계 변인과 팀 효과성에 대해 미국의 기관들을 설문조사한 결과, 48% 이상의 응답자들이 팀을 이용한다고 응답하였다(Bell, 2004).

효과적인 팀활동의 특징

벨 등(Bell et al., 2004)의 연구에 근거하여 간략히 말하면, 효과적인 팀은 서로 뜻이 잘 맞고, 성실하며, 일반적인 정신능력이 높고, 자신의 전문 분야에서 유능하며, 새로운 경험에 대한 개방성과 정서적 안정성이 우수하다. 또한 팀활동을 좋아하며, 사회화가 충분히 이루어질 만큼 오랫동안 조직생활을 해 본 사람들로 구성되어 있다. 짧은 기간 동안만이라도 팀원으로 참여해 본 사람이라면 누구나 이러한 특성들이 놀랍지 않을 것이다. 사실, 이 특성들의 대부분이 간단명료하기 때문에 미국 전역의 행정가와 프로그램 조정자의 지지를 받는다. 특히, 개인의 특성(예: 적성, 성실성, 개방성, 심리적 안정성, 지능, 친근성, 협동 작업에 대한 선호도)에 따라 특정 팀으로의 배치가 고려되므로, 행정가는 팀원으로서의 '적합성'을 결정하기 위해 면담 과정 및 활동을 사용하기도 한다.

주 코치 접근에서 아동과 가족을 위한 일관된 팀의 존재가 중요함을 고려할 때, 팀원이 팀에 전념하는 기간과 시간의 양은 특히 중요하다. 이는 본업이 있으면서 파트타임으로 계약하여 일하는 사람들이 있는 여러 기관을 중개 체제로 이용하는 주에서 더욱 그러하다(Dunst & Bruder, 2006; Sloper, 2004; Sloper, Mukherjee, Beresford, Lightfoot, & Norris, 1999; Sloper & Turner, 1992). 팀원은 지속적이어야 하며, 이를 통해 팀원 간의 일체감을 꾀할 수 있다. 조직은 장기간의 팀원 자격을 장려하고, 이직을 최소화하며 소속 기간을 최대화하는 등의 방법으로 팀을 지원할 수 있어야 한다. 팀원이 자주 교체되거나 바뀌는 경우, 팀의 사회화와 문화적응 그리고 연구에 기반을 둔 실제가 더딘 경향이 있다. 벨(2004)과 다른 학자들(Borrill et al., 2001; Borrill et al., 2002)이 설명한 사회화-문화적응 효과는 팀활동에서의 주 코치 접근 실행에서 가장 긍정적인 유익 중 하나다. 이 접근은 프로그램에 등록된 모든 가족에 대한 지원과 서비스의 총체적인 질에 대한 프로그램의 신뢰도, 책임에 대한 높은 인식, 팀원 간의 반성과 조화를 포함한다(〈부록 7-1〉 참조).

다음은 팀활동에서의 주 코치 접근의 실행과 관련된 팀 과제와 구조 요인이다.

- **팀 과제는 팀원이 다양한 기술을 이용하여 의미 있는 작업을 할 수 있게 해야 하고, 다른 사람에게 유의미한 결과를 주어야 한다**(Bell, 2004; Borrill et al., 2001; Hackman, 1987). 팀설계에 관한 연구는 업무 달성을 위해 팀원이 가져야 하는 책임, 성공적인 업무의 완수를 위한 집단적 팀 정체성 개발, 팀의 내재적 동기화와 관련된 중요한 요소로서 팀 과제가 갖는 중요성을 확인하였다. 비즈니스와 산업 분야에서 팀 과제 변인은 더 높은 동기화, 실행 등을 얻게 하기 위해 조작화될 수

있는 것으로 논의 · 연구된다. 그러나 건강과 교육 분야에서는 동기, 책임, 실행, 만족 및 책무성에 대한 인식이 팀에 주어진 과제에 내재하고 있다고 보기 때문에 논쟁의 여지가 있다. 예를 들어, 조기 개입에서는, 아동의 발달과 성장을 지원하기 위해 필요한 능력과 자신감을 개발하도록 가족과 양육자를 지원해야 할 책임이 전적으로 팀에게 있다(IDEA, 1997).

- **팀원의 수는 과제에 적절해야 한다**(Bell, 2004; Larsson, 2000). 벨(2004)은 팀의 크기는 "과제를 수행하기에 충분한 정도여서 각각의 팀원이 자신만의 전문성을 팀에 기여할 수 있어야 한다."(p. 22)고 하였다. 비록 벨의 연구결과가 이상적인 팀원의 수를 제시하지는 않았지만, 일찍이 헤크만(Hackman, 1987)이 제안했듯이 불필요한 구성원이 있는 팀은 과제 수행에 필요한 팀원으로만 제한한 팀만큼 생산적이지 않다는 것과 같은 맥락으로 여러 가지 증거가 제시되고 있다. 미국 연방법에 의해 조기 개입 프로그램들은 장애 유아와 가족이 이용할 수 있는 다학문적 팀을 구성해야 한다(미국장애인교육법 개정안, 20 U.S.C. §1400 *et seq.*, 1997). 이를 통해 주 코치 접근을 실행하는 팀은 다학문적 팀의 종사자(즉, 조기 개입 전문가, 특수교사, 작업치료사, 물리치료사, 서비스 조정자, 언어치료사)가 필수적인 핵심 영역에 참여하는 것을 보장할 수 있다. 모든 핵심 팀원이 개별화가족서비스계획(IFSP)에 필수적으로 포함될 필요는 없지만, 팀원들의 전문 분야는 주 코치를 지원하는 데 이용될 수 있어야 한다.
- **팀의 자기관리는 팀 수행의 향상과 관련이 있기 때문에 팀은 어느 정도의 자기관리 능력이 있어야 한다**(Bell, 2004; Borrill et al., 2001; DeDrue & West, 2001; Erez, LePine, & Elms, 2002). 팀 의사결정에 참여하는 것은 팀의 혁신(새로운 아이디어의 추구, 동화, 실행)에 중요한 요소다. 많은 팀 과제와 관련된 서류 작업을 위해 대부분의 조기 개입

프로그램에서 팀 리더(촉진자)의 임명은 필수적이다. 그러나 팀의 생산성과 혁신을 위해서는 팀 전체의 의사결정이 필수적이다. 실제로, 집단을 촉진하는 기술이 있는 팀 리더를 임명하는 것은 신속한 의사결정, 자체적으로 실행되는 책무성 전략, 강화된 융통성과 효율성으로 팀 자기관리에 기여할 것이다. 또한 자기관리를 잘하는 팀은 감독 또는 중간 관리자가 덜 필요하다. 자기관리 실행은 팀에 또 하나의 도전이 되기도 하지만, 중개형 시스템, 독립적 제공자 시스템을 사용하는 주의 현행 체제와 프로그램에 유익한 것으로 나타났다.

- **팀은 공동 계획 시간이 있어야 한다**(Borrill et al., 2001; Borrill et al., 2002; Flowers et al., 1999). 공동 계획 또는 팀원의 회의 시간은 효과적인 팀의 기능에 필수적이다. 논의, 질의 및 비판적 사고에 필요한 시간을 팀원에게 제공하는 것과 더불어, 정기적으로 공유하는 팀 계획 시간은 팀 정체성의 사회화와 문화적응에 기여하며, 팀에게 주어진 업무의 완성을 위한 책임감과 의무감에 대한 인식 개발을 위한 시간이다.

팀활동에서 주 코치 접근의 특징

던스트 등(Dunst et al., 2000)이 설명한 세부적 실제의 특징에 대한 증거 기반 접근을 준수하고, 앞서 논의한 문헌들에 비추어 볼 때, 팀활동에서 주 코치 접근의 특징은 다음과 같다.

- 아동발달, 가족지원 및 코칭에 전문성을 가진 다양한 분야의 개인으로 구성된 팀을 프로그램에 등록한 각 가족에게 배치한다.
- 한 명의 팀원이 서비스 제공의 주 코치 역할을 한다.
- 주 코치는 계획된 상호작용과 자발적인 상호작용을 진행하면서 다른 팀원으로부터 코칭을 받는다.

실행 조건

이 접근의 효과적인 실행을 위한 주요 조건은 다음과 같다.

- 팀의 모든 치료사와 교사는 주 코치 역할이 가능한 사람이어야 한다.
- 모든 팀원은 동료 코칭을 위해 정기적인 팀 회의에 참석한다. 팀 회의에서 코칭 주제는 가변적이며, 팀원이 주 코치 역할을 할 수 있도록 지원하기 위해 필요한 구체적인 정보를 포함한다.
- 가족이 바라는 성과, 코치와 가족의 관계, 코치와 가족의 지식과 이용 가능성에 따라 주 코치를 선택한다.
- 주 코치를 지원하기 위한 다른 팀원의 방문은 되도록 언제나 같은 장소, 같은 시간에 주 코치의 동행하에 이루어져야 한다.
- 가족을 위한 주 코치가 자주 바뀌어서는 안 된다. 주 코치를 교체할 수 있는 정당한 이유는 가족이나 기타 양육자가 요청하는 경우 혹은 가족이 주 코치가 다른 팀원으로부터 코칭을 받았는데도 가족을 돕는 데 비효과적이라 믿는 경우를 들 수 있다.

다음에서는 팀활동에서 주 코치 접근의 실행 방법에 대한 명확한 그림을 제공하기 위해 그 과정을 어떻게 진행하는지 구체적인 단계들을 설명한다.

주 코치 접근의 실행 단계

1단계: 팀의 규정

아동과 가족을 지원하기 위한 지역기반의 팀을 구성하는 것은 조기 개입 제도가 직면한 가장 흥미로운 기회 중 하나이면서, 주 코치 접근으로의 첫 단계다. 개별 아동의 주변인으로 구성하는 것이 아니라, 주어진 구역, 지구, 우편번호, 학군별로 지원을 제공하기 위해 정해진 다양한 규준으로 팀원들을 구성하는 것이다. 핵심 팀은 대략 100가구당 한 팀으로, 전일제로 일하는 조기 개입 전문가 또는 유아특수교사 1명, 작업치료사 1명, 물리치료사 1명, 언어치료사 1명을 반드시 포함해야 한다. 또한 Part C에는 서비스 조정을 위한 주 정책에 의해 앞서 제시한 팀의 핵심 구성원 중 한 명을 서비스 조정자로 두거나 전용 서비스 조정자를 두어야 한다는 조항이 있다. 만약 어떤 전문가가 서비스 조정까지 맡아야 하거나 잦은 출장이 필요한 상황이라면, 핵심 팀이 지원하는 가족(가구)의 수를 줄일 필요가 있다. 또한 핵심 팀의 기타 구성원은 청능사, 간호사, 영양사, 심리사, 사회복지사, 시각 또는 청각장애 교사, 보행 전문가, 의사, 보조공학 전문가 등이 될 수 있다. 양육권이 있는 가족 성원은 항상 팀의 일원이다. 특별한 상황에 처한 아동의 경우 헤드 스타트(Head Start) 유아 교사와 헤드 스타트 교사, PAT(Parents as Teachers, 역자 주 – '교사로서의 부모'라는 부모교육 프로그램)의 가정방문자, 아동의 양육자, 아동의 생활에 중요하다고 부모가 판단한 사람들 등의 부가적인 팀원을 필요로 하기도 한다.

보조원, 보조 교사처럼 보조적 지원을 하는 사람은 핵심 팀의 구성원이 아니다. 전문가 가용성 결핍 모델(a scarcity model of practitioner availability)에 따라, 보조원은 일반적으로 한 가지 목적, 즉 아동에게 더욱 구체적인 전통적 치료를 제공하기 위해 앞서 언급한 핵심 팀원 중 한 명의 지휘하에 일한다(예: 보행기를 이용한 보행연습을 위해 보조 물리치료사가 아동의 집을 방문한다.). 팀활동에서의 주 코치 접근은 부모의 능력과 자신감 향상을 위해 일상 활동을 아동 학습을 위한 기회로 이용하여 자연스러운 학습 환경에서 실행한다. 이 접근은 적기의 학습 기회를 최대화하기 위해 감독(supervising)을 해 줄 치료사나 교사의 전문성과 접근성을 필요로 하며, 공인된 운동 프로그램이나 기본적 활동을 실행하기 위해 보조원을 이용하기보다는 부모 또는 기타 양육자를 코치하기 위해 지속적인 대화를 한다. 면허에 관한 소수의 주 법령만이 자율적인 치료 보조원의 실행을 허용하고 있다. 이렇게 드문 경우, 보조원이 핵심 팀원으로 고려될 수는 있지만 이는 권장되지 않으며, 해당 보조원이 어떠한 경우에도 공인 치료사를 대신할 수는 없다.

팀에는 최소한의 팀 모임을 가능하게 할 책임이 있는 리더가 정해져 있어야 한다. 리더의 역할은 팀 모임의 안건을 준비하고, 팀 모임을 하는 동안 토론을 이끌고, 팀 회의록을 준비하는 것이다. 또한 팀 리더의 책무에는 파견 조정, 평가자 배치, 문서 검토 등이 포함될 수 있다. 팀 리더는 프로그램 관리자, 서비스 조정자 혹은 기타 팀원이 될 수 있다. 일관성을 위해 팀 리더의 역할은 한 사람이 수행해야 하며, 팀원이 교대로 맡아서는 안 된다(Borrill et al., 2001; Erez et al., 2002). 직위만 있는 팀 리더가 아니라, 되도록 모든 팀원의 참여적 의사결정을 최대화하는 팀 리더가 존재한다면, 이는 팀활동에서 더 나은 성과로 이어질 것이다(Bell, 2004). 타의에 의해 임명되었든, 시간의 흐름에 따라 자연스럽게 리더가 되었든, 팀 리더는 이 접근에 요구되는 정기적인 팀 모임을 관리하기 위한 능력, 구조화 기술 및 집단 촉진 기술을 갖추어야 한다.

주 코치 접근 사용 시 팀 모임의 목적은 주 코치가 팀원으로부터 코칭을 받는 것과 가족이 조기 개입을 받게 되었을 때 팀원 간에 정보를 공유하는 것이다. 모든 팀원은 동료 코칭을 위해 정기적인(매주) 팀 모임에 참석한다. 가족은 주 코치가 팀 모임에 정기적으로 가서 다른 팀원으로부터 가족을 돕는 데 필요한 코칭을 받는다는 것을 알고 있다. 이러한 코칭에 대한 요구는 주 코치와 가족 또는 기타 양육자 간의 대화를 통해 나타난다. 모임에서는 가족 없이 어떠한 결정도 내릴 수 없으며, 주 코치는 모임을 통해 부모에게 제공할 추가적인 정보를 수집한다. 가족이 팀 전체를 만나기 원할 때, 모임은 가족에게 편리한 장소와 시간에 해야 한다.

조기 개입 지원을 위한 팀기반 접근으로의 이동 단계는 다음과 같다.

① 배정지역에서 자격 조건에 맞는 가족의 분포 파악
② 가족 분포에 기초하여 팀이 다룰 지역(즉, 지역, 우편번호, 학군) 확인
③ 각 지역을 다루는 데 필요한 팀의 개수 결정
④ 프로그램에 시간을 쏟을 수 있는 전문가를 비롯하여 활용 가능한 전문가 배치
⑤ 시간제로 일하는 전문가들이 회의에 참석하는 시간에 대해서도 수당을 받을 수 있게 하는 구조 개발

2단계: 정보 수집

가족과의 초기면담은 매우 중요하다. 면담이 진행되는 동안, 서비스 조정을 맡은 사람은 가족, 지역사회, 조기 개입 프로그램 그리고 활동 환경과 아동의 흥미에 대해 부모와 대화한다. 활동 환경과 흥미는 조기 개입 팀의 바탕이 되고, 가족은 아동의 참여를 지원한다(Dunst, Bruder, Trivette, Hamby, et al., 2001; Göncü, 1999). 아동은 의미 있는 활동에 참여함으로써 현재 가지고 있는 기술들을 연습하고 새로운 능력을 배울 수 있다(Dunst, Bruder, Trivette, Rabb, & McLean, 2001). 대부분의 전문가는 아동의 흥미와 가족에게 중요한 활동에 대한 명확한 이해 없이, 가르칠 기술을 판별하고, 그 기술을 가르칠 때 사용할 전략을 확인하며, 그 전략을 사용할 활동을 결정하는 경향이 있다. 이러한 전통적인 접근에서는 전문가와 부모가 실제적으로 전략의 범위 판별을 요하는 활동 참여를 지원하기보다 그들이 바라던 기술과 전략들에 중점을 둔다. 즉, 아동의 활동 참여가 여전히 기술 개발과 연습을 위한 기회 중심으로 이루어지는 것이다.

진단은 아동에 대한 부모나 양육자의 반응성 수준과 더불어, 판별된 활동 환경 내에서 아동의 현재 참여 수준을 분석하기 위해 사용하는 과정이다. 진단 과정의 한 부분으로, 전문가와 부모는 아동이 원하고 필요한 활동에 참여하는 것을 돕기 위한 다양한 전략을 시도할 수 있다. 예를 들어, 아

동이 대소변을 가릴 수 있어야 한다면, 전문가와 부모는 아동이 가장 효과적인 선택을 하도록 돕기 위해 여러 가지 방법을 시도할 수 있다. 아동의 적격성을 결정하는 평가와는 반대로, 진단은 지속적인 과정이며, 바르게 수행된 진단은 곧 중재이기도 하다.

3단계: 참여 기반의 IFSP 장기목표 개발

IFSP의 장기목표는 기능적인 동시에 가족과 양육자의 우선순위에 기반을 두어야 하며, 아동중심이자 가족중심이어야 한다(Able-Boone, 1992; Boone, McBride, Swannm Moore, & Drew, 1998; Rosin et al., 1996). 팀원이 아동 학습 기회를 제공하는 현재의 활동 환경과 희망하는 활동 환경에서의 아동 참여에 대한 정보를 얻고자 할 때, IFSP 장기목표는 부모와 기타 양육자 간의 대화를 통해 자연스럽게 얻을 수 있다. 부모는 아동의 활동 참여가 어떠한 형태가 되기 원하는지 알고 있으며, 이것들이 대화를 통해 정해지는 IFSP의 잠정적인 장기목표 활동이 된다. 왜냐하면 대화는 판별된 장애와 부모의 관심에 제한되기보다는, 현재의 활동과 희망하는 활동의 아동 참여에 따라 그 맥락이 정해지기 때문이다. 예를 들어, 현재는 어머니가 집안일을 할 때 아동을 안고 있거나 눕혀 놓는데, 이제는 아동이 혼자 장난감을 갖고 잘 놀 수 있었으면 좋겠다고 말했다면, 이것이 바로 장기목표가 될 수 있다. 이와는 대조적으로, 혼자 앉지 못하는 아동에게 '5분 이상 독립적으로 앉기'라는 장기목표를 설정하는 것은 기술(skill)에 중점을 둔 전통적 접근이라 할 수 있다.

〈표 7-1〉은 주 코치와 부모가 실행할 참여기반 기능적 IFSP 장기목표의 예다(참여기반의 기능적인 IFSP 장기목표의 부가적인 예는 이 장 후반부의 '펠리시티 가족 사례'와 제2장 일과기반 면담 참조).

4단계: 주 코치 선정

모든 팀원은 자신의 분야, 아동발달, 양육 지원, 자연스러운 학습 환경 실행과 코칭에 대한 능력과 자신감을 가지고 있어야 한다. 지정된 서비스 조정자를 활용하는 체제가 아닌 이상, 모든 팀원은 주 코치가 될 수 있다. 지정된 서비스 조정자는 코칭 상호작용을 사용할 수는 있지만, 주 코치는 될 수 없다. 주 코치로 선정되는 사람은 가족과 가장 잘 어울리는 팀원이며, 다음의 네 가지 기준에 따라 선정된다. 즉, ① IFSP 장기목표들, ② 부모, 양육자 또는 기타 주 학습자와의 관계, ③ 코치의 특별한 지식 그리고 ④ 팀원들의 가용성이다.

IFSP 장기목표는 가족이 중요시하는 우선순위에 따라 정해진다. IFSP 장기목표는 기능적이고 특정 분야에 한정되는 것이 아니므로, 모든 장기목표를 고려했을 때 이를 성취하기 위해 부모나 다른 양육자를 가장 잘 지원

〈표 7-1〉 IFSP 장기목표의 예시

아동 중심의 IFSP 장기목표	가족 중심의 IFSP 장기목표
지미는 편안한 자세로 장난감을 가지고 형과 즐겁게 놀 것이다.	지미의 형제들은 지미의 놀이시간을 좀 더 즐겁게 할 수 있는 역할을 포함한 여러 가지 새로운 전략들을 배울 것이다.
마크는 체중을 늘려 건강을 유지할 것이다.	마크의 부모는 매일 가정과 지역사회에서 필요한 영양과 의료자원을 얻어서 마크가 건강을 유지할 수 있도록 할 것이다.
샐리는 매일 식사시간과 간식시간에 손가락과 숟가락을 사용하여 먹을 것이다.	샐리 어머니는(아동 양육 시) 샐리가 스스로 먹는 법을 배우도록 하는 데 편안함을 느낄 것이다.
라케샤는 3세가 되기 전까지 셔츠와 바지를 스스로 입게 될 것이다.	라케샤의 할머니는 말다툼 없이 라케샤 스스로 옷을 입도록 돕는 전략을 알게 될 것이다.
로비는 아버지와 쇼핑하는 동안 카트를 타고 가장 좋아하는 활동인 책 읽기와 과자 먹기를 즐길 것이다.	로비가 카트 안에서 편하게 앉아 있는 30분 동안 아버지와 로비는 쇼핑을 잘 마칠 것이다.

할 수 있는 팀원이 최상의 주 코치다. 예를 들어, "아동은 식사시간에 가족과 함께 먹을 것이다."라는 하나의 IFSP 장기목표가 있다면, 주 코치는 식사시간에 가족을 잘 지원할 수 있는 팀원이 되어야 한다. 만약 IFSP의 유일한 장기목표가 '자가용으로 아동을 등하교시킬 때, 차 안에서 즐거운 시간을 보내는 것'이라면, 즐거운 차량 이동으로 가족을 지원할 최상의 팀원이 주 코치가 되어야 한다. 만약 위의 두 가지 장기목표가 모두 IFSP에 있다면, 이 두 가지 장기목표를 완수하도록 가족을 돕는 데 가장 적합한 팀원을 선정한다. 그런 다음, 주 코치는 가족이 이러한 장기목표들을 성취하는 것을 돕는 데 필요한 다른 지원을 팀을 통해 확인할 것이다.

주 코치를 선정하는 또 다른 기준은 가족 혹은 기타 양육 제공자와 팀원 간의 관계가 얼마나 형성되어 있는가다. 예를 들어, 가족 중 프로그램에 참여했던 형제가 있다면, 당시 부모나 주 양육자와 가장 가깝게 일했던 팀원이 주 코치가 되는 것이 최상일 것이다. 이러한 상황에서 주 코치와 가족은 서로 이미 어떻게 일하는지 알고 있으므로, 주 코치는 아동발달, 양육 지원 및 코칭에 자신감이 있고 능숙하며, 다른 팀원의 도움이 언제 필요한지 알고 있다. 따라서 이미 관계가 형성되어 있는 팀원이 주 코치를 위한 최상의 선택이 될 것이다.

주 코치를 선정하는 데 사용될 수 있는 또 하나의 기준은 팀원의 전문지식과 가족의 우선순위 간의 조화다. 일반적으로, 새로운 팀은 주 코치 선정을 위해 이 기준을 가장 자주 사용한다. 먼저, 가족의 우선순위와 가장 많은 관련이 있는 분야의 사람을 선정한다. 예를 들어, 가족이 자녀가 대화에 참여할 수 있기를 바란다면, 팀은 주 코치로 언어치료사를 선정할 것이다. 팀이 함께 일할수록 세부 전문 지식뿐 아니라, 개인의 지식과 경험을 서로 알게 되기 때문에 팀은 주 코치 선정을 위해 각 해당 분야를 엄격하게 따지기보다는 인생 경험과 전문성을 고려하게 될 것이므로 주 코치 선정은 더욱 수월해진다. 앞선 예에서 아동의 참여에 한계가 있는 이유나 상황에 따라 유아특수교사 또는 유아교육 전문가가 주 코치로서 가족에게 해당 유형의 지원을 제공하기 위해서 언어치료사와 동등한 자격을 가질 수 있다. 어떠한 팀원이 가족에게 유용할 만한 특정 지식, 전문성 또는 기술을 가지고 있을 때, 그 팀원이 주 코치로서 최상의 팀원이 될 것이다.

다음으로 언급할 수 있는 주 코치 선정 기준은 이용 가능성이다. 팀원의 스케줄을 조정하는 것이 근본적으로 불가능하고 추가적으로 다른 가족을 담당할 수 없다면 그는 주 코치로서 부적합하다. 그러나 그가 가족을 위한 주 코치가 되어야 할 유일한 최적의 인물이라면, 팀은 그가 새로운 가족을 지원할 수 있도록 약간의 조정을 고려해 보아야 할 것이다. 팀에서 최적의 인물이 가능하지 않고, 가족을 지원하는 데 필요한 지식과 기술을 가진 사람이 아무도 없다면, 팀은 외부에서 초빙할 자원을 확인해야 할 것이다. 그러나 가족이 최상의 이용 가능한 주 코치를 배정받게 하기 위해 보통 팀 내에서 스케줄을 조정하기 때문에 팀이 외부에서 자원을 구하는 일은 드물다.

주 코치를 두는 목적 중 하나는 가족을 위해 전문가를 교체하거나 다양한 전문가를 두는 것의 부정적인 결과를 최소화하기 위해서 한 명의 팀원으로 하여금 지속적인 실제 관계를 수립하고 유지하도록 하는 것이다. 따라서 주 코치를 교체하는 경우는 드물다. 주 코치는 IFSP 장기목표가 변경되는 경우, 주 학습자가 변경되는 경우, 주 코치가 다른 팀원으로부터 세부적인 지원이 필요한 경우에도 교체되지 않는다. 단, 가족이 주 코치의 방식이나 태도를 좋아하지 않거나 특별히 교체를 요청하는 경우 혹은 지식과 기술의 부족으로 다른 팀원과 늘 함께 방문 지원을 해야 하는 경우에는 주 코치를 교체해야 한다.

일단 주 코치가 선정되면, 지원의 빈도, 강도 및 기간이 구체화되어야 한다. 서비스의 강도와 빈도를 결정하기 위해 사용된 기존의 방법들은 아동의 장애 정도, 나이, 전문가의 일정, 가족의 사회경제적 지위, 주 양육자의 교육 수준, 치료 경력, 가정 프로그램의 부모 참여 역량에 대한 전문가의 판단, 아동의 인지 수준과 다른 영역의 발달 수준의 조화(즉, 인지 참조), 재정지원의 범위를 기반으로 하였다(Atwater, McEwen, & McMillan, 1982; Borkowski & Wessman, 1994; Carr, 1989; Cole, Dale, & Mills, 1990; Cole & Mills, 1997; Cole, Mills, & Harris, 1991; Dunst & Trivette, 2002; Farley, Sarracino, & Howard, 1991; Krassowski & Plante, 1997; Notari, Cole, & Mills, 1992). 그러나 이 중 서비스의 필요, 빈도, 강도 및 기간을 결정하는 것에 효과적인 방법으로 입증된 것은 하나도 없었다.

기존에 사용하던 일정 계획 방법이 무엇이든 간에, 주 코치 접근을 사용할 때의 방문 기간, 강도 및 빈도를 결정하는 것은 완전히 다른 과정이다. 이를 결정하는 과정은 부모와 주 양육자가 대화를 통해 함께 계획하는 것의 한 부분으로, 아동의 학습과 발달 증진을 위한 자연스러운 학습 기회 이용에 대한 부모의 능력과 자신감을 향상시키기 위해 필요한 지원의 정도를 부모가 결정하는 것이다. 예를 들어, 부모와의 대화는 부모가 논의한 계획을 실행하기 위해 얼마나 시간이 필요한지 그리고 전문가가 재방문하는 시기는 언제가 좋을지에 대한 질문을 포함한다. 적기에 지원 방법을 이용할 수 있게 하려면, 가족지원을 위해 필요하다고 생각되는 지원의 양을 확보하기 위해 IFSP의 융통성이 최대화되어야 한다. 빈도와 강도에 대한 진술의 예시는 다음과 같다. "2006년 1월 3일부터 4월 3일까지 총 21시간의 가정 및 양육환경 방문이 이루어질 것이다." IFSP는 가족과 프로그램 간의 약속이다. 그러므로 장기목표 달성을 위한 방문 수의 증감은 지정된 기간 내에서는 필요한 만큼 수정될 수 있다.

5단계: 아동의 학습을 향상시키는 양육 제공자의 능력을 촉진하기 위해 자연스러운 학습 환경에서의 연습 이용

주 코치는 2단계에서 얻은 아동의 생활에서 중요한 사람과 흥미에 기초한 활동 환경에 대한 정보를 바탕으로, 아동의 학습과 발달을 향상시키는 부모와 주 양육자의 능력을 촉진할 성인 학습전략으로 코칭을 사용한다. 코치와 주 양육자 간의 상호작용은 최소한 부모와 주 양육자가 바라는 우선순위를 달성하기 위해 그들이 수행하고 있는 것을 반성하는 기회와 주 코치와 주 양육자가 아동의 흥미에 기반을 둔 활동 맥락 안에서 시도해 볼 전략 또는 아이디어를 짜는 기회를 포함한다. 아동이 형제자매와 함께 뒤뜰에서 놀이하는 것이 가족의 우선순위이고, 아동을 위한 주 코치가 언어치료사(SLP)인 경우를 예로 들어 보면, 아동의 부모와 형제들은 밖에서 행복하고 안전하게 놀이하는 것을 최대화하기 위해 아동의 관심을 이용하는 방법에 대한 지원이 필요하다. 이 경우, 아동의 의사소통과 관련하여 그들의 반응성에 목표를 둔 몇몇 전략들을 사용할 수 있다. 기타 전략들은 놀이 시간 동안 부모가 사용할 행동지원 전략과 아동이 형제와 함께 뒤뜰을 돌아다니는 것을 보조하는 기술이다. 방문 지원 동안에 주 코치는 아동의 뒤뜰놀이 참여를 향상시키기 위해 함께 정한 전략들을 가족이 실행하는지 관찰한다. 또한 주 코치는 가족의 실행에 대한 피드백을 제공하고, 특정 전략의 대안적 사용을 시범 보이며, 이해를 확인하기 위해 가족의 수행을 관찰하고, 다음 방문 시까지 진행될 다음 단계들을 함께 계획한다.

펠리시티 가족 사례

다음은 이 장에서 제공한 정보의 실제적인 적용을 설명하기 위한 사례다.

새로운 지역으로 이사를 온 어떤 가족이 팀활동을 위해 주 코치 접근을 사용하는 조기 개입 코칭 팀을 배정받은 경우다. 이 가족은 현재 대도시 외곽의 아파트에 살고 있다. 펠리시티의 가족은 어머니, 아버지 그리고 두 살 된 딸 펠리시티로 구성되어 있다. 부모는 펠리시티의 성장과 발달을 지원하기 위해 조기 개입 프로그램의 도움을 받는 데 관심을 보여 왔다. 펠리시티 가족이 가장 선호하는 취미는 TV 시청이고 최근에 강아지를 집안에서 기르기 시작하였다. 아버지는 아파트에서 약 16km 거리에 주둔한 공군 소속이고 어머니는 전업주부로서 집에서 펠리시티를 돌본다. 펠리시티는 출생 직후 뇌성마비 진단을 받았다. 어머니의 말에 따르면, 펠리시티는 어머니에게 안겨 있는 것을 좋아하고, 강아지에게 무척 흥미를 보이지만, 먹는 것을 좋아하지 않는다. 펠리시티의 몸무게는 9kg이고, 부모와 의사는 펠리시티의 저체중을 걱정한다. 펠리시티는 병에 든 이유식을 마시지만 대부분을 바로 토해낸다. 펠리시티는 먹지 못해서 식사시간에 가족과 함께할 수 없다. 펠리시티는 앉거나 손을 사용하는 데 지원이 필요하고, 독립적인 이동이 불가능하다. 펠리시티는 미소로 행복함을, 울음으로 슬픔을 나타낸다.

펠리시티 가족의 조기 개입 프로그램 참여가 결정된 후, 의뢰 조정자(referral coordinator)는 펠리시티 가족을 이 가족의 거주지를 담당하는 조기 개입 팀에 배치하였다. 서비스 조정자 한 명이 가족에게 배정되었고, 가족의 우선순위에 대한 논의와 가족의 활동 환경과 관심 확인을 위한 초기 평가를 하기 위해 약속시간을 정하였다. 그리고 주간 팀모임에서 가족의 우선순위를 제시하였다. 팀은 펠리시티가 서비스 적격자임을 확인하였고, 의료 기록에 기초한 적격성을 문서화할 수 있었다. 다음으로, 팀은 급식과 섭식 분야의 전문가인 팀원 중 한 사람과 더욱 심도 있는 평가를 계획하였다. 이 경우, 작업치료사(OT)가 가족의 우선적인 바람인 펠리시티의 체중 증가를 위해 선정되었다. 전문가 중 한 명이 가족의 활동 환경과 관심, 우선순위를 요약한 보고서와 조기 개입 프로그램에 대한 펠리시티의 적격성을 문서화한 정보를 준비하였고, 이 정보를 부모의 동의하에 펠리시티의 주치의에게 전달하였다. 다음 순서는 IFSP 작성을 위한 가족과 다른 팀원들의 합동 회의였다. 그들은 가족의 우선순위로 고려된 장기목표들을 규정하였고, 이 목표들은 가족 활동과 일과에 대한 펠리시티의 참여를 증진시킬 것이다(예: 식사시간, 목욕, TV 시청, 장보기, 가족과 함께 아파트 놀이터 가기). 7월에 열린 IFSP 회의에서 팀은 다음과 같은 장기목표를 세웠다.

① 펠리시티는 추후 6개월간 체중 2kg이 증가할 것이다.
② 펠리시티는 추수감사절까지는 유아용 의자에 앉아 유동식을 식탁에서 가족과 함께 먹을 수 있게 될 것이다.
③ 어머니는 펠리시티와 즐겁게 잘 놀 수 있는 전략들을 배울 것이다.
④ 어머니와 아버지는 크리스마스가 될 때까지 펠리시티가 원하는 것, 좋아하는 것, 그리고 싫어하는 것을 부모에게 표현하게 할 새로운 방법들을 배울 것이다.

여기에서 구체적인 지원 결정은 IFSP 장기목표의 개발과 우선순위를 결정하기 전이 아니라 후에 이루어졌음을 주목해야 한다. 다음으로, 가족과 치료사들은 가족과 가장 많이 만나 왔고, IFSP에서 결정된 장기목표와 관련하여 가족을 지원하는 데 편안함을 느끼는 작업치료사를 주 코치로 결정하였다. 주 코치의 방문 빈도는 부모가 원하는 지원 수준에 기초하여 6월 5일부터 다음 해 1월 5일까지 1시간의 가정방문을 총 34회 하기로 결정하였다. 더불어, 6월 5일부터 8월 5일까지는 물리치료사가 1시간씩 총 8회에 걸쳐 주 코치와 함께 가정을 방문하기로 하였다. 다른 모든 팀원은 매주 정기적으로 계획된 팀회의에서 코칭 지원을 하였다. 초기에는 서비스의 빈도와 강도를 높게 하였고, 우선순위가 성취되자 그 수치를 줄여 갔다. 그 과정에서 부모가 펠리시티를 지원하는 자신감이 향상되었다. 주 코치(즉, 작업치료사)는 또한 펠리시티의 가정에서 실시하는 보조공학(예: 높은 의자, 발부목, 목욕용 의자와 다른 지원들) 제공과 실행을 위해 몇 번의 초기 방문을 물리치료사와 함께 해야 함을 알고 있었다. 또한 아동의 체중 증가를 위한 부모의 능력 강화를 위해 다른 팀원으로부터 지속적인 코칭을 받아 부모의 양육을 돕는 반응성 교수 전략들을 가르치기 위해 식사시간에 가족과 함께 했다. 초기 계획의 초안은 다음과 같았다.

[주 코치 방문]
1~2주=1시간씩 6회
3~4주=1시간씩 4회
2~3개월=1시간씩 12회
4~6개월=1시간씩 12회

[주 코치와 물리치료사 공동 방문]
1~4주=1시간씩 8회

이 접근에서 주 코치의 역할은 현재 활동 환경과 희망하는 활동 환경에서 부모의 우선순위를 나열하고 펠리시티의 참여를 최대화하는 데 중점을 두는 것이었다. 주 코치는 일과 중 학습경험에서 펠리시티의 성장과 발달을 지원할 수 있는 기회를 얼마나 많이 제공하는지에 대한 가족의 이해를 돕기 위해 코칭 전략과 자연스러운 학습 환경에서의 실제를 사용하였다. 주 코치는 자신이 가정방문하는 동안에 일어나는 일에 대한 것뿐만 아니라, 그의 부재 시에 일어나는 일에도 중점을 두었다. 예를 들어, 식사시간에 가족과 펠리시티가 함께하는 것과 유동식을 먹는 것을 우선적으로 다룰 때, 주 코치는 앉기와 관련된 다양한 상황(즉, 카시트, 유아용 의자, 어린이용 보조 의자)과 새로운 음식을 먹는 데 사용할 다양한 숟가락을 고려하게 하였다. 주 코치는 또한 식사시간 동안 펠리시티가 의사소통을 시도하려 할 때, 가족이 이것을 기회로 인식하는 것을 도왔다.

팀활동을 위한 주 코치 접근에서, 펠리시티의 가족은 팀의 모든 전문가로부터 도움을 받을 수 있었지만, 각 전문가를 따로따로 만나는 데서 오는 시간의 낭비를 겪지는 않았다. 또한 치료적으로 활용 가능한 일상적 학습 기회를 활용하여 유익을 얻는 경험을 하였다. 펠리시티 가족은 정기적으로 다른 팀원들로부터 코칭을 받은 주 코치를 만났고, 아동과 가족의 관심에 기반을 둔 일과 경험을 펠리시티를 위한 학습 기회들로 이용하도록 지원받았다. 팀원 간의 의사소통 조정에 대한 책임은 매주 팀 회의와 공동 방문을 통해 다른 팀원들로부터 코칭을 받고 부모와 지속적인 상호작용을 하는 주 코치에게 있었다.

이 접근의 사용에 따른 어려움

코칭 상호작용 방식, 자연스러운 학습 환경에서의 실제, 주 코치 접근 등의 활용은 아동의 학습을 향상시키기 위한 가족지원 방법과 일관되는 것이다. 그러나 여러 프로그램과 기관에서 이 접근들을 활용하는 데에는 많은 장벽이 존재한다. 사용하게 될 프로그램에 관계없이, 조기 개입 지원과 서비스 실행의 가장 주요한 장벽은 재원의 조성이다. 모든 조기 개입 프로그램이 부딪히는 첫 번째 도전은 이용 가능한 모든 재정 조달원(즉, 연방의 Part C 재정, 주에 할당된 재정, 제삼자 상환)을 적절히 사용하여 자원의 효율성을 최대화하는 동시에, 대상 아동과 가족을 위한 지원과 서비스 결정을 추진할 때 그 지급에 대한 전통적인 견해를 배제하는 것이다. 비록 몇몇 연구가 가족과 아동을 프로그램과 연결하는 중개자로 주 서비스 제공자를 선택하는 것이 비용 면에서 효율적이라고 제안해 왔지만, 주 코치 접근의 비용에 관해서는 아직 검증된 것이 없다(Barnett & Escobar, 1990; Barnett, Escobar, & Ravsten, 1988; Borrill et al., 2001; Eiserman, McCoun, & Escobar, 1990; Tarr & Barnett, 2001; Warfield, 1995).

팀활동을 위한 주 코치 접근의 경우 모든 팀원이 모이는 자리, 즉 팀 모임에서 아동의 발달과 성장을 지원하기 위한 주 양육자의 능력과 자신감 강화를 돕는 데 필요한 지원에 기초한 결정들이 이루어진다. 조기 개입 프로그램의 계약자가 제삼자에게 자신의 제공서비스에 대한 보수 요청을 해야 한다면, 그 지급에 관한 문제는 전문가들이 프로그램에 개입하기 전부터 다루어야 한다. 문제의 초점을 '어느 전문가가 제삼자로부터 재정지원을 받을 것인가'에 두는 대신 '어떻게 하면 기능적이고 의미 있으며 참여를 기반으로 하는 IFSP 목표를 달성하는 데 필요한 지원을 가족에게 제공할 수 있을까'에 두기 위해 조기 개입 프로그램이 고려해 보아야 할 여러 항목이 있다. 즉, 계약직과 정규직 전문가 모두를 위한 중앙 결제 시스템의 도입, 제삼자가 청구를 할 수 없는 가정방문 수당 지급을 위한 대안적 재정 마련, 정규직 전문가를 추가로 고용할지 계약직 전문가를 더 많이 활용할지에 대한 결정, 프로그램 관리 책임자가 현재 실행되고 있는 조기 개입 프로그램의 실제를 이해하도록 돕기 위한 서비스의 질 측정 등이 그것이다. 것인가를 고민하는 것에서 기능적이고 의미 있는 참여에 기반한 IFSP 장기 목표를 달성하기 위해 가족이 요구하는 지원을 실행하는 것으로 바꾸도록 하기 위해서는 다음을 고려해야 한다. 즉, 전문가(계약 및 고용된 전문가)들을 위한 조기 개입 프로그램의 중앙 결제 지원의 도입, 재정지원을 청구할 수 없는 방문을 위한 대체 지불 방법, 전문가 추가 채용 대 계약 중심의 외부 전문가 활용, 프로그램 관리자들이 조기 개입 프로그램하에 실행되는 실제들을 파악하는 데 일조하는 품질보증 방법의 사용을 고려해야만 한다.

둘째, 팀활동을 위한 주 코치 접근을 효과적으로 실행하기 위해서는 프로그램 리더십에 의거한 지원이 필요하다. 프로그램 관리자는 증거기반 실제에 대한 식견을 갖추고 있어야 하며, 프로그램 전문가가 각자의 분야에서뿐만 아니라, 전반적인 조기 개입 코칭 분야에 대해 신뢰할 만한 수준을 유지하도록 해야 한다. 프로그램 전문가는 직접적으로 고용되거나 계약을 통해 프로그램 실무자(agent)로 활동한다. 그리고 단순한 선호도나 경험에 한정된 실제가 아닌, 연구기반 실제들과 같은 지원을 제공할 책임을 가진다. 나아가 프로그램 관리자는 지속적인 다학문적 학습을 촉진하는 반성적인 실제 문화를 창조하기 위해 최신 연구들에 기반한 실제의 사용을 증진하는 프로그램 정책들과 절차를 보장해야 한다.

셋째, 가족이 필요에 따라 선택하여 승인한 전문가 목록을 사용하거나 다른 형태의 중개 서비스를 사용하는 프로그램은 특히 팀활동을 위한 주 코치 접근을 비롯하여 모든 형태의 팀 접근에 위험 요소가 될 수 있다. 이러한 모델에서 가족은 전문가를 선택할 때 서비스 조정자에게 가장 많이 의지한다. 이 경우, 진정한 팀이 이루어지지 않고 다양한 학문적 관점을 포괄하지 않으며, 서로 의사소통할 필요가 없고, 오직 IFSP 회의를 위해서만 만나며, 심지어 만남을 가진 후에도 자신의 분야에서 보는 문제점에만 중점을 두는 전문가 집단이 가족에게 서비스를 제공하게 된다. 특히, 인구 밀도가 높은 지역에서 이러한 전문가 집단은 일반적으로 같은 아동을 두고 함께 오래 일하지는 않지만, 서비스 조정자나 서비스 제공자 목록을 통해 가족이 선택해서 또는 서비스 조정자가 우연히 한 팀으로 구성되기도 한다.

종종 전문가와 서비스 조정자는 가족의 선택을 제한하는 표나 목록에서 가족이 직접 선택하도록 하는 것보다 구성된 팀을 가족에게 배정하는 방법에 대한 우려를 보이기도 한다. 표나 목록에서 선택하는 방법은 다양한 분야의 전문가로 구성된 팀과 가족 간의 신속하고 지속적인 만남이 아니라, 오히려 가족의 선택을 한정된 분야로 제한할 수 있다. 팀활동을 위한 주 코치 접근에서 가족은 누구를 어떤 이유에 따라 주 코치로 선정할 것인지를 결정하는 과정에 참여하며, 이러한 가족의 참여는 아동과 가족의 서비스와 지원에 대한 의사결정에 풍부한 정보를 제공하는 역할을 한다. 덧붙여, 만약 부모가 그들의 선택에 만족하지 못한다면, 주 코치의 교체를 요청할 수도 있다.

넷째, 효과적으로 기능하는 팀이 되려면 팀원들 간에 코칭을 제공하고, 공동 방문과 평가 및 진단 그리고 IFSP 회의에 대한 계획을 위해 정기적으로 모임 시간을 가져야 한다. 이렇게 함으로써 팀원들의 시간을 더욱 효율적으로 사용하고, 서비스 조정자가 자원기반 지원(resources-based supports)을 가족과 함께 실행할 수 있다. 팀 모임은 더 나은 의사소통을 제공하는 것 이외에도, 최신의 실제들을 사용하는 것에 대한 팀원 상호 간 책임을 갖도록 하여 아동과 가족을 위한 효과적인 지원을 하는 기회를 제공한다. 파트타임 전문가를 이용하는 프로그램은 이러한 모임들에 참석하는 모든 팀원의 보수 지급을 위한 장치를 마련해야 한다. 모든 핵심 팀원은 팀 모임에 꼭 참석해야 한다. 한 명 이상의 팀원이 참여하지 않을 경우 보수 또는 시간 부족을 원인으로 생각해 볼 수 있으며, 이는 효과적인 팀 기능을 방해하고, 결국 팀원은 차선책으로 자문형 모델을 선택할 수밖에 없다.

다섯째, 조기 개입의 팀 중심 접근에 대한 이해는 예비교사 단계부터 시작되어야 한다. 예비교사를 양성하는 전문가는 학생들이 효과적인 중재에 능숙하도록 최신 연구에 근거한 실제를 가르쳐야 한다. 더불어 증거기반 교수의 실제도 시범을 보여야 한다. 성과가 기대되는 실제를 교수할 때에는 개념 및 이론적으로 타당한 준거 틀을 제공해야 한다. 가장 중요한 것은 예비교사들에게 장애 아동과 가족의 혜택을 최대화하기 위해 함께 일하는 방법과 다른 분야와 친숙해지는 다학문적 학습 경험을 제공하는 것이다. 모든 현장 경험에는 학생, 교수진, 현장 교사 간의 비판적인 분석이 뒤따라야 하며, 이는 이들이 행하도록 지시받은 것과 관찰한 것이 연구로부터 얻은 지식에 얼마나 부합하는지 알기 위함이다.

여섯째, 팀은 팀활동을 위한 주 코치 접근의 특성과 일치하는 방식으로 이를 실행하기 위해 각 분야의 전문가를 갖추어야 한다. 여기에는 최소한 조기 개입 전문가/유아특수교사, 작업치료사, 물리치료사, 언어치료사가 포함되며, 서비스 조정 전담 모델을 이용하는 시스템인 경우에는 여기에 서비스 조정자가 추가된다. 도심 외곽 및 산간 지역에서는 치료사나 교사 수급이 부족하여 이와 같은 조건의 충족이 어려울 수 있다. 이러한 상황에서 가장 효과적인 전략은 핵심 팀을 모집하여 고용하는 것이다. 그러나 이 또한 불가능할 경우, 프로그램과 조직은 계약을 기반으로 활동하게 될 검증된 팀원들을 모집 · 확보하기 위한 재정과 인센티브 제공을 뒷받침하는 적절한 체계를 갖춰야 한다. 또한 회의를 위한 팀 모임, 일대일 코칭, 공동 방문을 위해 최신 공학의 사용이 필요할 수도 있다.

일곱째, IFSP 개발 과정은 영유아와 가족을 위해 지원과 서비스를 제공하는 방법을 구성하는 핵심 요소다. 유아기 관련 연구에서 자주 논의되는 흥미로운 주제인 IFSP 개발 과정은 그 과정이 갖는 문제와 그것을 개선하는 실제의 특성을 기술 및 요약하는 정보를 포함한다(Bailey, Winton, Rouse, & Turnbull, 1990; Dunst, Bruder, Ttivette, Raab, & McLean, 1998; McWilliam, Ferguson, Harbin, Porter, & Vaderviere, 1998). 의미 있는 IFSP 개발을 하게 하는 가족중심 IFSP 과정의 특징은 ① 주 양육자의 우선순위 확인을 위한 가족과의 첫 만남으로 IFSP 과정 시작, ② IFSP에 영향을 받는 모든 이들 포함(즉, 부모, 직계가족, 양육자), ③ 주 양육자의 우선순위와 관련된 실제생활 맥락에서의 아동 평가, 그리고 ④ IFSP 장기목표 결정 후 지원과 서비스를 계획하는 것이다. 장기목표 선정은 아동, 가족, 기타 양육자가 중요한 활동 환경에서 아동의 참여를 증진시켜 자신감과 만족감을 느끼도록 성인을 지원하는 데 중점을 두어야 한다.

많은 조기 개입 프로그램이 직면하는 어려움은 서비스의 필요를 결정하기 위한 아동중심의 차별적인 기존의 평가 절차의 사용 대(vs.) ① 프로그램 적격성을 결정하기 위한 평가 방법의 사용, ② 주 코치와 주 양육자가 사용하게 될 참여기반 장기목표를 개발하는 기능적 평가 전략이다. 팀활동을 위한 주 코치 접근에서는 다양한 전문가의 스케줄 조정을 효율적으로 해야 하며, 이를 통해 일상생활의 맥락에서 가족의 우선순위에 기초한 진단과 평가를 계획할 수 있다. 개별적인 평가를 하는 여러 전문가들로 이루어진 팀을 결국 전문가의 전문 분야와 아동의 장애에 근거한 장기목표에 초점을 둔 IFSP 서비스를 만든다(즉, 물리치료사의 대근육 장기목표, 작업치료사의 소근육 장기목표). 효율과 책무성 증진을 위해 Part C가 직면한 과제는 ① 평가를 덜 강조하는 과정을 실행하는 것, ② 활동 환경에서 아동이 참여하는 평가를 강조하고 지원하는 것, ③ 초기 면담부터 전이에 이르는 모든 과정에서 특정 지역 내에서 배정된 하나의 팀이 지속적으로 가족을 책임지게 하는 것이다.

결 론

미국 연방정부의 규정은 조기 개입 지원과 서비스 전달을 계획할 때, 다양한 분야의 개인으로 구성한 팀을 포함할 것과 세부 분야의 전문 기관들이 조기 개입에서 주 코치의 기능과 관련된 안내를 제공할 것을 명시하고 있다. 이 장에서는 자연스러운 학습 환경에서 장애 영유아와 가족을 지원하기 위한 '팀활동을 위한 주 코치 접근'의 사용에 중점을 두었다. 주 코치는 자연스러운 학습 환경에서의 실제를 실행할 책임이 있으며, 책임의 이행 과정에서 먼저 긍정적인 가족 기능을 향상시키고, 아동 학습의 기회를 최대화하며, 일과 내 존재하는 발달을 강화하는 경험들을 확장시키기 위한 방안으로 주 양육자의 기술과 지식을 강화하기 위해 코칭 상호작용 방식을 사용한다. 조기 개입 프로그램은 유아의 학습 방법과 일관될 뿐 아니라 장애 아동과 가족에게 효과적이고 효율적인 실제를 사용해야 한다.

참고문헌

Able-Boone, H. (1993). Family participation in the IFSP process: Family or professional driven? *Infant-Toddler Intervention, 3,* 63-71.

American Speech-Language-Hearing Association. (2008a). *Roles and responsibilities of speech-language pathologists in early intervention: Guidelines.* Rockville, MD: Author. Available from www.asha.org/policy.

American Speech-Language-Hearing Association. (2008b). *Roles and responsibilities of speech-language pathologists in early intervention: Technical report.* Rockville, MD: Author. Available from www.asha.org/policy.

Antoniadis, A., & Videlock, J. L. (1991). In search of teamwork: A transactional approach to team functioning. *Infant-Toddler Intervention, 1,* 157-167.

Atwater, S. W., McEwen, I. R., & McMillan, J. (1982). Assessment of the reliability of pediatric screening: A tool for occupational and physical therapists. *Physical Therapy, 62*(9), 1265-1268.

Bailey, D. B., Winton, P. J., Rouse, L., & Turnbull, A. P. (1990). Family goals in infant intervention: Analysis and issues. *Journal of Early Intervention, 14,* 15-26.

Barnett, W. S., & Escobar, C. M. (1990). Economic costs and benefits of early intervention In S. J. Meisels & J. P. Shonkoff (Eds.), *Handbook of early childhood intervention* (pp. 560-582).

Barnett, W. S., Escobar, C. M., & Ravsten, M. T. (1988). Parent and clinic early intervention for children with language handicaps: A cost-effectiveness analysis. *Journal of the Division for Early Childhood, 12,* 290-298.

Bell, S. T. (2004). *Setting the stage for effective teams: A meta-analysis of team design variables and team effectiveness.* Unpublished doctoral dissertation, Texas A & M University, College Station.

Boone, H. A., McBride, S. L., Swann, D., Moore, S., & Drew, B. S. (1998). IFSP practices in two states: Implications for practice. *Infants and Young Children, 10*(4), 36-45.

Borkowski, M. A., & Wessman, H. C. (1994). Determination of eligibility for physical therapy in the public school setting. *Pediatric Physical Therapy, 6*(2), 61-67.

Borrill, C. S., Carletta, A. J., Dawson, J. F., Garrod, S., Rees, A., Richards, A., et al. (2001). The effectiveness of health care teams in the National Health Service. Birmingham, UK: Aston Centre for Health Service Organizational Research, University of Aston.

Borrill, C. S., West, M. A., Dawson, J., Shapiro, D., Rees, A., Richards, A., et al. (2002). *Team working and effectiveness in health care.* Birmingham, UK: Aston Centre for Health Service Organization Research, University of Aston.

Briggs, M. H. (1997). *Building early intervention teams: Working together for children and families.* Gaithersburg, MD: Aspen.

Bruder, M. B., & Dunst, C. J. (1999). Expanding learning opportunities for infants and toddlers in natural environments: A chance to reconceptualize early intervention. *Zero to Three, 20*(3), 34-36.

Carr, S. H. (1989). Louisiana's criteria of eligibility for occupational therapy services in the public school system. *American Journal of Occupational Therapy, 43*(8), 503.

Cohen, S. G., & Bailey, D. E. (1997). What makes teams work: Group effectiveness research from the shop floor to the executive suite. *Journal of Management, 23,* 239-291.

Cole, K. N., Dale, P. S., & Mills, P. E. (1990). Defining language delay in young children by cognitive referencing: Are we saying more than we know? *Applied Psycholinguistics, 11,* 291-302.

Cole, K. N., & Mills, P. E. (1997). Agreement of language intervention triage profiles. *Topics in Early Childhood Special Education, 17,* 119-130.

Cole, K. N., Mills, P. E., & Harris, S. R. (1991). Retrospective analysis of physical and occupational therapy progress in young children: An examination of cognitive referencing. *Pediatric Physical Therapy, 3,* 185-

189.

De Drue, C. K. W., & West, M. A. (2001). Minority dissent and team innovation: The importance of participation in decision making. *Journal of Applied Psychology, 86*(4), 1191-1201.

Dunst, C. J., & Bruder, M. B. (2006). Early intervention service coordination models and service coordinator practices. *Journal of Early Intervention, 28,* 155-165.

Dunst, C. J., Bruder, M. B., Trivette, C. M., & Hamby, D. W. (2005). Young children's natural learning environments: Contrasting approaches to early childhood intervention indicate differential learning opportunities. *Psychological Reports, 96,* 231-264.

Dunst, C. J., Bruder, M. B., Trivette, C. M., & Hamby, D. W. (2006). Everyday activity settings, natural learning environments, and early intervention practices. *Journal of Policy and Practice in Intellectual Disabilities, 3,* 3-10.

Dunst, C. J., Bruder, M. B., Trivette, C. M. Hamby, D., Raab, M., & McLean, M. (2001). Characteristics and consequences of everyday natural learning opportunities. *Topics in Early Childhood Special Education, 21,* 68-92.

Dunst, C. J., Bruder, M. B., Trivette, C. M., Raab, M., & McLean, M. (1998, May). *Increasing children's learning opportunities through families and communities early childhood research institute: Year 2 progress report.* Asheville, NC: Orelena Hawks Puckett Institute.

Dunst, C. J., Bruder, M. B., Trivette, C. M., Raab, M., & McLean, M. (2001). Natural learning opportunities for infants, toddlers, and preschoolers. *Young Exceptional Children, 4*(3), 18-25(Erratum in Vol. 4(4), 25).

Dunst, C. J., Herter, S., & Shields, H. (2000). Interest-based natural learning opportunities. In S. Sandall & M. Ostrosky (Eds.), *Natural Environments and Inclusion* (Young Exceptional Children Monograph Series No. 2) (pp. 37-48). Longmont, CO: Sopris West.

Dunst, C. J., & Trivette, C. M. (1996). Empowerment, effective helpgiving practices and family-centered care. *Pediatric Nursing, 22,* 337-337, 343.

Dunst, C. J., & Trivette, C. M. (2000). *Family resource center information and support scale.* Asheville, NC: Winterberry Press.

Dunst, C. J., Trivette, C. M., & Cutspec, P. A. (2002). Toward an operational definition of evidence-based practices. *Centerscope, 1*(1), 1-10. Available at www.researchtopractice.info/centerscopes/centerscope_vol1_no1.pdf.

Dunst, C. J., Trivette, C. M., & LaPointe, N. (1992). Toward clarification of the mearning and key elements of empowerment. *Family Science Review, 5,* 111-130.

Eiserman, W. D., McCoun, M., & Escobar, C. M. (1990). A cost-effectiveness analysis of two alternative program models for serving speech-disordered preschoolers. *Journal of Early Intervention, 14,* 297-317.

Erez, A., LePine, J. A., & Elms, H. (2002). Effects of rotated leadership and peer evaluation on the functioning and effectiveness of self-managed teams: A quasi-experiment. *Personnel Psychology, 55,* 929-948.

Farley, S. K., Sarracino, T., & Howard, P. M. (1991). Development of a treatment rating in school systems: Service through objective measurement. *American Journal of Occupational Therapy, 45*(10), 898-906.

Flaherty, J. (1999). *Coaching: Evoking excellence in others.* Boston: Butterworth-Heinemann.

Flowers, N., Mertens, S. B., & Mulhall, P. F. (1999). The impact of teaming: Five research-based outcomes. *Middle School Journal, 31*(1), 57-60.

Göncü, A. (Ed.) (1999). *Children's engagement in the world: Sociocultural perspectives.* Cambridge, UK: Cambridge University Press.

Hackman, J. R. (1987). The design of work teams. In J. Lorsch (Ed.), *Handbook of organizational behavior.* Englewood Cliffs, NJ: Prentice-Hall.

Hanft, B. E., Rush, D. D., & Shelden, M. L. (2004). *Coaching families and colleagues in early childhood*. Baltimore: Brookes.

Hoegl, M., & Gemuenden, H. G. (2001). Teamwork quality and the success of innovative projects: A theoretical concept and empirical evidence. *Organization Science, 12,* 435-449.

Individuals with Disabilities Education Act Amendments, 20 U.S.C. § 1400 *et seq.* (1997).

Joyce, B., & Showers, B. (1982). The coaching of teaching. *Educational Leadership, 40*(1), 4-8, 10.

Kinlaw, D. C. (1999). *Coaching for commitment: Interpersonal strategies for obtaining superior performance from individuals and teams.* San Francisco: Jossey-Bass.

Kohler, F. W., McCullough, K., & Buchan, K. (1995). Using peer coaching to enhance preschool teachers' development and refinement of classroom activities. *Early Intervention and Development, 6,* 215-239.

Krassowski, E., & Plante, E. (1997). IQ variability in children with SLI: Implications for use of cognitive referencing in determining SLI. *Journal of Communication Disorders, 30,* 1-9.

Larsson, M. (2000). Organising habilitation services: Team structures and family participation. *Child: Care, Health and Development, 26,* 501-514.

McWilliam, R., Ferguson, A., Harbin, G., Porter, D. M., & Vaderviere, P. (1998). The family-centeredness of individualized family services plans. *Topics in Early Childhood Special Education, 18,* 69-82.

Morgan, R. L., Gustafson, K. J., Hudson, P. J., & Salzberg, C. L. (1992). Peer coaching in a preservice special education program. *Teacher Education and Special Education, 15,* 249-258.

Munro, P., & Elliott, J. (1987). Instructional growth through peer coaching. *Journal of Staff Development, 8*(1), 25-28.

Nash, J. K. (1990). Public Law 99-457: Facilitating family participation on the multidisciplinary team. *Journal of Early Intervention, 14,* 318-326.

Notari, A. R., Cole, K. N., & Mills, P. E. (1992). Cognitive referencing: The (non)relationship between theory and application. *Topics in Early Childhood Education, 11*(4), 22-38.

Peterson, C. A., Luze, G. J., Eshbaugh, E. M., Joen, H., & Kantz, K. R. (2007). Enhancing parent-child interaction through home visiting: Promising practice or unfulfilled promise. *Journal of Early Intervention, 29,* 119-140.

Pilkington, K. O. (2006). Side by side: Transdisciplinary early intervention in natural environments. *OT Practice, 11*(6), 12-17.

Raab, M. (2005). Interest-based child participation in everyday learning activities. *CASEinPoint, 1*(2), 1-5. Available at www.fippcase.org/caseinpoint/caseinpoint_vol1_no2.pdf

Rappaport, J. (1981). In praise of paradox: A social policy of empowerment over prevention. *American Journal of Community Psychology, 9,* 1-25.

Rosin, P., Whitehead, A. D., Tuchman, L. I., Jesien, G. S., Begun, A. L., & Irwin, L. (1996). *Partnerships in family-centered care: A guide to collaborative early intervention.* Baltimore: Brookes.

Rush, D., & Sheldon, M. (2005). Evidence-based definition of coaching practices. *CASEinPoint, 1*(6), 1-6. Available at www.fippcase.org/caseinpoint/caseinpoint_vol1_no6.pdf

Rush, D. D., Shelden, M. L., & Hanft, B. E. (2003). Coaching families and colleagues: A process for collaboration in natural settings. *Infants and Young Children, 16,* 33-47.

Sandall, S., Hemmeter, M. L., Smith, B. J., & McLean, M. E. (2005). *DEC recommended practices: A comprehensive guide for practical application in early intervention/early childhood special education.* Longmont, CA: Sopris West.

Shelden, M. L., & Rush, D. D. (2007). Characteristics of a primary coach approach to teaming in early childhood programs. *CASEinPoint, 3*(1), 1-

8. Available at www.fippcase.org/caseinpoint/caseinpoint_vol3_no1.pdf

Showers, B. (1985, April). Teachers coaching teachers. *Educational Leadership, 40*(7), 42-48.

Sloper, P. (2004). Facilitators and barriers for co-ordinated multi-agency services. *Child, Health, & Development, 30,* 571-580.

Sloper, P., Mukherjee, S., Beresford, B., Lightfoot, J., & Norris, P. (1999). *Real change not rhetoric: Putting research into practice in multi-agency services.* Bristol, UK: Policy Press.

Sloper, P., & Turner, S. (1992). Service needs of families of children with severe physical disability. *Child: Care, Health, and Development, 18,* 259-282.

Sparks, G. M. (1986). The effectiveness of alternative training activities in changing teaching practices. *American Educational Research Journal, 23,* 217-225.

Tarr, J. E., & Barnett, W. S. (2001). A cost analysis of Part C early intervention services in New Jersey. *Journal of Early Intervention, 24*(1), 45-54.

Trivette, C. M., & Dunst, C. J. (1998, December). *Family-centered helpgiving practices.* Paper presented at the 14th Annual Division for Early Childhood International Conference on Children with Special Needs, Chicago, IL.

Tschantz, J. M., & Vail, C. O. (2000). Effects of peer coaching on the rate of responsive teacher statements during a child-directed period in an inclusive preschool setting. *Teacher Education and Special Education, 23,* 189-201.

Vanderhoff, M. (2004). *Maximizing your role in early intervention.* Alexandria, VA: American Physical Therapy Association. Retrieved August 21, 2008, from www.apta.org/AM/Template.cfm?Section=searc&template=CM/HTMLDisplay.cfm&ContentID=8534.

Warfield, M. E. (1995). The cost-effectiveness of home visiting versus group services in early intervention. *Journal of Early Intervention, 19,* 130–148.

Woodruff, G., & McGonigel, M. (1988). Early intervention team approaches: The transdisciplinary model. In L. J. Johnson, R. J. Gallagher, M. J. LaMontagne, J. B. Jordan, J. J. Gallagher, P. L. Huntinger, et al. (Eds.), *Early childhood special education: Birth to three* (pp. 163-181). Reston, VA: Council for Exceptional Children.

Woods, J. (2008). Providing early intervention services in natural environments. *ASHA Leader, 13*(4), 14–17, 23.

Workgroup on Principles and Practices in Natural Environments. (2007, November). *Mission and principles for providing services in natural environments.* OSEP TA Community of Practice-Part C Settings. Available at www.nectac.org/topics/families/families.asp.

York, J., Rainforth, B., & Giangreco, M. F. (1990). Transdisciplinary teamwork and integrated therapy: Clarifying the misconceptions. *Pediatric Physical Therapy, 2,* 73–79.

〈부록 7-1〉

팀활동을 위한 주 코치 접근 체크리스트

(✓ = 만족스럽게 실행, − = 실행않음, ± = 충분히 실행하지 못함)

전문가는 다음의 항목을 실행하였는가?	✓	−	±	의 견
1. 자연스러운 학습 환경 맥락에서 주 양육자의 자신감과 능력 향상을 위해 역량을 개발하는 접근을 사용하였는가?				
2. 자연스러운 학습 환경에서 프로그램 계획의 기초인 아동의 흥미와 가족의 우선순위를 확인하는 강점기반 접근을 사용하였는가?				
3. 자연스러운 학습 환경 맥락에서 가족중심 접근을 사용하였는가?				
4. 필요한 공식 · 비공식적 자원을 가족이 판별, 진단, 평가하는 과정에서, 이들을 지원하기 위해 자원기반의 실제를 사용하였는가?				
5. 프로그램 배정 지역의 담당 구역에서 가족에게 다양한 분야의 개인으로 구성된 팀을 배치하였는가?				
6. 주 양육자에게 주 코치로서 서비스를 제공할 한 명의 팀원을 선정하였는가?				
7. 아동 발달 증진을 위해 매일의 학습 기회를 사용하는 주 양육자의 역량을 개발하기 위한 주요 중재 전략으로 각각의 가족에게 코칭을 사용하는 주 코치를 지원하였는가?				
8. 주 코치가 다른 팀원으로부터 코칭받는 것을 지원하였는가?				
9. 모든 팀원에게 동료 코칭을 위해 정기적인 팀 모임에 참석하도록 요구하였는가?				
10. 다른 팀원에게 주 코치가 참석할 때에 한해서만 가족/주 양육자 방문을 하도록 요구하였는가?				
11. 팀원이 팀모임, 공동 방문, 기타 동료 코칭을 위해 사용한 시간에 대한 수당 지급 체계를 갖추고 있었는가?				
12. IFSP 과정 내내(즉, 첫 만남부터 전환기까지) 팀이 가족을 지원하도록 요구하였는가?				

제 8 장 지원기반 가정방문

조기 개입에서의 가정방문

아동이 3세 이하인 경우 이 책의 주제인 '장애 영유아 가족지원'은 거의 가정방문에 관한 것이라 해도 과언이 아니다. 물론 전문가는 다른 환경과 사건을 통해서도 가족과 함께 일할 기회가 있지만, 이후의 설명에서 알 수 있듯이, 가정방문은 가장 일반적인 환경이다. 몇몇 다른 장들에서는 주로 개별화가족서비스계획(IFSP)을 다루었다. 하지만 이 장은 제7장처럼 주 코치 접근에 대한 매주 가족과 지속적인 상호작용을 하는 것에 대해 다룬다.

미국장애인교육법(IDEA) Part C의 혜택을 받는 아동 중 72%는 가정에서 서비스를 받고 있다고 보고된다(United States Department of Education, 2003). 하지만 장애 아동과 가족을 가정방문하는 것에 대한 증거기반 지침은 놀랍게도 너무나 적은 수의 연구에서만 제공되었다. 조기 개입을 위한 많은 가정기반 프로그램들이 연구되었지만, 저체중이나 조산아를 위한 것이었고, 장애 영유아를 위한 것은 아니었다(예: Liaw, Meisels, & Brooks-Gunn, 1995). 이러한 프로그램들은 'Part C' 가정방문과 같은 원리와 법에 기반을 둔 것이 아니었다. 유아를 위한 가정방문의 다른 종류로는 모든 아동을 위한 영국의 건강 서비스(British health visitors for any children; Kendrick et al., 2000), 조기 헤드 스타트(Early Head Start; Love et al., 2005), 신생아 간호 서비스(Nurses for Newborns; 예, Korfmacher, Kitzman, & Olds, 1998), 학대 위험 아동으로 판별된 가족을 위한 프로그램(Duggan et al., 2004)이 있다. 포웰(Powell, 1933)은 여러 가지 가정방문 프로그램을 살펴볼 때 고려할 주요 요소로 변화를 위한 목표와 전략("가정방문자와 가족 간 관계인지 아니면 중재자가 중요하게 생각하는 정보의 전달인지" (p. 26)), 주 관리기관, 프로그램 내용("아동 중심인지 아니면 광범위한 가족환경인지" (p. 26)), 프로그램의 강도 등을 들었다. 그러나 포웰의 논의에는 장애가 언급되지 않았다. 아주 소수의 연구에서 특별한 요구(즉, 우울증)를 가진 어머니가 있는 가족에게 가정방문이 효과적임을 입증하였으나, 아동에게는 아니었다(예: Gelfand, Teti, Seiner, & Jameson, 1996). 그러므로 Part C의 가정방문자는 이 장에서 제공하는 안내가 절실히 필요하다.

가족 지원과 서비스: 역방향 매핑 접근

가정방문은 가족지원 제공의 핵심 방법 중 하나다. 이론, 연구 및 경험에서 비롯된 실제들은 책무성 성과(accountability outcome)와 관련된 개념적 틀과 일치한다. 논리적 서비스 체계에서 책무성 성과는 우리가 바라는(내가 도덕적 성과라고 명명한) 실제 성과와 연결되어야 한다. 바라건대, 책무성 성과가 가족에게 제공되는 지원을 좌우해서는 안 된다. 〈표 8-1〉에 나열

〈표 8-1〉 가족지원과 서비스를 위한 역방향 매핑 틀

하부 구조	실 제 ←	내 용 ←	도덕적 성과 ↔	책무성 성과
• 주 서비스 제공자(초학문적) • 혼합모델(blended-model) 서비스 조정자 • 주 서비스 제공자 지원(기타 서비스) • 잘 훈련된 전문가 • 자연스러운 환경을 지원하기 위한 정책	• 생태지도 • 일과기반 면담 • 정서적 지원을 포함한 지원기반 가정방문 • 긍정적인 마음가짐 • 반응성 • 전체 가족에 대한 관심 • 친밀함 • 민감성	• 가족의 생태 • 가족에 대한 정보 • 아동 발달 • 서비스를 포함한 자원들 • 아동의 장애나 상태 • 아동과 할 일 • 권리	• 기타 • 가족의 삶의 질 • 가족 상호작용(T) • 건강과 안전(T) • 양육(T) • 일과에 대한 만족도(M)	• 아동의 강점, 능력, 특별한 요구를 이해하기(ECO) • 그들의 권리를 알고 아동을 효과적으로 옹호하기(ECO, OSEP) • 아동의 발달과 학습을 돕기(ECO, OSEP) • 지원체계를 갖기(ECO) • 지역사회 내 원하는 서비스, 프로그램에 접근하기(ECO)

주. T: Park et al.(2003); M: McWilliam(2005a, 2005b); ECO: Greenwood et al.(2005); OSEP: Office of Special Education Programs, U. S. Department of Education.

된 책무성 성과들은 미국 연방 교육부 특수교육국(Office of Special Education Programs)에 의해 선정되었고, 유아 성과 센터(Early Childhood Outcomes Center)에 의해 제안되었다(Greenwood, Walker, Bailey, & ECO Center Colleagues, 2005). 여기에 제시된 도덕적 성과는 비치센터에서 개발된 가족 삶의 질 척도(Beach Center's Family Quality-of-Life Measure; Park, Turnbull, & Turnbull, 2002)와 맥윌리엄의 일과 만족도 척도(McWilliam's satisfaction with routines measure; McWilliam, 2005b)의 하위 척도를 종합하여 개선시킨 것이다.

주요 도덕적 성과가 가족 삶의 질 향상이라면, 우리가 가정방문에서 주의를 기울여야 할 것은 무엇일까? 두 개의 내용 영역은 가족의 생태와 정보 지원이다. 가족의 생태를 이해하는 것은 ① 가정방문이 가족 전체에 관

한 것이지 '대상자'인 아동만을 위한 것이 아님을 가족이 알게 하고, ② 가족이 이용 가능한 공식적 · 비공식적 지원에는 어떤 것이 있는지 알아보는 데 필수적이다(Harbian, 2005). 정보 지원은 지원기반 가정방문의 기초 중 하나다(McWilliam & Scott, 2001). 가족에게 제공되는 정보의 유형 중 하나는 아동과 할 일이라는 것을 기억해야 한다. 이것은 매우 중요한 내용 영역이다. 왜냐하면 수년간 가정방문의 중점이 되어 왔기 때문이다. 이 모델은 조기 개입 가정방문 맥락에서의 언어치료, 특수교육, 작업치료 그리고 물리치료가 사실상 가족에게 정보 지원을 제공하는 것이라고 제안한다.

전문가가 직접 하는 작업을 강조하는 클리닉기반 접근은 양육자에게 정보를 제공하는 것에 대해 거의 강조하지 않는다. 이 모델에서 전문가는 자신이 아동에게 하고 있는 일이 가족에게 모델링이 될 것이라고 믿으며, 아동과만 함께 일한다. 때때로 가족이 방에 없을 때는 시범이 목적이 아니라 직접적인 치료가 목적이 된다. 전문가는 "이번 주 동안 이렇게 해 보세요."라고 말할 수 있다. 그러나 가족에게 시도하라고 요청한 것이 가족의 일상에 맞지 않을 수도 있다. 왜냐하면 그것이 가정방문의 인위적인 맥락에서 수행되었기 때문이다. 사실 이것은 클리닉에서의 전략보다 크게 나을 것이 없으며, 이러한 이유로 우리는 이를 "거실 마루에 던져진 클리닉기반 모델"(McWilliam, 1998)이라고 불렀다.

〈표 8-1〉에서 보여 주듯이, 가정방문이 가족을 위한 정보 제공을 포함해야 한다면, 그 실제나 과정에서 어떤 내용을 다루어야 할 것인가? 이 모델에서의 실제는 다음과 같다.

- 가족의 일과를 이해하기 위한 생태지도 작성
- 일과기반 면담(McWilliam, 1992, 2005a)
  - 가족과 긍정적인 관계 확립
  - 가족의 기능적 요구에 접근

- 가족들이 중재를 위한 우선순위를 결정하는 것을 돕기
- 가족을 격려하기 위한 정서적 지지
- 가족의 지식과 기능 향상을 위한 정보 지원

이러한 실제들은 다양한 환경에서 실행될 수 있지만 어떤 맥락이 그러한 실행에서 최선일까?

- 주 서비스 제공자 모델은 다학문적 접근의 산발적인 특성으로 접근하는 것이 아니라 포괄적인 일련의 중재를 가족이 받을 수 있도록 함 (Hanft, Rush, & Shelden, 2004)
- 주 서비스 제공자가 서비스 조정자의 역할을 맡도록 허용하는 서비스 조정자 모델(Bruder & Dunst, 2006)
- 주 서비스 제공자를 함께 돕는 다양한 기술과 지식을 겸비한 전문가 팀
- 아동발달(전형적 · 비전형적 발달), 가족 기능 및 상담(성인 교육을 포함한)에 지식이 해박한 핵심 전문가 집단
- 자연스러운 환경에서 서비스가 제공되기 위해(즉, 가정방문을 위해) 소요되는 이동 시간에 대한 지불 방법

이러한 논리적인 틀은 조기 개입 체계의 필수 요소들과 일치한다. 이 개념 틀은 사적인 이해 관계, 과거사, 임금 체계, 아동의 학습과 조기 개입의 과정에 대한 잘못된 정보 등의 결과로 야기되는 조잡한 접근보다 훨씬 더 바람직한 것이다.

FACINATE 맥락

조기 개입의 제공에 관련된 다섯 가지 핵심 요소들이 연결되어 이루어진

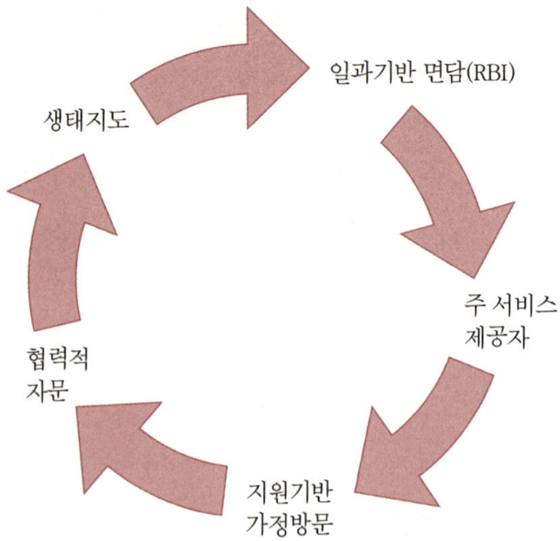

[그림 8-1] FACINATE 조기 개입 모델의 핵심 요소들

모델을 '자연스러운 환경에서의 가족중심 중재(FAmily-Centered Interventions in NATural Environments: FACINATE)'라 한다. 이 모델의 다섯 가지 핵심 요소는 [그림 8-1]에 나타나 있다. 즉, ① 가족 생태 이해하기, ② RBI, ③ 주 서비스 제공자, ④ 지원기반 가정방문 그리고 ⑤ 협력적 아동 양육 자문이다. 이러한 핵심 요소의 대부분은 이미 언급해 왔다. 협력적 아동 양육 자문은 이 장의 범위를 벗어나지만, 교실생활에 대한 상담과 통합하여 실행한 것에 주목할 필요가 있다. 아동은 교수나 치료를 위해 자연스러운 환경에서 분리되지 않는다. 이것은 가정방문의 일과기반 접근과 일치한다.

가정방문자를 위한 지침의 필요성

이 장은 문헌에서의 가정방문 실제에 대한 관심이 상대적으로 부족한 것을 고려하여, 여러 주와 프로그램에서 지원기반 가정방문 실행을 도왔던 나의 경험을 바탕으로 일련의 서면으로 된 지침의 필요성에 대해 다룬다. 이 지침들은 다음과 같은 네 가지 조기 개입 문제를 다루어야 한다. ① 과도한 전문화가 모든 요구(need)마다 서비스가 필요하다는 생각을 만들었다. 이것은 조기 개입을 받는 가족을 자주 방문하는 전담 전문가가 있을 때 나타날 수 있다. ② 서비스의 빈도와 강도에 대해서 많을수록 좋다는 잘못된 신념이 방금 설명한 지나친 결과를 만들었다. 서비스의 강도와 관련된 예로, 한 아동이 특정한 서비스(예, 어떠한 치료)를 받아도 진전이 별로 없을 때, 터무니없이 보이지만 팀은 그 강도를 높여 왔다. ③ 전문가는 장기목표 선택을 어려워하는 가족을 책임지지 못해 목표 행동을 빈약하게 묘사하고, 성취 기준 또한 없거나 무의미하고, 전략들이 장기목표와 맞지 않는 매우 허술한 IFSP를 만들어 왔다(Jung & McWilliam, 2005). ④ 거실 마루에 던져진 클리닉기반 중재 모델 또는 교실기반 중재 모델은 맥락과 관련된 발달적인 도움을 아동에게 제공하는 데 필요한 정보들을 가족에게 제공해 주지 못했다(〈부록 8-1〉의 지원기반 가정방문 체크리스트 참조).

부적절한 클리닉기반 접근

부적절한 클리닉기반 접근은 가정방문자가 전형적으로 가지고 다녔던 장난감 가방을 중심으로 이루어져 왔다. 가족이 가진 자료가 충분히 좋지 않다는 것을 암시하는 장난감 가방에는 가정방문이 끝나면 수거해 가는 장난감이 들어 있고, 전통적인 가정방문자는 차례대로 그 장난감들을 사용하여 주제를 결정한다. 장난감 가방을 포기하는 것은 이 모델에서 가장 어려운 것 중 하나다.

거실 마루에서 이루어지는 클리닉기반 접근의 또 다른 특징은 가정방문자가 '아동과 함께 일하는 것'이다. 이는 가족이 잘못 지도하고 있는 아동을 방문자가 지도한다는 것을 암시한다. 또한 아동과 함께 직접적으로 일하는 것은 가정방문을 하는 동안 가족의 '참여'가 결여되는 것에 대한 불만을 갖게 한다. 가족 참여의 결여를 안타까워하는 전문가는 참여를 설득하지만, 아동과 함께 일하는 전문가를 보는 가족은 자연스럽게 그동안 밀린 빨래를 하거나 연속극을 볼 좋은 기회라고 여길 수 있다. 일반적으로 클리닉기반 접근에서는 가족의 주된 역할이 관찰하는 것이다.

클리닉기반 접근에는 다음과 같은 네 가지 문제점이 있다.

① 방문과 방문 사이에 발생하는 모든 가족-아동의 상호작용과 다른 성인-아동의 상호작용의 결과보다는 가정방문의 결과로 아동의 변화가 생긴다고 제시한다.
② 단순히 다음 문제로 이르게 하는 발달적 중재를 제공하는 방식으로, 가정방문에서 다루어야 할 요구들을 지나치게 단순화시킨다.
③ 요구가 발생할 때마다 서비스를 받겠다는 심리를 조장함으로써 각각의 요구별로 별도의 전문가를 필요로 한다.
④ 가정방문의 실행을 '시범을 보인 후 기원하기'로 전락시킨다. 즉, 가정방문자는 가족에게 시범을 보이면서 아마도 가족이 이 시범에 주의를 기울이고 있으며 시간이 지나면 자기처럼 해 볼 것이라고 믿어 버린다.

다섯 가지 핵심 원리에 기초한 가정방문 체계로 이러한 조기 개입의 문제점들을 다룰 수 있다.

이 모델을 이해하는 데 필요한 다섯 가지 핵심 원리

① 아동에게 영향을 주는 것은 가족이고, 우리는 가족에게 영향을 줄 수

있다. 주 1회 아동을 만나는 가정방문자보다 가족은 아동에게 더 큰 영향을 줄 수 있다(McWilliam, 2003).

② **아동은 하루 종일 학습한다.** 영유아는 다양한 일련의 투입 과정이 필요한 치료나 교육 단위로 학습하지 않는다(즉, 밀집된 시도들, Grisham-Brown, Schuster, Hemmeter, & Collins, 2000).

③ **조기 개입은 매주 수업을 제공하는 것에 관한 것이 아니다.** 게다가 영유아는 분산된 시도들을 통해 학습한다. 맥락화되지 않은 환경에서 일상생활로 전환하는 것은 어려움이 있다.

④ **아동을 위한 모든 중재는 방문과 방문 사이에 일어난다.** 앞의 세 가지 원리에 따른다면 가정방문의 기능은 직접 아동에게 중재하는 것에서 주 양육자를 지원하는 것으로 바뀔 필요가 있다.

⑤ **아동에게 필요한 것은 많은 서비스가 아니라 최적의 중재다.** 앞의 네 가지 원리들을 따른다면 아동의 학습 기회는 최대화되고 최적화된다. 정기적으로 주 양육자가 아동을 중재하는 것은 더 많은 전문가가 더 많은 서비스를 제공하는 것에 영향받지 않는다.

중재와 서비스의 차이는 가정방문의 역할을 이해하는 데 중요하다. 중재는 아동이 받는 것이고, 서비스는 양육자(가족과 아동의 주 양육자들)가 받는 것이다.

이러한 다섯 가지 원리는 브루너(Bruner, 2000)의 가족중심 조기 개입, 캠벨(Campbell, 1987)의 통합된 프로그래밍 팀, 던스트와 트리브티(Dunst & Trivette, 1988)의 사회적 지원, (그리고 브루더와 함께한) 학습 기회 및 서비스 조정(예: Dunst, 2001; Dunst & Trivette, 1988; Dunst, Hamby, Trivette, Raab, & Bruder, 2002), 맥브라이드와 피터슨(McBride & Peterson, 1997)의 가정방문의 실제, 로버트, 룰 그리고 이노센티(Robert, Rule, & Innocenti, 1998)의 가족-전문가 협력, 에델만(Edelman, 2001)의 서로 다른 분야가 함

께 일하기 위한 팀 모델 구성, 한프트 등(Hanft et al., 2004)의 주 코치 모델, 우드와 웨더비(Wood & Wetherby, 2003)의 매일의 일과에 삽입한 중재 등에서 영향을 받은 것이다. 이 모델은 지원기반 가정방문을 위해 이러한 다양한 선행연구에 근거를 두고 수립되었다.

가 정

지원기반 가정방문이 성공적으로 이루어지기 위해서는 다음의 네 가지 가정(assumptions)이 충족되어야 한다.

가정 1

초반부터 FACINATE 모델을 소개함으로써 가족이 우리가 하는 접근에 놀라지 않는다는 것이다. 이 모델을 소개할 때 강조하는 것은 다음과 같다.

- 우리는 아동에게 중재를 최대화한다.
- 더 많이 서비스를 받는 것이 더 많은 중재를 의미하는 것은 아니다.
- 모든 중재는 방문과 방문 사이에 발생한다.
- 전문가의 업무는 주 양육자를 지원하는 것이다. 이러한 지원은 우리가 가족에게 할 수 있는 다음과 같은 약속에서 분명히 나타난다.
  - 우리는 정보를 제공할 것입니다.
  - 우리는 당신에게 아동을 가르치는 방법 외에도 여러 가지 것을 아동과 함께하는 방법을 가르쳐 줄 것입니다.
  - 우리는 아동의 장애에 대해 당신에게 말할 것입니다.
  - 우리는 자원에 대해 말할 것입니다.
  - 우리는 아동발달에 대해 당신에게 가르쳐 줄 것입니다.
  - 우리는 당신이 필요한 것에 접근하도록 할 것입니다.

–우리는 당신이 아동발달을 돕는 데 필요로 할 보조 공학을 포함한 장비들을 갖출 것입니다.
–우리는 당신에게 주어진 재정적 자원에 접근할 수 있도록 할 것입니다.
–우리는 당신을 정서적으로 지지할 것입니다.
–우리는 당신에게 도움이 될 것이고, 당신에 대해 긍정적일 것입니다.
–우리는 당신에게 반응적일 것입니다.
–우리는 주 양육자를 포함한 당신의 가족 전체에게 주의를 기울일 것입니다.
–우리는 당신에게 친절할 것입니다.
–우리는 당신에게 민감할 것입니다.

가정 2

우리가 가족 안에 누가 있는지, 공식적 · 비공식적 그리고 중간 지원망으로 중요한 구성원이 누구인지 안다는 것이다. 이것은 생태지도를 그리면 가장 잘 알 수 있다.

가정 3

가족이 결정한 기능적인 장단기 목표 목록을 갖춘다(전문가가 목록을 결정하고 가족이 승인하는 것과 반대로)는 것이다. 기능적인 장단기 목표는 가족의 일과를 심도 있게 평가한 결과에 기초하여 가족의 우선순위에 따라 순서가 매겨진다.

가정 4

가정방문자는 자신의 전문 분야에 맞는 몇 가지의 장단기 목표만이 아니라 모든 장단기 목표를 지원한다는 것이다. 가정방문자가 단지 자신만의 분야에서 장단기 목표들을 다루는 다학문적 또는 간학문적 모델에 비해, 주 서비스 제공자 모델(예: 주 코치, 초학문적)은 모든 장단기 목표의 지원을 할 수 있도록 한다.

여기에서 제시한 모델은 이러한 가정들 중 한두 가지가 맞지 않아도 사용될 수 있지만, 이 모든 가정이 충족될 때 이 모델은 매우 강화될 것이다. 이제 조기 개입 전문가는 지원기반 가정방문을 제공할 준비가 되어 있다.

지원의 세 가지 형태

거실 마루에서 이루어지는 클리닉기반 모델을 대체할 수 있는 것은 지원기반 가정방문이다(McWilliam, 2000, 2002; McWilliam & Scott, 2001; McWilliam, Snyder, Harbin, Porter, & Munn, 2000). 이러한 가정방문에 대한 접근은 조기 개입에 대한 구랄닉(Guralnick, 1998, 2001)의 발달 체계 모델과 유사한 세 가지 지원 유형을 중심으로 운영된다.

정서적 지원

5세까지의 조기 개입에서 가족중심 서비스 전달에 대한 질적 연구를 통해 발견된 전문가의 정서적 지원의 다섯 가지 중요한 특징은 다음과 같다(McWilliam, Tocci, & Harbin, 1998).

① 긍정성: 아동과 가족 성원 모두에게 긍정적임
② 반응성: 가족이 염려를 표현할 때 그것에 공감하고 무언가 할 일을 제공함
③ 가족 전체 지향성: 가족 성원, 특히 주 양육자와 그들의 요구를 인식함
④ 친밀함: 가족을 의뢰인이 아닌 이웃처럼 대함

⑤ 민감성: 원치 않는 과제를 부여하지 않고 불편한 시간에 실행하지 않는 것을 포함하여 가족의 입장에서 생각함

공감과 격려 같은 정서적 지원의 다른 면들도 중요하다.

물질적 지원

물질적 지원 제공에는 가족이 물질과 장비, 재정적 자원 등에 접근할 수 있도록 하는 것이 포함된다. 물질에는 주거, 의복, 차량, 음식, 기저귀 같은 요구들이 포함된다. 가정방문은 전문가가 이러한 것들이 충분한지를 살펴볼 기회를 준다. 만약 충분하지 않다면, 그것이 첫 번째 우선순위가 되어야만 한다. 가정방문자는 직접적이든 간접적이든 가족이 이러한 물질들에 접근할 수 있도록 해야 한다. 직접적인 지원은 가족과 기관이 함께 일하는 것을 수반한다. 간접적인 지원은 만약 가정방문자가 그 역할을 수행할 수 없을 경우, 서비스 조정자 같은 다른 전문가에게 이를 부탁하는 것을 말한다.

자세 보조 의자, 의사소통판 같은 아동을 구조적으로 지원하는 장비를 이용할 필요가 있고, 이를 통해 일과에서 독립적으로 사회적 관계를 형성할 수 있다. 또한 보조 받침, 보조베개, 치료용 볼, 코너 의자, 프론 스탠더(기립 보조 기구) 등의 자세 보조 기구와 운동 보조 기구를 사용할 수도 있다. 그러나 가정방문자는 성공적인 기능을 위해 필요한 특별 장비들을 제한함으로써 가족이 원하는 정상적인 가정의 모습을 최대한 유지하도록 도와야 한다. 효과에 대한 증거가 부족한 운동 장비가 작은 거실에 가득한 것은 가족에게 아무런 도움이 되지 않는다. 가정방문자는 가족이 최대한 일상적인 자료를 사용할 수 있도록 도와야 한다.

정보적 지원

가족에게 조기 개입 제공자에게서 더 원하는 것이 무엇인지를 물으면 그

들은 대개 정보라고 답한다(Sontag & Schacht, 1993). 가정방문자가 준비해야 할 정보는 다음 네 가지다.

① 아동발달: 가족은 또래의 다른 아동이 무엇을 할 수 있는지 혹은 발달적으로 그다음 단계는 무엇인지 알기 원한다. 가정방문자는 이러한 정보를 알고 있도록 훈련되어야 한다.

② 아동의 장애: 가족은 아동의 장애나 상태에 대해 알기를 원한다. 그들은 때때로 가정방문자보다 많이 알기도 한다. 가정방문자는 그들이 알지 못하는 장애에 대한 정보가 있어야 하며, 가장 보편적인 장애에 대해서도 알고 있어야 한다.

③ 서비스와 자원: 가족은 어디에서 도움을 얻을 수 있는지와 어디에 학습 기회가 있는지 알고 싶어 한다. 가족이 서비스 제공자를 바꾸려 할 때 서비스에 대한 관심은 전환에 치우치게 된다. 가정방문자는 지역사회 내에서 자원이나 정보를 어디에서 얻는지 알아야 한다.

④ 아동과 할 것: 이것은 조기 개입에서 전통적으로 제공해 온 정보적 지원의 중요한 부분이고 지속적으로 중요한 부분이 될 것이다. 소아과적 치료(작업치료, 물리치료, 언어치료)와 유아특수교육이 가족에게 아동을 돕기 위해 일과에서 정기적으로 할 수 있는 것에 대한 지식과 기술(즉, 정보)을 제공하기 때문에, 조기 개입에서의 치료와 교육은 사실상 정보적 지원을 제공하는 형태를 띤다. 치료와 교육을 '지원'으로 개념화하는 것은 치료사와 교사가 자신의 업무를 기본적인 자문이라고 이해하게 하는 데 도움이 될 것이다.

그러므로 전문가는 정서적·물질적·정보적 지원 제공이라는 목적을 가지고 가정방문을 해야 한다.

가정방문의 틀

밴더빌트 가정방문 스크립트(Vanderbilt Home Visit Script: 이하 VHVS; McWilliam, 2004)는 지원기반 가정방문을 돕기 위한 틀로, 〈부록 8-2〉에 수록되어 있다. 장난감 가방 중심 가정방문에서 장난감은 그날 아동에게 가르쳐야 할 주제 그 자체이므로, 〈부록 8-2〉는 장난감 가방을 가지고 가지 않는 가정방문자가 장난감 대신으로 기억해야 할 사항들을 제시한다.

적절한 스크립트의 사용

다음 단락에서는 양육자를 치료사와 교사로 변화시키는 과정 없이, 아동을 과도하게 중재하도록 하는 가정방문의 영향에 대한 이 분야의 몇몇 전문가들의 회의론을 제시한다.

> 확실히 온종일 유아가 경험하는 모든 상호작용은 발달에 영향을 미칠 가능성이 있다. 전문가와 아동이 직접적으로 상호작용하는 가정방문과 치료 회기는 주당 몇 회 정도 되어야 의미 있는 결과를 기대할 수 있는가? 한프트와 페인버그(Hanft & Feinberg, 1997)는 개별적인 가족의 바람과 아동의 요구를 고려하지 않으면 이러한 의문은 해결될 수 없다고 주장해 왔다. 만약 방문이 양육자가 아동의 일상적인 상호작용을 구조화하고 지원하는 것을 돕도록 설계된다면, 더 많은 혜택을 기대할 수 있을 것이다. 그러나 그러한 접근이 부적절하게 시행된다면, 가족이 교사나 치료사가 되도록 요구할 것이고, 의도하지 않은 부정적인 결과가 생길 수 있다. 더구나 가정방문만의 효과는 장애 아동의 발달 경로를 바꾸는 수단으로 검증되지 않았다. 아동의 일상에서 온종일 지속되는 상호작용에 영향을 끼치

> 기 위해 중재를 구조화하려면, 아동이 시간을 보내는 일상적인 활동과 사건의 맥락, 그리고 그러한 맥락에서의 성인의 행동 및 맥락 안의 일과나 활동들에 대한 아동의 흥미와 반응을 중재자가 알아야 한다. 또한 중재자는 일상에서 중재 활동을 적용하는 것을 격려하기 위해 가족과 함께 효과적으로 일할 수 있어야 한다(Bailey, Aytch, Odom, Symons, & Woley, 1999: 14-15).

VHVS는 이렇게 조기 개입 전문가들이 가족과 함께 일하는 것을 돕기 위해 고안된 것이다.

내 용

스크립트는 안내문 일곱 개의 주요 질문, 추후질문 길라잡이로 구성되어 있다. 이것은 주 서비스 제공자(즉, 초학문적 서비스 전달 모델을 따르는 전문가)가 가정방문을 위해 사용하지만, 다학문적 전문가를 위해 수정될 수 있다. 이 초안에 따라 면담을 하는 동안 조기 개입 전문가는 가족에게 정보를 포함한 지원을 수시로 제공해야 한다.

모든 스크립트 질문들에 대한 추후질문 길라잡이

가정방문자는 정서적 지원을 제공하기 위해 '네 개의 E'에 주의를 기울여야 한다.

- 귀(Ears): 듣다
- 끌어내다(Elicit): 질문하다
- 공감하다(Empathize)
- 격려하다(Encourage)

덧붙여서 면담을 하는 동안 언제든 다음의 세 가지 질문을 할 준비가 되어 있어야 한다.

① 이것을 위해 어떠한 정보가 필요한가요?
② 이것을 해결하기 위해 우리가 노력해야 할까요?
③ 시범을 보여 드릴까요?

네 개의 E와 정보, 해결책 및 시범의 제공은 정보적 지원(물질적 지원에 대한 정보 포함)과 정서적 지원에 기반을 둔 가정방문을 가능하게 한다.

주요 질문

VHVS는 7개의 주요 질문으로 구성되어 있지만, 이들 중 하나—세 번째 질문—는 각각의 장기목표에 대한 것이다. 각 장기목표마다 주요 질문을 해야 함을 고려할 때, 12회 이상의 주요 질문을 하게 될 가능성이 크다(6~10개의 가족중심 목표까지 포함되었다고 가정할 때). 대부분의 가정방문이 모든 질문을 충분히 다루기에는 시간이 부족할 것이다.

① 어떻게 지내세요? 한 번의 방문에서 이 평범한 질문에 대한 논의가 길어진다면 이것이 마지막 질문이 될 수도 있다. 또는 이 질문에 "좋아요." "괜찮아요." 등 간단한 답변이 나올 수도 있다. 이것은 가족이 의제를 정할 기회를 주는 것이다. 그러므로 비록 친숙한 첫 번째 질문이지만 가족이 상세하게 대답할 경우, 이를 진지하게 받아들여야 한다. 이 질문 또는 다른 어떤 질문에 대해 논의를 하는 어떠한 순간에도 가정방문자는 정보를 제공하고 문제해결에 참여하며 기술에 대한 시범을 보일 수 있다는 것을 기억해야 한다.

② 새롭게 묻고 싶은 것이 있습니까? 가족이 묻는 모든 것을 가정방문

자가 다 아는 것은 아니기 때문에 이 질문은 "함께 의논하고 싶은 새로운 것이 있나요?"라고 바꿔 물을 수도 있다. 모든 질문과 마찬가지로, 이 질문도 사람에 따라 다르게 바꾸어 말할 수 있다. 이것은 첫 번째 질문보다 가족에게 좀 더 새로운 주제, 기술, 문제 등에 대해 생각할 구체적인 기회를 제공한다.

③ 각 목표는 어떻게 되어 가고 있나요?(우선순위에 따라 질문) 장기목표가 기능적이고, 되도록 가족의 일상적 필요에 기반을 두고 있다면, 가정방문은 아주 순탄하게 진행될 것이다. 가족은 IFSP 개발 단계에서 가족이 선택한 우선순위에 대한 질문을 받게 된다. 그 질문은 종종 "라울이 누나와 놀 때 혼자 앉는 것은 잘 되어 갑니까?"가 될 수도 있고, 그 외의 다른 우선순위에 대한 것일 수도 있다. 단지 "앉는 것은 어떻습니까?"라는 질문만으로 효과가 있을 수 있다. 하지만 곧 논의가 뒤따른다. "언제 아이가 넘어지는 것을 알게 되었나요?"와 같이 구체적인 일과 중에서 앉기 행동에 대해 질문하는 것은 중요하다. 아동은 외부 자극에 반응하기 때문에, 기능성은 거의 항상 세부적인 상황에서의 아동의 기능에 달려 있다. 예를 들어, 라울이 거실에서 독립적으로 앉기는 어려울 수 있다. 왜냐하면 기르는 개가 뛰어다니는 것을 보기 위해 고개를 돌리기 때문이다. 반면, 밤에 유아용 침대에 앉아 있을 때는 다른 재질(매트리스)로 되어 있고, 방해가 덜해 더 잘 앉아 있을 것이다. 따라서 잠재적인 해결책(즉, 중재)은 일과에 따라 다양해질 것이다. RBI(McWilliam, 1992, 2005a)를 사용하였다면, 6~10개의 장기목표가 있어서 한 번의 가정방문으로 모든 목표를 처리하기는 어렵다. 가끔 가정방문자는 몇 주간 계속 간과되는 목표가 없도록 하기 위해 우선순위 목록에서 하위 순위의 목표로 시작하는 것을 제안할 수 있다.

④ 하루 중에 힘든 시간이 있나요? 만약 놀랍게도 목표에 대한 논의를 끝낸 후에도 시간이 조금 남는다면, 이 질문은 가족에게 도움이 된다. 조기개입의 목적이 가족의 일과 만족도가 향상되도록 돕는 것임을 믿는다면, 이

질문은 매우 중요하다.

⑤ 가족은 잘 지내세요? 가족중심 실제는 가족 전체를 지향하기 때문에(McWilliam et al., 1998), 대상 아동 외에 가족 성원에 대해 묻는 것이 중요하다. 특히 어머니같이 가정방문자를 직접 만나는 가족 성원에게 이 질문을 해야 한다. 또한 이 질문은 아동이 가족의 맥락 안에서 살고 있기 때문에 적합하다.

⑥ 지난주에 치료나 중재 회기가 있었나요? 다가오는 치료나 중재 회기가 있나요? 이러한 질문에 답하는 것은 가족이 다른 전문가와의 중재 회기에서 얻은 정보를 구조화하거나 다가오는 회기에서 전문가에게 질문할 것을 구조화하는 것을 도울 수 있다. 평가 및 확인과 관련된 작업과 정보를 계속 새롭게 추가하는 것이 많은 가족에게 도전이 될 수 있다. 가족이 이 모든 정보를 완벽하게 통제하거나 또는 전혀 통제하지 못한다는 가정은 하지 않는 것이 좋다.

⑦ 당신이 아동과 함께할 일은 충분한가요? 너무 많은가요? 가족이 원하는 것보다 제안을 더 많이 하든 적게 하든, 그들과 함께 확인하는 것이 좋다. 이 질문을 하는 것은 가족이 바라는 충고의 양에 대한 가정방문자의 민감성을 보여 주는 것이다.

어떠한 가정방문에서도 이 모든 단계를 가정방문자가 모두 거치지는 않겠지만, 분명한 두 가지 요점이 나타난다. ① 지원기반 가정방문은 해야 할 일이 많다. 경도의 발달 지체 아동들을 위한 RBI조차 6~10개의 기능적인 장기목표를 세우기도 한다. 이러한 가정방문은 매우 바쁘기 때문에, 매주 방문하지 않고는 합당한 수준의 지원을 제공할 수 있을지 상상하기 어렵다. 더욱 분산된 스케줄(예, 한 달에 두 번)은 소수의 장기목표에 집중된 좀 더 제한적인 방문에 적합할 것이다. ② VHVS는 장난감 가방 같은 논제들을 합리적으로 대체한다. 처음 보는 사람은 7개의 질문이 가정방문자와 가족을 아무 할 일도 없이 내버려둔다고 생각할 수도 있지만, 실상 이것은 매우 충분한 논제들이다. 가정방문 스크립트를 써야 하는가? 이것은 가족의 우선순위에 대해 묻기 위한 촉진 질문들임을 기억해야 한다. 스크립트는 주요 질문들만 포함한다. 대화의 요점은 이 질문들에 대한 반응과 추후 질문에 있다.

가정방문은 어떤 모습이 될 것인가

가정방문자는 가정방문에 아동과의 상호작용이 더 이상 포함되지 않는 것이 두려울 수 있다. 가정방문의 중점이 더 이상 그러한 상호작용에 있지 않은 것이 사실이다. 어떤 모델들은 가정방문의 중점이 성인 가족 성원(부모)과 아동 간의 상호작용에 있다. 어느 정도 그렇긴 하지만, 실질적인 중점은 부모와 아동의 상호작용을 주제로 하는 가정방문자와 부모 간의 상호작용이다. 즉, 가정방문자는 부모가 아동에게 여러 가지 방법으로 개입하고 가르치는 것을 돕기 위해 적절한 자문과 성인 교육 전략을 사용한다.

이 모델의 가정방문자는 가족과 대화하는 데 많은 시간을 할애할 것이지만, 대부분의 시간 동안 여전히 아동과 함께 할 것이다. 많은 가정방문자에게 아동과의 직접적인 관계는 매우 중요하다. 아동을 '다루는 것'이 중요한 세 가지 이유는 ① 중재 전략을 시범 보이고, ② 가족에게 제안하기 전에 아동이 무엇을 할 수 있고, 무엇이 효과가 있는지를 알아보기 위해, 그리고 ③ 가정방문자가 아동을 사랑한다는 것을 보여 주기 위해서다. 조기 개입이 끝난 후 오랜 시간이 지나면, 가족은 가정방문자의 이름이나 학위는 확실히 기억하지 못할 수도 있지만, 가정방문자가 그들의 아동을 사랑했던 것은 기억할 것이다.

시범의 8단계

아동을 다루는 이유 중 하나는 시범이다. 과거에 가정방문에서 아동과 함께 일했던 몇몇 가정방문자는 아동에게 직접적으로 치료를 제공하거나 교수하는 것을 주장했었다. 아동이 학습하고 서비스가 작용하는 방식에 대해 잘 알고 있는 전문가들은 자신이 부모에게 시범을 보였다고 주장한다. 그러나 시범을 보이는 것이 용이하지 않을 때가 자주 있다. 방문하는 동안 빨래를 하거나 텔레비전을 보거나 전화를 받는 바쁜 부모들, 또는 다음 방문까지 가정방문자가 시범을 보인 것을 따라해 보지 않은 부모의 경우가 그러하다. 그러한 가정방문자는 시범 후 알아서 실천하기를 바라는 접근을 사용하게 된다. 즉, 그들은 시범을 보인 후에 부모가 자신이 하는 것을 잘 보았다가 다음 방문 때까지 시범 보인 것을 자발적으로 따라할 것으로 믿어 버리는 것이다. 다음은 시범 후 알아서 실천하기를 바라는 접근에 대한 해결책으로 제안된 시범의 8단계다.

① 당신의 제안에 대해 부모에게 말한다.
② 부모가 이해하지 못하는 것 같으면 시범을 원하는지 묻는다.
③ 부모에게 당신이 무엇을 할 것인지 말한다.
④ 실행한다.
⑤ 당신이 한 것을 부모에게 말하고 그 성과가 어떠했는지 알려 준다.
⑥ 부모가 시도해 보도록 요청한다.
⑦ 시도에 응한다면 부모가 시도하는 것을 관찰하고, 시도를 거절하면 그대로 둔다.
⑧ 부모가 시도했다면 부모를 칭찬하고 약간의 교정 피드백을 제공한다.

한 예로, 아동에게 숟가락을 사용하여 독립적인 식사하기를 가르치기 위해 물리적 촉진을 하는 후진 행동연쇄법을 부모에게 시범 보일 때 다음과 같이 8단계를 적용할 수 있다.

① "아이의 뒤에 서서 팔꿈치를 잡아 주고 마지막에 잡은 손을 놓아서 아동 스스로 숟가락으로 먹는 행동을 하게 하면 어떨까요?"(당신의 제안에 대해 부모에게 말한다.)
② "이것을 잘 설명해 드리기 어렵네요. 제가 말씀 드린 것을 직접 보여 드릴까요?"(부모가 이해하지 못하는 것 같으면 시범을 원하는지 묻는다.)
③ "아이가 의자에 앉아 있는 동안 제가 뒤에 서 있을 거예요. 저는 '식사시간이야.'라고 말한 다음 아이의 팔꿈치를 가볍게 붙잡고 음식을 떠서 입으로 가져가도록 도와줄 거예요. 숟가락이 아이의 입에 가까이 가면, 저는 팔꿈치를 잡은 손을 놓고 아이가 혼자서 입에 숟가락을 넣도록 할 거예요."(부모에게 당신이 무엇을 할 것인지 말한다.)
④ "제가 하는 것을 보세요."(실행한다.)
⑤ "제가 아이의 뒤에 서서 하는 것을 보셨죠? 저는 '식사시간이야.' 라고 말한 다음 아이의 팔꿈치를 가볍게 붙잡았고, 음식을 떠서 입에 가져가는 것을 도왔어요. 숟가락이 입에 가까워졌을 때 저는 팔꿈치를 잡은 손을 놓았고 아이가 혼자서 숟가락을 입에 넣었죠."(당신이 한 것을 부모에게 말하고 그 성과가 어떠했는지 알려 준다.)
⑥ "그렇게 한번 해 보실래요?"(부모가 시도해 보도록 요청한다.)
⑦ "부모님이 해 보시고 저는 그것을 지켜보다가 필요할 때 코치해 드릴게요."(시도에 응한다면 부모가 시도하는 것을 관찰한다.)
"한번 해 보시고 다음에 혹시 질문이 있으시면 저에게 말해 주세요."(시도를 거절하면 그대로 둔다.)
⑧ "아주 잘하셨어요! 아이를 부드럽게 도와주셨고, 아이가 숟가락으로 잘 떠서 입으로 가져갔어요. 다음번에는 아이의 팔꿈치를 잡은 것을 놓아서 아이가 혼자서 마지막 부분을 할 수 있도록 하는 것을 기억하

세요." (시도했다면 부모를 칭찬하고 약간의 교정 피드백을 제공한다.)

초학문적 서비스 전달

주 서비스 제공자 모델 또는 주 코치 모델로 알려진 서비스 전달에 대한 초학문적 접근은 셸던과 러시(Shelden & Rush)가 설명하였다(제7장). 이 접근은 ① 여러 분야의 전략들을 통합하고, ② 주 서비스 제공자(PSP)와 가족의 관계를 강화하고, ③ 가족에게 전문적 서비스에 참여하는 부담을 덜어 주기 때문에(그렇게 함으로써 그들이 다른 일을 할 수 있는 시간을 준다.) VHVS 내에서 지지된다. 이것은 이 장의 초반에 나열한 다섯 가지 핵심 원리와도 일관된다.

전문가의 역할에 관한 시사점

유감스럽게도, 어떤 전문가는 이 모델이 자신을 쓸모없는 존재로 만들까 봐 두려워한다. 그러나 이것은 전혀 근거 없는 생각이다. 이 모델은 전문가가 주요 팀원으로 일할 것과 가족과 함께 적절한 중재 프로그램을 고안할 것을 요구한다. 이 모델은 자연스러운 양육자가 하루 중 기회가 있을 때마다 중재를 수행하여 아동의 학습 기회를 최대화하는 것에 중점을 둔다는 점에서 차별화된다. 양육자가 중재를 할 때, 전문가가 매번 그 옆에 있을 필요는 없다. 주 서비스 제공자(즉, 정기적인 가정방문자)의 업무는 가족이 중재를 수행하도록 지원하고, 필요하면 다른 전문가의 지원을 요청하는 것이다. 전문가는 PSP가 될 수 있고 필요할 때 다른 전문가의 지원을 요청할 수 있다는 것을 기억해야 한다. 그러므로 전문가는 여전히 필요하지만, 팀의 모든 전문가가 자주 가족을 만나는 전통적인 접근과는 다르다.

이 모델에서 전문가에게 요구되는 역할 방출에 더하여, 전문가는 '직접적인 개입'의 한 부분으로 자문기술을 개발해야 한다. 영유아 중재 전문가 조직의 견해에 따르면, '부모교육'은 직접적 치료의 주요한 한 부분이며, PSP 모델에 결정적인 요소다.

아동의 기능 영역

가정방문자는 가족과 함께 일할 때 요구(need)를 결정하기 위해 노력하고(제2장 참조) 여러 가지 유형의 지원을 제공한다. 중재를 평가하고 제안하는 데 그들이 사용하는 발달적 · 행동적 · 생태학적 틀은 무엇인가? 전통적으로 그들은 교육과정과 규준참조 검사에서 볼 수 있는 인지, 의사소통, 운동능력, 사회성, 적응 등의 영역들을 사용해 왔다. 그러나 참여, 독립성 그리고 사회관계가 더욱 기능적인 영역들로 제안되었다(제2장 참조).

참 여

참여는 아동이 환경과 능숙하게 상호작용하는 데 사용하는 시간의 양이다(McWilliam & Bailey, 1992). 이는 세계보건기구(2007)가 기능성의 기준으로 강조해 온 참여의 개념과 매우 관련이 깊다. 즉, 손상(impairment)이 있는 사람이 기능적으로 장애가 덜하면 가정, 학교, 직장 및 지역사회의 일과에 더 많이 참여할 수 있다. 영유아에게는 일과에서의 관찰 가능하고 측정 가능한 개념이 참여(engagement)다.

이제까지 참여는 단순히 과제를 하고 있는지의 여부로 결정되었다(예: Risley & Cataldo, 1973). 그러나 조기 개입/유아특수교육(Early Childhood Special Education: ECSE)의 최근 연구에서는 여러 수준의 참여가 고려되어 왔다. 높은 수준의 참여는 행동의 숙달, 구성 놀이, 부호화된 사회적 상호작용(예: 관례화된 언어와 규칙 준수; de Kruif & McWilliam, 1999; Dunst &

McWilliam, 1988)으로 구성된다. 중간 수준의 참여는 일과에서의 참여가 아주 높거나 낮은 수준이 아니지만, 분화된 행동과 주의집중으로 구성된다. 낮은 수준의 참여는 미분화된 행동(즉, 반복행동)과 무관심으로 구성된다. 비참여는 울기나 공격성을 포함하는 활동성 행동이나, 목적 없이 배회하거나 허공을 응시하거나 불필요하게 기다리는 등의 수동적 행동을 말한다. 가정방문에서 전문가는 각각의 일상에서 아동의 참여의 수준과 양을 결정하고 이를 향상시키기 위해 가족과 함께 일한다. 평가 과정은 아동을 참여하게 할 수 있는 여러 가지 방법을 알아보고, 가족과 가정방문자가 참여에 대해 상대방이 가진 생각을 이해하기 위한 반구조화된 면담을 통해 가장 잘 이루어질 수 있다.

독립성

종종 참여에 수반되는 독립성은 두 번째 새로운 '영역'이다. 즉, 일과에서 좀 더 독립적인 아동은 그 일과에 더 잘 참여하는 경향이 있다. 가정방문에서 이것을 기능적이게 하기 위해, 전문가는 검사나 다른 비맥락적인 사건이 아닌 일과 내에서의 독립성에만 관심을 갖는다. 그들은 아동의 독립성의 범위에 대한 개별 가족의 선호와 문화적 규준을 고려할 필요가 있다. 어떤 가족은 부모의 역할이 아동을 위해 무언가 하는 것이라고 믿기 때문에 다른 가족에 비해 이 영역에 관심을 덜 보일 수도 있다.

사회관계

환경에서 사람과 성공적으로 상호작용하는 능력인 사회관계는 세 번째 새로운 영역이다. 따라서 이것은 타인과 어울리고 의사소통하는 것이다. 다시 말해, 이것은 상호 배타적인 참여가 아니다. 사회관계에 능숙한 아동은 성공적인 사회관계를 갖지 못하는 아동보다 더욱 참여를 많이 할 것이다.

만약 가정방문자가 참여, 독립성 및 사회관계에 중점을 둔다면, 그들은 의미 있는 기능들을 다루고 너무 많은 여러 서비스가 중첩되지 않도록 노력할 것이다.

아동을 지도하도록 부모를 교육하기

가정방문에서는 자문적 접근법이 좋은 것이지만, 부모가 구체적인 전략들을 배우기 원하는 때가 있다. 여기서는 부모 '교육'에 대한 근거, 아동-교수 전략의 주요 개념, 부모교육의 실행 피드백 사용에 대해 논의한다.

부모교육이 필요한 이유

가족이 아동과 무엇을 함께 하면 좋을지 알기 원할 때—그것이 가족이 원하는 정보적 지원일 때, 가정방문자는 무엇을 해야 할지 가족에게 가르칠 수 있어야 한다. 때때로 구체적인 전략에 이르기 위해 다른 팀원이 필요하다. 부모는 아동이 무엇을 하기 원하는지 결정한다. 즉, 그들은 일반적으로 아동에게서 보고 싶은 기능적인 행동들을 말할 수 있다(예: 컵 들기, 손바닥 뒤집기 게임하기, 걷기, 의사소통하기). 그러나 그들은 이러한 기술들을 어떻게 아동에게 가르쳐야 하는지 모를 것이다. 그 이유 중 하나는 아동이 그 기술을 배우거나 수행하는 데 어려움이 있기 때문이다. 부모가 가르치는 내용의 대부분을 학습하는 비장애 아동과 달리, 장애가 있거나 까다로운 기질을 가진 아동은 가르치기가 쉽지 않다. 비장애 아동조차 가르칠 때의 난이도는 매우 다양하다.

부모가 아동과 할 일에 대한 구체적인 교육을 원하는 두 번째 이유는 구조화가 덜 된 제안들을 이해하는 것이 어렵기 때문이다. 만약 가정방문자가 부모가 말한 아동의 현재 수준의 요구를 돕기 위해 부모가 할 수 있는 일에 대한 제안을 한다면, 부모는 그 제안을 일과에 어떻게 구체화할 것인지 충분히 이해할 수 없을 것이다. 예를 들어, 부모는 아동이 숟가락으로 오트밀을 떠서 거의 흘리지 않고 먹을 수 있기를 원한다고 말할 수 있다. 가정방문자는 아동의 손을 잡고 처음부터 끝까지 물리적인 보조를 제공한 후, 팔 쪽으로 촉진을 이동하며 점진적으로 보조를 소거하는 것에 대해 부모에게 말할 수 있다. 가정방문자가 시범을 제공하고 부모가 시도한 것에 대한 피드백을 제공하며 제안을 잘 하였다고 가정해 보자. 다음 가정방문에서, 부모가 촉진-소거 절차와 관련된 타이밍을 제대로 이해하지 못해서 아동을 효과적으로 지도하고 있지 않은 것 같아 당황스럽다고 한다면, 가정방문자는 더욱 체계적으로 촉진-소거 절차를 부모에게 가르칠 수 있다. 이러한 단순한 제안에서 부모교육으로의 개념 전환에 대해서는 이 장 후반부의 '중재반응 3단계'에서 논의한다.

실제적인 부모교육이 포함되어야 하는 세 번째 이유는 아동이 하게 되길 바라는 행동이 가족의 매우 높은 우선순위에 해당하기 때문이다. 그들은 아동의 행동과 아동의 기술 수행 능력 부족, 아동이 기술을 수행할 수 있도록 자극을 주는 것 때문에 매우 지쳤을 수 있다. 예를 들어, 아동의 조부모가 부모에게 부담을 준다거나, 어린이집 프로그램에서 아동이 어떤 특정 기술을 배울 때까지 다음 연령 집단으로 올라가는 것을 제한하는 경우가 있다. 가족이 최우선 순위를 아동의 기술에 둘 때, 단순한 제안이 아닌 좀 더 체계적인 도움을 원할 것이다. 그러므로 기술을 배우는 데 큰 어려움을 보이는 아동을 어떻게 중재할지 부모가 알고 싶어 하거나, 특정 기술이 가진 중요성이 매우 클 경우, 체계적인 부모교육이 필요하다.

주요 아동-교수 전략

여러 일과와 발달 영역에 걸쳐 부모가 배워야 할 중요한 중재 기술들은 무엇일까?

첫 번째는 1970년대에 할트와 리즐리(Hart & Risley, 1974; 1975)가 제안한 우발 교수다. 본래 언어 교수를 위해 고안되었으나, 이 전략은 일과와 발달 영역에 적용될 수 있다. 이것은 필요하다면 환경을 구성하고, 아동의 참여를 관찰하며(즉, 아동이 흥미가 무엇인지), 특정 행동, 더 오랜 시간 동안의 참여, 더욱 정교한 참여를 이끌어 내는 것 등을 포함한다(McWilliam, Wolery, & Odom, 2001). 가정방문자는 먼저 아동이 무엇을 보고 있는지, 어떤 물건을 만지는지, 누구에게 관심을 보이는지를 주목함으로써 아동의 참여를 관찰하는 것을 부모에게 가르친다. 가족은 그렇게 함으로써 수시로 "내 아이가 지금 흥미 있어 하는 것이 무엇인가?"라는 질문에 답하는 것을 배운다. 그런 다음 가정방문자는 부모에게 특정 상호작용 또는 아동의 관심사(사람이나 사물)로 더 오랜 상호작용, 더욱 복잡한 상호작용을 가르친다. 더 오랜 상호작용은 아동이 사물이나 사람을 흥미를 유지시키는 지속적인 강화로 보게 한다. 더욱 복잡한 상호작용은 언어와 더욱 차별화된 행동(즉, 사람 또는 사물과 함께 여러 가지 일을 하는 것)이나 사람 또는 사물과 함께 문제해결하기(아동이 포기하지 않고 상호작용을 지속하기에 충분한 정도로 도전적인 상호작용을 하는 것 같은)를 확장하는 것이 될 수 있다.

두 번째 일반적인 전략은 강화 원리의 체계적인 적용이다(Premack, 1959). 부모는 여러 수준의 강도로 강화를 적용하고, 중단하고, 계획하고, 전달하는 방법 등을 배울 수 있다(Horner, Dunlap, & Koegel, 1988). 가족은 선행사건, 행동, 후속사건(ABC)의 일반 원리를 배워서 더욱 효과적으로 아동을 가르칠 수 있다. 그들은 배경사건과 변별 자극에 주의하기, 아동에게 가르친 특정 행동에 집중하기, 아동이 더 하기를 바라는 기술에는 강화를 확실히 제공하고, 아동이 하지 않기를 바라는 행동에 본의아니게 강화를 하지 않도록 주의하기 등을 배운다.

세 번째 전략은 단순히 반응을 기다리는 것이 아닌 시간 지연법(time delay)이다. 이것은 과제 지시(예: "밥 먹자.")와 촉진(예: 아동의 손을 잡고 식탁으로 이끄는 것) 사이의 시간을 계획하는 것이다(Wolery, Anthony, Caldwell, Snyder, & Morgante, 2002). 가정방문자는 과제 지시와 촉진 사이에 시간을 두지 않아 아동이 실수할 기회가 없도록 하는 '무오류 학습'을 가르친다. 아동이 기술에 익숙해짐에 따라 점진적으로 과제 지시와 촉진 사이의 지연을 증가시킨다.

우발 교수, 강화 그리고 시간 지연법은 일과와 발달 영역에 모두 사용될 수 있다. 구체적인 교수 전략에 대한 지식 및 그 지식을 이용하여 성인을 교육하는 능력은 가정방문자에 따라 매우 다양하다.

중재반응 3단계

가정방문은 가족이 배우고 싶어 하는 구체적인 전략과 기술을 포함하여 가족의 관심에 맞게 실행되어야 한다. 한 가지 방법으로 학교 심리학에서 일반적으로 사용되는 3단계 접근법(Kratochwill, Albers, & Shernoff, 2004)과 학령기 교육에서의 중재반응체계(Danielson, Doolittle, & Bradley, 2007; Gresham, 2007)를 차용할 수 있다. 이 방법의 삼각형 하단은 일반적으로 보편적이고 예방적인 서비스다. 만약 이러한 서비스가 효과적이지 않다면, 더 적은 수의 아동과 가족을 위한 삼각형의 중간 부분의 중재 서비스가 제공된다. 마지막으로, 3단계인 맨 윗부분에는 집중적이고 고도로 개별화된 서비스가 제공된다. 학령기 이전(3~5세)의 서비스로 다음의 3단계 모델이 부모교육모델로 제안되어 왔다(McIntyre & Phaneuf, 2007). 즉, ① 가족중심 조기 개입/자기주도적 부모교육 자료, ② 집단중심 부모교육,

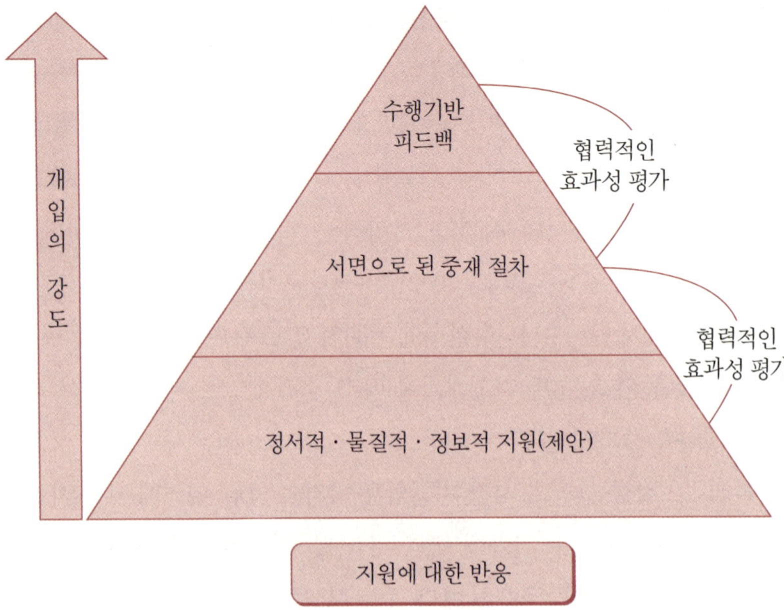

[그림 8-2] 지원에 대한 반응

③ 일대일 지원(p. 218)으로 구성된다. Part C 서비스가 인정하는 영유아 가족을 위한 가정기반 모델 또한 3단계 접근법을 사용할 수 있다([그림 8-2] 참조).

이 장에서 설명하는 정기적인 가정방문은 Part C에 의해 모든 가족에게 제공될 수 있다. 이것은 개입의 강도가 가장 낮은 단계다. 가정방문자는 지원 제공의 한 부분으로 제안을 할 때, 부모에게 "이 수준의 지원이 각각의 장기목표에 대한 아동의 수행과 부모의 실행에 효과적인가요?"라고 묻는다. 대답이 "예."라면, 각각의 장기목표에 대해 1단계를 지속한다. 만약 하나 또는 그 이상의 장기목표에 대한 대답이 "아니요."라면, 가정방문자는 문서나 그림으로 된 중재 절차를 가족에게 제공한다. 그림으로 된 절차는 시각적 스케줄이나 과제 분석이 될 수 있고, 가정방문자의 언어를 이해하지 못하는 사람에게 도움이 될 것이다. 이러한 단계가 서로 효과적이지 않다고 결정되면, 가족은 좀 더 집중적이고 개입의 강도가 높은 형태의 지원, 즉 수행기반 피드백을 받게 된다.

수행기반 피드백을 통한 부모교육

부모교육은 조기 개입에서 논쟁이 되는 이슈다. 어떤 전문가는 그것이 온정주의에 불과한 편협한 접근이라고 믿는다(Dunst, 1999). 다른 전문가는 아동과 함께해야 할 것이 무엇인지 알기 원하는 가족을 지원하는 데 필수적이라고 믿는다(Kaiser et al., 1999; Mahoney et al., 1999). 이 장에서 제안한 지원에 대한 반응 모델은 예방적이고 개입의 강도가 낮은 접근으로 시작하는 것과 가족의 요청에 따라 더 교육적이고 개입의 강도가 높은 접근으로 이동하는 두 가지 관점을 모두 받아들인다.

수행 피드백은 행동에 대해 학습자에게 정보를 체계적으로 전달하는 것이다. 가정방문 시 부모와 함께 일할 때, 다음과 같은 세 가지 측면에서의 피드백을 고려해야 한다. ① 중재가 계획대로 잘 실행되고 있는지 알아보기 위해 부모의 수행을 점검하고, 피드백의 근거를 마련하기 위해 아동 중재 단계를 제시하는 체크리스트를 개발할 수 있다. ② 가정방문자는 본인이 없어도 그 주간 동안 부모가 아동에게 어떻게 개입했는지를 관찰하기 위한 체크리스트를 사용한다. 그런 다음 가정방문자는 체크리스트에 기초하여 구체적인 피드백을 제공한다. ③ 가족은 자기점검을 위한 체크리스트를 사용하는데, 이는 어떤 가족에게는 성공적으로 활용되지만 어떤 가족에게는 그렇지 않을 수도 있다. 만약 가족이 이러한 단계의 훈련을 원한다면, 체크리스트를 사용하고, 관찰하고, 피드백을 주며, 자기점검을 지원하는 것을 모두 가족중심적인 방법으로 진행할 수 있다.

피드백 사용의 한 예로, 가족이 아동의 머리를 감길 때 아동이 소리 지르고 발로 차지 않게 하는 방법을 알고 싶어 하는 경우를 들 수 있다. 가정방문자는 여러 가지 제안을 시도하고(1단계), 가족에게 몇 가지 서면으로 된 지침을 주었으나(2단계), 가족은 여전히 아동이 소리 지르고 발로 차기 때문에 그들이 잘하고 있지 않다고 느꼈다. 그래서 가정방문자는 목욕하는 것을 관찰하였고, 목욕시간 일과가 어떻게 작용하는지 상세히 부모에게 설명하였다. 아동이 소리 지르고 발로 차는 것은 머리카락이 젖는 것을 피하기 위한 것임을 알아내는 기능적 행동 평가가 필수적이었다. 그다음으로 가정방문자는 아주 세부적인 단계의 목욕 절차를 제안하였다. 그 절차는 재미있는 목욕 분위기를 만들어서 머리카락이 젖는 것에 대한 내성을 키우는 것을 포함하였다. 먼저, 부모는 젖은 손을 아동의 머리카락 뒤쪽에 두는 것을 배웠다. 또한 부모가 무엇을 했고, 아동이 무엇을 했는지에 대해 기록하는 법을 배웠다. 수행 피드백을 통한 부모교육에서 자료 수집은 매우 중요하다. 다음으로 가정방문자는 세 번의 목욕시간에 걸쳐 아동이 머리카락 뒤에 부모의 젖은 손이 닿는 것을 잘 참으면, 그다음 단계로 아동의 머리카락 뒤쪽에 손으로 물을 조금씩 뿌리라고 말했다. 가정방문자는 몇 주 동안 이러한 작은 단계들을 통해 아동이 젖은 머리카락에 내성이 생기면 물의 양을 증가시킬 수 있음을 설명하였다. 가정방문자가 제공한 피드백은 부모가 그 주 동안 수집한 자료들과 부모가 아동을 가르치는 것을 가정방문자가 관찰한 것 모두를 기초로 하였다. 피드백을 통한 부모교육은 집중적인 단계의 가족지원이기 때문에, 더 쉽고 개입의 강도가 낮은 전략들이 효과가 없는 상황들에서만 사용한다.

가정방문에서의 어려운 상황

어떤 가족들은 가정방문자에게 특별히 어려운 상황들을 제공한다. 이러한 가족은 매우 재밌고 매력적인 가족일 수도 있다. 다음의 네 가지 유형을 살펴보자.

중재를 따라오지 않는 가족

이러한 일이 생겼을 경우, 그 책임은 가정방문자에게 있다. 가족을 비난하는 것은 반이론적일 뿐만 아니라 무의미하다. 가족이 따라오지 못하는 가장 흔한 세 가지 이유는 ① 장기목표에 의미가 없고, ② 제안된 중재가 가족의 일과 또는 준거 틀에 맞지 않고, ③ 다른 경쟁적인 우선순위가 있다는 것이다. 다음은 끝까지 따라오지 못하는 가족을 다루는 순서다. 먼저 중재자는 장기목표가 가족이 RBI를 통해 판별한 요구에 기초한 것이 맞는지 확인해야 한다. 다음으로, 가족을 위한 다양한 제안을 시도해야 한다. 마지막으로, 중재자는 가족을 지원하는 방법에 대해 다시 생각해야 한다. 만약 가족에게 경쟁적인 우선순위들이 있다면, 중재자는 그러한 가족의 우선순위들을 지원할 수 있다. 만약 그 우선순위들이 적절하다면 그것이 결국 가족중심 서비스다. 중재자는 그들의 윤리적인 의무가 가족에게 정보를 주는 것임을 알아야 한다. 만약 가족이 중요하다고 판단한 기술들이 효과적이지 않다면, 중재자는 예상되는 후속 결과를 부드럽게 보여 줄 수 있다. 중재를 따라오지 못하는 것이 가족이 무심해서이거나 열심히 하려 하지 않아서가 아니기에, 이러한 정보 제공에 윤리적이 되는 것은 매우 중요하다.

억지로 서비스에 참여한 가족

어떤 가족은 사회 공공 서비스 기관에 의해 조기 개입에 위탁되어 가정방문을 받는다. 이러한 가족은 아동이 아무 문제가 없다고 믿을 수도 있고, 조기 개입 전문가를 신뢰하지 못할 수도 있으며, 비슷한 서비스를 최근에 받고 있을 수도 있다. 프로그램이 자발적 참여에 의한 것이라는 말을 들어도 그들은 아동을 기르는 동안에는 계속 의무적으로 참여해야 한다고 인식할 것이다(아마도 분명히). 그러한 가족을 성공적으로 가정방문하기 위한 네 가지 방법은 다음과 같다.

① RBI를 실행한다. 왜냐하면 이것은 부모가 일과를 더욱 만족스럽게 하기 위해 아동과 가족이 무엇을 하기 원하는지에 중점을 두기 때문이다. 이것은 장애를 가정하지 않는다.
② 가정방문자는 가족이 정의한 대로 가족이 더욱 기쁘게 생활하게 하기 위해 존재한다는 것을 가족이 이해하도록 한다.
③ 가족이 정부지원 같은 안정적인 자원을 얻도록 돕고 부모와의 대인적인 관계를 맺는 데 힘껏 노력할 준비를 한다.
④ 가족이 아동과 한 일에 대해 거의 무조건적으로 긍정적인 피드백을 가족에게 제공하라. 이것은 여러 가지 접근을 위한 제안이 성공적으로 될 수 있도록 관계를 만든다.

일반적으로, 조기 개입에 왜 속해 있는지 모르는 가족은 가정방문자가 왜 집에 오는지도 잘 모르지만, 몇 번의 초기 방문을 통해 지원을 받고 나면 비로소 방문자를 좋아하게 된다.

다양하거나 복합적인 요구가 있는 가족

주로 발달 기술을 다루는 데 익숙한 가정방문자는 가난과 관련된 스트레스, 가족 내부적/외부적 갈등, 아동 또는 다른 가족 성원의 의료적 요구들 같은 다양하거나 복합적인 요구들을 가족이 가지고 있을 때 때때로 그것에 압도될 수 있다. 많은 가정방문자가 의료적인 요구보다는 아동과 관련된 다른 주제로 훈련받았기 때문에, 그들은 이러한 가족 관련 이슈들이나 의료적인 문제들에 친숙하지 않고, 그 문제가 만성적이고 심각하여 두려움을 느낀다. 이러한 가족을 가정방문하는 경우, 가족의 우선순위를 확인하기 위해 VHVS의 3번 질문을 하기 전에 나머지 6개의 질문을 먼저 하는 것이 도움이 될 것이다. 이것은 가정방문자가 가족목표 대신 자신이 더 익숙하게 느끼는 아동 관련 목표로 후퇴하지 않게 해 준다. 물론, IFSP가 잘 실행되어 왔다면 IFSP는 이러한 복합적인 요구들을 다루었을 것이다.

제공할 수 있는 서비스보다 더 많은 것을 원하는 가족

많은 서비스를 원하는 가족은 특히 도전이 된다. 조기 개입 프로그램은 수용 능력 또는 아동이 배우는 방법과 서비스가 작용하는 방법에 대한 여러 가지 해석 때문에 그 정도 수준을 제공하지 못할 수 있다. 서비스가 많을수록 좋다고 믿는 가족(McWilliam, Young, & Harville, 1996)은 아동이 환경과 하고 있는 상호작용보다는 주기적인(예: 매주) 서비스가 아동의 진보를 결정한다고 본다. 때문에 그들은 아동이 되도록 이러한 서비스를 많이 받아야 한다고 생각할 것이다. 정확히 말하면, 아마도 그들은 일주일에 한두 번의 중재는 아동에게 불충분하다고 생각할 것이다. 불행하게도, 아동이 필요한 서비스의 수준은 학습과 발달에서 차이를 만들어야 하기에 매우 높은 강도다(아마도 일주일에 15시간 이상). 그러한 수준의 서비스는 가정방문을 통해 얻기 어렵다. 만약 조기 개입 전문가가 가족에게 가정방문은 방문과 방문 사이의 모든 시간 동안 주 양육자를 준비시키기 위해 설계된 것이라는 것을 설명하는 데 성공하지 못한다면, 그러한 가족은 다른 성인이 포함되어 충분한 시간을 아동이 직접적인 영향을 받도록 하는 집단 보육 프로그램을 통해 서비스를 받는 것이 더 나을 것이다. 그러므로 많은 시간의 서비스를 원하는 가족과 함께 일하는 가정방문자는, ① 아동이 어떻게 배우고, 서비스가 어떻게 작용하는지 가족들에게 설명을 시도하고,

② 집단 보육이 하나의 선택이 될 수 있다고 가족에게 제안해야 한다. 그들은 해로울 수 있는 더 많은 서비스를 무턱대고 적용해서는 안 된다. 그것은 가족에게 유아가 맥락과 관계없이 많은 서비스를 받기만 하면 더 잘 배운다고 믿게 할 수 있다. 아동은 맥락에 맞는 분산된 시도들을 통하여 배운다는 것을 가족에게 가르쳐 주는 것이 더욱 지원적이다.

결 론

가정방문에서 가족을 잘 지원하기 위해, 전문가에게 다음의 사항들을 권고한다.

- 장난감 가방보다는 주변에 있는 자료를 이용한다.
- 아동과만 일하기보다는 아동의 발달에 영향을 주는 모든 가족의 요구에 주의를 기울이며 가족과 격의 없는 대화를 한다.
- 정서적 지원을 통해 가족을 격려한다.
- 가족의 일과 만족도(즉, 삶의 질)를 향상시키는 합리적이고 도움이 되는 목표들을 위해 노력하고, VHVS를 따른다.
- 가족이 원하는 것을 점검하여 불필요한 시범보다는 필요한 것에 대해 신중하게 시범을 보인다.
- '수업' 또는 '회기'를 중시하고 아동과 '함께' 무언가를 하고 있다는 것을 보여 주려 하기보다는 일과들(가정방문과 가정방문 사이에 일어난 일들)에 대해 대화하고, 가족과 대화한다.
- 조기 개입 활동을 먼저 정하고 이를 일과에 배치하는 접근과는 반대로 가족의 일과 내에서 자연스럽게 발생하는 학습 기회에 지속적으로 초점을 맞춘다.

참고문헌

Bailey, D. B., Jr., Aytch, L. S., Odom, S. L., Symons, F., & Wolery, M. (1999). Early intervention as we know it. *Mental Retardation and Developmental Disabilities Research Reviews, 5,* 11-20.

Bruder, M. B. (2000). Family-centered early intervention: Clarifying our values for the new millennium. *Topics in Early Childhood Special Education, 20,* 105-115.

Bruder, M. B., & Dunst, C. J. (2006). Early intervention service coordination models and service coordination practices. *Journal of Early Intervention, 28,* 155-166.

Campbell, P. H. (1987). The integrated programming team: An approach for coordinating professionals of various disciplines in programs for students with severe and multiple handicaps. *Journal of the Association for Persons with Severe Handicaps, 12,* 107-116.

Danielson, L., Doolittle, J., & Bradley, R. (2007). Professional development, capacity building, and research needs: Critical issues for response to intervention implementation. *School Psychology Review, 36,* 632-637.

de Kruif, R. E. L., & McWilliam, R. A. (1999). Multivariate relationships among developmental age, global engagement, and observed child engagement. *Early Childhood Research Quarterly, 14,* 515-536.

Duggan, A., McFarlane, E., Fuddy, L., Burrell, L., Higman, S. M., Windham, A., et al. (2004). Randomized trial of a statewide home visiting program: Impact in preventing child abuse and neglect. *Child Abuse and Neglect, 28,* 597-622.

Dunst, C. J. (1999). Placing parent education in conceptual and empirical context. *Topics in Early Childhood Special Education, 19,* 141-147.

Dunst, C. J. (2001). Participation in community learning activities. In M. J. Guralnick (Ed.), *Early childhood inclusion: Focus on change* (pp. 307-

336). Baltimore: Brookes.

Dunst, C. J., Hamby, D., Trivette, C. M., Raab, M., & Bruder, M. B. (2002). Young children's participation in everyday family and community activity. *Psychological Reports, 91,* 875-897.

Dunst, C. J., & McWilliam, R. A. (1988). Cognitive assessment of multiply handicapped young children. In T. D. Wachs & R. Sheehan (Eds.), *Assessment of young developmentally disabled children* (pp. 213-238). New York: Plenum Press.

Dunst, C. J., & Trivette, C. M. (1988). Helping, helplessness and harm. In J. Witt, S. Elliott, & F. Gresham (Eds.), *Handbook of behavior therapy in education* (pp. 343-376). New York: Plenum.

Edelman, L. (2001). *Just being kids: Supports and services for infants and toddlers and their families in everyday routines, activities, and places* [Videotape with facilitator's guide]. Denver, CO: Western Media Products.

Gelfand, D. M., Teti, D. G., Seiner, S. A., & Jameson, B. (1996). Helping mothers fight depression: Evaluation of a home-based intervention program for depressed mothers and their infants. *Journal of Clinical Child Psychology, 25,* 406-422.

Greenwood, C., Walker, D., Bailey, D., & ECO Center Colleagues (2005, October). *Critical issues in measuring outcomes for young children and their families.* Paper presented at the Annual Meeting of the CEC Division for Early Childhood Conference, Portland, OR. Retrieved April 30, 2006, from www.fpg.unc.edu/~ECO/presentations.cfm.

Gresham, F. M. (2007). Response to intervention and emotional and behavioral disorders: Best practices in assessment for intervention. *Assessment for Effective Intervention, 32,* 214-222.

Grisham-Brown, J. C., Schuster, J. W. C., Hemmeter, M. L. C., & Collins, B. C. (2000). Using an embedding strategy to teach preschoolers with significant disabilities. *Journal of Behavioral Education, 10,* 139-162.

Guralnick, M. J. (1998). Effectiveness of early intervention for vulnerable children: A developmental perspective. *American Journal on Mental Retardation, 102,* 319-345.

Guralnick, M. J. (2001). A framework for change in early childhood inclusion. In M. J. Guralnick (Ed.), *Early childhood inclusion: Focus on change* (pp. 3-38). Baltimore: Brookes.

Hanft, B. E., & Feinberg, E. (1997). Toward the development of a framework for determining the frequency and intensity of early intervention services. *Infants and Young Children, 10,* 27-37.

Hanft, B. E., Rush, D. D., & Shelden, M. L. (2004). *Coaching families and colleagues in early childhood.* Baltimore: Brookes.

Harbin, G. L. (2005). Designing an integrated point of access in the early intervention system. In M. J. Guralnick (Ed.), *The developmental system approach to early intervention* (pp. 99-132). Baltimore: Brookes.

Hart, B., & Risley, T. R. (1974). Using preschool materials to modify the language of disadvantaged children. *Journal of Applied Behavior Analysis, 7,* 243-256.

Hart, B., & Risley, T. R. (1975). Incidental teaching of language in the preschool. *Journal of Applied Behavior Analysis, 8,* 411-420.

Horner, R. H., Dunlap, G., & Koegel, R. L. (Eds.). (1988). *Generalization and maintenance: Life-style changes in applied settings.* Baltimore: Brookes.

Jung, L. A., & McWilliam, R. A. (2005). Reliability and validity of scores on the IFSP Rating Scale. *Journal of Early Intervention, 27,* 125-136.

Kaiser, A., Mahoney, G., Girolametto, L., MacDonald, J., Robinson, C., Safford, P., et al. (1999). Rejoinder: Toward a contemporary vision of parent education. *Topics in Early Childhood Special Education, 19,* 173-176.

Kendrick, D., Elkan, R., Hewitt, M., Dewey, M., Blair, M., Robinson, J., et al. (2001). Does home visiting improve parenting and the quality of the home environment? A systematic review and meta analysis. *Archives of*

Disease in Childhood, 82, 443-451.

Korfmacher, J., Kitzman, H., & Olds, D. (1998). Intervention processes as predictors of outcomes in a preventive home-visitation program. *Journal of Community Psychology, 26,* 49-64.

Kratochwill, T. R., Albers, C. A., & Shernoff, E. S. (2004). School-based interventions. *Child and Adolescent Psychiatric Clinics of North America, 13,* 885-903.

Liaw, F., Meisels, S. J., Brooks-Gunn, J. (1995). The effects of experience of early intervention on low birth weight, premature children: The infant health and development program. *Early Childhood Research Quarterly, 10,* 405-431.

Love, J. M., Kisker, E. E., Ross, C., Raikes, H., Constantine, J., Boller, K., et al. (2005). The effectiveness of Early Head Start for 3-year-old children and their parents: Lessons for policy and programs. *Developmental Psychology, 41,* 885-901.

Mahoney, G., Kaiser, A., Girolametto, L., MacDonald, J., Robinson, C., Safford, P., et al. (1999). Parent education in early intervention: A call for a renewed focus. *Topics in Early Childhood Special Education, 19,* 131-140.

McBride, S. L., & Peterson, C. (1997). Home-based early intervention with families of children with disabilities: Who is doing what? *Topics in Early Childhood Special Education, 17,* 209-233.

McIntyre, L. L., & Phaneuf, L. K. (2007). A three-tier model of parent education in early childhood: Applying a problem-solving model. *Topics in Early Childhood Special Education, 27,* 214-222.

McWilliam, R. A. (1992). *Family-centered intervention planning: A routines-based approach.* Tucson, AZ: Communication Skill Builders.

McWilliam, R. A. (1998). *The rules: Family-centered practices in different early intervention service delivery models.* Georgia Association on Young Children 32nd Annual Conference, "Natural Environments:

Interventions Where They Count" [featured speaker], October 9, 1998, Atlanta, GA.

McWilliam, R. A. (2000). It's only natural...to have early intervention in the environments where it's needed. In S. Sandall & M. Ostrosky (Eds.), *Young exceptional children monograph series no. 2: Natural environments and inclusion* (pp. 17-26). Denver, CO: Division for Early Childhood of the Council for Exceptional Children.

McWilliam, R. A. (2002, June). *Support-based home visits.* Paper presented at the annual meeting of the National Early Intervention Association. Coimbra, Portugal.

McWilliam, R. A. (2003). Giving families a chance to talk so they can plan. *News Exchange* [newsletter of the American Association for Home-Based Early Intervention], *8*(3), 1, 4-6.

McWilliam, R. A. (2004). *Vanderbilt home visit script.* Center for Child Development, Vanderbilt University Medical Center, Nashville, TN.

McWilliam, R. A. (2005a). Assessing the resource needs of families in the context of early intervention. In M. J. Guralnick (Ed.), *A developmental systems approach to early intervention* (pp. 215-234). Baltimore: Brookes.

McWilliam, R. A. (2005b). *Satisfaction with Home Routines Evaluation (SHoRE).* Vanderbilt University Medical Center, Nashville, TN. Available at www.siskin.org.

McWilliam, R. A. (2006). *RBI report form.* Vanderbilt University Medical Center, Nashville, TN. Available at www.VanderbiltChildrens.org/childdevelopment/.

McWilliam, R. A., & Bailey, D. B. (1992). Promoting engagement and mastery. In D. B. Bailey & M. Wolery (Eds.), *Teaching infants and preschoolers with disabilities* (2nd ed., pp. 229-256). Columbus, OH: Merrill.

McWilliam, R. A., & Scott, S. (2001). A support approach to early intervention: A three-part framework. *Infants and Young Children,*

13(4), 55-66.

McWilliam, R. A., Snyder, P., Harbin, G. L., Porter, P., & Munn, D. (2000). Professionals' and families' perceptions of family-centered practices in infant-toddler services. *Early Education and Development, 11,* 519-538.

McWilliam, R. A., Tocci, L., & Harbin, G. L. (1998). Family-centered services: Service providers' discourse and behavior. *Topics in Early Childhood Special Education, 18,* 206-221.

McWilliam, R. A., Wolery, M., & Odom, S. L. (2001). Instructional perspectives in inclusive preschool classrooms. In M. J. Guralnick (Ed.), *Early childhood inclusion: Focus on change* (pp. 503-530). Baltimore: Brookes.

McWilliam, R. A., Young, H. J., & Harville, K. (1996). Therapy services in early intervention: Current status, barriers, and recommendations. *Topics in Early Childhood Special Education, 16,* 348-374.

Park, J., Hoffman, L., Marquis, J., Turnbull, A. P., Poston, D. J., Mannan, H., et al. (2003). Toward assessing family outcomes of service delivery: Validation of a family quality of life survey. *Journal of Intellectual Disability Research, 47,* 367-384.

Park, J., Turnbull, A. P., & Turnbull, H. R. (2002). Impacts of poverty on quality of life in families of children with disabilities. *Exceptional Children, 68,* 151-170.

Powell, D. (1993). Inside home visiting programs. *The Future of Children, 3*(3), 1-16.

Premack, D. (1959). Toward empirical behavior laws: I. Positive reinforcement. *Psychological Review, 66,* 219-233.

Risley, T. R., & Cataldo, M. F. (1973). *Planned activity check: Materials for training observers.* Lawrence, KS: Center for Applied Behavior Analysis.

Roberts, R. N., Rule, S., & Innocenti, M. S. (1998). Strengthening the family-professional partnership in services for young children. Baltimore: Brookes.

United States Department of Education. (2003). *Twenty-fifth annual report to Congress on the implementation of the Individuals with Disabilities Education Act*. Washington, DC: Author.

Wolery, M., Anthony, L., Caldwell, N. K., Snyder, E. D., & Morgante, J. D. (2002). Embedding and distributing constant time delay in circle time and transitions. *Topics in Early Childhood Special Education, 22,* 14-25.

Woods, J. J., & Wetherby, A. M. (2003). Early identification of and intervention for infants and toddlers who are at risk for autism spectrum disorder. *Language, Speech, and Hearing Services in Schools, 34,* 180-193.

World Health Organization. (2007). *International classification of functioning, disability and health: Children and youth version icf-cy*. Geneva: WHO Press.

〈부록 8-1〉

지원기반 가정방문 체크리스트

가정방문자: ______________________ 날 짜: ______________________

관 찰 자: ______________________

〔✓ = 만족스러운 수준으로 수행함, × = 수행하지 않음, ? = 아마도 수행함 또는 수행했으나 만족스러운 수준은 아님, NA = 해당 없음(예: 시간 부족으로 관찰하지 못함)〕

가정방문자는 다음을 얼마나 만족스럽게 실행하였는가?	✓ x ? NA	비 고
정서적 지원		
1. 아동에 대해 긍정적인 말을 하였는가?		
2. 가족 내 성인에 대해 긍정적인 말을 하였는가?		
3. 가족의 공공연한 또는 은밀한 요청에 민감하였는가?		
4. 대상 아동 외에 다른 가족 성원들에게 관심을 보였는가? (21번 관련)		
5. 이웃을 대하듯이, 친근한 태도로 가족을 대하였는가?		
6. 가족의 상황에 민감하게 반응하였는가?		
사회적 관계망 파악하기		
7. 적절한 경우, 아동과 무언가를 함께하는 방법에 대한 정보를 제공하였는가?		
8. 규칙적인 일상생활에 대한 논의의 맥락에서 아동과 함께할 일에 대한 정보를 제공하였는가?		
9. 가족의 말을 지속적으로 경청하였는가?		
10. (단순히 정보를 제공하기보다) 지속적으로 질문하였는가?		
11. 지속적으로 공감하였는가?		
12. 지속적으로 가족을 격려하였는가?		
13. 관심사를 돕기 위해 적절하게 정보를 제공하였는가?		
14. 해결해야 할 문제가 있는지 적절하게 물었는가? (예: "우리가 이것의 해결을 시도해야 할까요?")		

(계 속)

면담자는 다음을 얼마나 만족스럽게 실행했나요?	✓ x ? NA	비 고
15. 가족에게 적절하게 시범을 보였는가(시범 보이지 않거나 질문 없이 시범 보이는 대신에)?		
스크립트		
16. 방문 안건을 설정할 기회를 가족에게 주기 위해 개방형 질문을 하였는가? (예: "어떻게 지내세요?")		
17. 새롭게 의논하고 싶은 것이 있는지 가족에게 질문하였는가?		
18. 개별화된 계획의 장단기 목표들이 각각 어떻게 되어 가는지 가족에게 질문하였는가?		
19. 장단기 목표가 가족의 우선순위에 맞는지 가족에게 질문하였는가?		
20. 하루 중 순조롭지 않은 시간이 있는지 가족에게 질문하였는가?		
21. 아동 외의 가족 성원에 대해 질문하였는가? (4번과 관련) 22. 이전 방문 이후 또는 다음 방문 이전 일정에 대해 질문하였는가? 23. 아동과 할 일이 충분한지 아니면 너무 많은지에 대해 질문하였는가?		

〈부록 8-2〉

VHVS

안내문

이 스크립트의 목적은 조기 개입하는 가정방문자에게 가족의 기능적인 요구들과 아동을 다루는 지원기반 가정방문을 하기 위한 체계를 제공하는 것이다. 이것은 전문가가 아동의 발달을 직접적으로 돕는 활동기반 접근법(즉, '장난감 가방 접근법')의 대안으로 사용할 수 있다. 이 스크립트는 자연스러운 환경에서의 조기 개입의 한 부분으로 아동과 가족생활의 여러 단면에 대해 가족과 대화하기 위한 지침을 가정방문자에게 제공한다.

이 과정은 모든 분야—포괄적인 가정방문을 제공하는 모든 분야의 전문가—에 해당된다. 이러한 가정방문은 일반적으로 주 서비스 제공자, 주 코치 또는 초학문적 역할을 제공하는 전문가가 실행한다. 세부적인 전문 분야에서 가정방문을 하는 전문가(예: 가정방문 시 물리치료만을 제공하는 물리치료사)는 이 스크립트를 응용하여 사용할 수도 있다. 이 스크립트는 서비스 조정자에게 매우 유용하다.

가정방문을 통해, 가정방문자는 다음의 증거기반 정서적 지원을 제공해야 한다(McWilliam, Tocci, & Harbin, 1998).

- 아동과 가족에 대한 긍정적인 태도
- 가족의 공공연하거나 비밀스러운 요청에 대한 반응성
- 가족 전체에 대한 관심, 특히 주 양육자의 복지
- 친밀함: 이웃을 대하는 것처럼 가족을 대한다.
- 민감성: 가족의 입장에서 생각한다.

스크립트에서 제시한 대로 가정방문 중 언제라도 시간을 내어 아동과 무언가를 하는 방법에 대한 정보를 제공하는 것이 좋다(물론, 규칙적인 일과에 대한 논의의 맥락 안에서).

스크립트 개요

1. 어떻게 지내세요?
2. 새롭게 묻고 싶은 것이 있나요?
3. 우선순위 내에서, 각각의 IFSP 장기목표는 잘 되어 가고 있나요?
4. 하루 중에 힘든 시간이 있나요?
5. 가족은 잘 지내세요?
6. 지난주에 치료나 중재 회기가 있었나요? 곧 다음 회기가 예약되어 있나요?
7. 당신이 아동과 함께 할 일은 충분한가요? 너무 많은가요?

전반적인 만족도

1. 어떻게 지내세요?

첫 질문은 방문에 대한 안건을 설정할 기회를 가족에게 제공하기 위한 개방형 질문이다.

메모

추후질문 길라잡이

1. 네 가지 E: Ears(듣다), Elicit(질문하다), Empathize(공감하다), Encourage(격려하다)
2. 이것을 돕기 위해 어떠한 정보가 필요한가요?
3. 이것을 해결하기 위해 우리가 노력해야 할까요?
4. 시범을 보여 드릴까요?

새로운 질문 또는 관심

2. 새롭게 묻고 싶은 것이 있나요?

이 질문은 새로운 주제, 기술, 문제 등에 대해 생각할 기회를 가족에게 주는 더욱 세부적인 질문이다.

메모

추후질문 길라잡이

1. 네 가지 E: Ears(듣다), Elicit(질문하다), Empathize(공감

하다), Encourage(격려하다)
2. 이것을 돕기 위해 어떠한 정보가 필요한가요?
3. 이것을 해결하기 위해 우리가 노력해야 할까요?
4. 시범을 보여 드릴까요?

우선순위에 따른 장기목표 점검

장기목표는 가족이 판별한 기능적 요구여야 한다. 발달적 평가를 대신하여 또는 그것에 더하여 RBI(McWilliam, 1992)와 같은 일종의 일과에 기초한 평가는 최고의 성과를 거둔다. 이러한 유형의 평가는 꽤 구체적이고 기능적인 6~10개의 장기목표들로 귀결된다. 가족이 우선순위에 따라 장기목표들을 나열해 보게 하는 것이 도움이 된다. 아동의 장기목표는 항상 일과의 맥락에서 논의한다.

3. (첫 번째 우선순위는) 잘 되어 가고 있나요?

일과의 맥락에서 논의한다.

메모

추후질문 길라잡이

1. 네 가지 E: Ears(듣다), Elicit(질문하다), Empathize(공감하다), Encourage(격려하다)
2. 이것을 돕기 위해 어떠한 정보가 필요한가요?
3. 이것을 해결하기 위해 우리가 노력해야 할까요?
4. 시범을 보여 드릴까요?

(두 번째 우선순위는) 잘 되어 가고 있나요?

일과의 맥락에서 논의한다.

메모

추후질문 길라잡이

1. 네 가지 E: Ears(듣다), Elicit(질문하다), Empathize(공감하다), Encourage(격려하다)
2. 이것을 돕기 위해 어떠한 정보가 필요한가요?
3. 이것을 해결하기 위해 우리가 노력해야 할까요?
4. 시범을 보여 드릴까요?

(세 번째 우선순위는) 잘 되어 가고 있나요?

일과의 맥락에서 논의한다.

추후질문 길라잡이

1. 네 가지 E: Ears(듣다), Elicit(질문하다), Empathize(공감하다), Encourage(격려하다)
2. 이것을 돕기 위해 어떠한 정보가 필요한가요?
3. 이것을 해결하기 위해 우리가 노력해야 할까요?
4. 시범을 보여 드릴까요?

메모

(네 번째 우선순위는) 잘 되어 가고 있나요?

일과의 맥락에서 논의한다.

추후질문 길라잡이

1. 네 가지 E: Ears(듣다), Elicit(질문하다), Empathize(공감하다), Encourage(격려하다)
2. 이것을 돕기 위해 어떠한 정보가 필요한가요?
3. 이것을 해결하기 위해 우리가 노력해야 할까요?
4. 시범을 보여 드릴까요?

메모

(다섯 번째 우선순위는) 잘 되어 가고 있나요?

일과의 맥락에서 논의한다.

추후질문 길라잡이

1. 네 가지 E: Ears(듣다), Elicit(질문하다), Empathize(공감하다), Encourage(격려하다)
2. 이것을 돕기 위해 어떠한 정보가 필요한가요?
3. 이것을 해결하기 위해 우리가 노력해야 할까요?
4. 시범을 보여 드릴까요?

메모

(여섯 번째 우선순위는) 잘 되어 가고 있나요?

일과의 맥락에서 논의한다.

추후질문 길라잡이

1. 네 가지 E: Ears(듣다), Elicit(질문하다), Empathize(공감하다), Encourage(격려하다)
2. 이것을 돕기 위해 어떠한 정보가 필요한가요?
3. 이것을 해결하기 위해 우리가 노력해야 할까요?
4. 시범을 보여 드릴까요?

메모

(일곱 번째 우선순위는) 잘 되어 가고 있나요?

일과의 맥락에서 논의한다.

추후질문 길라잡이

1. 네 가지 E: Ears(듣다), Elicit(질문하다), Empathize(공감하다), Encourage(격려하다)
2. 이것을 돕기 위해 어떠한 정보가 필요한가요?
3. 이것을 해결하기 위해 우리가 노력해야 할까요?
4. 시범을 보여 드릴까요?

메모

(여덟 번째 우선순위는) 잘 되어 가고 있나요?

일과의 맥락에서 논의한다.

추후질문 길라잡이

1. 네 가지 E: Ears(듣다), Elicit(질문하다), Empathize(공감하다), Encourage(격려하다)
2. 이것을 돕기 위해 어떠한 정보가 필요한가요?
3. 이것을 해결하기 위해 우리가 노력해야 할까요?
4. 시범을 보여 드릴까요?

메모

문제가 있는 일과

4. 하루 중에 힘든 시간이 있나요?

이 질문은 계속해서 만족스럽지 않았거나 최근에 만족스럽지 않게 된 일과를 논의할 기회를 가족에게 제공한다.

메모

추후질문 길라잡이

1. 네 가지 E: Ears(듣다), Elicit(질문하다), Empathize(공감하다), Encourage(격려하다)
2. 이것을 돕기 위해 어떠한 정보가 필요한가요?
3. 이것을 해결하기 위해 우리가 노력해야 할까요?
4. 시범을 보여 드릴까요?

다른 가족 성원들

5. 가족은 잘 지내세요?

이 질문은 아동이 생활하는 전체 가족의 맥락을 당신이 이해한다는 것을 가족에게 알린다.

메모

추후질문 길라잡이

1. 네 가지 E: Ears(듣다), Elicit(질문하다), Empathize(공감하다), Encourage(격려하다)
2. 이것을 돕기 위해 어떠한 정보가 필요한가요?
3. 이것을 해결하기 위해 우리가 노력해야 할까요?
4. 시범을 보여 드릴까요?

일 정

6. 지난주에 치료나 중재 회기가 있었나요? 곧 다음 회기가 예약되어 있나요?

이러한 질문들은 다른 전문가에게 질문하기 원하는 것과 다른 전문가로부터 받은 정보를 가족이 구조화하도록 돕는다.

추후질문 길라잡이

1. 네 가지 E: Ears(듣다), Elicit(질문하다), Empathize(공감하다), Encourage(격려하다)
2. 이것을 돕기 위해 어떠한 정보가 필요하십니까?
3. 이것을 해결하기 위해 우리가 노력해야 할까요?
4. 시범을 보여 드릴까요?

메모

중재와 관련된 업무 부담

7. 당신이 아동과 함께 할 일은 충분한가요? 너무 많은가요?

이 질문은 당신의 민감성과 반응성을 보여 준다.

추후질문 길라잡이

1. 네 가지 E: Ears(듣다), Elicit(질문하다), Empathize(공감하다), Encourage(격려하다)
2. 이것을 돕기 위해 어떠한 정보가 필요하십니까?
3. 이것을 해결하기 위해 우리가 노력해야 할까요?
4. 시범을 보여 드릴까요?

메모

제 9 장 문제행동 개선과 사회성 향상을 위한 가족지원

영유아가 성장해 감에 따라 문제행동(challenging behaviors)이 예상된다. 이 장은 문제행동이 발달적으로 예상되는 정도를 넘어서고, 일반적이지 않은 방식으로 지속되거나, 일반 유아의 강도나 빈도와 다르게 나타나는 장애 영유아를 돕는 데 중점을 둔다. 이 장은 문제행동과 그것이 가족에 미치는 영향을 이해하는 데 도움이 되는 정보와 문제행동을 보이는 발달지체 아동의 요구에 가족이 효과적으로 반응하도록 안내하는 방법을 가정방문자에게 제공한다.

요구를 표현하고 활동이나 사건을 거부하며 관심을 끌기 위한 의사소통 기술과 사회성 기술이 아직 정교하게 발달하지 않은 아동은 징징거리기, 울기, 공격하기, 성질 부리기, 물기, 반항하기 등의 문제행동을 이용한다(Powell, Dunlap, & Fox, 2006). 아동이 성장하면서 전통적이고 사회적으로 수용 가능한 방식의 의사소통이 발달하고 사회성 기술을 배워 감에 따라, 이러한 행동은 감소하기 시작한다. 이와는 대조적으로, 문제행동은 발달적으로 예상되는 행동보다 더욱 강도가 세고(예: 오랜 시간 계속되는 텐트럼), 더욱 자주 발생하며, 더욱 심각하다(예: 자해). 심각한 문제행동은 아동이 성장한다고 해서 줄어들지 않을 수도 있고, 종종 빈도와 강도가 갈수록 심해지기도 한다.

연구에서는 유년기에 판별된 문제행동이 청소년기와 성인기까지 지속되는 경향이 있다고 보고한다(Dunlap, Strain, et al., 2006). 정서장애로 불리는 청소년은 이미 유년기부터 문제행동 이력이 있다(Campbell & Ewing, 1990; Loeber & Dishion, 1983; Moffitt, Caspi, Dickson, Silva, & Stanton, 1996). 학령기 이전에 판별된 문제행동은 3~7년 후에도 항구적이고 지속적으로 나타난다(Campbell, 1995; Campbell & Ewing, 1990; Egeland, Kalkoske, Gotteman, & Erickson, 1990; Fischer, Rolf, Hasazi, & Cummings, 1984; Lavigne et al., 1998; Moreland & Dumas, 2008; Richman, Stevenson, & Graham, 1982; Shaw, Gillom, & Giovannelli, 2000).

문제행동의 영향과 결과에 대한 실험은 특히 장애 아동이 이 어려움에 대한 위험에 처해 있다는 것을 보여 준다. 특수교육을 받는 학생들에 대한 어떤 장기종단연구는 문제행동이 장애 학생들에게 상당히 일반적임을 발견하였다(United States Department of Education[USDOE], 2002). 산만함과 충동성 같은 가벼운 문제행동은 가장 빈번한 문제행동이었고(각각 38%, 25%), 공격성과 고립은 덜 빈번하다고 보고되었다(각각 6.9%, 9.8%). 1,000명당 심각한 비행을 보이는 학생의 수를 살펴보면, 장애 학생이 일반 학생 수의 3배가 넘는다(United States General Accounting Office: GAO, 2001). 정서행동장애로 판별된 학생의 약 50%는 학교를 중퇴하고, 취업에 성공하지 못하며, 수입이 한정되고, 성인기까지 실패의 패턴이 지속된다(USDOE, 2001). 이러한 문제들은 미국장애인교육법(IDEA)의 적용을 받는 아주 어린 아동에게서도 확연히 나타난다. 전미 조기 개입 장기 연구(The

National Early Intervention Longitudinal Study: NEILS) 자료에 따르면, IDEA Part C를 제공받는 영유아를 추적한 결과 10~40%의 아동이 문제행동을 보이는 것으로 나타났다(USDOE, 2001). 이러한 문제행동에는 흥분을 잘하고 매우 활동적인 것부터(39%) 공격적인 것까지(11%)가 모두 포함된다.

문제행동이 가족에게 끼치는 영향

문제행동은 아동을 포함한 가족 전체의 삶의 질에 영향을 끼친다. 문제행동이 있는 유아는 유아교육 프로그램에서 퇴출되는 경험을 할 수 있다(Gilliam, 2005). 유아가 자주 경험하는 활동과 환경에 대한 접근이 제한되고 또래와의 놀이가 어렵다(Lucyshyn, Horner, Dunlap, Albin, & Ben, 2002). 아동이 문제행동을 할 때, 가족의 삶은 종종 부정적인 영향을 받는다. 부모는 아동의 문제행동이 ① 결혼생활, ② 활동에 대한 접근, ③ 효과적으로 양육하는 능력, 그리고 ④ 사회적 지원에 대한 접근 등의 면에서 스트레스 요인으로 작용하여 전체 가족 체계에 영향을 줄 수 있다고 보고한다(Duda, Clarke, Fox, & Dunlap, 2008; Fox, Vaughn, Wyatte, & Dunlap, 2002; Lucyshyn, Kayser, Irvin, & Blumberg, 2002; Turnbull & Ruef, 1996, 1997; Worcester, Nesman, Mendez, & Keller, 2008). 예를 들어, 가족은 교회에 나가는 것을 중단하였고, 친구나 가족을 방문하는 것을 꺼리며, 집으로 다른 사람을 초대하지 않는다고 보고하였다(Fox, Benito, & Dunlap, 2002; Worcester et al., 2008). 가족은 아동의 문제행동이 자신들을 지치게 하고, 가족을 당황하게 하며, 자신들의 인생을 통제할 수 없다고 느끼게 하고, 사회적으로 고립되게 한다고 보고하였다(Fox, Vaughn, et al., 2002).

문제행동이 가족 체계에 미치는 스트레스는 전문가가 가족에게 지원과 지침을 제공할 때 중요한 고려 사항이다. 문제행동이 전체 가족에게 어떻게 영향을 미치는지 다음의 예를 고려해 보자.

> 대니는 여러 가지 심각한 행동 문제를 보이는 2세 자폐아다. 그는 어머니, 아버지, 7세인 누나와 함께 산다. 대니는 종종 화가 나서 성질을 부리는데, 그 횟수가 무려 하루에 10번이나 되며 20분에서 2시간까지 지속된다. 대니가 성질을 부릴 때는, 바닥이나 단단한 표면(예: 침대 모서리, 문틀)에 머리를 세게 박기까지 한다. 또한 대니는 매우 불규칙하게 자며, 종종 밤중에 일어나서 집 주위를 돌아다닌다. 어머니가 침대로 데려가려고 하면, 그것이 성질을 부리는 시발점이 된다. 그 결과, 어머니는 대니를 돌보기 위해 어쩔 수 없이 깨어 있는다. 대니의 어머니는 교사가 대니의 행동을 다루지 못할까 봐 대니를 더 이상 유치원에 보내지 않기로 하였다. 또한 그녀는 육아 도우미와 대니를 집에 두는 것도 겁이 난다. 그 결과, 대니의 누나까지 축구리그와 브라우니단(brownie troop; 역자 주-스카우트의 일종)을 그만두게 되었다. 어머니는 대니를 돌보면서 그런 행사에 딸을 데려다 줄 수가 없었다. 대니의 어머니는 딸에게 집으로 친구들을 불러서 놀라고 제안하였으나 대니의 누나는 거절하였다. 대니의 누나는 종종 공원, 도서관, 가게에 가자고 한다. 어머니는 그러한 환경에서 대니를 다루는 것이 불가능하다고 답한다. 저녁에 퇴근한 아버지는 집안이 긴장과 피곤으로 가득 차 있음을 보게 되고 모두를 더 좋은 상황으로 만들기 위한 자신의 노력에 절망감을 느낀다.

대니의 가족에게 발생하는 이러한 스트레스는 가족 모두와 그들의 정서적 복지에 영향을 미치기 시작한다. 아동의 문제행동과 관련하여 가족과 함께 일할 때는, 문제행동으로 인해 가족이 경험하는 스트레스 요인을 인식하고, 아동 개인뿐만 아니라 가족 단위를 지원하는 데 중점을 두고 가족을 안내하는 것이 중요하다.

지원 제공을 위한 틀

유아특수교육 전문가가 문제행동이 있는 아동의 가족지원을 고려할 때, 문제행동은 문화적으로 정의된다는 개념을 인식할 필요가 있다. 가족은 어떠한 행동을 용인하거나 참을 수 있는지에 대한 고유하고 특별한 관점이 있다(Cheatham & Santos, 2005; Chen, Downing, & Peckham-Hardin, 2002). 행동 문제와 관련하여 가족을 지원할 때, 가족이 편안하게 논의할 수 있는 주제, 아동의 행동에 관한 요구나 우선순위에 대한 판별, 다양한 훈육방법과 행동 중재의 실제, 의미 있는 성과 평가에 대한 사회적 수용에 영향을 미칠 문화적 차이가 있을 수 있음을 인정하는 것이 중요하다(Barrera & Corso, 2003).

가족이 문제행동을 다루도록 돕기 위해 이 장에서 논의된 접근은 몇 가지 중요한 가정에 기반한다. 첫째, 유아는 문제행동을 하는데, 그것은 문제행동이 목적을 이루어 주기 때문이다. 이것은 아동이 미리 작정을 하고 문제행동을 하는 것이 아니라는 뜻이다. 오히려 문제행동은 아동의 요구를 들어주는 성인, 또래로부터의 반응 또는 그 영향에 의한 결과다. 이처럼 문제행동은 목적이 있다고 볼 수 있다. 또 하나의 가정은 아동이 문제행동을 계속 사용하는 이유는 그것이 효과가 있기 때문이라는 것이다. 유아가 문제행동을 사용할 때, 그것은 일반적으로 물건이나 활동, 관심을 얻거나 회피하는 결과를 가져온다(Nielsen, Olive, Donovan, & McEvoy, 1998; O'Neill, Vaughn, & Dunlap, 1998). 마지막 가정은 유아가 자신의 요구를 얻어 내기 위해 문제행동을 사용한다면 아동에게 사회적·정서적 대체 기술을 지도하는 것이 가장 효과적인 중재라는 것이다.

대화의 시작

조기 개입 프로그램에서 전문가의 역할은 문제행동을 대체하기 위해 아동에게 가르칠 수 있는 사회성 · 의사소통 기술을 결정하고 아동이 그러한 기술을 습득하여 능숙하게 사용하도록 가족을 지원하는 것이다. 그러므로 조기 개입 전문가는 아동을 지원하는 가족의 능력을 신장시키기 위해 가족과 협력적으로 일할 수 있어야 한다.

이 장에서는 아동의 행동에 관한 염려에 대해 가족과 대화를 시작하는 방법, 긍정적인 양육 기술에 대한 정보 제공 방법, 지속적인 문제행동을 하는 발달지체 아동을 지원하는 전략을 가족이 계획 · 실행하는 것을 돕는 방법에 대한 지침이 제공된다. 〈부록 9-1〉은 문제행동에 관한 가족의 염려에 대해 접근하고 반응하는 방법을 전문가에게 제안한다.

가족의 염려 이해하기

아동의 문제행동에 대해 논의를 시작하는 것은 민감한 일이다. 많은 가족은 자신들이 나쁘거나 태만한 부모로 타인에게 비춰진다고 느끼며, 아동의 행동에 대해 도움을 요청하기가 망설여진다고 보고한다. 조기 개입 전문가는 문제행동이라는 이슈에 대한 가족의 접근에 주의하며 민감하게 대화를 시작해야 한다. 다음의 사례들은 가족 성원들에게 공감하며 지원을 제공함으로써 문제행동에 대한 지침 제공에 관한 이야기를 시작하는 실례를 보여 준다.

어머니는 아들의 문제행동 때문에 어린이집을 떠나라는 요청을 받아왔다고 말했다. 조기 개입 전문가는 그 말을 기록하였고, "상심이 크셨겠네요. 오후에는 어린이집의 도움이 필요하지요. 아이의 행동이 어땠는지 좀 더 말해 주세요. 저는 어머니께서 아이가 새로운 행동을 배우도록 돕는 방법을 이해하셔서 다시는 이런 일이 일어나지 않도록 조언해 드리고 싶어요."라고 말했다.

조기 개입 전문가는 카라의 집을 방문하여 할머니를 만나고 있었다. 카라는 할머니의 무릎에 앉아 몸을 위아래로 들썩들썩 하고 있었다. 할머니는 손을 카라의 허벅지 위에 얹고 그만하라고 하였다. 카라는 몸을 굽혀 할머니의 팔을 물었다. 할머니는 카라의 뺨을 때렸고, "넌 나쁜 애야, 날 물었잖니! 내려가."라고 질책하였다. 카라는 할머니의 무릎에서 내려와 방으로 달려갔다. 조기 개입 전문가는 할머니가 물린 것에 대해 물었다. "괜찮으세요? 많이 아프셨을 것 같아요. 카라 나이 또래의 아이들이 종종 물기도 하지만……그게 좋진 않지요……하지만 자주 일어나는 일입니다." 할머니는 "카라는 내 말을 잘 듣지 않아요."라고 말했고, 이에 조기 개입 전문가는 대답하였다. "카라를 다루기 어려운 것을 알겠습니다. 그리고 카라가 잘못된 행동을 바르게 배우기를 원하시는 것도요. 허락하신다면, 카라가 할머니의 지시를 따르는 것을 배우도록 돕는 방법에 대한 몇 가지 제안을 드릴 수 있습니다."

가족과 문제행동에 대한 대화를 시작할 때, 조기 개입 전문가가 놀람이나 판단 없이 가족으로부터 정보를 얻는 것은 중요하다. 가족이 조기 개입 전문가를 부모의 역할을 지지하는 협력자로 보는 것이 중요하다. 만약 조기 개입 전문가가 들은 정보에 대해 과도하게 놀라거나 반감을 보인다면, 가족은 정보를 공유하거나 지원을 요청하는 것을 멈출 것이다. 가족이 아동의 행동에 대한 염려에 대해 마음을 터놓기 시작할 때, 조기 개입 전문가는 그 행동과 행동지원 요구에 대해 이해할 수 있는 중요한 정보를 다음의 질문을 통해 얻을 수 있다.

① 가장 문제가 되는 행동은 무엇인가요?
② 이러한 문제를 해결하기 위해 어떻게 노력하셨나요?
③ 그 행동 때문에 가장 많은 어려움을 겪는 일과나 활동은 무엇인가요?

가족이 이러한 질문에 대답할 때, 조기 개입 전문가는 공감하는 말, 안심시키는 말과 함께 정보를 얻어야 한다. 가족과 함께 문제행동에 대해 논의할 때, 중재자는 아동 훈육, 양육의 실제, 부모로부터 양육받았던 가족력 등에 대한 중재자 본인의 가치관이 가족이 말하는 것에 대한 자신의 반응이나 관점에 영향을 미치고 있음을 발견하기도 한다. 중재자가 가족에게 지원을 제공하기 위해 객관적이고, 개방적이며, 적극적이어야 하는 것은 매우 중요하다. 만약 전문가가 주제에 대한 편견이 있는 것을 알게 되면, 지원을 받을 가족은 이러한 종류의 아주 사적이고 정서적인 정보를 드러내려 하지 않을 것이다. 다음의 두 가지 사례를 생각해 보자. 조기 개입 전문가는 마리아의 행동에 대한 어머니의 염려를 듣고 안심시키는 말을 해 드리고 부모의 강점을 인정하면서, 학습 지원 전략에 대한 그녀의 관심을 끌어낼 수 있었다. 또 다른 사례는 조기 개입 전문가가 자신이 해야 하는 일과 어머니가 이야기한 것에 대한 반응을 분리하는 것에 어려움이 있음을 보여 준다.

어머니는 자신의 딸 마리아의 행동에 대해 조기 개입 전문가에게 조언을 구했다. 그녀는 마리아가 성질을 부릴 때 통제가 어려운 것에 대해 이야기하였다. 마리아는 화가 날 때 때리고, 할퀴고, 물고, 장난감을 던지며, 토하려고 한다. 어머니는 어떻게 해야 좋을지 모르겠다고 하였다. 조기 개입 전문가는 부드럽게 요청하였다. "아이가 성질을 부릴 때 어떻게 하시는지 말씀해 주세요." 어머니는 "어떻게 해야 되는지 모르겠어요. 어젯밤에는 제가 저녁식사를 준비하고 있는데 성질을 부렸어요. 저는 그냥 마리아를 방에다 가두고 문을 잠궜지요. 문 밖에 잠금장치가 있거든요. 아침까지 마리아는 거기 있었어요. 저는 마리아를 어떻게 다뤄야 할지 모르겠어요."

조기 개입 전문가는 안심시키듯이 어머니의 손을 잡고 말했다. "많이 힘드시겠어요. 제 생각에 제가 이 문제를 조금 도울 수 있을 것 같아요."

조기 개입 전문가는 조이 어머니에게 조이의 문제행동에 대해 이야기하고 있었다. 어머니는 조이가 누나에게 화가 나서 누나의 침대에 소변을 보았다고 이야기하였다. 조기 개입 전문가는 그 사건에 어떻게 반응하였는지 물었다. 어머니는 "저는 너무 화가 났어요. 저는 우리 엄마가 나한테 했던 것처럼 했어요. '네가 누나의 침대를 망쳐 놓았기 때문에 너는 침대에서 잘 자격이 없어.' 그 주에는 조이를 계속 바닥에서 재웠어요. 조이는 당연히 그것을 싫어했지요." 조기 개입 전문가는 깜짝 놀라서 눈을 크게 떴다. 그녀는 뭐라고 해야 할지 몰랐고, 대답할 수 없었다. 어머니는 계속 이야기했다. "제가 나쁜 엄마라고 생각하시죠? 제가 말했잖아요. 얘는 통제가 안 되서 그런 훈육이 좀 더 필요해요."

센터기반 조기 교육 프로그램을 아동에게 제공하는 교육자는 종종 문제행동에 대한 논의를 시작하기가 어렵다는 것을 알게 된다. 〈표 9-1〉은 가족이 아동의 문제행동에 대해 염려할 때 어떻게 말해야 하는지에 대한 몇 가지 지침을 제공한다. 가족의 염려에 대해 논의하는 것은 다소 어렵다. 그러나 이러한 논의는 전문가가 가족과 신뢰 관계를 구축하고, 전문가가 아동과 가족을 지원하려는 의욕이 있다고 가족이 생각할 때 더욱 순조로워진다.

〈표 9-1〉 문제행동에 대해 가족과 대화하기: 해야 할 것과 하지 말아야 할 것

해야 할 것	하지 말아야 할 것
아동에 대한 관심을 표현하는 것으로 논의를 시작한다.	아동의 행동이 용인될 수 없다고 내비치며 논의를 시작한다.
당신의 목적은 아동을 돕는 것임을 부모가 알도록 한다.	아동은 부모가 벌을 주거나 다루어야 한다고 한다.
비슷한 상황을 겪었는지, 걱정이 되는지 부모에게 물어본다.	집에서 그 행동의 원인이 될 만한 어떤 일이 있었는지 부모에게 물어본다.
당신은 아동이 적절한 행동과 사회성 기술이 발달하도록 돕는 것을 가족과 함께하길 원한다고 부모에게 말한다.	부모가 집에서 그 문제를 해결하기 위해 조치를 취해야 한다고 말한다.
교실에서 일어난 일에 대해 부모에게 말하되, 가족을 비난하려는 것이 아니라 아동이 염려되기 때문임을 부모가 이해한 후에만 그렇게 한다.	아동의 문제행동을 나열하며 대화를 시작한다. (그러나 문제행동에 대한 논의는 아동이 통제가 안 된다는 점이 아니라 "아동이 요즘 어려운 시기를 보내고 있다."는 점을 중심으로 이루어져야 한다.)
가정이나 교실에서 사용할 수 있는 행동지원계획 개발을 부모와 함께한다.	가정에서 문제를 관리하는 것은 부모에게 맡긴다. 가족의 참여에 대한 제안 없이 계획을 개발한다.
당신의 초점은 아동이 교실에서 성공적으로 되기 위해 필요한 기술이 발달하도록 돕는 것임을 강조한다.	아동에게 더 많은 훈육이 필요하다고 믿도록 부모를 내버려둔다. (그러나 아동은 교수와 지원이 필요하다.)

훈육 방식 다루기

전문가가 다루기 어려운 한 가지 주제는 가혹하거나 부적절한 훈육 방식의 사용이다. 조기 개입 전문가는 이것을 조심스럽게 다루어야 한다. 훈육 방식에 대해 가족과 대화하는 목적은 아동의 발달을 향상시킬 효과적인 대안을 제공하는 것이다. 이러한 대화는 비판이나 교정적 피드백이 전혀 없어야 한다. 다음 사례에서 조기 개입 전문가가 부모에 대한 지원적 태도를

유지하면서 체벌 사용에 대한 대화를 이끌어 가는 방식을 살펴보자.

> 조기 개입 전문가는 가정방문을 하였고, 가족의 방에 있는 고리에 남자 벨트가 걸려 있는 것을 발견했다. 어머니는 그 벨트가 아동의 훈육을 위한 것이라고 하였다. 조기 개입 전문가는 물었다. "벨트를 자주 사용하시나요?" 어머니는 마지막으로 사용한 것이 7세 때 친구의 돈을 훔쳐서라고 답하였다. 그녀는 조기 개입 전문가에게 털어놓았다. "내 생각에는 그 벨트를 보고 행동을 바르게 하는 것 같아요. 잘못했을 때 어떤 일이 일어날지 아니까요." 조기 개입 전문가는 말했다. "우리가 함께 일하면서 제가 하고 싶은 것은 아이의 문제행동에 대해 지속적으로 대화하고 적절하게 행동하도록 가르치는 방법을 생각하시도록 돕는 겁니다. 그 벨트를 사용하길 원치 않으신다는 걸 알아요."

훈육 방식을 다루는 것에 대해, 어떤 가족은 아동발달에 대한 정보와 아동에게 기대할 수 있는 것에 대한 안내가 필요할 것이다. 부모는 사회성 발달과 적응행동에 도움이 되는 발달지표에 대한 간략한 안내가 필요할지 모른다. 더구나 가족이 아동에게 발달적으로 적절하지 않은 기대나 요청에 순응하도록 기대한다면, 조기 개입 전문가는 유아에게 어떤 것을 기대할 수 있는지에 대해 가족과 대화를 시작할 수 있다. 이러한 대화는 다음과 같은 태도로 시작하는 것이 좋다. "케이트린이 세 살이기 때문에, 3세 아동에게 기대할 수 있는 것, 즉 아이를 좌절시키는 기대가 아닌 케이트린에게 도전이 되게 하는 방법에 대해 말씀드리고 싶습니다." 그리고 조기 개입 전문가는 가족이 기대를 끌어올려 아동의 사회성 기술과 독립적인 행동 발달을 지원하도록 격려해야 할 것이다. 이러한 모든 조언은 아동과 가족의 문화와 가치관에 대한 지식을 통해 걸러져야 한다는 것을 기억해야 한다 (Barrera & Corso, 2003). 조기 개입 전문가는 가족의 것과 조화되지 못할 수 있는 자신의 가치체계나 문화적 기대를 반영한 정보를 가족에게 제공하지 않도록 주의해야 한다.

어떤 가족은 가혹한 훈육 방식을 사용해 온 가족력이 있을 수도 있으나, 조기 개입 전문가는 아동이 적절한 행동과 사회적 기술을 배우도록 지원하는 데 중점을 둔 긍정적인 대안적 방법을 고려하도록 가족을 안내해야 한다. 가족이 자신의 훈육 방식을 반성하게 돕는 한 가지 전략은 그들이 체벌이나 다른 벌을 사용할 때 아동이 배우는 새로운 기술이 무엇인지 질문하는 것이다. 부모는 아동이 성인의 지시에 순응하기를 배우거나 규칙을 배운다고 답할 것이다. 조기 개입 전문가의 반응은 부모의 관점을 인정하는 것이어야 하고, 그 훈육 방식이 아동이 '무엇을 해야 하는지' 가르쳐 주는지 다시 한 번 물어야 한다. 종종 그러한 대화는 가족이 훈육 방식에 대해 다시 생각하는 것을 도울 수 있다. 훈육 방식에 대해 다시 생각하도록 가족을 안내하는 또 다른 방법은 그 방법이 효과가 있다고 믿는지 또는 아동이 점점 나아지는지에 대해 물어보는 것이다. 만약 아동이 반응이 없는 것 같고 여전히 그들이 문제행동을 경험하고 있다고 답한다면, 조기 개입 전문가는 가족에게 다른 방법을 고려하도록 권할 수 있다.

긍정적인 양육 방법에 대한 정보 제공

문제행동에 대한 주제로 가족과 함께 일할 때, 많은 행동문제는 부모나 아동에게 적절한 행동을 가르치고, 기대를 명확히 하는 몇 가지 명쾌한 전략을 교수함으로써 해결될 수 있다. 가족은 이러한 방법을 어떻게 사용하는지 모를 수 있고, 발달이 지연된 아동에게 이러한 방법을 어떻게 사용하는지에 대한 부가적인 지원이 필요할 수 있다.

가족이 배울 수 있는 가장 효과적인 양육 방법 두 가지는 구체적인 칭찬의 사용과 긍정적으로 기대를 말해 주는 것이다. 불행히도, 문제행동과 직면하였을 때, 종종 아동이 무엇을 해야 하는지 또는 무엇이 기대되는지에 대한 안내를 제공해 주지 않고 아동에게 "그만해." "하지 마." "안 돼."라고 말하는 것을 끝없이 반복하게 된다. 게다가, 종종 가족은 문제행동 때문에 너무나 당황하여, 아동이 적절한 행동을 했는데도 구체적인 칭찬을 하지 않는다. 구체적이고 즉각적인 칭찬의 사용은 아동의 적절한 행동을 지원하기 위한 중요한 전략이다. 부모는 종종 바라는 행동을 증가시키고 원치 않는 행동을 감소시키기 위해서 칭찬을 사용하는 중요성에 대해 간과한다. 그러나 칭찬의 결핍은 부적절한 행동을 하게 하고, 긍정적인 행동을 하지 않게 한다. 칭찬은 하는 데 시간이 얼마 걸리지 않고 긍정적인 행동을 향상시키는 매우 효과적인 방법이다. 어떤 가족은 '아이를 얌전하게 하는 것'에 대한 지침을 더 좋아하겠지만, 칭찬을 사용하는 능력에 대한 언급과 가족이 칭찬에 자연스럽게 주의를 기울이게 하는 것이 더욱 의미 있을 수 있다. 다음의 사례에서 조기 개입 전문가는 칭찬을 지속적으로 사용하도록 격려하는 피드백을 새미의 어머니에게 제공한다.

> "어머니께서 새미와 놀이하는 것을 봤어요. '우와, 너 정말 열심히 하는구나.' 또는 '의자에 잘 앉아 있다니 너무 자랑스럽구나.'와 같은 말들을 하실 때마다, 새미가 미소 지었고 더 열심히 하려고 노력했어요. 제 생각에는 그런 격려가 새미의 학습에 정말로 동기부여가 되는 것 같아요."

칭찬 사용에 대해 가족을 안내할 때, 조기 개입 전문가는 말이나 행동의 내용뿐만 아니라 칭찬을 전달하는 방법에 대해서도 고려해야 한다. 효과적인 칭찬 전달 방법은 ① 아동의 주의를 끌고, ② 아동의 행동을 구체적으로 묘사하고(아동이 한 것을 언급한다), ③ 비판과 칭찬을 섞지 않고, ④ 열정적으로 칭찬하고, ⑤ 신체적 접촉을 통해 효과를 배가하는 것(예: 안아 주기,

쓰다듬기, 하이파이브), 그리고 ⑥ 타인 앞에서 아동을 칭찬하는 것이다.

두 번째 효과적인 양육 방법인, 긍정적으로 기대를 말해 주는 것은 아동에게 적합한 지침을 제공하기 때문에 중요하다. 어떤 장애 아동의 부모는 아동이 이해할 수 있는 방법으로 의사소통을 기대하는 방법에 대한 정보가 필요할 것이다(Mirenda, MacGregor, & Kelly-Keough, 2002). 조기 개입 전문가는 아동이 부모의 기대를 이해하는 방식에 맞게 교수를 전달하는 방법에 관한 정보를 가족에게 제공할 준비를 갖추어야 한다. 예를 들어, 시각장애 아동에게 조기 개입 전문가는 아동에게 비누를 건네주면서 "손 씻을 시간이야. 밥 먹기 전에 손 씻자." 하는 식으로 아동의 일과 전환을 돕기 위한 언어적 요청과 함께 물체를 사용하는 방법을 부모에게 보여 줄 수 있다. 또는 자폐아동에게 그림을 사용하여 옷 입기, 아침식사하기, 이 닦기, 유치원 차타기와 같은 오전 일과의 수행을 도울 수 있다.

지시나 일과를 따르는 것에 대한 기대뿐만 아니라, 가사에 대한 기대를 갖고 아동에게 그러한 기대를 가르치도록 가족을 격려할 수도 있다. 가사에 대한 기대를 정하도록 가족을 격려할 때, 다양한 상황에 일반적으로 적용할 수 있는 몇 가지 규칙(3~5개)을 결정하도록 해야 한다. 예를 들어, 규칙은 "어디에 가는지 어른에게 말해라." "청소해라." "말로 문제를 해결해라."가 될 수 있다. 가족이 아동이 이해할 수 있는 방법을 사용하여 규칙을 알려 주도록 한다(예: 규칙을 수행하는 아동의 사진이 포함된 규칙 카드).

한번 규칙이 정해지면, 가족은 기대를 가르치는 방법에 대한 구체적인 정보가 필요할 것이다. 〈표 9-2〉는 행동 기대 교수에 대한 교수 전략을 가족에게 어떻게 설명할 수 있는지에 대한 몇 가지 지침을 제공한다.

양육 지침의 주요 영역은 아동이 문제행동을 갖게 될 가능성을 감소시키기 위한 예방기술의 사용이다. 기다려야 할 때 장난감을 주어 심심하지 않게 하는 것, 배고픔 때문에 문제행동이 일어나지 않도록 영양가 높은 과자를 주는 것, 아동이 충분히 쉬었을 때 좀 더 어려운 일과나 참아야 하는 활

〈표 9-2〉 행동 기대 교수

1. **단계별로 한다.** 아동은 과제분석이 필요할 것이다. 종종 우리는 그 기술을 독립적으로 하기를 기대하기 전에, 그것을 하는 방법을 배우도록 도와야 한다. 일부분을 어떻게 하는지 보여 주고 그것을 끝내도록 하거나, 그 기술의 일부분만 하도록 요청할 수 있다.
2. **반복, 반복, 반복.** 당신이 무언가 새로운 것을 배울 때, 정말로 자기 것이 되기 전에 새로운 정보를 반복해서 복습해야 한다. 아동도 마찬가지다. 당신이 아동에게 규칙을 한 번만 보여 주고 다시 반복, 반복, 반복하는 것을 잊는다면, 아동은 거기에 무엇이 있는지 잊게 될 것이다.
3. **연습, 연습, 연습.** 악기 연주나 새로운 운동을 배운 사람은 계속 연습해야 한다. 아동은 새로운 기술을 배우기 위해 수많은 연습이(격려도) 필요하다.
4. **비판하지 말고 지지한다.** 만약 당신이 새로운 댄스 스텝을 배우기 위해 노력하고 있는데 당신의 파트너가 "뭐하는 거예요? 정말로 형편없이 못 추네요."라고 한다면, 계속 노력하고 싶은 마음이 들지 않을 것이다. 무언가 새로운 것을 배울 때, 우리는 사람들의 격려가 필요하다.
5. **성공을 자축한다.** 아동이 규칙표에 주의를 기울이거나 규칙을 따르기 시작할 때, 작은 축하를 해 준다. 하이파이브처럼 작은 것이 될 수도 있고, 저녁식사 시간에 규칙표를 보여 주면서 아동의 성공을 축하하는 선물로 디저트를 줄 수도 있다.

동을 시도하고 아동이 활동을 참은 만큼 관심을 보여 주는 것 같은 간단한 전략을 부모에게 제공하는 것이 중요하다. 이에 더하여, 조기 개입 전문가는 아동이 활동을 준비할 수 있게 하여 문제행동을 예방할 수 있는 간단한 방법에 대한 아이디어를 제공할 수 있다. 예를 들어, 어떤 아동은 일과에서 다음에 무엇을 하는지 예측할 수 있는 그림을 넣은 활동 스케줄이 필요할 것이다. 또 다른 아동은 활동이나 일과에 참여하기 직전에 기대를 다시 상기시켜 줌으로써 도움받을 수 있을 것이다(예: 운동장에 나가기 전에 다른 아이들과 적절하게 놀이하는 방법을 아동에게 다시 상기시킨다.). 또 다른 예방 전략으로는 문제행동을 피할 수 있도록 부모가 활동을 관리하게 하는 데 중점을 둔 방법을 들 수 있다. 다음의 사례를 생각해 보라.

> 어머니에게는 5세 이하의 자녀가 세 명 있다. 그녀의 다섯 살짜리 딸은 말을 잘 듣고 가끔은 그녀를 돕기도 한다. 하지만 그녀가 식료품점에 갈 때면, 6개월 된 아이를 차에서 내리는 동안 3세 아이가 주차장으로 뛰어가지 않고 기다리게 하는 데 어려움이 있다. 모두 차에서 내리면, 아기를 품에 안고 3세 아이를 쫓아다니느라 허둥댄다. 그녀는 이 문제를 조기 개입 전문가와 상의하였다. 조기 개입 전문가는 그녀가 차에서 내리는 활동과 차에서 식료품점까지 이동하는 것을 용이하게 하는 이용 가능한 간단한 전략들을 충분히 생각하도록 도왔다. 조기 개입 전문가는 비어 있는 쇼핑카트 근처에 주차하기, 아이들을 차에서 내리게 하기 전에 쇼핑카트를 차 옆으로 가져오기, 아기 캐리어에 아이를 앉혀서 카트에 둔 후 다른 아이들을 차에서 내리게 하기를 제안하였다. 또한 어머니에게 아버지가 집에 있는 날 저녁에 주로 쇼핑을 하여 주중에 쇼핑하는 시간을 줄이도록 제안하였다. 어머니는 매우 고마워하였다. 그녀는 이러한 생각들이 매우 좋다고 여겼다. 이전에는 일과를 다른 방식으로 수행하는 것에 대해 생각해 본 적이 없었던 것이다.

또한 예방 전략의 판별은 아동이 왜 문제행동을 하는지 이해하는 것과 연관된다. 이 장은 아동이 문제행동을 하는 이유가 그것이 그들에게 효과적이기 때문이고 그들의 문제행동은 메시지를 담고 있거나 의미 있게 해석될 수 있다고 언급하는 것으로 시작했다. 아동의 문제행동에 대한 논의의 목적은 왜 그 행동이 일어나는지에 대한 이해를 하는 것이 되어야 한다. 먼저 그 행동의 목적이나 기능을 알아내면, 더욱 효과적인 예방 전략과 중재들이 고안될 수 있다. 종종 "아이가 왜 이 문제행동으로 힘든 시간을 보낸다고 생각하세요?"라든지 "아이가 이 행동을 할 때 원하는 것이 뭐라고 생각하세요?"와 같은 질문들을 가족에게 제기하는 것이 행동의 목적을 판별하는 데 도움이 될 것이다. 조기 개입 전문가가 가족에게 제공하는 지침 중

하나는 왜 그 행동을 하는지 먼저 생각해 보고, 그 행동을 유발하는 것을 피하는 방법을 고려하고, 그 행동에 대해 다르게 반응하는 방법을 고안하는 것이 될 수 있다.

문제행동에 효과적으로 반응하기

많은 가족은 강압적이지 않으면서도 문제행동을 강화하지 않는 방식으로 문제행동에 반응하는 방법에 대한 정보를 필요로 한다. 많은 아동에게 쓰이는 전형적인 방법으로 문제행동에 도움이 될 수 있는 몇 가지 단순한 기본 원리들이 있다. 이러한 전략들은 〈표 9-3〉에 제시되어 있고, 다음에서 간략하게 설명하였다.

〈표 9-3〉 문제행동에 반응하기

1. 관심을 얻기 위한 행동에는 무시를 사용한다.
2. 제한된 합리적인 선택권을 제공한다.
3. 조건-결과를 사용한다.
4. 문제행동을 중단시키기 위해 아동에게 재지시한다.
5. 논리적 결과를 사용한다.
6. 침착함을 유지한다.

계획된 무시

유아는 종종 양육자나 또래의 관심을 얻기 위해 징징거리기, 시끄럽게 하기, 다른 사람을 놀리기 같은 사소한 문제행동을 한다. 그러한 행동들이 관심을 얻는 데 성공적이라면(긍정적이든 부정적이든), 아동은 그 행동이 효과적이라는 것을 배우게 된다. 이것은 아동이 관심을 얻기 위해 그러한 행동을 계속 사용할 가능성을 증가시킨다. 가족에게 지원을 제공할 때 조기 개입 전문가는 ① 사소한 결과를 가져오고 관심 끄는 것이 목적인 행동, ② 위험하거나 방해가 되어 개별적으로 고안된 행동지원이 필요한 행동을 양육자가 구별하도록 도울 수 있다. 이러한 대화는 종종 아동이 왜 그러한 행동을 하는지 그리고 그 행동이 해로운지에 대해 묻는 것으로 시작한다. 부모가 그 행동이 관심을 끌기 위한 것이라고 답한다면(예: "그 아이는 단지 제가 거기로 오길 바란 거예요." "그 아이는 저를 화나게 하려는 거예요."), 중재자는 아동이 그 행동을 했을 때 얻는 것이 무엇인지에 대한 질문을 해야 한다. 가족이 그 행동이 관심을 끌기 위한 것이라고 정의할 수 있고 아동이 그러한 행동을 성공적으로 사용한다면(즉, 아동이 그 문제행동을 보일 때 실제로 관심을 얻는다면), 그들은 선택적으로 관심 주기와 관심을 얻기 위한 사소한 문제행동을 무시하는 방법을 배울 준비가 된 것이다.

제한된 선택권

제한적이고 합리적인 선택권을 제공하는 것은 아동이 일과를 수행하기 어려워할 때 아동을 지원하는 효과적인 방법이다(McCormick, Jolivette, & Ridgley, 2003). 예를 들어, 부모는 옷 입는 것에 대해 성질을 부리기 시작하는 아동에게 "옷을 입자. 네가 고를 수 있어. 빨간 원피스를 입고 싶니, 파란 치마를 입고 싶니?"라고 말할 수 있다. 제한된 선택권을 제공하는 것은 아동에게 성인이 정한 합리적인 한도 내에서 사회적 통제 기회를 주는 것이다.

조건-결과 진술

조건을 만들거나 조건-결과 진술을 사용하는 것도 아동이 성인의 지시에 따르도록 하는 데 효과적이다. 조건-결과 제시는 성인의 요청을 따르는 즉시 아동이 무언가 원하는 것을 얻을 수 있게 된다고 말하는 것이다. 예를 들어, 부모는 "네가 장난감을 정리하면, 텔레비전을 볼 수 있어." 또는 "의자에 앉으면, 아이스크림을 먹을 수 있어."라고 말할 수 있다. 이러한 진술은 화를 내거나 벌을 주거나 아이를 회유하기보다는 차분한 태도로 있는 그대로 말하는 것이 좋다.

재지시

재지시는 아동의 문제행동에 대한 또 하나의 효과적인 방법이다. 부모는 문제행동을 중단시키고 신체적 또는 언어적 재지시를 사용하여 다른 활동을 하게 할 수 있다. 언어적 재지시는 아동의 주의를 돌려 대안적 활동을 제공하는 것이다. 예를 들어, 중요한 전화를 받고 있는 부모의 관심을 끌려고 아동이 노력할 수 있다. 그때 다른 성인이 "엘라, 위층에 올라가서 블록 놀이하자."라고 말할 수 있다.

논리적 결과

논리적 결과는 어떤 식으로든 그 행동과 관련이 있기 때문에 문제행동에 대한 반응으로 타당한 결과를 말한다. 그것은 질책하거나 꾸짖는 것 같은 벌 전략 사용의 효과적인 대안이다. 그것은 행동의 결과에 아동이 책임을 지도록 한다. 다음에 몇 가지 예가 있다.

- 아동이 여동생에게 블록을 집어 던진다. → 부모는 블록을 압수한다.
- 남매가 싸운다. → 부모는 각 자녀가 분리된 공간에서 놀게 한다.
- 아동이 욕조 밖으로 계속 물을 튀긴다. → 부모는 목욕을 끝낸다.

논리적 결과를 적용하기 전에 먼저 말로 논리적 결과를 설명하고 아동이 선택하게 해야 한다. "네가 계속 블록을 던지면, 너는 이것들을 치워야 해." 이 말은 침착하고, 명확하고, 정중하게 전달되어야 한다. 논리적 결과는 아동이 제공된 선택권을 이해했을 때, 그리고 문제행동을 계속하면 결과가 어떠한지 이해할 수 있을 때만 적절하게 사용될 수 있다.

침착함 유지

어떠한 전략을 적용하든지, 많은 가족에게 가장 중요한 전략은 침착함을 유지하는 것이다. 관심이나 분노를 최소화하고 문제행동에 침착하게 반응하는 것은 부모가 하지 않길 원하는 행동을 강화하는 위험을 줄인다. 또한 가족이 문제행동에 직면하여 침착함을 유지할 때, 그들은 어떻게 반응하는 것이 좋은지에 대해 더 많이 생각할 수 있다. 문제행동에 성급하게 화내며 반응하는 경향이 있는 부모에게는 행동을 취하기 전에 한발 물러나서 깊이 숨을 들이마시고 반응을 생각하도록 안내하는 것이 바람직하다.

행동지원 계획 세우기

몇몇 아동은 긍정적인 양육 방법 또는 전형적으로 발달하는 아동 안내 절차의 사용에도 불구하고 계속 문제행동을 한다. 이러한 아동을 위해 가족과 다른 양육자가 일과에서 실행할 수 있는 개별화된 행동지원 계획을 개발하는 데 긍정적 행동지원(PBS) 절차를 사용할 수 있다(Boulware, Schwartz, & McBride, 1999; Crimmins, Farrell, Smith, & Bailey, 2007; Dunlap & Fox, 1996; Powell et al., 2006). PBS 과정에서는 문제행동을 대체할 기술을 아동에게 가르치는 데 중점을 둔 개별화된 행동지원 계획을 개발하기 위해 기능평가를 실시한다. PBS는 문제행동 감소, 새로운 기술 학습, 문제행동이 있는 개인과 그 가족의 삶의 질을 향상시키는 연구기반의 실제로 알려져 있다(Bambara & Kern, 2005; Carr et al., 1999; Fox, Dunlap, & Powell, 2002).

PBS 과정을 통해 문제행동을 보이는 아동과 상호작용하는 개인이 실행하도록 만들어진 평가기반 개별화 행동지원 계획이 수립된다. 가족은 행동지원 계획을 실행할 책임이 있으므로 이 과정에 필수적이다. 조기 개입 전문가에게 PBS 실행 단계와 활동 과정에 대한 지침을 제공하기 위해 다음에서 그것을 설명하고자 한다. 유아에게 PBS를 실행하는 방법에 대한 더 많은 정보를 참조하라(www.challengingbehavior.org, www.csefel.unuc.edu).

기능평가

PBS는 문제행동의 '기능'이나 목적을 이해하게 하는 정보를 수집하는 기능평가로 시작한다(Bambara & Kern, 2005; Harrower, Fox, Dunlap, & Kincaid, 2000; Lucyshyn et al., 2002). 기능평가는 문제행동을 명확하게 정의하고, 그 행동을 유발하는 원인(trigger)에 대한 정보를 수집하고, 문제행동에 따른 후속결과를 판별하는 것이다. 기능평가는 다양한 정보와 관점들을 포함한다. 아동을 잘 아는 사람과 정보 수집 면담을 하고, 주요 환경에서 행동을 관찰하는 방법을 사용한다(Kern, O'Neill, & Starosta, 2005; O'Neill et al., 1997). 면담과 더불어, 조기 개입 전문가가 아동의 활동이나 문제행동과 관련된 일과를 관찰하고 문제행동의 선행사건과 문제행동에 따른 후속결과를 관찰하여 기록할 수 있다. 또한 조기 개입 전문가는 관찰기록 방법을 가족에게 알려 줄 수 있고(선행사건, 행동, 후속결과를 기록), 사건과 연결된 선행사건과 후속사건을 판별하기 위해 가족을 안내하여 최근 문제행동 사건에 대한 가족의 이야기를 들을 수도 있다.

행동 가설

조기 개입 전문가는 일상생활 맥락 내에서 문제행동의 기능과 목적에 대해 가족과 함께 예비 가설을 세우기에 충분한 자료가 모였다고 느낄 때까지 언제 문제행동이 발생하는지, 문제행동을 유발하는 선행사건과 문제행동에 따른 반응으로 주어지는 후속사건은 무엇인지 정보를 수집한다. 행동 가설은 선행사건 또는 행동 유발 원인, 아동이 반응하는 방법, 행동의 기능 또는 목적, 행동에 따른 후속결과가 요약된 진술이다(Kern, 2005). 다음은 행동 가설 진술의 두 가지 예다.

> 다나는 저녁 먹으러 식탁에 오라거나, 목욕을 하자거나, 이를 닦자거나, 장난감을 정리하라는 요구를 받았을 때 활동을 회피하기 위한 수단으로 바닥에 쓰러져 소리 지르고, 울고, 물건을 집어던진다. 이러한 일이 발생했을 때, 부모는 다나가 좋아하는 활동을 하게 하면서 시간을 더 주거나 때때로 그 요청을 철회한다.

> 마르코는 여동생이 함께 놀려고 할 때, 여동생의 장난감을 빼앗고, 여동생을 때리며, 자기 장난감을 만지지 못하게 울어 버린다. 이러한 상황이 발생했을 때, 마르코의 어머니는 마르코를 혼내고 여동생에게 다른 곳에서 놀라고 하거나 다른 장난감을 가지고 놀라고 한다.

지원 계획 세우기

행동 가설이 세워지면, 조기 개입 전문가는 행동지원 계획에 사용할 수 있는 전략들을 판별하기 위해 가족과 함께 일해야 한다(Boulware et al., 1999). 행동지원 계획은 각각의 행동 가설과 직접적으로 연결된다. 행동 가설의 개별 요소와 연결되는 계획에는 다음과 같은 세 가지 부분이 있다(Dunlap & Fox, 1999). 첫째, 계획은 행동 가설에서 제시한 선행사건이나 행동 유발 원인과 직접적으로 연결된 예방 전략을 포함한다. 예방 전략은 행동 유발 원인을 약화시키거나, 선행사건 조건을 변화시켜 문제행동이 덜 발생하도록 하는 것이다. 마르코의 예에서, 만약 놀이 환경에 마르코가 여동생과 함께 사용할 수 있는 똑같은 장난감이 있다면, 여동생과 함께 노는 것에 대한 마르코의 스트레스가 감소하고 마르코는 문제행동을 하지 않을 것이다. 계획의 두 번째 부분은 문제행동의 기능과 연결된 대체 기술이다.

대체 기술은 문제행동을 대체하기 위해 아동에게 교수될 기술이다. 예를 들어, 최근에 마르코가 자기 장난감을 만지지 못하게 하려고 여동생을 공격한다고 하자. 아마도 마르코는 공유하고 싶지 않다는 것을 표현하기 위해 "만지지 마." 또는 "내 거야."라고 말하는 것을 배워야 할 것이다. 계획의 세 번째 부분은 문제행동에 대한 새로운 반응이다. 이러한 새로운 반응은 문제행동에 반응하는 방법으로, 그 행동을 통해 원하는 결과를 얻지 못하도록 또는 원하는 결과가 유지되지 않도록 하는 것이다. 마르코의 예에서, 어머니는 여동생에게 다른 곳으로 가라고 반응하였다. 이것은 마르코에게 문제행동에 대한 보상을 주는 것이다. 마르코에게 반응하는 새로운 방법은 말로 여동생에게 만지지 말라고 요청하거나 어머니에게 도움을 청하라고 하는 것이 될 수 있다. 행동지원 계획을 세울 때, 조기 개입 전문가는 전략에 대한 아이디어를 가진 사람이 된다. 전략들을 나열하여 가족에게 제시하고 아동과 가족에게 잘 맞을 것 같은 전략을 선택하도록 하거나 아동에 대해 가족이 아는 것에 맞는 아이디어에 대해 가족에게 물어봄으로써 계획 수립 과정에서의 부모 참여가 촉진될 수 있다. 예를 들어, 조기 개입 전문가는 "이 활동은 조이가 좋아하는 몇 가지 물건을 더해 주면 더욱 쉬울 거예요. 조이가 정말로 좋아하는 장난감이나 캐릭터는 뭔가요? 그리고 그것을 목욕 시간에 가지고 놀게 하면 어떨까요?"라고 말할 수 있다. 행동지원 계획에 사용될 전략들이 한 번 정해지면, 중재자는 이해하고 수행하기 쉬운 서면으로 된 행동지원 계획을 가족에게 제공해야 한다. 행동지원 계획에 구체적인 일과 전략들이 포함될 때, 중재자는 일과기반 지원 계획이나 그 환경에서 사용될 수 있는 작은 계획을 세우기 원할 수 있다. 예를 들어, 중재자는 취침 일과에서 사용할 전략을 양육자에게 상기시키는데 사용할 수 있는 취침시간표를 만들거나 쇼핑하기 세부 계획을 세울 수 있다.

코칭과 시범 보이기

행동지원 계획을 세운 후, 조기 개입 전문가는 계획의 실행에 대해 가족을 안내해야 한다. 계획 실행에서 가족을 돕는 전형적인 접근법은 일과시작 전에 계획을 재검토한 후 아동과 상호작용하는 동안 계획의 요소들과 구체적인 전략들을 양육자에게 상기시키는 것이다(예: Dunlap, Ester, Langhan, & Fox, 2006). 필요하다면, 중재자는 가족과 역할놀이를 함으로써 전략이나 기술의 사용을 보여 줄 수 있다. 예를 들어, 중재자는 밥 먹으러 식탁으로 오라고 했을 때 의자에 앉기를 거부하는 아동의 역할을 부모에게 요청할 수 있다. 부모는 아동의 역할을 가정하고 중재자의 지시에 대한 반응으로 우는 척하며 달아난다. 중재자는 구체적인 언어와 몸짓, 부가적인 촉진에 필요한 식사하는 사진, 의자로 아동을 움직이게 하는 신체적 촉진의 사용을 보여 준다. 역할놀이는 조기 개입 전문가와 부모가 함께하며, 한 명이 문제행동을 보이는 아동의 역할을 맡는다. 행동지원 계획은 부모가 실행하기 위해 만들어진 것이기 때문에 조기 개입 전문가는 직접적인 중재자로서 아동에게 계획을 적용하는 역할을 맡지 않아야 한다.

실행과 성과 점검하기

PBS 실행의 마지막 단계는 지원 계획의 실행을 점검하는 것과 성과를 확인하는 것이다. 행동지원 계획의 성공은 전적으로 가족의 실행 충실도에 달려 있다. 조기 개입 전문가는 가족이 아동의 진보를 평가하고 계획 실행 성공에 대한 기록을 남기기 위한 서식을 만드는 것을 고려해야 한다. 서식은 이해하기 쉽고, 신속하게 작성하기 쉬워야 한다. 그렇지 않으면 바쁜 양육자는 이를 중요하게 여기지 않을 것이다. 평정척도는 이러한 목적에 효과적이다. 예를 들어, 당신은 표에 지원계획의 주요 단계를 나열하고 부모가 3점 척도로 평정하게 할 수 있다(전략이 실행하기에 1=쉽다; 2=다소 어렵다; 3=매우 어렵다). 표는 또한 아동의 반응에 대한 평정도 포함할 수 있어야 한다. 예를 들어, 부모는 계획 실행에 대한 난이도를 평정한 후 일과에 대한 아동의 참여도를 평정한다(1=좋음, 매우 협조적임; 2=어렵고 비협조적임; 3=많은 문제행동을 보임). 비록 이러한 측정 도구는 정확성이 부족하지만, 계획이 실행된 정도, 계획을 사용하는 부모의 역량, 계획이 아동의 행동에 미치는 효과에 관한 지표를 중재자에게 제공할 것이다.

처음 개발된 계획 그대로 정확히 실행하는 것을 가족이 어려워할 수도 있다. 행동지원 계획의 실행과 관련된 중요한 개념은 맥락적 적합성(contextual fit)이다. 맥락적 적합성은 행동지원 전략이 가족의 가치관, 환경 및 능력에 얼마나 잘 맞는지에 달려 있다(Arbin, Lucyshyn, Horner, & Flannery, 1996; Lucyshyn et al., 2002). 행동지원 계획이 가족의 관점을 간과한 채 중재자가 적절하다고 결정한 것에만 중점을 두어 세워졌을 때, 그 계획은 가족에게 효과적이지 않을 것이다. 그러므로 어떤 면에서, 계획의 실행은 계획을 개발할 때 가족과 조기 개입 전문가가 얼마나 잘 협력하는가에 달려 있다.

가족이 계획을 실행하지 않는 또 다른 이유는 그 계획이 더 이상 아동에게 효과적이지 않거나 효과가 없었기 때문이다. 조기 개입 전문가는 정기적으로 계획이 효과적인지 확인하고, 혹시 계획의 어떤 요소들이 간과되었거나 바뀌지 않았는지 묻고, 새로운 문제행동이나 행동의 증가와 관련된 이슈를 다루어야 한다. 만약 문제행동이 변화되지 않았거나 해로운 행동이 나타났다면, 계획을 수정하거나 그 행동에 대한 새로운 행동 유발 원인이나 후속사건이 있는지 결정하기 위한 기능평가를 해야 한다.

결 론

가족이 아동의 문제행동을 다루도록 지원하는 것은 아동의 발달과 아동과 가족 체계의 삶의 질에 상당히 중요하다. 이것은 지원 제공자에게 ① 긍정적인 양육 실제와 행동 중재 방법에 대한 깊은 지식, 그리고 ② 가족과 신뢰 깊은 관계를 형성할 수 있는 능력을 요구하기 때문에 단순한 일이 아니다. 이러한 시도의 목적은 가족에게 아동의 행동을 이해하는 데 필요한 지식과 기술, 아동의 사회성 발달을 향상시키는 방법, 그리고 가족의 생활과 지역사회에서의 아동의 참여를 강화시키는 방법을 제공하는 것이 되어야 한다.

참고문헌

Albin, R., Lucyshyn, J. M., Horner, R. H., & Flannery, K. B. (1996). Contextual fit for behavioral support plans: A model for "goodness of fit." In L. K. Koegel, R. L. Koegel, & G. Dunlap (Eds.), *Positive behavioral support: Including people with difficult behavior in the community* (pp. 81-98). Baltimore: Brookes.

Bambara, L. M., & Kern, L. (2005). *Individualized supports for students with problem behaviors: Designing positive behavior plans.* New York: Guilford Press.

Barrera, I., & Corso, R. M. (2003). *Skilled dialogue: Strategies for responding to cultural diversity in early childhood.* Baltimore: Brookes.

Boulware, G., Schwartz, I., & McBride, B. (1999). Addressing challenging behaviors at home: Working with families to find solutions. *Young Exceptional Children, 3*(1), 21-27.

Campbell, S. B. (1995). Behavior problems in preschool children: A review of recent research. *Journal of Child Psychology and Psychiatry, 36*(1), 113-149.

Campbell, S. B., & Ewing, L. J. (1990). Hart-to-manage preschoolers: Adjustment at age nine and predictors of continuing symptoms. *Journal of Child Psychology and Psychiatry, 31,* 871-889.

Carr, E. G., Horner, R. H., Turnbull, A. P., Marquis, J. G., McLaughlin, D. M., McAtee, M. L., et al. (1999). *Positive behavior support as an approach for dealing with problem behavior in people with developmental disabilities: A research synthesis.* Washington, DC: AAMR.

Cheatham, G. A., & Santos, R. M. (2005). A-B-Cs of bridging home and school expectations for children and families of diverse backgrounds. *Young Exceptional Children, 8*(3), 3-11.

Chen, D., Downing, J. E., & Peckham-Hardin, K. D. (2002). Working with families of diverse cultural and linguistic backgrounds: Considerations for culturally responsive positive behavior support plans. In J. M. Lucyshyn, G. Dunlap, & R. W. Albin (Eds.), *Families and positive behavior support: Addressing problem behavior in family contexts* (pp. 133-154). Baltimore: Brookes.

Crimmins, D., Farrell, A. F., Smith, P. W., & Bailey, A. (2007). *Positive strategies for students with behavior problems.* Baltimore: Brookes.

Duda, M., Clarke, S., Fox, L., & Dunlap, G. (2008). Implementation of positive behavior support with a sibling set in the home environment. *Journal of Early Intervention, 30,* 213-236.

Dunlap, G., Ester, T., Langhans, S., & Fox, L. (2006). Functional communication training with toddlers in home environments. *Journal of Early Intervention, 29,* 81-97.

Dunlap, G., & Fox, L. (1996). Early intervention and serious problem behaviors: A comprehensive approach. In L. K. Koegel, R. L. Koegel, & G. Dunlap (Eds.), *Positive behavior support: Including people with difficult behavior in the community* (pp. 31-50). Baltimore: Brookes.

Dunlap, G., & Fox, L. (1999). A demonstration of behavioral support for young children with autism. *Journal of Positive Behavior Interventions, 1*(2), 77-87.

Dunlap, G., Strain, P. S., Fox, L., Carta, J., Conroy, M., Smith, B. J., et al. (2006). Prevention and intervention with young children's challenging behavior: A summary of current knowledge. *Behavioral Disorders, 32,* 29-45.

Egeland, B., Kalkoske, M., Gottesman, N., & Erickson, M. F. (1990). Preschool behavior problems: Stability and factors accounting for change. *Journal of Child Psychology and Psychiatry, 31,* 891-909.

Fischer, M., Rolf, J. E., Hasazi, J. E., & Cummings, L. (1984). Follow-up of a preschool epidemiological sample: Cross-age continuities and predication of later adjustment with internalizing and externalizing dimensions of behavior. *child Development, 55,* 137-150.

Fox, L., Benito, N., & Dunlap, G. (2002). Early intervention with families of young children with autism spectrum disorder and problem behavior. In J. Lucyshyn, G. Dunlap, & R. Albin (Eds.), *Families and positive behavioral support: Addressing the challenge of problem behavior in family contexts* (pp. 251-270). Baltimore: Brookes.

Fox, L., Dunlap, G., & Powell, D. (2002). Young children with challenging behavior: Issues and consideration for behavior support. *Journal of Positive Behavior Interventions, 4,* 208-217.

Fox, L., Vaughn, B. J., Wyatte, M. L., & Dunlap, G. (2002). "We can't expect other people to understand": Family perspectives on problem behavior. *Exceptional Children, 68,* 437-451.

Gilliam, W. S. (2005). Prekindergarteners left behind: Expulsion rates in state prekindergarten systems. Retrieved July 20, 2005, from www.fcd-us.org/PDFs/NationalPreKExpulsionPaper03.02_new.pdf

Harrower, J. K., Fox, L., Dunlap, G., & Kincaid, D. (2000). Functional Assessment and Comprehensive Early Intervention. *Exceptionalities, 8,* 189-204.

Kern, L. (2005). Developing hypotheses statements. In L. M. Bambara & L. Kern (Eds.), *Individualized supports for students with problem behaviors* (pp. 165-200). New York: Guilford Press.

Kern, L., O'Neill, R. E., & Starosta, K. (2005). Gathering functional assessment information. In L. M. Bambara & L. Kern (Eds.), *Individualized supports for students with problem behaviors* (pp. 129-164). New York: Guilford Press.

Lavigne, J. V., Arend, R., Rosenbaum, D., Binns, H., Christoffel, K. K., Kaufer, K., et al. (1998). Psychiatric disorders with onset in the preschool years: I. Stability of diagnoses. *Journal of the American Academy of Child and Adolescent Psychiatry, 37*(12), 1246-1254.

Loeber, R., & Dishion, T., (1983). Early predictors of male delinquency: A review. *Psychological Bulletin, 94,* 68-99.

Lucyshyn, J. M., Horner, R. H., Dunlap, G., Albin, R. W., & Ben, K. R. (2002). Positive behavior support with families. In J. M. Lucyshyn, G. Dunlap, & R. W. Albin (Eds.), *Families and positive behavior support: Addressing problem behavior in family contexts* (pp. 3-44). Baltimore: Brookes.

Lucyshyn, J. M., Kayser, A. T., Irvin, L. K., & Blumberg, E. R. (2002). Functional assessment and positive behavior support at home with families: Designing effective and contextually appropriate behavior support plans. In J. M. Lucyshyn, G. Dunlap, & R. W. Albin (Eds.), *Families and positive behavior support: Addressing problem behavior in family contexts* (pp. 97-132). Baltimore: Brookes.

McCormick, K. M., Jolivette, K., & Ridgley, R. (2003). Choice making as an intervention strategy for young children. *Young Exceptional Children, 6*(2), 3-10.

Mirenda, P., MacGregor, T., Kelly-Keough, S. (2002). Teaching communication skills or behavioral support in the context of family life. In J. M. Lucyshyn, G. Dunlap, & R. W. Albin (Eds.), *Families and positive behavior support: Addressing problem behavior in family contexts* (pp. 185-208). Baltimore: Brookes.

Moffitt, T. E., Caspi, A., Dickson, N., Silva, P., & Stanton, W. (1996). Childhood-onset versus adolescent-onset antisocial conduct problems in males: Natural history from ages 3 to 18 years. *Development and Psychopathology, 8,* 399-424.

Moreland, A. D., & Dumas, J. E. (2008). Categorical and dimensional approaches to the measurement of disruptive behavior in the preschool years: A meta-analysis. *Clinical Psychology Review, 28,* 1059-1070.

Nielsen, S. L., Olive, M. L., donovan, A., & McEvoy, M. (1998). Challenging behaviors in your classroom? Don't react-teach instead! *Young Exceptional Children, 2*(1), 2-10.

O'Neill, R. E., Horner, R. H., Albin, R. W., Storey, K., Sprague, J. R., & Newton, J. S. (1997). *Functional assessment of problem behavior: A practical assessment guide.* Pacific Grove, CA: Brooks/Cole.

O'Neill, R. E., Vaughn, B. J., & Dunlap, g. (1998). Comprehensive behavioral support: Assessment issues and strategies. In A. M. Wetherby, S. F.

Warren, & J. Reichle (Eds.), *Transitions in prelinguistic communication* (pp. 313-341). Baltimore: Brookes.

Powell, D., Dunlap, G., & Fox, L. (2006). Prevention and intervention for the challenging behaviors of toddlers and preschoolers. *Infants and Young Children, 19*(1), 25-35.

Richman, N., Stevenson, J., & Graham, P. J. (1982). *Preschool to school: A behavioral study*. London: Academic Press.

Shaw, D. S., Gilliom, M., & Giovannelli, J. (2000). Aggressive behavior disorders. In C. H. Zeanah (Eds.), *Handbook of infant mental health* (2nd ed., pp. 397-411). New York: Guilford Press.

Turnbull, A. P., & Ruef, M. (1996). Family perspectives on problem behavior. *Mental Retardation, 34,* 280-293.

Turnbull, A. P., & Ruef, M. (1997). Family perspectives on inclusive lifestyle issues for people with problem behavior. *Exceptional Children, 63,* 211-227.

United States Department of Education. (2001). To assure the free appropriate public education of all children with disabilities. Individuals with Disabilities Act, Section 618. Twenty-third Annual Report to Congress on the Implementation of the Individuals with Disabilities Education Act.

United States Department of Education. (2001). To assure the free appropriate public education of all children with disabilities. Individuals with Disabilities Act, Section 618. Twenty-fourth Annual Report to Congress on the Implementation of the Individuals with Disabilities Education Act.

United States General Accounting Office. (2001). *Student discipline: Individuals with disabilities in education act* (GAO Report No. GAO-01-210). Washington, DC: Author.

Worcester, J. A., Nesman, T. M., Mendez, L. M. R., & Keller, H. R. (2008). Giving voice to parents of young children with challenging behaviors. *Exceptional Children, 74,* 509-525.

〈부록 9-1〉

가정방문 체크리스트: 문제행동 다루기

가정방문자: ______________________ 날 짜: ______________________

관 찰 자: ______________________

(✓ = 만족스러운 수준으로 수행함, × = 수행하지 않음, ? = 아마도 수행함 또는 수행했으나 만족스러운 수준은 아님, NA = 적용 가능하지 않음)

가정방문자는 다음을 얼마나 만족스럽게 실행하였는가?	✓ x ? NA	비 고
가족의 관심 이해하기		
1. 활동에 참여하는 것, 의사소통적 요구, 자기 조절 등과 같은 아동의 능력에 대한 관심을 표현하는 것으로 문제행동에 대한 대화를 시작하였는가?		
2. 판단하거나 놀라지 않고 문제행동에 대해 가족으로부터 정보를 얻었는가?		
3. 판단하거나 일축하지 않고 가족이 문제행동에 대한 반응이나 그들의 감정을 표현하는 것을 허용하였는가?		
4. 가족이 문제가 있다고 여기는 행동을 정의하도록 요청하였는가?		
5. 전략을 개발할 때 가족의 염려를 인정하고 가족에게 도움을 주었는가?		
6. 가족에게 행동문제를 해결하기 위해 사용한 전략이나 접근을 설명하도록 하고 그것이 얼마나 효과적이었는지 질문하였는가?		
7. 아동을 지도하려는 가족의 노력에 대해 논의할 때, 가족에게 양육 강점에 대해 안심시키는 말을 제공하였는가?		
8. 가족을 가장 걱정시키는 행동이나 아동이 힘들어하는 일과나 활동을 가족이 판별하도록 하였는가?		
9. 발달적으로 나타날 수 있는 문제행동에 대한 정보와 함께 왜 그 행동이 그 나이에 일어날 수 있는지에 대한 설명을 제공하였는가?		
10. 발달적으로 나타날 수 있는 문제행동이 발생했을 때 아동을 안내하는 방법에 대한 정보를 가족에게 제공하였는가?		

(계 속)

가정방문자는 다음을 얼마나 만족스럽게 실행했나요?	✓ x ? NA	비 고
긍정적인 양육 방법에 대한 정보 제공하기		
11. 당신이 본 것에 대한 반영을 제공함으로써 행동에 대한 가족의 어려움을 인정하였는가?(예: "○○가 장난감을 어머니께 던졌을 때 정말 화나셨을 것 같아요.")		
12. 분노나 부적절한 훈육을 야기하는 문제행동으로 인한 스트레스를 다룰 방법을 가족에게 제안하였는가?		
13. 행동 안내를 위한 양육 전략의 목표에 대해 가족에게 질문하였는가?		
14. 아동의 적합한 행동을 증진시킬 참여 조성, 기대 나눔, 일과 개발에 대한 아이디어를 제공하였는가?		
15. 긍정적이고 단호한 태도로 문제행동에 반응하고, 문제행동을 통해 얻고자 하는 것을 성취하지 않도록 하는 방법에 대한 아이디어를 가족에게 제공하였는가?		
16. 가족의 필요와 여러 가지 요구에 맞추어 전략들을 권하였는가?		
17. 일과나 활동에 대한 개방형 질문으로 아동 행동의 진보를 알아보았는가?		
18. 행동 지도에 대한 새로운 접근을 실행하는 가족의 능력에 신뢰를 나타내고, 변화에는 시간이 필요하다는 것을 표현하였는가?		
문제행동에 대한 지원 전략 세우기		
19. 가족의 기대와 바람을 이해하기 위해, 가족이 원하는 일상과 활동이 어떠했으면 좋겠는지 질문하였는가?		
20. 아동의 문제행동에는 목적이 있다는 것과 문제행동이 발생하는 이유를 진단하기 위한 '탐정 작업'이 필요하다는 것을 설명하였는가?		
21. 판별을 위해 문제행동이 언제 가장 많이 발생하며, 누구와 함께 있을 때 가장 많이 일어나며, 어떠한 상호작용이 행동을 유발하는 것으로 보이는지 가족들에게 질문하였는가?		
22. 문제행동의 목적이 무엇일지에 대한 대화에 가족을 참여시키고, 가족에게 아이디어를 제공하였는가?		

(계 속)

가정방문자는 다음을 얼마나 만족스럽게 실행했나요?	✓ x ? NA	비 고
23. 지원 전략에 대한 정보 제공 시, 아동이 문제행동을 하는 이유(즉, 기능)에 대한 정보를 가족에게 제공하였는가?		
24. 문제행동을 예방하고 대체 기술을 가르치기 위한 구체적인 전략을 가족에게 제공하였는가?		
25. 매일의 일과에서 실행하기 쉬운 전략을 가족에게 제공하였는가?		
26. 계획이 필요하다면, 행동지원 계획 개발을 위한 공식적인 과정 이용에 대한 간단한 서면 설명을 제공하였는가?		
27. 가족이 실행하기로 한 전략을 기억하도록 돕기 위한 서면 계획, 도표, 시각적 자료를 개발하였는가?		
28. 방문하는 동안 발생한 문제행동 상황을 통해 가족에게 코칭을 제공하였는가?		
29. 문제행동에 대한 초기 시도는 가족이 실행하기가 쉽지 않으며, 아동의 행동은 좋아지기 전에 악화될 수도 있음을 경고하였는가?		
30. 가족이 지속적으로 계획을 실행하도록 격려하였는가?		
31. 가족이 문제행동에 개입한 후 격려하였는가?		
32. 행동지원 전략의 실행을 관찰할 때, 가족을 격려하였는가?		
33. 아동의 적합한 행동과 가족의 목표를 반영한 변화를 기록하는 간단한 성과 측정(즉, 평정척도 또는 행동 도표)의 사용을 요청하였는가?		
34. 계획 실행에 대한 가족의 노력과 아동의 진보를 검토하였는가?		
35. 가족과 성공을 축하하였는가?		

찾아보기

인 명

>>> 내 용 <<<

편저자 소개

R. A. McWilliam

이 책의 편저자 McWilliam은 현재 미국 테네시 대학교 채터누가 캠퍼스의 비영리 연구기관인 시스킨(Siskin) 아동연구소 아동가족연구센터의 책임자이자 테네시 대학교 교수로 일하고 있다. 그는 가족과 함께하는 장애 영유아 조기 개입을 개발해 왔고, 미국 전역에 걸쳐 자문, 연수, 기술적 지원을 제공해 왔으며, 개별화가족서비스계획, 아동 참여, 서비스 전달 방법에 관한 연구를 수행하고 있다. 미국 밴더빌트 대학교 의과대학 부설 아동발달센터 소장, 미국 노스캐롤라이나 대학교(채플힐) Frank Porter Graham 아동발달연구소 선임연구원, 미국 특수아동협회 연구분과 회장, *Journal of Early Intervention* 편집위원장을 역임하였다. 대표 저서로 *Family-Centered Intervention Planning: A Routines-Based Resource*(1992), *Routines-Based Early Intervention: Supporting Young Children and Their Families*(2010) 등이 있다.

역자 소개

박지연

미국 캔자스 대학교 특수교육 전공으로 박사학위 취득 후, 현재 이화여자대학교 특수교육과 교수로 재직 중이다. 대표적인 가족 관련 연구로는 「장애아를 둔 저소득층 가정의 가족지원 실태 및 요구에 관한 질적 연구」(2004), 「문제행동이 장애아 가족의 삶에 미치는 영향과 가족의 대처방식에 관한 질적 연구」(2010)가 있다.

전혜인

이화여자대학교 정서 및 행동장애 전공으로 박사학위 취득 후, 현재 건양대학교 초등특수교육과 교수로 재직 중이다. 대표적인 가족 관련 연구로는 「부모결연프로그램이 발달장애아동 어머니의 양육스트레스와 가족능력강화에 미치는 영향」(2005), 「장애아동 형제자매의 삶에 대한 질적 연구」(2008)가 있다.

강혜원

이화여자대학교 특수교육 전공으로 석사학위 취득 후, 남서울은혜교회 부설 '장애유아부모학교' 코디네이터로 일하고 있다. 대표적인 가족 관련 연구로는 「부모 역량강화를 위한 양육지원 프로그램이 장애유아 부모의 양육효능감과 부모-유아 상호작용에 미치는 영향」(2011)이 있다.

장애 영유아 가족지원

2011년 12월 15일 1판 1쇄 인쇄
2011년 12월 20일 1판 1쇄 발행

편저자 • R. A. McWilliam
옮긴이 • 박지연 · 전혜인 · 강혜원
펴낸이 • 김진환
펴낸곳 • (주) 학지사
121-837 서울시 마포구 서교동 352-29 마인드월드빌딩 5층
대표전화 • 02-330-5114 팩스 • 02-324-2345
등록번호 • 제313-2006-000265호

홈페이지 • http://www.hakjisa.co.kr
커뮤니티 • http://cafe.naver.com/hakjisa

ISBN 978-89-6330-776-3 93370

정가 18,000원